Friedrich Hultsch

Griechische und römische Metrologie

Friedrich Hultsch

Griechische und römische Metrologie

ISBN/EAN: 9783743331983

Hergestellt in Europa, USA, Kanada, Australien, Japan

Cover: Foto ©ninafisch / pixelio.de

Manufactured and distributed by brebook publishing software
(www.brebook.com)

Friedrich Hultsch

Griechische und römische Metrologie

GRIECHISCHE UND RÖMISCHE

METROLOGIE

VON

FRIEDRICH HULTSCH.

BERLIN,
WEIDMANNSCHE BUCHHANDLUNG.
1862.

DEN HERREN

DR. JULIUS LUDWIG KLEE
RECTOR AN DER KREUZSCHULE ZU DRESDEN

UND

PROFESSOR DR. FRIEDRICH KRANER
DIRECTOR AM GYMNASIUM ZU ZWICKAU
RITTER DES KÖNIGL. SÄCHS. VERDIENSTORDENS

IN INNIGER VEREHRUNG

GEWIDMET.

Inhalts-Verzeichnifs.

Einleitung.

Zweiter Theil.

Die Gewichte.

Dritter Theil.

Die Münzen.

Erster Abschnitt. Das griechische Münzwesen.

Zweiter Abschnitt. Das Münzwesen der römischen Republik.

Anhang.

I. Griechenland und der Osten.

Tabellen.

Beilagen.

Einleitung.

§ 1. *Aufgabe der Metrologie. Eintheilung des Stoffes.*

1. Der Mensch ist das Maſs aller Dinge. Dieser oft angeführte Ausspruch des alten Protagoras ist auch der Fundamentalsatz für die Lehre von den Maſsen, die Metrologie. Alles Messen ist eine Vergleichung. Eine bestimmte Gröſse wird zu Grunde gelegt und diese als Maſsstab auf alle gleichartigen Gröſsen angewendet. Die daraus hervorgehende Verhältniſszahl ist das Maſs des gemessenen Gegenstandes. Zu allererst, denn es läſst sich das überhaupt nicht von dem Begriffe menschlichen Seins und Wirkens trennen, müssen die räumlichen Ausdehnungen gemessen worden sein. Naturgemäſs bildet hier der menschliche Körper selbst die Unterlage. Die Handbreite, die Armlänge, die ausgebreiteten Arme, der Fuſs, der Schritt sind Maſse, auf deren Gebrauch die Natur selbst den Menschen hinweist; sie sind bei allen Erwachsenen ungefähr gleich, sie lassen sich fast überall leicht anlegen, und reichen so für die Bedürfnisse des ersten Culturzustandes aus. Die ausgeschrittene Länge wurde auf dem Ackerfelde zum Flächenmaſs. Hundert Fuſs lang, soweit als die Pflugstiere in einem Athem getrieben werden konnten, zog der Pflüger seine Furche, und fügte so viele neben einander daran, bis die Breite des beackerten Stückes der Länge gleich war. Dieses Geviert der hundertfüſsigen Furche ist bei Griechen und Italikern das ursprüngliche Flächenmaſs.

Von den natürlichen Maſsen war es nur ein kleiner Schritt zu der Anwendung künstlicher und genau normirter Maſsstäbe. Die Baukunst läſst sich ohne dieselben nicht denken, daher finden wir bei den Aegyptern, den ältesten Baumeistern der Erde, auch die ältesten genau normirten Maſsstäbe (Anh. § 11, 1); und dasselbe Volk hat auch, wie die Alten, Herodot an der Spitze, vielfach hervorheben, zuerst die Kunst der genauen Vermessung des Landes erfunden [1]). Alljährlich überschwemmte der Nil das fruchtbare Ackerland und bedeckte mit seinem Schlamme die Marken des Grundbesitzes, alljährlich wurde daher durch genaue Vermessung den Besitzern das ihrige wieder zugetheilt, eine Einrichtung, die jedenfalls ebenso alt ist, als überhaupt die ägyptische Cultur.

Nicht so leicht wie zu dem Mafsstabe für die Längen- und Flächenausdehnung gelangte man zu Mafsen für das Volumen und für die Schwere der Körper. Die Hohlmafse zwar hätten leicht aus dem Längenmafse abgeleitet werden können; allein soviel wir wissen, haben erst die Römer und zwar in verhältnifsmäfsig später Zeit den Versuch gemacht ihr Hohlmafs auf den Längenfufs zu basiren (§ 17, 1). Ursprünglich hat der Krug, in welchem Oel oder Wein aufbewahrt wurde, das gröfsere oder kleinere Gefäfs, in welches das Getreide geschüttet wurde, das Mafs für flüssiges und trockenes abgegeben. Eine genauere Normirung konnte nicht anders als willkürlich sein, weshalb schon von Alters her eine weit gröfsere Verschiedenheit in den Hohlmafsen als in den Längen- und Flächenmafsen stattgefunden hat. Aehnlich war es mit dem Gewichte. Die Last, die der Mann bei der Arbeit von dem Boden aufhebt und in seinen Händen oder auf dem Rücken fortbringt, ist doch nicht im entferntesten eine so bestimmte Gröfse als die Glieder des menschlichen Körpers. Auch stellt diese Last schon ein sehr grofses Gewicht dar; dagegen fehlt es für die kleineren Gewichte an dem Vermögen einer unmittelbaren Bestimmung. Denn wenn δραχμή dem ursprünglichen Wortsinne nach soviel bedeutet, als man mit der Hand umfafst, oder *libra* soviel, als man schwebend in der Hand hält, so erkennen wir zwar darin die ersten Versuche ein kleineres Gewicht zu bilden, aber eine feste Bestimmung war danach nicht möglich. Es mufste also das Gewicht künstlich geschaffen werden. Die Entstehung desselben verliert sich in die ältesten Zeiten orientalischer Cultur; was die Völker des klassischen Alterthums betrifft, so haben wir hier vorläufig nur zu constatiren, dafs die Römer ihr Gewicht nach dem griechischen normirten, und dafs die Griechen ihrerseits die auf die Wage zu legende Last, das τάλαντον, als ältestes Gewicht hatten, das eigentliche System der Gewichte aber aus dem Orient

---

1) Herod. 2, 109, Strabo 16 p. 787, Heron Fragm. 2, 1 und andere.

entlehnten, und die festen Ansätze dafür im Zusammenhang mit der Ausprägung der Münzen ausbildeten.

Dies führt uns von selbst auf die für den Verkehr wichtigste Anwendung, die die Kunst des Wägens im Fortschreiten der menschlichen Cultur gefunden hat, auf die Münzen. Vor allen anderen Tauschmitteln, deren sich die Völker auf der ersten Stufe ihrer Entwickelung bedienten, erlangten die edlen Metalle frühzeitig den Vorzug, weil sie, obwohl eigentlich ebenfalls nur eine Waare, doch besser als jeder andere Gegenstand des Besitzes sich zum allgemeinen Werthmesser eigneten. Das Werthmetall wurde ursprünglich zugewogen, dann aber in Stücken von genau bestimmtem Gewicht unter Garantie des Staates ausgeprägt und dadurch zur Münze gemacht. Ueber das Wesen derselben wird weiter unten (§ 22, 2) näher gesprochen werden; hier genüge es nur darauf hinzuweisen, dafs mit dem Auftreten der Münze gewissermafsen aus dem Gewichte ein neues selbständiges Mafs sich entwickelt. Die Münze ist nicht mehr blos ein Stück Werthmetall von einem gewissen Gewichte, sie wird vielmehr das Mafs für alle Werthschätzung, weshalb sie auch, je weiter Handel und Verkehr sich entwickeln, um so häufiger durch blofse Creditzeichen vertreten wird. Freilich ist sie ihrer Natur nach kein ganz unveränderlicher Mafsstab, aber doch immerhin der am wenigsten schwankende, der sich herstellen liefs. In diesem Sinne hat die Metrologie auch das Münzwesen der alten Völker zu behandeln. Sie hat vor allem den Münzfufs zu ermitteln, das Normalgewicht und die Feinheit des Metalls festzustellen und dann den Werth der Münze im Verhältnifs zu dem heutigen Gelde zu bestimmen. Das Gebiet der Numismatik hat sie nur da annähernd zu berühren, wo das Gepräge der Münzen, sei es der Stil der Bilder oder die Beizeichen und Aufschriften, herbeigezogen werden müssen, um Aufschlufs über die Zeit der Prägung zu geben.

2. Aus den gegebenen Andeutungen über das Gebiet der Metrologie ergiebt sich zugleich die Eintheilung und Anordnung des Stoffes. Das vorliegende Handbuch hat zur Aufgabe, einen Umrifs der griechischen und römischen Metrologie zu geben. Es versteht sich, dafs die Behandlung nicht etwa in der Weise getrennt werden darf, dafs zuerst die griechische Metrologie für sich und dann die römische abgethan wird. Beide Völker haben in allem, was Mafse und Münzen betrifft, vielfachen Wechseleinflufs auf einander ausgeübt. Erst waren es die Römer, die ihr Mafs und Gewicht nach dem griechischen normirten, und später fühlten die griechischen Mafse und besonders die Münzen den

Einfluſs der römischen Weltherrschaft. Es müssen also den Ein-
theilungsgrund die eben besprochenen Hauptarten der Maſse
bilden. Wir behandeln demnach in dem ersten Theile die Län-
gen- und Flächenmaſse nebst den Hohlmaſsen, die zwar ihre
feste Bestimmung erst, durch das Gewicht erlangten, aber als
Maſse der räumlichen Ausdehnung nicht von den vorhergenannten getrennt werden durften. Dann folgen im zweiten Theile die
Gewichte, im dritten die Münzen. Beide lassen sich zwar im
Gange der Untersuchung nicht trennen, denn unsere Kenntniſs
des griechischen Gewichts beruht fast ausschließlich auf den
Münzen und auch das römische läſst sich nur durch diese sicher
feststellen; allein in der Darstellung müssen sie der Uebersichtlichkeit wegen geschieden werden, woraus zugleich der Vortheil
hervorgeht, daſs bei den Gewichten vorzüglich auf die Darlegung
des Systems Rücksicht genommen, dieses also bei der ohnedies
umfänglicheren Darstellung des Münzwesens als bekannt vorausgesetzt werden kann. Innerhalb der einzelnen Theile gehen der
historischen Folge entsprechend die Griechen den Römern voran,
wenn gleich bei der Untersuchung sehr häufig die griechischen
Maſse erst auf Grundlage der römischen, über die wir meist besser unterrichtet sind, festgestellt werden konnten.

Ueberhaupt sind Uebersichtlichkeit und Rücksichtnahme auf
leichten handlichen Gebrauch die leitenden Gesichtspunkte bei
Abfassung des Handbuches gewesen. Deshalb ist auf die schwierige
und endlose Untersuchung über die Derivation der Maſse nicht eingegangen worden. Auch liegt hier noch nicht im entferntesten das
genügende Material vor. Wir müssen noch weit besser über die
Maſse des alten Aegypten und der asiatischen Culturreiche unterrichtet sein, die Methode der comparativen Metrologie muſs noch
ganz anders festgestellt und vorzüglich von den Willkürlichkeiten
französischer Gelehrter, die hier viel gesündigt haben, gereinigt
werden, ehe die Untersuchung von neuem wird begonnen werden
können. Auch genügt die sorgfältige Benutzung der Quellen, die
sich auf das eigene Gebiet der griechischen und römischen Metrologie beschränken, vollkommen für die Feststellung der betreffenden Maſse, ohne daſs aus dem Nebel ägyptischer und ba-
bylonischer Vorzeit die Erklärung geholt werden müſste. Wo
überdies, wie bei dem ägyptischen Ellenmaſse oder bei dem per-
sisch-kleinasiatischen Münzfuſse, sichere Unterlagen vorliegen, ist
der dadurch gebotene Anhalt bereitwillig herbeigezogen worden.

Die Rücksicht auf das praktische Bedürfniſs hat dazu geführt, in den Gang der fortlaufenden Darstellung nur das allge-

mein gültige, gewissermafsen die κοινή der griechischen und römischen Mafse aufzunehmen. Dies ist bei den Griechen das attische System, welches daher fast ausschliefslich berücksichtigt worden ist. Nur bei den Münzen ist demselben mit gutem Grunde die persisch-kleinasiatische und die äginäische Währung vorangestellt worden. Was aufserdem von Mafsen und Währungen, die entweder nur vorübergehende und beschränkte Geltung hatten, oder als ausländische blos in ihrer Berührung mit den griechischen und römischen in Betracht kommen, zu erwähnen war, das ist alles in den Anhang verwiesen worden, wo die geographische Anordnung als die allein passende anzuwenden war. Nur darf, um Mifsverständnissen vorzubeugen, nicht etwa erwartet werden, dafs in diesem Anhange alle städtischen und provinzialen Münzwährungen (die Mafse kommen hier nicht in Frage), von denen wir durch erhaltene Münzen Kenntnifs haben, aufgenommen worden sind, wodurch der Anhang einem numismatischen Katalog ähnlich geworden wäre. Vielmehr hat als Norm gegolten, nur das, was von griechischen und römischen Schriftstellern erwähnt wird, und auch hier nur das wichtigste aufzunehmen.

Dem Charakter eines dogmatischen Handbuches entsprechend ist eine übersichtliche Eintheilung in Paragraphen und kleinere Abschnitte durchgeführt worden, wodurch zugleich die Möglichkeit des Verweisens auf das noch folgende geboten wurde.

Den Schlufs bilden die Tabellen, welche die Reduction der Mafse und Gewichte auf französisches und preufsisches Mafs und Gewicht, sowie der Münzen auf den Dreifsigthalerfufs enthalten. Die Unterlagen zu den Tabellen sind im Laufe der Untersuchung bei den einzelnen Abschnitten festgestellt, und es ist dort auch, was für das praktische Bedürfnifs oft erwünscht ist, die Vergleichung mit den neuern Mafsen in runden und daher leichter zu merkenden Beträgen gegeben worden. Ueber die neuern Mafse, Gewichte und Währungen wird noch in einem besondern Abschnitte (§ 4) gesprochen werden.

§ 2. *Quellen.*

1. Die unmittelbaren Quellen für die Metrologie der alten Völker sind die Mafsstäbe, Hohlmafse, Gewichtstücke und Münzen, die jetzt noch erhalten sind. Hier fällt auf den ersten Blick eine grofse Verschiedenheit in die Augen. Mafsstäbe, Hohlmafse und Gewichte haben nur in sehr geringer Zahl den Untergang

der alten Welt überdauert[1]), während die Münzen ein überaus
reichliches Material liefern[2]). In demselben Verhältnisse steht
auch die Wichtigkeit, welche diese Quellen für uns haben. Die
wenigen aufgefundenen römischen Fufsmafsstäbe — griechische
fehlen ganz — geben kein zuverlässiges Mafs des römischen
Fufses; noch weniger läfst sich aus den erhaltenen Mafsgefäfsen
eine genaue Bestimmung des römischen und griechischen Hohlmafses ermitteln. Die Gewichtstücke sind zwar ziemlich zahlreich, aber von sehr schwankendem Betrage. Man braucht nur
zu bedenken, dafs alle diese Mafse und Gewichte nicht mit ma-
thematischer Genauigkeit normirt sind, sondern, lediglich für
den praktischen Gebrauch bestimmt, nur ein annähernd richtiges
Bild der Normalmafse geben. Und wie es heute noch, trotzdem
dafs wir hierin viel genauer sind, unmöglich sein würde, aus den
in Handel und Wandel gebrauchten Mafsstäben das Normalmafs
mit absoluter Genauigkeit wiederherzustellen, so ist das noch
viel weniger bei den alten Mafsen zu erwarten, wo die Verhältnisse noch weit ungünstiger liegen. Also hier ist überall den unmittelbaren Quellen nur ein bedingter Werth zuzusprechen. Ganz
anders verhält es sich mit den Münzen. Sie sind eigentlich unsere
einzige Quelle zur Bestimmung der alten Währungen, denn die
Angaben der Alten geben uns zwar über die Entstehung und das
gegenseitige Verhältnifs derselben, aber nicht über ihren Betrag
Aufschlufs. Sie sind ferner in so reicher Zahl vorhanden, dafs
. sie ein vollständiges Bild der wichtigsten Prägungen des Alterthums darbieten. Auch liegt es in der Natur der Sache, dafs
schon im Alterthum die Genauigkeit bei der Herstellung gröfser
war als bei Mafsen und Gewichten, und zwar steigert sich diese
Sorgfalt mit dem Werthe des Metalls, sie ist bei den Goldmünzen
am gröfsten und diese bilden daher die zuverlässigste Grundlage.
Indefs mufs auch hier die Forschung mit der gröfsten Vorsicht
verfahren. Die Abnutzung der uns erhaltenen Stücke, die zunächst
geltend gemacht werden könnte, fällt weniger in's Gewicht. Wir

---

1) Es fehlt an Werken, welche ähnlich wie die numismatischen Kataloge das auf diesem Felde erhaltene zusammenstellen. Das Material ist in
ältern metrologischen Werken, Berichten der Akademien und anderwärts
zerstreut.
2) Es ist hier nicht der Ort, die umfangreiche hierher gehörige Literatur aufzuführen. Das nöthige wird im einzelnen bei der Behandlung
des attischen und römischen Münzwesens angegeben werden. Im übrigen
ist auf das Quellenverzeichniss bei Mommsen, Geschichte des röm. Münzw.
S. XXIff. zu verweisen.

haben von den wichtigsten Prägungen, besonders in Gold, zahlreiche Stücke, die noch so unversehrt sind, wie sie aus der Münze
gekommen, andere sind so gut erhalten, dafs die Abnutzung auch
nicht zu dem mindesten merklichen Betrag angesetzt werden kann;
es ist also in den meisten Fällen nicht nöthig die Berechnung von
den abgenutzten Stücken abhängig zu machen. Aber trotzdem ist
die Bestimmung des Gewichts aus den Münzen noch schwierig
genug. Durchschnittsrechnungen, wie sie besonders die Franzosen angewendet haben, sind meistens unstatthaft; sie können nur
da Sinn haben, wo anzunehmen ist, dafs es etwa ebenso viele über-.
münzte als untermünzte Stücke von der betreffenden Sorte gebe.
Und doch ist es natürlich, dafs die letzteren gewöhnlich weit
zahlreicher sind, also der Durchschnitt zu niedrig ausfällt. Es
ist also in der Regel das Gewicht aus den höchsten Stücken zu
bestimmen. Doch ist das eben nur das Effectivgewicht und aufserdem oft noch das Normalgewicht aufzusuchen. Denn der mün-
zende Staat ging in seiner Prägung gewöhnlich sehr bald von
dem Normalgewichte etwas herab, und doch mufs dieses allein,
wenn es sich anders ermitteln läfst, die Unterlage für die Feststellung der Währung bilden. Hier mufs die Forschung und
Kritik bei jeder einzelnen Währung ihren besondern Weg gehen,
allgemeine Gesichtspunkte lassen sich nicht aufstellen.

So ermöglichen uns die Münzen die feste Bestimmung der
alten Währungen, sie geben uns damit zugleich den genauen Betrag für die Gewichte, und wiederum vom Gewicht aus läfst sich
die nach den Umständen möglichst annähernde Bestimmung des
Hohlmafses geben. Für das Längenmafs bilden die zuverlässigste
Grundlage die alten Bauten. Hier haben uns die alten Baumeister
ihren Mafsstab, der voraussichtlich genauer war als irgend ein
anderer im gewöhnlichen Verkehr angewendeter, in hunderten
von Dimensionen hinterlassen, und mit der gehörigen Vorsicht
läfst sich aus diesen Monumenten das alte Längenmafs mindestens ebenso genau wieder herstellen, als es die Alten selbst
hatten.

2. Wir kommen nun zu den geschriebenen Quellen und
zwar zunächst zu den aus dem Alterthum erhaltenen metrologischen Schriften. Die nachweislich älteste Erwähnung von metrologischen Schriftstellern findet sich bei Galen, von dem οἱ περὶ
τῶν σταϑμῶν καὶ μέτρων γράψαντες mehrfach angeführt
werden [3]). Eine Schrift des Dardanos περὶ σταϑμῶν wird

---

3) De compos. med. p. gen. 5 p. 789 (Kühn). Vergl. 6 p. 693: οἱ
πλεῖστοι τῶν γραψάντων περὶ μέτρων καὶ σταϑμῶν.

von Lydos [4]) erwähnt, darin befand sich auch die Nachricht über das vorsolonische attische Talent [5]). Ein anderer Schriftsteller auf diesem Gebiete, Diodoros, wird von Suidas [6]) citirt. Er hat ebenfalls eine Schrift περὶ σταϑμῶν verfafst und darin die Bestimmung des Talentes und seiner Theile gegeben. Näheres kennen wir nicht über ihn.

Was wir sonst von metrologischen Schriften wissen, verdanken wir den verschiedenen Fragmenten über Mafse und Gewichte, die uns noch erhalten sind. Das der Zeit der Abfassung nach älteste ist vermuthlich das kleine in den Analecten der Benedictiner veröffentlichte Stück περὶ μέτρων καὶ σταϑμῶν καὶ τῶν δηλούντων αὐτὰ σημάτων [7]), denn hier erscheint noch die Bestimmung des Denars zu $\frac{1}{84}$ Pfund, es mufs also vor Nero abgefafst sein [8]). Wir citiren den anonymen Verfasser mit Böckh als den Metrologen der Benedictiner. Weit umfänglicher sind die unter Heron's Namen überlieferten Fragmente. Die Untersuchung über den Verfasser und besonders über die Zeit der Abfassung ist mit grofsem Eifer von verschiedenen Gelehrten geführt worden, kann aber trotzdem noch nicht als abgeschlossen betrachtet werden. Denn trotz der umfänglichen Werke Letronne's und Martin's [9]), die in neuester Zeit diese Frage behandelt, und trotz der Beiträge, welche von deutschen Gelehrten besonders Böckh [10]) dazu geliefert hat, ist ein sicheres Resultat noch nicht erzielt. Die Hauptschwierigkeit liegt darin, dafs es verschiedene Heron gegeben hat. Der erste ist der bekannte Mathematiker und Mechaniker, der Schüler des Ktesibios, der zu Alexandreia

---

4) De mensibus 4, 9 p. 160 Roether (wo Δαρδάνιος in Δάρδανος zu verbessern ist). Aus der daselbst vorkommenden Erwähnung des Miliorense ist zu schliefsen, dafs Dardanos nicht vor Constantin geschrieben hat. Mommsen S. 791.

5) Bei Priscian. de fig. num. 2 § 10. Vergl. unten § 25, 1 Anm. 6.

6) Unter τάλαντον.

7) Analecta Graeca sive varia opuscula Graeca hactenus non edita. Ex MSS. codicibus eruerunt monachi Benedictini. Paris 1688. Das erwähnte Fragment ist *ex codice Regio* 3284 entnommen und p. 393—395 abgedruckt.

8) S. unten § 26 Anm. 3 a. E., § 36, 1.

9) Letronne, recherches critiques historiques et géographiques sur les fragments d'Héron d'Alexandrie ou du système metrique Egyptien. Nach des Verfassers Tode herausgegeben von A. J. H. Vincent Paris 1851. — Martin, recherches sur la vie et les ouvrages d'Héron d'Alexandrie et sur tous les ouvrages mathématiques Grecs qui ont été attribué à un auteur nommé Héron. In Mémoires présentés par divers savants à l'Acad. des Inscr. serie I, tome IV, Paris 1854.

10) Metrol. Unters. S. 8—11.

wahrscheinlich in der zweiten Hälfte des zweiten Jahrhunderts v. C. lebte[11]). Ein zweiter Heron wird als Lehrer des Proklos angeführt, woraus folgt, dafs er ebenfalls zu Alexandreia und zwar um die erste Hälfte des fünften Jahrhunderts n. C. lebte[12]). Der dritte Heron endlich wird von keinem Schriftsteller citirt, es sind von ihm aber Schriften über Geodäsie und Kriegswissenschaft erhalten[13]). Aus einer Stelle seiner Geodäsie, die eine astronomische Angabe enthält, ergiebt sich, dafs dieser Heron zu Anfang des siebenten Jahrhunderts n. C. blühte[14]), also wahrscheinlich ein Byzantiner war. Nun besitzen wir unter Heron's Namen verschiedene Bruchstücke, welche sämmtlich auf ein gröfseres verloren gegangenes Werk über Geodäsie zurückgehen[15]). Dieses Werk, welches vielleicht γεωμετρούμενα betitelt war[16]), enthielt eine vollständige Auseinandersetzung über die praktische Geometrie oder die Kunst des Feldmessens. Auch befand sich darin eine Erklärung und Uebersicht über die Mafse, nach welchen die Steuern erhoben wurden; dies müssen die von Eutokios citirten μετρικά des Heron sein, und ebendaher rühren die drei so wichtigen metrologischen Fragmente, welche Heron's Namen tragen. Das erste enthält die zur Zeit des Compilators gültigen Längenmafse, das zweite die älteren damals nicht mehr gebräuchlichen. Wir haben in dieser zweiten Tabelle die vollständige Darstellung des ägyptischen Mafssystems, wie es unter Einflufs der griechischen Mafse von den Ptolemäern gebildet und später unter römischer Herrschaft noch um einige römische Mafse bereichert war (Anh. § 11). Die dritte Tabelle steht der ersten parallel, enthält aber viele abweichende Bestimmungen.

---

11) Nach Böckh S. 8 und Letronne p. 26 unter der Regierung Ptolemaeos VII (Euergetes II). Martin sucht, freilich ohne rechte Gründe, wahrscheinlich zu machen, dass er bis in das erste Jahrhundert v. C. gelebt habe.

12) Proklos ist im J. 412 n. C. geboren und studirte in Alexandreia, also mufs Heron um 430 gelehrt haben. Letronne p. 27.

13) Letronne p. 29 ff., der über das Nähere zu vergleichen ist, führt von ihm an die lateinisch von Barocci (Venedig 1572) herausgegebenen Schriften *de geodaesia* und *de machinis bellicis*, ferner παρεκβολαὶ ἐκ τῶν στρατηγικῶν παρατάξεων u. a.

14) Letronne p. 31—34. Noch später, in den Anfang des zehnten Jahrhunderts versetzt ihn nach derselben astronomischen Bestimmung Ideler, Abhandl. der Berl. Akad. 1812—13 S. 198.

15) Letronne p. 73.

16) Das erste Fragment bei Letronne p. 36 fängt an "Ἥρωνος ἀρχὴ τῶν γεωμετρουμένων, der zweite Abschnitt desselben hat die Ueberschrift "Ἥρωνος εἰσαγωγαὶ τῶν γεωμετρουμένων.

Die beiden ersten Fragmente sind zuerst in den Analecten der Benedictiner veröffentlicht und neuerdings von Letronne aus den Manuscripten der Pariser Bibliothek nebst dem dritten Fragmente herausgegeben worden [17]). Um nun wieder zur Zeitbestimmung des ursprünglichen Heronischen Werkes zurückzukehren, so hat man, wie zu erwarten, zwischen allen drei Heron gerathen. Der jüngste indefs, obgleich ebenfalls Verfasser einer Geodäsie, steht zu dem fraglichen Werke entschieden in gar keiner Beziehung [18]). Letronne entschied sich für den zweiten Heron, ohne dies jedoch recht begründen zu können. Martin [19]) endlich führt die Fragmente auf ein Werk des älteren Heron zurück. Nach seiner Ansicht, die im wesentlichen Billigung zu verdienen scheint, ist der ältere Heron der ursprüngliche Verfasser der Geodäsie und der Metrika gewesen; aus diesem Werke sind zu verschiedenen Zeiten verschiedene Auszüge, darunter auch die Tabellen über die Mafse hervorgegangen, in diese jedoch die später üblichen Mafse hineingetragen worden. Alle diese späteren Compilationen tragen noch den Namen Heron's, um damit auf das Originalwerk zurückzuweisen. Bedenklich bleibt dabei allerdings, dafs selbst der Inhalt des zweiten Fragments, welches die ältesten Bestimmungen enthält, in die Zeit nach der Einverleibung Aegyptens in das römische Reich, mithin beträchtlich nach dem älteren Heron zu setzen ist; also müfste auch diese Tabelle κατὰ τὴν παλαιὰν ἔκθεσιν bereits in überarbeiteter Form vorliegen.

Auf gleicher Stufe mit den Heronischen Excerpten stehen die Tafeln der Längenmafse, welche in der unter des Alexandriners Didymos Namen überlieferten Schrift μέτρα μαρμάρων καὶ παντοίων ξύλων [20]) enthalten sind. Hier findet sich das zweite Heronische Fragment ohne wesentliche Abänderungen wieder [21]), und eine darauf folgende kürzere Tabelle über die εὐθυμετρικὰ εἴδη stimmt wieder fast wörtlich mit dem Text eines Heronischen

---

17) Anal. Benedict. p. 308 ff., Letronne p. 42 f. 47—50. 59—61. Die obige Zählung der Fragmente weicht von der Letronne's, der sämmtliche Fragmente Heron's zu berücksichtigen hatte, ab. Sie stimmt aber mit dem von Fenneberg in seinen Untersuchungen über die Längen-, Feld- und Wegemafse S. 44 ff. gegebenen Abdruck. Ich citire also im folgenden kurz Heron, Fragm. 1 u. s. w.
18) Letronne p. 75.
19) Recherches p. 100 f. 223.
20) Herausgegeben von A. Mai in Iliadis fragmenta et picturae, Mailand 1819 p. 153 ff.
21) Cap. 14—16.

Manuscriptes überein [22]). Aber in der diesen beiden Tabellen vorausgehenden Uebersicht über die Berechnung der Quadrat- und Kubikmafse [23]) findet sich die wichtige Abweichung, dafs anstatt des Philetärischen Fufses der Ptolemäische, anstatt des italischen der römische genannt wird, worin der sichere Schlüssel zur Erkenntnifs des ganzen Philetärischen Systems liegt (Anh. § 11, 2).

Nur durch Verwirrung in jüngeren Handschriften ist in die Schrift des Didymos ein kurzes Fragment über die Gewichte ein- gelegt, welches sich auch in einem Heronischen Manuscripte fin- det. Es steht mit Heron in weiter keinem Zusammenhang, als dafs es mit in das geometrische Sammelwerk, auf welches He- ron's Name sich vererbt hatte, aufgenommen war [24]). Wir citi- ren den Verfasser, der nach Nero gelebt haben mufs, mit Momm- sen als den anonymen Alexandriner.

Eine ziemlich umfängliche Sammlung metrologischer Frag- mente findet sich am Schlusse der Werke Galen's angehängt [25]). Sie beziehen sich sämmtlich auf Hohlmafse und Gewichte und sind vermuthlich mit Rücksicht auf das praktische Bedürfnifs der Aerzte, welche die Medicamente theils nach dem Hohlmafs theils nach dem Gewichte verschrieben, zusammengestellt. Deshalb ist besonders die Reduction des Hohlmafses auf das Gewicht des darin enthaltenen Weines oder Oeles oder anderer Flüssigkeiten ausgeführt, ein Punkt, auf den Galen selbst mehrmals in seinen Werken zu sprechen kommt. Auch die in den Tabellen durch- geführte Vergleichung verschiedener Mafse und Gewichte, be- sonders des attischen, alexandrinischen und römischen, berührt Galen einigemal, weil er in seinen verschiedenen Quellenschriften auch verschiedenes Mafs und Gewicht fand. Der erste Theil der Fragmente trägt die Ueberschrift Γαλήνου τοῦ σοφωτάτου περὶ μέτρων καὶ σταθμῶν διδασκαλία, dann folgt ein Auszug ἐκ τῶν Κλεόπατρας κοσμητικῶν περὶ σταθμῶν καὶ μέτρων, also ursprünglich eine Zusammenstellung der Mafse und Gewichte für Salben und wohlriechende Oele; dann kommt eine Tabelle über Mafse und Gewichte der Rofsärzte und zuletzt ein Fragment

22) V. Fenneberg S. 72.
23) Cap. 12 f.
24) Martin p. 191. 212. Mommsen S. 30 (wo für *Vincent Martin* zu lesen).
25) Tom. XIX der Ausgabe von Kühn p. 748 ff.; in etwas verschie- dener, weniger vollständiger Redaction auch in Stephani Appendix libel- lorum ad thes. ling. Gr. pertin. p. 214 ff.

Διοσκορίδου περὶ μέτρων καὶ σταϑμῶν. Die Abfassungszeit der älteren Stücke unter Kleopatra's und Dioskorides Namen
kann an das Ende des ersten Jahrhunderts n. C., die der jüngeren Galenischen in den Ausgang des zweiten versetzt werden.
Der Bischof Epiphanios von Salamis auf Kypros verfaſste
im J. 392 in Alexandreia eine Schrift *περὶ μέτρων καὶ σταϑμῶν*[26]), die besonders von den Hohlmaſsen, namentlich den
biblischen, kürzer von den Gewichten und Münzen handelt,
aufserdem auch mit chronologischen und anderen Erörterungen
sich beschäftigt. Dazu kommen zwei Fragmente, das erste über
einige Gewichte und Hohlmaſse, das zweite über die Längenmaſse[27]). Beide sind jedenfalls aus der genannten Schrift des
Epiphanios ausgezogen; da sie aber Bestimmungen enthalten, die
in der Schrift, wie sie uns jetzt vorliegt, fehlen, so folgt, daſs
wir letztere nur in verstümmelter Form besitzen.

3. Von lateinischen metrologischen Werken ist uns nur
sehr wenig erhalten. Das vorzüglichste ist des Volusius Maecianus, der im J. 175 n. C. starb, *distributio partium*, eine kleine
sorgfältig abgefaſste Schrift, die von den Namen und Bezeichnungen der Theile des As und von der römischen Bruchrechnung
handelt[28]). Der Gromatiker Balbus, der unter Trajan und
Hadrian lebte, verfaſste an seinen Freund Celsus eine Schrift
wahrscheinlich unter dem Titel *expositio et ratio omnium mensurarum*[29]). Daraus sind uns zwei Stücke, beide jedenfalls nur
im Auszuge, erhalten. Das erste, *expositio et ratio omnium for-
marum*[30]), enthält nach der Einleitung eine Uebersicht der rö-

---

26) Abgedruckt in Epiphanii opera ed. Petav. Tom. II (1682) p. 158
bis 184, die zweite Hälfte auch bei Le Moyne, Varia sacra (1685) p. 470
bis 489. Ueber Ort, Zeit und Authenticität der Schrift vergl. Mommsen
S. 791.

27) Beide Fragmente stehen in den *Ἐκλεκτά τινων τῶν παλαιῶν
περὶ τῶν ὑποκειμένων σταϑμῶν Ἑβραίων* bei Le Moyne p. 498—503.
Das erste ist überschrieben *τοῦ ἁγίου Ἐπιφανίου Κύπρου*, das zweite
περὶ πηλικότητος μέτρων. Dafür, daſs auch dieses zweite Fragment dem
Epiphanios zuzusprechen ist, obgleich es seinen Namen nicht ausdrücklich
führt, spricht sowohl seine Stellung unmittelbar nach dem andern Fragmente, als auch der Umstand, dass die Längenmafse in der Originalschrift
des Epiphanios nicht wohl fehlen konnten.

28) Herausgegeben von Böcking 1831 und neuerdings von Mommsen
in den Abhandl. der Sächs. Gesellsch. der Wiss. B. 3 S. 281 ff.

29) Ueber das Zeitalter des Balbus s. Lachmann, Schriften der röm.
Feldmesser II S. 135, über den vermuthlichen Titel seines Werkes denselben S. 134.

30) In den Gromatici von Lachmann p. 91 ff.

mischen Längen- und Flächenmafse, das andere, *de asse minu-tisque eius portiunculis* [31]), giebt eine kurze Zusammenstellung der Theile des As.

Eine kurze Auseinandersetzung über die Gewichte giebt der Grammatiker Pris cian in seiner Schrift *de figuris numero-rum* [32]). Derselbe ist, wenigstens nach der Autorität einiger Handschriften, auch der Verfasser des Lehrgedichtes *de ponderibus et mensuris* [33]), welches eine zwar unkritisch geschriebene, aber im Ganzen zuverlässige Darstellung der griechischen und römischen Hohlmafse und Gewichte enthält.

Von dem As und seinen Theilen handeln auch drei kleine Gedichte in der lateinischen Anthologie [34]).

Verschiedene metrologische Tafeln, sämmtlich ohne besonderen Werth, finden sich noch in der Sammlung der gromatischen Schriften [35]). Dort ist auch der Abschnitt aus Isidor's Etymologien, der über die Acker- und Wegmafse handelt, aufgenommen [36]).

4. Als Quellen sind selbstverständlich auch alle übrigen Schriften des Alterthums, insofern sie Angaben über Mafse, Gewichte und Münzwährungen enthalten, zu betrachten. Hier mufs die Kritik in jedem einzelnen Falle den Werth der Mittheilung prüfen. Herodot ist gerade auf diesem Gebiete, besonders in Betreff der Längenmafse nicht eben zuverlässig, es lassen sich ihm auf das bestimmteste Ungenauigkeiten und Verwechselungen nachweisen. Doch theilt mehr oder weniger diesen Fehler das ganze Griechenvolk mit ihm. Die Gewohnheit in runden Zahlen zu rechnen, die Mafse nur nach ihrem ungefähren Betrage zu nehmen, ähnliche Mafse verschiedener Völker gleich zu setzen, Entfernungen nur nach ungenauer Abschätzung zu bestimmen, war ganz allgemein. Auch darf man nicht vergessen, dafs die meisten No-

---

31) Herausgegeben von Gronov, de sestertiis p. 883 ff. und von Böcking zusammen mit Volusius Maecianus.
32) Bei Putsche p. 1345 ff., bei Keil p. 408 ff.
33) Wernsdorf, poet. Lat. minores V pars I p. 494 ff. In der ältesten Handschrift fehlt der Name des Verfassers, andere nennen Priscian. Unter seinem Namen wird es jetzt allgemein citirt, und ist seine Autorschaft wenigstens besser begründet, als die des Rhemnius Fannius Palaemon, der lange als der Verfasser gegolten hat. Vergl. Bernhardy, Grundrifs der röm. Lit. S. 457.
34) Anthol. Lat. ed. Meyer II n. 1066—68.
35) Gromit. ed. Lachmann p. 245. 371 ff. 407.
36) P. 366 ff. aus Isidor. Orig. 15, 13—16.

tizen nur gelegentlich bei Behandlung anderer Gegenstände gegeben werden, und dafs auch neuere Schriftsteller in solchen Fällen nicht ängstlich eine absolute Genauigkeit erstreben. Unter den späteren Sammelschriftstellern nimmt den ersten Platz Pollux ein, der in dem Abschnitte seines Onomastikon, wo er über die Münzen und Gewichte handelt [37]), gute Quellen, besonders Aristoteles, benutzte. Mit grofser Vorsicht sind die Lexikographen und alten Commentatoren, wie Eustathios zu gebrauchen. Sie haben theilweise höchst werthvolle Nachrichten aus alten guten Quellen, aber auch vieles ungenaue und irrthümliche; auch stehen häufig Angaben, die sich auf ganz verschiedene Zeiten und Verhältnisse beziehen, ungeschieden neben einander. Unter den Römern ist der Gromatiker Hyginus, von dem leider nur wenige Notizen über Längen- und Flächenmafse erhalten sind, ein vollkommen sicherer Gewährsmann. Von unserer Hauptquelle, dem Sammelwerk des Plinius, kann leider nicht das gleiche gerühmt werden. Die unkritische Art, wie er seine Quellen benutzt, hat gerade in Betreff der Mafse zu erstaunlichen Ungenauigkeiten, zu Verwechselungen und Irrthümern geführt. Von Festus und den Excerpten des Paulus gilt etwa dasselbe wie von den griechischen Lexikographen.

Die Inschriften bieten nur äufserst wenig auf Metrologie bezügliches. Am bedeutendsten ist die attische Inschrift, die die gesetzlichen Bestimmungen über die Hohlmafse und Gewichte enthält (§. 16, 1).

§ 3. *Neuere Literatur.*

Die frühere metrologische Literatur der neueren Zeit ist jetzt vollkommen antiquirt. Indefs kann von einer Zusammenstellung der Hauptwerke, da sie bisweilen noch wegen einzelner Angaben angeführt werden müssen und die meisten wenigstens von historischem Interesse sind, nicht wohl abgesehen werden [1]).

1. Nicht lange nach dem Wiedererwachen der Wissenschaften veröffentlichte der Franzose Budé sein umfängliches Werk über den As:

---

37) 9, 51—87 (περὶ νομισμάτων).
1) Vergl. die Uebersicht bei Hussey, essay p. 1—9. Eine Zusammenstellung der Literatur bis gegen 1670, freilich sehr ungenau und in höchst ungeschickter Anordnung, giebt Labbe in seiner Bibliotheca nummaria. Besser ist die bis an das Ende des 18. Jahrhunderts reichende Bibliotheca nummaria von Lipsius, Leipzig 1801.

Gul. Budaei Parisiensis de asse et partibus eius libri V. Paris 1514, später mehrmals wiederholt [2]). Die Vorrede ist datirt Idibus Martii A. D. M. D. XIIII.

Er sammelte die Stellen der Alten und suchte sie zu einem System zu verbinden. Ein Hauptzweck war für ihn die Darstellung der für seine Zeit noch räthselhaften Sesterzrechnung [3]). Er versichert Gold- und Silbermünzen auf das sorgfältigste gewogen zu haben, ohne jedoch dadurch vor Irrthümern wie vor dem der Gleichstellung von Mine und römischem Pfund bewahrt zu werden [4]).

Ungewifs, in welchem Jahre, wahrscheinlich bald nach Budé's Werk, erschienen

Leonardi de Portis de sestertio pecuniis ponderibus et mensuris antiquis libri duo [5]). Wiederholt 1524 und öfter (abgedruckt im Thesaur. Gronov. vol. IX p. 1433 ff.).

Das Pfund wufste er nicht anders als *ad principia naturalia, quae stabilia sunt,* nämlich nach *siliquae,* Schotenkörnern, zu bestimmen. Ebenso glaubte er in Betreff der Längenmafse zu dem natürlichen Mafse die Zuflucht nehmen zu müssen; doch hörte er von einem Fufsmafs, das in den Gärten des Angelus Colotius (§ 15 Anm. 5) erhalten sei und liefs danach einen Mafsstab des halben römischen Fufses abdrucken.

Demnächst sind namhaft zu machen

Georg. Agricolae libri quinque de mensuris et ponderibus: in quibus pleraque a Budaeo et Portio parum animadversa diligenter excutiuntur. Basil. 1533.

Luc. Paeti de mensuris et ponderibus Romanis et Graecis cum his quae hodie Romae sunt collatis libri quinque. Venet. 1573 (abgedruckt im Thesaur. Graev. vol. XI).

Paetus versuchte zuerst die genaue Bestimmung des römischen Pfundes nach Gewichtstücken, wobei er dem richtigen Werthe sehr nahe kam (§ 21 Anm. 6).

---

2) Lipsius p. 60. Ich benutzte die vom Verfasser selbst noch besorgte Ausgabe vom J. 1550.

3) P. 122: hoc est enim caput eius rei quam agimus, hic cardo totius operis, haec denique alea ancipitis incepti, ut ostendere aggrediomur vel demonstrare potius quid inter sestertia centum et sestertium centies intersit.

4) P. 159. 163.

5) Das Jahr des Erscheinens ist nicht angegeben. Die Seitenzahlen fehlen. Der Name des Verfassers lautet, abweichend von dem Titel, in der von anderer Hand geschriebenen Vorrede *Portius,* wie er gewöhnlich genannt wird. Nach Agricola erschien das Werk des Portius erst nach dem Budé'schen, doch hat ersterer offenbar keine Kenntniss von dem letzteren.

I. B. Villalpandi de Romanis Graecis Hebraeisque ponderibus atque
numismatis, secundae partis apparatus liber secundus, in II. Pradi et
I. B. Villalpandi in Ezechielem explanationes et apparatus urbis ac
templi Hierosol. vol. III Rom. 1604 p. 329—500.

Er mafs den zuerst von Paetus beschriebenen Farnesischen Congius (§ 18, 1) und versuchte daraus den römischen Fufs zu
bestimmen (§ 15 Anm. 9).

De ponderibus, nummis et mensuris libri V auctore Jac. Capello.
Francof. 1606.

Eine unkritische Zusammenstellung der früheren Forschungen;
Beachtung verdient jedoch die ziemlich richtige Bestimmung des
römischen Pfundes, die er wahrscheinlich aus Münzwägungen
fand (§ 21 Anm. 8). Vortreffliche Arbeiten sind die von

I. I. Scaliger, de re nummaria dissertatio: liber postumus ex Bibliotheca
Academiae Lugduno-Batavae editus a V. Snellio. Lugd. Bat. 1616
(abgedruckt im Thesaur. Gronov. vol. IX p. 1493 ff.) und von

I. F. Gronov, de sestertiis seu subsecivorum pecuniae veteris Graecae
et Romanae libri IV. Amstelod. 1656 [6]). Die früheren Bearbeitungen
desselben Themas von Gronov's Hand, die erste zu Leyden 1619, die
andere zu Deventer 1643 erschienen [7]), sind weniger vollständig.

Ersterer lenkte die Aufmerksamkeit zuerst auf die Heronischen
Fragmente, von denen er Auszüge aus Handschriften mittheilte;
letzterer behandelte, wenigstens für seine Zeit, erschöpfend,
was sich bei alten Schriftstellern die Münzen anlangend findet,
und ist in dieser Beziehung noch jetzt brauchbar. Weitere Fort-
schritte in der Metrologie konnten nur von einer sorgfältigeren
Benutzung der unmittelbaren Quellen, besonders der Münzen
ausgehen. Hier brach die Bahn der als Arzt wie als Chemiker
ausgezeichnete

L. Savot, discours sur les médailles antiques. Paris 1627.

Er stellte zuerst umfängliche Forschungen über den Feingehalt
der Münzen an (p. 65 ff.), fand dabei, dafs die Münzen der Alten in den Zeiten sorgfältiger Prägung möglichst fein geschlagen
wurden, dafs sie aber in der Kaiserzeit bis Diocletian immer an
Güte abnahmen. Daran knüpfen sich eingehende Untersuchungen über das Gewicht der römischen Münzen und die hieraus,
nicht aus den Gewichtstücken, zu entnehmende Bestimmung des
Pfundes, ferner über das Werthverhältnifs zwischen Gold und

---

6) Nach dieser Ausgabe ist im folgenden citirt. Das Werk wird
häufig auch nach der Paginalüberschrift unter dem Titel de pecunia vetere
angeführt.

7) Lipsius p. 161. Labbe p. 310.

Silber, endlich über die von Paetus und Villalpandi ausgegangenen Bestimmungen des Pfundes und des Fufses, die einer besonnenen Kritik unterworfen und als nicht haltbar erwiesen werden. Einen weitern Fortschritt machte

> J. Greaves, discourse of the Roman foot and denarius. London 1647 (wiederholt in Miscellaneous works, London 1737, wonach im folgenden citirt ist).

Er zeigte zuerst den Unterschied zwischen der attischen Drachme und dem römischen Denar, und begründete seine Bestimmungen derselben auf sorgsame Münzwägungen. Viel schätzenswerthes enthält auch, obwohl schlecht angeordnet und trocken in der Form, das Werk von

> E. B. Bernard, de mensuris et ponderibus antiquis libri tres. Editio altera, purior et duplo locupletior. Oxon. 1688.

Ausgezeichnet ist das kleine Werk von

> J. C. Eisenschmid, de ponderibus et mensuris veterum Romanorum, Graecorum, Hebraeorum. Argentor. 1708.

Der Verfasser hatte viele Münzen sorgsam geprüft, zog die Resultate mit grofser Schärfe und vereinigte alles zu einer vortrefflichen systematischen Darstellung. Es war das beste bis dahin erschienene Handbuch der Metrologie[8]). Viel weniger bedeutend sind Arbuthnot's Tables of the ancient coins weights and measures (London 1727, lateinisch von Koenig, Utrecht 1756), die als Handbuch grofse Verbreitung fanden, indefs keine neuen Resultate, wohl aber viele Ungenauigkeiten und Fehler enthalten.

2. Gegen Ende des achtzehnten Jahrhunderts nahmen vorzüglich französische Gelehrte die Untersuchung mit Eifer und Erfolg auf. Besonders namhaft zu machen sind Barthélemy und de la Nauze in verschiedenen Abhandlungen der Académie des Inscriptions, ersterer auch im Anhang zu seiner Reise des jungen Anacharsis. Voluminös aber wenig brauchbar ist das Sammelwerk von

> Paucton, Métrologie ou traité des mesures poids et monnaies des anciens peuples et des modernes. Paris 1780.
>
> Romé de l'Isle, Métrologie ou tables pour servir à l'intelligence des poids et mesures des anciens. Paris 1789 (deutsch von Grofse, Braunschweig 1792),

ist schätzbar wegen der Münzgewichte; aber der Verfasser, der kein Gelehrter vom Fach war (préf. p. XIV), hat nicht vermocht den Stoff systematisch zu verwerthen.

---

8) Hussey p. 7.

In derselben Periode erschien in England

Raper, Enquiry into the measure of the Roman foot, in den Philosophical transactions vom J. 1760; und Enquiry into the value of the ancient Greek and Roman money, in den Philos. trans. vom J. 1771, beides sehr werthvolle Untersuchungen. Seine Bestimmung des römischen Fufses ist bis jetzt die sicherste (§ 15, 2).

Eckhel's grofses numismatisches Werk, Doctrina numorum veterum, enthält nur in den Prolegomenen einiges auf Metrologie bezügliches. Sehr schätzbar wegen der reichhaltigen Uebersichten von Münzgewichten und der besonnenen Kritik, mit welcher dieselben zur Bestimmung des Gewichtes und Werthes der römischen Münzen verwendet sind, ist die Schrift von

Letronne, considérations générales sur l'évaluation des monnaies Grecques et Romaines. Paris 1817 [9]).

Ein seiner Zeit brauchbares, allerdings ziemlich oberflächlich geschriebenes Handbuch war

Wurm, de ponderum, nummorum, mensurarum ac de anni ordinandi rationibus apud Romanos et Graecos. Stutgard 1821.

Ungleich höher steht das auf gründlichen Studien beruhende, mit vielem Geschick geschriebene, nur in den Angaben der Münzgewichte nicht immer ganz zuverlässige Werk von

Hussey, essay on the ancient weights and money, and the Roman and Greek liquid measures, with an appendix on the Roman and Greek foot. Oxford 1836.

Dazwischen sind noch zu erwähnen die wegen des Materials werthvollen Untersuchungen von

Cagnazzi, su i valori delle misure e dei pesi degli antichi Romani, desunti dagli originali esistenti nel real Museo Borbonico di Napoli. Neapel 1825. Deutsch sehr schlecht übersetzt von A. v. Schönberg. Kopenhagen 1828;

ferner der Abrifs von

Saigey, traité de métrologie ancienne et moderne. Paris 1834,

und die zwar unkritischen, aber als Uebersicht brauchbaren Zusammenstellungen von

Paucker, Metrologie der alten Griechen und Römer, in den Dorpater Jahrb. für Literatur, Band V. 1835.

Die Frage über das griechische und römische Längen- und Flächenmafs unterwarf einer sorgfältigen Revision

Ideler, über die Längen- und Flächenmafse der Alten, in den Abhand-

---

9) Desselben tabulae octo numorum, ponderum, mensurarum apud Romanos et Graecos (Paris 1825) waren nicht zu erlangen.

lungen der historisch-phil. Classe der Berliner Akademie von den J. 1S12—13. 1S25. 1826. 1827, worin er besonders die Willkürlichkeiten der französischen Geographen zurückwies und die Hauptpunkte des so schwierigen und controversen Gegenstandes mit Umsicht und Besonnenheit feststellte. Leider ist ihm bis jetzt niemand in dieser Bahn gefolgt und doch bedarf dieser Theil der Metrologie mehr als irgend ein anderer einer neuen erschöpfenden Untersuchung. Die kleine Schrift von Fenner von Fenneberg, Untersuchungen über die Längen- Feld- und Wegemaſse der Völker des Alterthums (Berlin 1859), die einige dankenswerthe Beiträge bietet, kann gerade in dem Hauptpunkte, der Darstellung des Philetärischen Systems (Anh. § 11, 2) keine Beistimmung finden.

In ein neues Stadium führte die metrologische Wissenschaft Böckh in seinen Metrologischen Untersuchungen über Gewichte, Münzfüſse und Maſse des Alterthums in ihrem Zusammenhange (Berlin 1838). Das Werk ist zu bedeutend und gehört noch zu sehr der Gegenwart an, als daſs hier ein in wenige Worte zusammengedrängtes, und eben darum leicht mifszuverstehendes Urtheil gerechtfertigt wäre. Nur darauf mag hingewiesen werden, daſs die Untersuchungen Böckh's ein von dem Zwecke des vorliegenden Handbuches zu weit abweichendes Ziel verfolgen, als daſs sie für dasselbe hätten als Grundlage dienen können. Die dort aufgestellten Hypothesen über Zusammenhang und Derivation der verschiedenen Maſs- und Gewichtsysteme, die zum Theil nothwendig noch des Nachweises bedürfen, zum Theil durch neuere Forschungen bereits widerlegt sind, durften in ein dem praktischen Gebrauche dienendes Handbuch nicht aufgenommen werden. Abgesehen davon hat aber sowohl dieses Werk von Böckh als die hierher gehörigen Abschnitte seiner Staatshaushaltung der Athener (2. Ausgabe Berlin 1851) reichlichen Gewinn geliefert. In noch weit höherem Grade gilt dies von Mommsen's epochemachender Geschichte des römischen Münzwesens (Berlin 1860), die dem Handbuch nicht nur, wie nicht anders möglich, als Unterlage für die Behandlung des römischen Münzwesens gedient, sondern auch für die griechischen Münzwährungen die leitenden Gesichtspunkte geboten hat.

Ungleich weniger bedeutend ist, was Ausländer in neuester Zeit auf dem Gebiete der Metrologie geliefert haben. Dureau de la Malle giebt in dem ersten Theile seiner Economie politique des Romains (Paris 1840) einen kurzen Abriſs der römischen

Metrologie, besonders Gewichts- und Werthbestimmung der Münzen. Ohne tiefere Kritik, ja theilweise mit einem erstaunlichen Ungeschick abgefafst ist das umfängliche Werk des Spaniers Don Vazquez Queipo, essai sur les systèmes métriques et monétaires des anciens peuples (3 vol., Paris 1859). Selbst die Münztabellen, die den ganzen dritten Band einnehmen, sind wegen der unterlassenen Beschreibung des Gepräges nur wenig brauchbar.

§ 4. *Uebersicht der wichtigsten neueren Mafs- Gewicht-und Münzsysteme.*

Da bei der Bestimmung der alten Mafse, Gewichte und Münzen die Kenntnifs der neueren Systeme, besonders des französischen vorausgesetzt werden mufs, so erscheint es nöthig, um später Wiederholungen zu vermeiden, das wichtigste hier in kurzer Uebersicht aufzuführen [1]).

1. Längen- und Flächenmafse. Bei den früheren Untersuchungen über das alte Längenmafs hat theils das alte französische, theils das englische Fufsmafs zu Grunde gelegen.

Nach den sorgfältigsten neueren Untersuchungen verhält sich der Pariser Fufs zum englischen wie 106575: 100000, es ist also 1 englischer Fufs = 0,938306 Par. Fufs = 135,1160 Par. Linien [2]).

Der preufsische oder rheinländische Fufs ist etwas kleiner als der französische, er enthält nach gesetzlicher Bestimmung 139,13 Par. Linien.

Zu dem neueren französischen Systeme, dessen Einheit der Meter als der zehnmillionste Theil des nördlichen Erdquadranten bildet, stehen die genannten Mafse in folgenden Verhältnissen:

1 Par. Fufs = 0,3248394 Meter 1 Meter = 443,295936 Par.Lin.
1 engl. - = 0,3048012 - 1 - = 3,280833 engl. Fufs
1 preufs. F. = 0,3137946 - 1 - = 3,186798 preufs. F.

---

1) Die Reductionen sind, wo nichts anderes bemerkt ist, nach Gehler's Physikalischem Wörterbuche, neu bearbeitet von W. Brandes u. s. w. Bd. VI Abth. 2 S. 1254 ff. gegeben.
2) Muncke a. a. O. S. 1297. Nach der älteren Bestimmung Bird's vom J. 1758 war das Verhältnifs des englischen zum französischen Fufse 10000 : 10657; danach reducirt Ideler, Abhandl. 1812—13 S. 146. Raper (s. § 15, 2) hat das Verhältnifs 10000:10654. Aus beiden letzteren Bestimmungen combinirt Wurm (p. 6) den ganz unbrauchbaren Werth von 135,1414 Par. Lin. für den englischen Fufs.

Die geographische Meile als der fünfzehnte Theil eines mittleren Breitengrades enthält

22803,3 Par. Fufs
7407,4074 Meter (= 7,4074074 Kilometer)
23601,5 preufs. Fufs [3]).

Der preufsische Morgen enthält 180 ☐ Ruthen = 25920 ☐ Fufs und ist = 2553,226 ☐ Meter. Im neueren französischen System bilden 100 ☐ Meter 1 Are, 10000 ☐ Meter 1 Hectare.

2. Die Körpermafse. Im französischen System ist die Einheit der Hohlmafse der Liter = 1 Kubikdecimeter (= $\frac{1}{1000}$ Kubikmeter) = 50,4124 Par. Kubikzoll.

Im preufsischen Staate ist das Normalmafs für Flüssigkeiten das Quart = 64 preufs. Kubikzoll
= 57,7237 Par. Kubikzoll
= 1,14504 Liter.

Beim Messen des Weines geben 60 Quart 1 Eimer, 2 Eimer 1 Ohm.

Der preufsische Scheffel, der in 16 Metzen, jede zu 3 Quart getheilt wird, enthält 3072 preufs. Kubikzoll
= 2770,742 Par. Kubikzoll
= 54,96149996 Liter.

3. Die Gewichte. Ein Hauptvorzug des neuern französischen Systems besteht darin, dafs nach der Grundeinheit desselben, dem Meter, nicht blos sämmtliche Längen- Flächen- und Körpermafse, sondern auch das Gewicht bestimmt ist. Das Gewicht eines Kubikdecimeters destillirten Wassers, bei 4° C. (dem Punkte der gröfsten Dichtigkeit) bestimmt, und auf den luftleeren Raum reducirt, heifst ein Kilogramm. Dasselbe beträgt 18827,15 Gran des alten Pariser Gewichts. Der tausendste Theil davon ist das Gramm = 18,827 Par. Gran; dies ist die Einheit, nach welcher im folgenden durchgängig die Gewichte der Münzen angegeben sind [4]).

Das Pfund des alten fränzösischen Markgewichtes war eingetheilt in 16 *onces*, die *once* in 8 *gros*, das *gros* in 72 *grains*.

1 Pfund = 489,5058 Gramm
1 Gran = 0,0531 Gramm.

---

3) Ideler S. 165.
4) Früher rechneten Franzosen und Deutsche in Pariser Gran, die Engländer nach Grains ihres Troy-Gewichtes. Doch ist die Rechnung nach Grammen, die in neuern französischen Werken allgemein ist, nach Einführung des neuen Vereinspfundes auch für Deutsche bequemer.

Das englische Reichsgewicht ist das Troypfund, welches in 12 *ounces*, die *ounce* in 20 *pennyweights* zu 24 *grains* getheilt wird. Sein Verhältnifs zum französischen Gewicht ist verschieden bestimmt worden. Chelius und Hauschild [5]) setzten es = 373,243 Gramm; nach Weber, dem Böckh [6]) folgt, ist

$$\text{das Troypfund} = 373,2484 \text{ Gramm}$$
$$\text{das Grain} = 0,064800 \text{ Gramm}.$$

In Preufsen und mehreren andern deutschen Bundesstaaten ist das frühere Zollpfund = 500 Gramm als allgemeines Gewicht eingeführt. Dieses neue Vereinspfund zerfällt in Preufsen und Sachsen in 30 Loth zu 10 Quent, 100 Zent, 1000 Korn. 100 Pfund machen einen Centner. Es ist demnach

$$1 \text{ Centner} = 50 \text{ Kilogramm}$$
$$1 \text{ Pfund} = \tfrac{1}{2} \text{ -}$$
$$1 \text{ Loth} = 16\tfrac{2}{3} \text{ Gramm}.$$

4. **Münzwährungen.** In Deutschland bestehen, abgesehen von Bremen und Hamburg, nach dem Münzvertrage vom 24. Januar 1857 drei Münzsysteme. Aus dem Vereinspfund feinen Silbers werden in Preufsen und den nördlichen Staaten 30 Thaler, in Oesterreich 45 Gulden, in den süddeutschen Staaten 52½ Gulden (rheinischer Währung), überall mit 10 Procent Zusatz von Kupfer geschlagen. Aufserdem prägen auch die südlichen Staaten einschliefslich Oesterreichs Vereinsthaler.

Der Thaler zerfällt in Preufsen in 30 Silbergroschen zu 12 Pfennigen. Die übrigen Thalerländer (aufser Mecklenburg) theilen den Thaler ebenfalls in 30 Groschen; einige, wie Sachsen und Hannover, den Groschen in 10 Pfennige. Der österreichische Gulden zerfällt in 100, der rheinische in 60 Kreuzer.

Das Gewicht des Thalers beträgt $18\tfrac{14}{27}$ Gramm, der Feingehalt an Silber $16\tfrac{2}{3}$ Gramm.

In Frankreich werden nach dem Münzgesetze von 1803 aus einem Kilogramm Münzsilber, welches den Feingehalt von $\tfrac{9}{10}$ hat, 200 Francs geschlagen. Demnach wiegt ein Franc 5 Gramm und hält an feinem Silber $4\tfrac{1}{2}$ Gramm; verhält sich also zum Vereinsthaler genau wie 27 : 100 und ist gleich 8,1 Sgr.

Die neuere Goldprägung braucht nicht berücksichtigt zu werden, da in Deutschland die reine Silberwährung besteht, sodafs selbst die neue Vereinsgoldmünze, die Krone, nur den schwankenden Curswerth nach dem Marktpreise des Goldes hat.

---

5) Physik. Wörterbuch Bd. 6 S. 1303.
6) Metrol. Unters. S. 15.

Der preufsische Friedrichsdor mit seinem Legalcurs von 5⅙ Thaler steht zu vereinzelt da, als dafs darauf die Schätzung der alten Goldmünzen hätte basirt werden können. Es ist daher überall das Gold nach bestimmten, später zu erörternden Verhältnissen auf die Silberwährung reducirt worden.

5. In den Tabellen sind die Mafse und Gewichte, aufser auf preufsisches, auch auf französisches Mafs und Gewicht, welches letztere in wissenschaftlichen Untersuchungen fast allgemein üblich ist, reducirt worden. Bei den Münzen genügte die Reduction auf den preufsischen Dreifsigthalerfufs.

Die abweichenden Mafse, Gewichte und Währungen der deutschen Bundesstaaten in die Tabellen aufzunehmen gestattete weder der Raum noch die Uebersichtlichkeit. Um jedoch allen Bedürfnissen gerecht zu werden, sind in einer Beilage (A) die nothwendigsten Reductionen auf die Mafse, Gewichte und Währungen der gröfseren aufserpreufsischen Bundesstaaten zusammengestellt worden. Aufserdem sind in einer zweiten Beilage (B) einige neuere ausländische Längen- und Flächenmafse auf preufsisches und römisches Mafs reducirt worden. Der Anlafs dazu liegt darin, dafs in neuern wissenschaftlichen Werken sehr häufig Kilometer, Lieues, Hectaren, englische Miles und Acres in Beziehung auf antike Verhältnisse vorkommen, und Werke, nach denen dieselben auf uns verständliche Beträge reducirt werden könnten, nicht immer zur Hand sind.

ERSTER THEIL.

Die Längen- Flächen- und Hohlmafse.

Erster Abschnitt.

Die griechischen Längen- und Flächenmafse.

---

§ 5. *Das System der griechischen Längenmafse.*

1. Wie bei allen Völkern, so sind auch bei den Griechen und Römern die Längenmafse ursprünglich von dem menschlichen Körper abgeleitet worden. Zuerst mafs man unmittelbar mit einzelnen Gliedern des Körpers, der Handbreite, dem Fufse oder dem Arme und bildete demgemäfs die Namen für die diesen Dimensionen entsprechenden Mafse. Heron bemerkt darüber richtig: τὰ μέτρα ἐξηύρηνται ἐξ ἀνθρωπίνων μελῶν, ἤγουν δακτύλου, κονδύλου, παλαιστοῦ, σπιθαμῆς, πήχεως, βήματος, ὀργυιᾶς καὶ λοιπῶν, und übereinstimmend damit sagt Vitruv: mensurarum rationes ex corporis membris collegerunt, uti digitum, palmum, pedem, cubitum [1]). Indem man nun diese natürlichen Mafse auf Mafsstäbe übertrug, und ihnen einen festen, nicht mehr schwankenden Betrag gab, setzte man sie zu einander in einfache runde Verhältnisse. So wurde der Fufs zu vier, der Vorderarm zu sechs Handbreiten, die Armspanne oder Klafter zu sechs Fufs gerechnet [2]). Den Uebergang zu den gröfseren Mafsen, die nicht mehr vom menschlichen Körper unmittelbar hergeleitet werden können, bildet naturgemäfs der Schritt, denn das Ausschreiten ist die einfachste Art, wie der Mensch

---

1) Heron Fragm. 1, 1, Vitruv. 3, 1, 5. Vergl. auch die Zusammenstellung von Körpermafsen bei Poll. 2, 157 f., Ukert, über die Art der Griechen und Römer die Entfernungen zu bestimmen S. 6 f., Ideler, Abhandl. der Berliner Akad. 1812—13 S. 173.
2) Eine Uebersicht über die Verhältnisse der wichtigsten Theile des menschlichen Körpers giebt Vitruv. 3, 1, 2.

eine gröfsere Strecke ausmessen kann. Am deutlichsten haben
dies die Römer in ihrem Passus- und Meilensystem ausgedrückt;
aber auch bei den Griechen ist das Wegmafs, obgleich es ursprünglich nach dem Fufse normirt war, in der Praxis meistens nach
dem Schritte bestimmt worden.

2. Das System der griechischen Längenmafse giebt im
wesentlichen Herodot (2, 149): αἱ δ' ἑκατὸν ὀργυιαὶ δίκαιαί
εἰσι στάδιον ἑξάπλεθρον, ἑξαπέδου μὲν τῆς ὀργυιῆς μετρεο-
μένης καὶ τετραπήχεος, τῶν ποδῶν μὲν τετραπαλαίστων
ἐόντων, τοῦ δὲ πήχεος ἑξαπαλαίστου. Er rechnet also auf
das Stadion 6 Plethren oder 100 Klaftern, auf die Klafter 6 Fufs
oder 4 Ellen. auf den Fufs 4, auf die Elle 6 Handbreiten. Indefs
ist die Handbreite nicht das kleinste Mafs, das er kennt, denn
einigemal giebt er Bestimmungen nach δάκτυλοι, Fingerbreiten. Der Daktylos ist der vierte Theil der Handbreite, also der
sechszehnte Theil des Fufses, wie übereinstimmend Pollux, Hesychios und andere[3]) bezeugen. Er war das kleinste griechische
Längenmafs, daher später, wie Heron angiebt, auch μονάς genannt; doch wurde er, wo schärfere Bestimmungen nöthig waren,
bisweilen noch in Halbe, Drittel u. s. w. getheilt[4]).

Das nächst gröfsere Mafs, die Handbreite, παλαιστή —
wofür erst Spätere παλαιστής sagen[5]) — giebt Heron übereinstimmend mit Herodot zu ¼ des Fufses an; sie enthielt, wie eben
bemerkt wurde, 4 Daktylen[6]).

Das dritte von der Hand abgeleitete Mafs war die σπιθαμή,
Spanne, die Weite zwischen dem ausgespannten Daumen und

---

3) Poll. 2, 157: δοχμὴ συγκλεισθέντες οἱ τέτταρες δάκτυλοι —
τὸ δ' αὐτὸ καὶ παλαιστή. Hesych.: παλαιστὴ παλάμη τὸ τεττάρων δακτύλων μέτρον, Etymol. M. unt. δοχμή, Eustath. zu Il. 4, 109, Heron Fr.
2, 2, 4, Suidas unt. ποῦς, πῆχυς und στάδιον. — Beispiele für das Messen
nach Fingerbreiten geben Aristot. hist. anim. 5, 15, 4, Theophr. hist. plant.
9, 5, 3, Polyb. 27, 9, 2, Dio Chrys. 64 p. 331. Anderthalb Finger sind
τρία ἡμιδάκτυλια bei Polyb. 6, 23, 11.
4) Heron Fr. 1, 2: πάντων τῶν μέτρων ἐλαχιστότερόν (l. ἐλάχι-
στόν nach Fr. 2, 2, 3) ἐστι δάκτυλος, ὅστις καὶ μονὰς καλεῖται· διαιρεῖ-
ται δὲ ἐπθ' ὅτι μὲν γὰρ καὶ εἰς ἥμισυν καὶ τρίτον καὶ λοιπὰ μόρια.
5) Ueber den Gebrauch der Formen παλαιστή und παλαιστής s. Lo-
beck zu Phrynich. p. 295; παλαιστής findet sich zuerst bei den LXX, dann
bei Sextus Empiricus und den Lexikographen.
6) Heron Fr. 1, 4: παλαιστὴν τέταρτον καλοῦσί τινες διὰ τὸ τέσσαρας ἔχειν δακτύλους ἢ διὰ τὸ εἶναι τέταρτον τοῦ ποδός. Ueber die
Bestimmung der Paläste zu 4 Daktylen s. die Anm. 3 aufgeführten Stellen.
Messungen nach Palästen geben z. B. Herod. 1, 50, Xenoph. cyneg. 2, 4.
9, 13, Polyb. 1, 22, 4. 6, 23, 9. 27, 9, 2, Diodor. 1, 55, Athen. 5 p. 199 F.

kleinen Finger; sie enthielt 3 Palästen oder 12 Daktylen, betrug
also ¾ des Fufses oder die Hälfte der Elle⁷).

3. Die beiden nächst gröfseren Mafse sind der Fufs, *ποΰς*
= 4 Palästen oder 16 Daktylen⁸), und die Elle, *πῆχυς* = 1½
Fufs, 6 Palästen, 24 Daktylen⁹). Letztere ist nach Pollux (2, 158)
der Abstand *ἀπὸ ὠλεκράνου πρὸς τὸν μέσον δάκτυλον ἄκρον*,
also der Unterarm mit Einschlufs der Hand bis zur äufsersten
Spitze. Die Eintheilung in 6 Palästen ist eigenthümlich griechisch,
denn die orientalische Elle hatte 7 Handbreiten, 28 Finger und
war dem entsprechend gröfser¹⁰). Verschiedene Umstände
mögen zusammengewirkt haben, dafs die Griechen das kleinere
Mafs von 6 Handbreiten aufnahmen. Am gewichtigsten war wohl
der Grund, dafs dieses Verhältnifs der Natur am besten entsprach;

7) Poll. 2, 157: *εἰ τοὺς δακτύλους ἀποτείνας ἀπὸ τοῦ μεγάλου
πρὸς τὸν μικρότατον μετροῖς, σπιθαμή τὸ μέτρον*. Damit stimmen
überein Hesychios, Photios und Etymol. M. unter *παλαιστή*. Die Reduction
zu 3 Palästen und 12 Daktylen giebt Heron Fr. 1, 6. 2, 2, 6. 3, 3 und das
Etymol. M. a. a. O. Richtig vergleicht Plinius 7, 2 § 26 die *σπιθαμή* mit
dem römischen *dodrans* = ¾ Fufs (s. unten § 12, 1). Mafsangaben nach
Spithamen sind sehr häufig, so bei Hesiod. op. 424, Herod. 2, 106: *ἑκατέ-
ρωθι δὲ ἀνὴρ ἐγγέγλυπται, μέγαθος πέμπτης σπιθαμῆς* (3¾ Fufs
hoch), Xen. cyneg. 9, 13, Aristot. hist. anim. 8, 29, 4, Polyb. 6, 22, 4, eb.
23, 14. 34, 10, 9. Als Mafs wird die *σπιθαμή* zusammen mit dem *πῆχυς*
auch von Plato Alcib. pr. p. 126 C erwähnt.

8) Der Nachweis für das Verhältnifs des Fufses zu *παλαιστή* und
δάκτυλος ist bereits oben Anm. 3 gegeben worden; vergl. auch Heron Fr. 1,
7. Zu erwähnen ist noch, dafs für den halben Fufs bei Theophr. hist. pl.
7, 2, 7 *ἡμιπόδιον* vorkommt, und entsprechend für 1½ Fufs' *τριημιπό-
διον* bei Xen. Oec. 19, 4f., für 2½ Fufs *πένθημιπόδιον* ebend. § 3 und 5
und *πένθ' ἡμιπόδια* bei Polyb. 6, 23, 2. Zu vergleichen sind die lateinischen Ausdrücke *semipes, sesquipes* und *pes sestertius* (§ 12, 1).

9) Herodot an der bereits angeführten Stelle (2, 149) giebt dem *πῆχυς*
6 Palästen. Zu 1½ Fufs bestimmen ihn Hesych. unt. d. W. und Suidas unt.
στάδιον. Ebenso Heron Fr. 2, 2, 10: *ὁ πῆχυς ἔχει παλαιστὰς ς', δακτύλους κδ', καλεῖται δὲ καὶ ξυλοπριστικὸς πῆχυς*, und übereinstimmend
damit Fragm. 1, 11: *ὁ πῆχυς ὁ λιθικὸς ἔχει σπιθαμὰς β' ἢ πόδα ἕνα
πρὸς τῷ ἡμίσει ἢ παλαιστὰς ς'* u. s. w. Es waren dies die alten Bestimmungen, die zu des Compilators Zeiten nur noch bei der Vermessung der
Steine und des Holzes galten, während man sonst, wie er Fr. 1, 8. 3, 5 angiebt, die Elle zu 2 Fufs oder 8 Handbreiten rechnete. So auch Suidas unter
πῆχυς. Vergl. über diese spätere dem klassischen Alterthume durchaus
fremde Eintheilung der Elle, welche byzantinischen Ursprungs zu sein
scheint, Letronne recherches p. 264—267.

10) Deutlich zeigen diese Eintheilung die ägyptischen Ellenmafsstäbe
(Anh. § 11, 1), ebenso wissen wir es von der jüdischen sogenannten heili-
gen Elle (Böckh S. 265f., von Fenneberg S. 92f.), und dasselbe ist von der
persischen Elle anzunehmen, die gleichen Betrag mit der ägyptischen hatte
(Anh. § 10, 1).

dazu kam der Vortheil der duodecimalen Eintheilung und die Rücksicht, dafs das kleinere Mafs handlicher war als das gröfsere. Finden sich doch schon bei den Aegyptern Spuren einer kürzeren Elle, und bei den Juden hatte die gemeine Elle ebenfalls nur 6 Handbreiten. Die auf diese Weise eingetheilte griechische Elle bezeichnet Herodot zum Unterschiede von der gröfseren persischen Elle als μέτριος πῆχυς ¹¹), d. h. die als Mafs übliche oder die gemeine griechische.

Dasselbe Bedürfnifs nach kleineren, handlicheren Mafsen führte die Griechen auch auf den Gebrauch des Fufses, während in Aegypten und im Orient allein die Elle herrschte ¹²). So gebraucht noch Herodot, der sich so vielfach auf den Orient bezieht, häufiger die Elle als den Fufs, aber seitdem wird anstatt der ganzen Elle die Zweidrittelelle von 4 Palästen immer häufiger ¹³).

Ein ebenfalls sehr gebräuchliches Mafs war die Klafter, ὀργυιά, der Raum zwischen den Spitzen der nach beiden Seiten ausgestreckten Arme. Dieser Angabe, welche Pollux giebt, stimmt auch das Etymologicum Magnum bei, indem es zugleich auf die

---

11) Herodot 1, 178 giebt die Breite und Höhe der Mauern Babylons in königlichen Ellen an, wozu er erklärend bemerkt: ὁ δὲ βασιλήιος πῆχυς τοῦ μετρίου ἐστὶ πήχεος μέζων τρισὶ δακτύλοισι. Der βασιλήιος πῆχυς ist die königliche persische Elle (Anh. § 10, 1), der μέτριος πῆχυς die bei den Griechen gangbare, ἰδιωτικὸς καὶ κοινός, wie sie vom Scholiasten zu Luc. Catapl. 16 ebenfalls im Gegensatze zu der königlichen genannt wird. Vergl. Ideler, Abhandl. 1812—13 S. 181, Böckh, Metrol. Unters. S. 213 f.

12) Vergl. Thenius in Ullmann's und Umbreit's Theol. Studien und Kritiken 1846, I S. 125, v. Feenneberg, Untersuch. über die Längen- Feld- und Wegemafse S. 91. 129.

13) Die Bestimmung des Stadion führt schon die älteste Tradition auf das Fufsmafs zurück; ebenso ist das Plethron nach dem Fufse, nicht nach der Elle bestimmt; das Mafs von 100 Fufs war die Grunddimension für den Parthenon in Athen; in Aegypten wurde von den Ptolemäern zu der ägyptischen Elle ein entsprechender Fufs, der Philetärische, eingeführt, und auch sonst findet sich überall der Fufs neben der Elle in Gebrauch. Häufig entscheidet die Wahl zwischen beiden Mafsen das Streben die Zahlenangaben möglichst rund zu machen. So giebt Polyb. 6, 23 die Länge des römischen Schildes zu 4 Fufs, die Länge des Schaftes und der Spitze des Pilum zu je 3 Ellen, die Höhe des Helmbusches zu 1 Elle, den Durchmesser des Brustschildes zu 1 Spanne an, er nimmt also überall das Mafs, in welchem die betreffende Dimension ohne Bruchtheile sich ausdrücken läfst. Aehnlich erklärt sich der Wechsel zwischen Fufs, Ellen und Orgyien in den Mafsangaben bei Herodot 3, 60.

Ableitung des Wortes von *ὀρέγειν* hinweist[14]). Die Orgyia betrug nach Herodot 4 Ellen oder 6 Fufs.

4. Zu den bisher genannten Mafsen setzten die Griechen die gröfseren Längenmafse, die nicht unmittelbar vom menschlichen Körper entlehnt werden konnten, dergestalt in ein einfaches Verhältnifs, dafs sie das Hundertfache sowohl des Fufses als der Orgyia nahmen. Ersteres ist das *πλέϑρον*, letzteres das *στάδιον*. Unter *πλέϑρον* verstand man ursprünglich die Länge der Furche, die der Pflugstier in einem Ansatze zieht, bis er wieder umwendet, eine Strecke, die gerade wie die altitalische *vorsus* zu 100 Fufs gerechnet wurde[15]). Es betrug demnach das Plethron den sechsten Theil des Stadion, und so bestimmen es aufser Herodot auch die Lexikographen und andere[16]).

Das *στάδιον* (im Plural *στάδια* und *στάδιοι*) bezeichnete wohl ursprünglich die Rennbahn als feststehende, bestimmt vorgezeichnete Strecke[17]). Die Länge der Rennbahn aber wurde

---

14) Poll. 2, 158 sagt deutlich: εἰ δ᾽ ἄμφω τὰς χεῖρας ἐκτείνειας, ὡς καὶ τὸ στέρνον αὐταῖς συμμετρεῖν, ὀργυιὰ καλεῖται τὸ μέτρον. Dieselbe Bedeutung hat offenbar das Wort auch für Xenophon, wenn er Memor. 2, 3, 19 sagt: χεῖρες μὲν γάρ, εἰ δέοι αὐτὰς τὰ πλέον ὀργυιᾶς διέχοντα ἅμα ποιῆσαι, οὐκ ἂν δύναιντο. Die Stelle im Etymol. M. lautet: ὀργυιὰ σημαίνει τὴν ἔκτασιν τῶν χειρῶν σὺν τῷ πλάτει τοῦ στήϑους, παρὰ τὸ ὀρέγειν καὶ ἐκτείνειν τὰ γυῖα. Die Ableitung von ὀρέγειν ist richtig, nur liegt in der Endung nicht das Substantiv γυῖα, sondern das Suffix -υια wie in ἀγυιά von ἄγω. — Ebenso wie Herodot 2, 149 bestimmt die ὀργυιά Heron Fr. 2, 2, 13.

15) Auf die gegebene Erklärung von πλέϑρον führt die Homerische Form πέλεϑρον, in der das Verbum πέλεσθαι nicht zu verkennen ist. Es ist also das πλέϑρον identisch mit dem oskischen und umbrischen *vorsus* oder *versus*, welcher ebenfalls ursprünglich die hundertfüfsige Furche, dann erst ein Flächenmafs bezeichnete (§ 12, 4). So sind auch die beiden Homerischen Stellen, wo πέλεϑρον sich findet (Il. 21, 407. Od. 11, 577) aufzufassen: Ares und Tityos bedecken, auf den Boden dahingestreckt, eine Strecke von 9 Furchenlängen.

16) Die Bestimmungen über den Betrag des πλέϑρον geben aufser Herodot a. a. O. Hesych. unt. πέλεϑρον: σταδίου ἕκτον, nach der Emendation von Perizonius zu Ael. var. hist. 3, 1 (p. 193 Gronov.), Suidas unt. στάδιον: τὸ πλέϑρον (ἔχει) πόδας ρ΄, ebenso unter πλέϑρον, wo er noch hinzufügt: τὸ τοῦ σταδίου ἕκτον μέρος, ὅπερ ἐστὶ πήχεων ξϛ΄ διμοίρου (ebenfalls nach Perizonius' Emendation), ὅλον γὰρ τὸ στάδιόν ἐστι τετρακοσίων, Eustath. zu Il. 21, 407, Heron Fr. 2, 2, 16. Ueber die abweichende Bestimmung des Iulianus Ascolonita, die sich auf hebräisches Mafs bezieht, vergl. v. Fenneberg, Unters. S. 96.

17) Isidor a. a. O. giebt die Ableitung: (Hercules) proinde stadium appellavit, quod in fine respirasset simulque stetisset; sehr unwahrscheinlich, weil nach Isidor's eigener Angabe nicht sowohl das Stehenbleiben als der Lauf die Hauptsache war. Vielmehr ist στάδιον als Neutrum von στά-

normirt nach der Strecke, die ein rüstiger Mann im Schnelllaufe
zurücklegen kann, ohne dafs er anzuhalten braucht um Athem
zu schöpfen. Eine alte Tradition, die uns Isidorus (Orig.
15, 16) aufbewahrt hat, schrieb die erste derartige Bestimmung dem
Hercules zu, der als der Begründer der olympischen Spiele galt:
'hoc (stadium) primum Herculem statuisse dicunt, eumque eo
spatio determinasse, quod ipse sub uno spiritu confecisset'. Eine
ähnliche Sage kannte bereits Pythagoras, der bei der Berechnung
der Statur des Hercules von der Voraussetzung ausging, dafs
derselbe das olympische Stadion mit seinen Füfsen ausgemessen
und 600 Fufs lang gemacht habe. Gellius (N. A. 1, 1) berichtet
uns darüber nach Plutarch: 'cum fere constaret curriculum stadii,
quod est Pisis apud Iovem Olympium, Herculem pedibus suis
metatum idque fecisse longum pedes sexcentos, cetera quoque
stadia in terra Graecia ab aliis postea instituta, pedum quidem
esse numero sexcentum, sed tamen esse aliquantulum breviora,
facile intellexit (Pythagoras) modum spatiumque plantae Herculis
ratione proportionis habita tanto fuisse quam aliorum procerius,
quanto Olympicum stadium longius esset quam cetera'. Es betrugen also, wie aus dieser Stelle zugleich hervorgeht, sämmtliche Stadien in Griechenland ebenso wie das olympische 600
Fufs, und wenn sie in ihrer Länge etwas hinter jenem zurück-
standen, so beruhte das nach Pythagoras' Ansicht lediglich darauf, dafs bei ihrer Abmessung ein kleinerer Fufs als der des
Hercules, eben der der gewöhnlichen Menschen, zu Grunde gelegt
worden sei. Diese Bestimmung zu 600 Fufs galt daher auch
ohne Ausnahme für das Längenmafs, welches man von der Rennbahn ableitete und ebenfalls στάδιον nannte. Herodot rechnet,
wie bereits angegeben worden ist, ausdrücklich 100 Orgyien zu
6 Fufs auf das Stadion, und reducirt in diesem Verhältnisse an
zwei Stellen (4, 41. 86) Orgyien auf Stadien; ebenso wird auch
von Späteren das Stadion durchgehends zu 600 Fufs angegeben [18]).

Nach dem gesagten ergiebt sich folgende Uebersicht der
griechischen Längenmafse [19]):

δίος die Rennbahn als die feststehende, für den Schnelllauf durch die
Schranken vorgezeichnete Strecke. Vergl. Passow, Handwörterb. unt. d. W.

18) Heron Fr. 2, 2, 19; Suidas unt. στάδιον und μίλιον: τὸ στάδιον
ἔχει πόδας χ´, unt. πλέθρον: ὅλον τὸ στάδιόν ἐστι τετρακοσίων (πήχεων). Auch die Reduction des Stadion auf 625 römische Fufs ist ein indi-
recter Beweis dafür, dafs dasselbe 600 griechische Fufs enthält, da der
römische Fufs zu dem griechischen in dem Verhältnifs 24 : 25 steht.

19) Die unter einander stehenden Zahlen der Tabelle geben die Ver-

στάδιον	1						
πλέθρον	6	1					
ὀργυιά	100	16⅔	1				
πῆχυς	400	66⅔	4	1			
πούς	600	100	6	1½	1		
σπιθαμή	800	133⅓	8	2	1⅓	1	
παλαιστή	2400	400	24	6	4	3	1
δάκτυλος	9600	1600	96	24	16	12	4.

§ 6. Uebersicht der weniger gebräuchlichen Längenmafse.

Aufser den bisher besprochenen Mafsen kommen zum Theil schon bei älteren Schriftstellern, zum Theil bei späteren mehrere weniger gebräuchliche Mafse vor, die der Vollständigkeit wegen nicht übergangen werden dürfen. In die folgende Uebersicht sind zugleich die ausländischen Mafse mit aufgenommen, die bei griechischen Schriftstellern vorkommen.

1. **Κόνδυλος**, nach Rufus Ephesius[1]) der mittlere Gelenkknochen der Finger, wird von Heron (Fr. 1, 3) zu 2 Fingerbreiten angegeben.

2. **Δῶρον** haben als Längenmafs Homer und Hesiod[2]). Pollux, Eustathios und die Lexikographen erklären es für gleichbedeutend mit παλαιστή[3]). Vitruv[4]), der dieselbe Bestimmung giebt, fügt die richtige Ableitung hinzu: 'doron Graeci appellant palmum, quod munerum datio graece δῶρον appellatur: id autem semper geritur per manus palmam'. Bis in die späteren Zeiten erhielt sich diese Bedeutung von δῶρον zur Bezeichnung der Backsteine, von denen eine Art, wie Vitruv bemerkt, pentadoron, die andere tetradoron hiefs, je nachdem sie fünf oder vier Handbreiten in's Gevierte hielten.

---

hältnisse der daneben stehenden Mafse, z. B. 1 στάδιον = 6 πλέθρα = 100 ὀργυιαί u. s. w. Die erste Columne giebt die Reduction des Stadion, die zweite die des Plethron u. s. w., z. B. 1 σπιθαμή = 3 παλαισταί = 12 δάκτυλοι.

1) De corporis humani partium appellat. p. 30 ed. Londin.: τὰ πρῶτα ἄρθρα προκόνδυλοι, τὰ δὲ ἐψεξῆς κόνδυλοι, τὰ δὲ τελευταῖα μετακόνδυλοι.

2) Hom. Il. 4, 109: κέρα ἐκκαιδεκάδωρα, Hesiod. op. 424: δεκάδωρος ἅμαξα.

3) Poll. 2, 157, Hesych. und Suidas unt. δῶρον. Eustath. zu Il. 4, 109: τρίτον σπιθαμῆς τὸ δῶρον, ὃ λέγεται καὶ παλαιστὴ θηλυκῶς καὶ [ὁ] παλαιστὴς ἀρσενικῶς· ἐστι δὲ διάστημα τετραδάκτυλον.

4) 2, 3, 3.

Hultsch, Metrologie. 3

Gleichbedeutend mit παλαιστή waren nach Pollux [5]) auch
δοχμή und δακτυλοδόχμη, ersteres kommt in diesem Sinne bei
Aristophanes [6]) vor. Die abweichende Erklärung des Photios,
wonach δοχμή soviel als σπιθαμή sein soll, mufs auf einem
Irrthum beruhen [7]).

3. Die διχάς bezeichnet Heron als δίμοιρον σπιθαμῆς
und bestimmt sie demgemäfs zu zwei Handbreiten [8]). Besser
würde er sie der Ableitung nach die Hälfte des Fufses genannt
haben, wofür die älteren Schriftsteller, wie oben (§ 5 Anm. 8)
bemerkt worden ist, ἡμιπόδιον gebrauchen. Mit der διχάς darf
nicht verwechselt werden die λιχάς, welche Pollux als den
Zwischenraum zwischen dem Daumen und Zeigefinger erklärt
und die in einem Heronischen Fragmente bei Greaves zu 10 Daktylen angesetzt wird [9]).

4. Ὀρθόδωρον ist die Länge von der Handwurzel bis
zu den Fingerspitzen, wie Pollux [10]) angiebt. Nach dem Frag-

---

5) 2. 157: δοχμὴ δὲ συγκλεισθέντες οἱ τέτταρες δάκτυλοι, καὶ
δακτυλοδόχμη· τὸ δ' αὐτὸ καὶ παλαιστή. Ebenso erklärt δοχμή das
Etymol. M., welches zugleich die Ableitung von δέχω, δέχομαι giebt.
6) Equ. 318.
7) Bei Aristophanes a. a. O. heifst es von einem schlechten Schuhe,
dafs er, bevor er einen Tag getragen worden sei, μεῖζον ἦν δυοῖν δοχ-
μαῖν. Suidas, der die Stelle citirt, erklärt δοχμή für σπιθαμή; allein
richtig bemerkt der Scholiast: δύο παλαιστάς. ἐκτεινόμενα γὰρ τὰ ἰσχνὰ
τῶν δερμάτων εἰς πλάτος αὔξεται. Der Schuh wird durch Austreten
nicht zwei Spannen lang, sondern zwei Hände breit. Auch das Etymol.
erklärt die Stelle in diesem Sinne. Es beruht also die Angabe des Photios
unt. σπιθαμή: τὴν σπιθαμήν τινες καὶ δοχμὴν καλοῦσιν· οὕτω Κρατῖ-
νος wahrscheinlich auf einer Verwechselung. Hesychios und Suidas verbinden unkritisch beide Erklärungen.
8) Heron Fr. 1, 5: ἡ διχὰς ἔχει παλαιστὰς δύο ἤγουν δακτύλους
ὀκτώ, χονδύλους τέσσαρας καὶ καλεῖται δίμοιρον σπιθαμῆς. Im folgenden ist für διχάς unzweifelhaft λιχάς zu lesen: λιχὰς δὲ λέγεται τὸ τῶν
δύο δακτύλων ἄνοιγμα, τοῦ ἀντίχειρος λέγω καὶ τοῦ λιχανοῦ. Vergl.
die folg. Anm.
9) Poll. 2, 158: εἰ τὸν μέγαν δάκτυλον τῷ λιχανῷ ἀντιτείνας
(μετροῖς), τὸ μέτρον λιχάς. Aehnlich auch Phot. unt. σπιθαμή und Heron an der in voriger Anm. emendirten Stelle. Damit stimmt ganz gut,
dafs in dem Fragmente bei Greaves discourse of the Roman foot p. 187
die λιχάς zu 10 Daktylen angesetzt wird.
10) 2, 157: τὸ ἀπὸ καρποῦ ἕως ἄκρων δακτύλων, ἡ πᾶσα χείρ,
ὀρθόδωρον. Damit stimmt Hesychios überein, der allerdings weniger
deutlich sagt: ὀρθόδωρον μέτρον, τὸ ὀρθὸν τῆς χειρὸς ἀπὸ ἄκρου τοῦ
καρποῦ μέχρι τοῦ δακτύλου (wo vielleicht ἄκρου vor τοῦ δακτύλου zu
setzen ist). Was er hinzufügt: οἱ δὲ σπιθαμήν, kann nur auf einer ungenauen Bestimmung beruhen.

mente bei Greaves enthielt es 11 Daktylen, stand also der σπιθαμή sehr nahe.

5. *Πυγών* und *πυγμή* sind zwei dem *πῆχυς* nahe verwandte Mafse, da sie ebenfalls von der Spitze des Ellenbogens
an gerechnet werden. Der *πῆχυς* reichte von da bis zur Spitze
des Mittelfingers, der *πυγών* aber nur bis zu den zusammen-
gebogenen Fingern, wobei der unterste Theil derselben bis zum
ersten Gliede in gleicher Linie mit der Hand bleibt, also noch
mitzählt; die *πυγμή* bis zur zusammengeballten Faust. Diese
Bestimmungen giebt im Zusammenhange Pollux [11]), womit die
Werthe, die in dem Fragmente bei Greaves gegeben werden, recht
gut übereinstimmen: ἡ δὲ πυγμή ἐστι δακτύλων ιη', ὁ δὲ
πυγὼν κ', ὁ δὲ πῆχυς κδ' [12]). Höchstens könnte es als etwas
zu viel erscheinen, dafs hiernach von dem ersten Gliede des Mittelfingers bis zur Spitze desselben vier Daktylen gerechnet werden;
doch erklärt sich das hinlänglich daraus, dafs auf diese Weise
der *πυγών* ebenso wie der *palmipes* der Römer gerade fünf Handbreiten erhielt. Als Mafs kommt der *πυγών* bereits bei Homer
vor, später auch vereinzelt bei Herodot, Xenophon und andern [13]);
die *πυγμή* finden wir als Längenmafs nur in dem Namen des
fabelhaften Volkes der *Πυγμαῖοι*. Ursprünglich dachte man
sich darunter jedenfalls Zwerge von der Gröfse einer *πυγμή*,
also nicht viel höher als einen Fufs; erst später setzte man, um
der Fabel etwas mehr Wahrscheinlichkeit zu geben, zu ihrer Höhe
einiges hinzu und machte sie zu *τρισπίθαμοι* [14]).

---

11) 2, 158: ἀπὸ ὠλεκράνου πρὸς τὸν μέσον δάκτυλον ἄκρον τὸ
διάστημα πῆχυς· εἰ δὲ συγκάμψειας τοὺς δακτύλους, ἀπ' ἀγκῶνος
ἐπ' αὐτοὺς πυγὼν τὸ μέτρον, εἰ δὲ συγκλείσειας πυγμή. Ueber πυγών vergl. auch Eustath. zu Il. 3, 6: πυγούσιόν ἐστι διάστημα τὸ ἀπὸ
ἀγκῶνος ἕως τοῦ μικροῦ δακτύλου ἢ καὶ τῶν δακτύλων συνεσταλ-
μένων.
12) Den πυγών bestimmt in gleicher Weise Heron Fr. 2, 2, 9.
13) Homer hat nur das Adjectiv πυγούσιος: βόθρον ὀρύξαι ὅσον τε
πυγούσιον ἔνθα καὶ ἔνθα Od. 10, 517. 11, 25. Herodot hat das Mafs nur
2, 175, und zwar neben dem πῆχυς: ἔσωθεν τὸ μῆκος (τῆς στέγης) ὀκ-
τωκαίδεκα πηχέων καὶ πυγόνος, woraus zugleich hervorgeht, dafs die
Glosse des Suidas πυγόνος ἀντὶ τοῦ πήχεως ungenau ist. Aufserdem erscheint der πυγών bei Xen. cyn. 10, 2, Theophr. hist. plant. 3, 17, 6, Ar-
chestrat. bei Athen. 7 p. 321 A (vergl. 11 p. 494 B).
14) Die erste Erwähnung der Pygmäen und ihrer gefährlichen Feinde,
der Kraniche, findet sich bekanntlich bei Homer Il. 3, 6, wozu Eustathios
bemerkt: λέγεται δὲ ὅτι οἱ Πυγμαῖοι οὐδὲ πηχυαῖοι τὸ μέγεθός εἰσι,
παρωνομασμένοι γάρ εἰσι πυγόνι. Ktesias bei Phot. Bibl. p. 46 a, der
sie nach Indien versetzt, macht sie etwas gröfser: μικροὶ δέ εἰσι λίαν, οἱ

6. *Βῆμα*, Schritt, betrug nach Heron [15]) 2½ Fufs. Derselbe unterscheidet neben dem einfachen Schritt, *βῆμα ἁπλοῦν*,
noch den Doppelschritt, *βῆμα διπλοῦν* = 5 Fufs, ein Mafs, das
offenbar dem römischen Passus nachgebildet ist. Von Griechen
findet sich der Schritt nirgends als eigentliches Längenmafs erwähnt, obgleich es sicher ist, dafs bei ihnen sehr viele Entfernungen nur durch Ausschreiten bestimmt worden sind (§ 8, 3).

7. *Ξύλον*, ein ägyptisches Mafs, wird nur von Heron
angeführt und zu 3 Ellen (= 4½ Fufs = 18 Handbreiten)
bestimmt.

8. *Ἄκαινα*, eigentlich der Stab zum Antreiben der Thiere,
diente nach dem Etymologicum Magnum und dem Scholiasten
zu Apollonios auch als Mefsstange. Letzterer bestimmt sie zu
10 Fufs, ebenso auch Heron, der dasselbe Mafs unter dem Namen *κάλαμος* kennt [16]). Zu vergleichen ist die römische *pertica* (§ 12, 4).

9. *Ἄμμα*, ein ägyptisches Mafs, da es nur von Heron
und Didymos erwähnt wird, war wahrscheinlich Bezeichnung für
die Mefsschnur. Es enthielt 40 Ellen oder 60 Fufs.

10. *Δίαυλος* ist das doppelte Stadion, denn *αὐλός* hatte
nach Athenäos [17]) auch die Bedeutung von *στάδιον*. Der *διαυλο-
δρόμος* hatte das ganze Stadion bis zur Säule und wieder zurück
zu durchlaufen, wie der Scholiast zu Aristophanes und nach
ihm Suidas angeben; der *δίαυλος* enthielt also 1200 Fufs oder
800 Ellen [18]).

μαχρότατοι αὐτῶν πηχέων δύο, οἱ δὲ πλεῖστοι ἑνὸς ἡμισέος πήχεος,
und so waren sie auch nach Megasthenes bei Strab. 2 p. 70 und 15 p. 711
τρισπίθαμοι, womit Plin. 7, 2 § 26 und Gellius 9, 4, 10 übereinstimmen.
Im allgemeinen vergl. Creuzer comment. Herod. p. 154f. Anm. 128.
15) Fr. 1, 9. 2, 2, 11. Die abweichende Bestimmung des Iulianus von
Askalon, wonach auf den Schritt 2 Ellen oder 3 Fufs gerechnet werden,
bezieht sich auf hebräisches Mafs, wie Fenneberg Unters. S. 95 nachweist.
16) Schol. zu Apoll. Rhod. 3, 1323: ἄκαινα λέγεται καί τι μέτρον
γῆς δεκάπουν, Θεσσαλῶν εὕρημα, καὶ ποιμενικὴ δέ τις ῥάβδος οὕτω
καλεῖται. Auch Heron Fr. 2, 2, 17 und Epiphanios in dem Fragmente bei
Le Moyne Varia sacra p. 500 geben der Akäna 10 Fufs.
17) 5 p. 189 C: πᾶν τὸ διατεταμένον εἰς εὐθύτητα σχῆμα αὐλὸν
καλοῦμεν, ὥσπερ τὸ στάδιον.
18) Schol. zu Av. 292 (und nach ihm Suidas): δίαυλος λέγεται ὁ διτ-
τὸν ἔχων τὸν δρόμον ἐν τῇ πορείᾳ, τὸ πληρῶσαι τὸ στάδιον καὶ ὑπο-
στρέψαι. — Ἄλλως. δίαυλος ὁ δισστάδιος τόπος ἢ μέτρον πήχεων σ´,
wofür nach Heron Fr. 2, 2, 20, der die richtige Bestimmung giebt, ω´ zu
lesen ist. Als Doppelstadion erklärt den δίαυλος auch Vitruv. 5, 11, 1.
Vergl. Krause Gymnastik und Agonistik I S. 345.

11. Ἱππικόν ist die Strecke, die im ἵππιος δρόμος
zurückgelegt wurde. Als Längenmaſs kommt das Wort nur in
einem Solonischen Gesetze vor, wozu Plutarch[19]) die Erklärung
giebt: τὸ ἱππικὸν διάστημα τεσσάρων ἦν σταδίων. Damit
stimmen die Angaben von Pausanias und anderen überein[20]).

12. Δόλιχος, der Dauerlauf, wobei das Stadion ursprünglich siebenmal, später noch öfter bis zu vierundzwanzig-
mal durchlaufen werden muſste, ist nach einer Glosse des Hesychios[21]) ebenfalls als Längenmaſs gebraucht worden. Doch
haben wir über den Betrag desselben keine andere Angabe als
die in dem zweiten Fragmente des Epiphanios[22]), wonach 12
Stadien darauf gerechnet werden.

13. Μίλιον, die römische Meile, wird von den griechischen Schriftstellern, die sie zuerst erwähnen, zu 8 Stadien
gerechnet. Das nähere vergl. § 10, 1.

14. Παρασάγγης, das persische Wegmaſs, enthielt
nach Herodot und Xenophon 30 Stadien. Vergl. Anh. § 10, 1.

15. Σχοῖνος, ein ägyptisches Maſs, wird von Herodot zu
60 Stadien, von Eratosthenes zu 40, von andern zu 30 oder 32
Stadien gerechnet. Das nähere vergl. Anh. § 11, 3.

Eine Uebersicht über die griechischen Längenmaſse giebt
Tab. II A. B.

§ 7. Die Flächenmaſse.

Das einzige Flächenmaſs, welches sich bei den Griechen
mit Sicherheit nachweisen läſst, ist das πλέϑρον. Es ist ebenso
wie der italische versus und actus (§ 14, 2) das Quadrat des
gleichnamigen Längenmaſses, enthält also, wie auch Hesychios
ausdrücklich angiebt, 10000 Quadratfuſs[1]). Die römischen

---

19) Sol. 23.
20) Pausan. 6, 16, 4: δρόμου εἰσὶ τοῦ Ἱππίου μῆκος δίαυλοι δύο.
Hesychios: Ἵππειος δρόμος τετρασττάδιός τις, womit die berichtigte Lesart unter Ἱππικόν: τετρασττάδιον zu vergleichen ist. Phot. p. 111, 4
(Porson): Ἱππεῖς (l. Ἵππειος) ὁ ἐκ τεσσάρων σταδίων δρόμος.
21) Δόλιχος, μέτρον γῆς. Ueber den δόλιχος als Langlauf vergl.
Krause Gymn. I S. 347 ff.
22) Le Moyne Varia sacra p. 502.
1) Hesych.: πλέϑρον μέτρον γῆς, ὃ φασι μυρίους πόδας ἔχειν,
womit zu vergleichen Frontin. de limit. p. 30 (Gromat. ed. Lachmann): primum agri modum fecerunt quattuor limitibus clausum, plerumque centenum pedum in utraque parte, quod Graeci plethron appellant, Osci et Umbri
vorsum. Eine Beschreibung des Flächenplethron giebt Euripides Ion 1137 ff.

Schriftsteller, welche griechische Quellen benutzen, übersetzen πλέθρον regelmäfsig durch *iugerum*, obgleich dieses über 2¼ mal gröfser ist als jenes (§ 13 Anm. 3), und umgekehrt geben Plutarch und Appian die *quingenta iugera* des Licinischen Gesetzes durch πλέθρα πεντακόσια²). Auch die ἄρουρα ist vielleicht ein griechisches Flächenmafs gewesen. Das Wort bedeutet gewöhnlich das Ackerland ohne Beziehung auf ein bestimmtes Mafs, aber Herodot³) gebraucht es für ein ägyptisches Flächenmafs, welches 150 Ellen im Gevierte hielt. Einen ähnlichen Betrag mufs auch die griechische Arura, wenn es überhaupt eine solche gegeben, gehabt haben; die abweichende Bestimmung des Suidas⁴) beruht sicher auf einem Irrthum.

Wie ἄρουρα so hängt auch die γύη, ein Homerisches Mafs, mit dem Bepflügen des Landes zusammen, denn γύης ist das Krummholz am Pfluge. Das τετράγυον bei Homer⁵) bedeutet offenbar ein Stück Landes, welches ein rüstiger Arbeiter in einem Tage bepflügen kann, also ein dem italischen Jugerum ähnliches Mafs. Ob es vier Plethren gleich gewesen ist, wie Hesychios und das Etymologicum Magnum⁶) angeben, mufs dahingestellt bleiben.

Bei der Reduction des griechischen Flächenmafses auf preufsisches und französisches Mafs, welche Tab. V giebt, ist der attische Fufs (§ 10, 2) zu Grunde gelegt. Danach ist ein Plethron fast genau gleich ⅜ eines preufsischen Morgens.

Polybios 6, 27, 2 nennt ein Quadrat, dessen Seiten je 100 Fufs von dem Mittelpunkte entfernt sind, τετράπλεθρον.
2) Plut. Camill. 39. Appian b. civ. 1, 9.
3) 2, 168: ἡ δὲ ἄρουρα ἑκατὸν πηχέων ἐστὶ Αἰγυπτίων πάντη.
4) Unt. d. W.: ἡ ἄρουρα πόδας ἔχει ν΄. Wenn Suidas hier, wie Ideler S. 179 mit Recht annimmt, ein Flächenmafs meinte, so hat er sich ungenau ausgedrückt, indem man dem Wortlaute nach die 50 Fufs als Quadratfufs versteht. Man mufs also ein πάντη oder πανταχόθεν dazu ergänzen, sodafs die Länge einer Seite des Flächenmafses bezeichnet wird. Allein auch die Zahlangabe ist verderbt. Ein Wort, welches ursprünglich das Ackerfeld bedeutet, kann nicht ein Mafs von ¼ Plethron bezeichnet haben. Jedenfalls ist mit Jomard, exposition du système etc. in Description de l' Egypte édit. Panckoucke vol. VII p. 527, πόδας ρν΄ = 100 Ellen zu lesen.
5) Od. 18, 374 und dazu die Erklärung des Eustathios: τετράγυον διάστημά τι, ὅσον ἦν ἀροτριᾶν, ὡς εἰκός, δι' ἡμέρας τοὺς ἀγαθοὺς ἐργάτας καὶ χρωμένους βουσὶν ὁμοίοις. Derselbe zu Od. 7, 113: τετράγυος, οὗ ἑκάστη τῶν τεσσάρων πλευρῶν γύην εἶχεν, woraus hervorgeht, dafs γύη ursprünglich die Länge der Furche bedeutet haben mag. Πεντηκοντόγυον τέμενος hat Homer Il. 9, 579.
6) Beide setzen die γύη dem πλέθρον gleich.

§ 8. *Bestimmung der griechischen Längenmafse.*

1. Während wir bei den Römern eine feste Einheit des Längenmafses, den Fufs finden, zu dem alle anderen Mafse in ein unabänderliches Verhältnifs gesetzt sind, und dieser Fufs sich mit aller nur wünschenswerthen Sicherheit bestimmen läfst, so sind wir in Betreff der Griechen zunächst nicht einmal darüber in Gewifsheit, ob sie sich übereinstimmender oder verschiedener Längenmafse bedienten. Die präsumtive Antwort auf diese Frage mufs sein, dafs hierin vermuthlich ebenso wenig Uebereinstimmung geherrscht hat als in den Hohlmafsen, Gewichten, Münzen und selbst in der Zeitrechnung. Dagegen aber spricht, dafs bei den griechischen Schriftstellern selbst so gut wie nirgends von verschiedenen Längenmafsen die Rede ist und auch bei Römern nur unsichere Andeutungen darüber sich finden. Hauptsächlich auf diesen negativen Beweis gestützt halten die neuern deutschen Metrologen und Geographen fast insgesammt an der Ansicht fest, dafs es nur ein gebräuchliches Fufsmafs in ganz Griechenland gegeben habe [1]). Ganz im Gegentheil sind französische Gelehrte, unter denen besonders Fréret und Gosselin zu nennen sind, unter freilich nicht zu billigenden Voraussetzungen dazu gekommen, für das hauptsächlichste Längenmafs, das Stadion, sehr verschiedene Werthe anzunehmen [2]).

---

[1]) Mannert, Geogr. der Griechen und Römer I S. 200 ff., Ukert zuerst in v. Zach's Monatlicher Correspondenz Bd. 23 v. J. 1811 S. 488 ff., dann ausführlicher in der Monographie: über die Art der Griechen und Römer die Entfernungen zu bestimmen und über das Stadion, 1813 (vergl. besonders S. 37). In demselben Sinne behandelt Ukert die Frage nochmals in seiner Geographie der Griechen und Römer I Abth. 2 S. 51 ff. Ebenso entschied sich für die Einheit des Längenmafses Ideler in dem ersten Theile seiner Untersuchungen über die Längen- und Flächenmafse der Alten, Abhandl. der Berliner Akad. 1812—13, historisch - philos. Kl. S. 181: 'in einem Punkte müssen die Völker Griechenlands mit einander übereingekommen sein, in dem Gebrauche des Fufsmafses'. Dieser Ansicht schlossen sich unbedingt an Wurm p. 95 ff., Böckh M. U. S. 281, Forbiger Handb. der alten Geogr. I S. 552 f.; obgleich Ideler selbst in der Fortsetzung seiner Untersuchungen in den Abhandlungen der Berliner Akad. von 1826 und 1827 zu einem abweichenden Resultate gekommen war.

[2]) Fréret, sur les mesures longues des anciens, in Mém. de l'Acad. des Inscr. XXIV p. 492 ff., Gosselin, recherches sur la géographie systématique et positive des anciens IV p. 290 ff. Vergl. über diese sowohl als mehrere andere Ukert über die Art der Griechen u. s. w. S. 49 ff. Auf sicherern Grundlagen fufst d'Anville in seinem Traité des mesures itinéraires (Paris 1769), der aufser dem olympischen Stadion von $\frac{1}{8}$ röm. Meile

Von der Bemerkung ausgehend, dafs die Angaben der alten
Griechen über terrestrische Entfernungen weder unter einander
übereinstimmten, noch viel weniger mit den neueren Messungen
in Einklang zu bringen waren, fanden sie den Grund davon nicht
in den mangelhaften Bestimmungen der Alten selbst, sondern
sie suchten die abweichenden Angaben dadurch in Uebereinstimmung mit unsern Messungen zu bringen, dafs sie ganz verschiedene Arten von Stadien aufstellten. Die Berechtigung dazu glaubten sie in den verschiedenen Angaben der Alten über den Umfang der Erde zu finden. Alle diese Angaben, so nahmen sie an,
beruhen auf richtigen Messungen. Wenn also Aristoteles den
Erdumfang zu 400000, Eratosthenes zu 252000 Stadien angiebt,
so meinen beide dieselbe Dimension, nur bedient sich ersterer
eines weit kürzeren Stadion als der letztere. Die Unhaltbarkeit
dieser ganzen Hypothese und die Widersprüche, zu denen dieselbe führt, sind von Ukert und Ideler gründlich und überzeugend dargethan worden, sodafs sie jetzt als ein für allemal widerlegt gelten kann [3]). Nichtsdestoweniger hat eine sorgfältige Vergleichung der Angaben, welche die ältern griechischen Schriftsteller über Ortsentfernungen geben, mit den neueren Messungen
darauf geführt, dafs auch die unbedingte Einheit des Längenmafses, wie sie die deutschen Geographen annehmen, nicht gehalten werden kann.

2. Bei Erörterung dieser schwierigen Frage mufs vor
allem noch einmal darauf hingewiesen werden, dafs zunächst in
dem Systeme der Längenmafse Uebereinstimmung herrschte.
Ein Stadion wurde, wie wir sahen, unter allen Umständen zu
600 Fufs gerechnet, und ebenso wenig war das Verhältnifs der
übrigen wichtigeren Längenmafse ein schwankendes. Nehmen
wir nun dazu, dafs die Grundlage aller Mafse übereinstimmend
gewisse Dimensionen des Körpers bildeten und dafs die davon
abgeleiteten Gröfsen bis über eine bestimmte Grenze nicht
schwanken können, so folgt daraus, dafs mit einiger Beschrän-
kung der Satz seine Richtigkeit hat, dafs die Griechen sich gleicher Längenmafse bedienten. Es kann also z. B. ein Stadion,
dessen Fufs nur 6,3 Zoll (preufsisch) beträgt, wie es französi-

---

nur noch das kürzere von $\frac{1}{10}$ Meile und das sogenannte Aristotelische von
$\frac{1}{1111}$ Grad $= 0,0675$ oder $\frac{1}{15}$ röm. Meile anerkennt. Dafs das letztere
keine Berechtigung hat, wird sich später zeigen.
3) Ukert Geogr. I, 2 S. 51 ff. und über die Art der Griechen u. s. w.
S. 46 ff., Ideler Abhandl. der Berliner Akad. 1825 S. 169 ff.

sche Gelehrte aufgestellt haben [4]), niemals in Gebrauch gewesen sein. Die geringen Differenzen aber, welche sich finden mochten, waren im einzelnen so verschwindend klein, dafs sie nicht beachtet·wurden, zumal da man wohl selten in den Fall kam, verschiedene Fufsmafse unter einander genau zu vergleichen [5]). So war zwar Pythagoras darauf gekommen, dafs das olympische Stadion nach einem gröfsern Fufsmafse errichtet war als alle übrigen damals in Griechenland bestehenden, er hatte dies aber nicht unmittelbar aus einer Vergleichung von Fufsmafsstäben gefunden, sondern es erst aus der verschiedenen Länge der Stadien geschlossen [6]); und aufserdem· finden wir nirgends bei Griechen selbst Angaben über verschiedene Fufsmafse, geschweige denn scharfe Bestimmungen über die Differenz derselben.

Was das Ellenmafs·betrifft, so liegt uns wenigstens eine Vergleichung der griechischen mit einer ausländischen Elle aus dem Munde eines Griechen vor. Herodot [7]) sagt, dafs die königliche persische Elle um 3 Daktylen gröfser sei als die gemeine griechische ($\mu\acute{\epsilon}\tau\varrho\iota o\varsigma$ $\pi\tilde{\eta}\chi\upsilon\varsigma$). An einer andern Stelle [8]) bemerkt er, dafs die ägyptische Elle der samischen gleich gewesen sei. Wie grofs die letztere war, giebt er nicht an; doch ist ersichtlich, dafs sie von der gemeinen griechischen Elle abwich, weil er sonst die ägyptische Elle einfach der griechischen gleichgesetzt haben würde. Herodot und seine Zeitgenossen wufsten also, dafs das gemeine griechische Ellenmafs von den ausländischen Ellen verschieden war, und kannten sogar den genaueren Unterschied des ersteren von der persischen Elle. Da wir nun die persische Elle aus monumentalen Messungen kennen, so schliefsen wir daraus auf Herodot's griechische Elle; sie ergiebt sich auf den Betrag von ungefähr 465 Millimeter [9]), stimmt also überein mit der Elle des attischen Fufses sowie des so-

---

4) Es ist dies das angebliche Stadion des Aristoteles, abgeleitet von dessen Angabe über den Erdumfang (1111⅑ auf den Grad), zuerst von Fréret a. a. O. p. 507 ff. aufgestellt. In solchen Stadien soll Herodot die Dimensionen des Schwarzen Meeres angegeben haben (s. unten § 9 Anm. 5).

5) V. Fenneberg Unters. S. 4 ff. So macht z. B. Polybios keinen Unterschied zwischen griechischem und römischem Fufsmafs.

6) S. die § 5, 4 angeführte Stelle des Gellius.

7) 1, 178. Vergl. oben § 5 Anm. 11.

8) 2, 168: $\acute{o}$ $A\dot{\imath}\gamma\acute{\upsilon}\pi\tau\iota o\varsigma$ $\pi\tilde{\eta}\chi\upsilon\varsigma$ $\tau\upsilon\gamma\chi\acute{\alpha}\nu\epsilon\iota$ $\check{\imath}\sigma o\varsigma$ $\dot{\epsilon}\dot{\omega}\nu$ $\tau\tilde{\omega}$ $\Sigma\alpha\mu\acute{\imath}\omega$.

9) Die persische Elle hält nach den Messungen Oppert's (Anh. § 10, 1) 525 bis 530 Millimeter; rechnen wir von der kleinern Zahl 3 Daktylen des attischen Fufses ab, so bleiben ungefähr 465 Millimeter. Die attische Elle beträgt nach Tab. II B 462 Millimeter.

genannten olympischen Stadions von 462 Millimeter. Nach den
neuern Aufschlüssen über die orientalischen Mafse ist nun die
Frage nach der Entstehung der griechischen Elle leicht zu beantworten. Die ägyptische und ebenso die persische Elle, die jener
gleich war, waren in 7 Palästen, 28 Daktylen getheilt [10]. Die kleinasiatischen Griechen und theilweise auch die Inselbewohner, wie
die Samier, behielten dieses Mafs unverändert bei [11]), in dem
eigentlichen Hellas aber wurde die siebente Paläste der orientalischen Elle abgeworfen und es entstand nun die kürzere, duodecimal theilbare Elle von 6 Palästen, 24 Daktylen. Dafs sie
nach Herodot's Angabe etwas gröfser war als $\frac{6}{7}$ der persischen
Elle, denn letztere wird nur um 3, nicht um 4 Daktylen länger
als die erstere bestimmt, darf kein Bedenken erregen. Die griechische Elle war von der orientalischen entlehnt, aber das Mafs
deswegen noch nicht auf die Linie genau übertragen. Deshalb
dürfen wir auch nicht folgern, dafs mit der Feststellung des μέτριος πῆχυς Herodot's die Einheit der griechischen Längenmafse
erwiesen sei. Diese gemeingriechische Elle ist eben das Mafs
von 6 Palästen, um eine Paläste kürzer als die orientalische Elle;
aber dafs dieselbe ohne alle Schwankung in ganz Griechenland
gleich gewesen sei, wäre zu viel behauptet. Auch normirt Herodot sein Stadion ebenso wenig nach dieser Elle, wie Xenophon
das seinige nach dem attischen Fufse.

3.   Dies führt uns zur Frage über das Stadion. Selbst
eine geringe Differenz in der Gröfse des Fufs- oder Ellenmafses
mufste mehrere hundert mal genommen auffällig werden, und
dafs dieselbe den Griechen wirklich nicht entging, dafür haben
wir das bereits angeführte Zeugnifs des Pythagoras, dafs das in
Olympia errichtete Stadion länger war als alle übrigen in Griechenland. Eben darauf führt die Angabe eines spätern römischen
Schriftstellers, des Censorin, wonach das olympische und das
pythische Stadion von verschiedener Länge waren [12]). Dennoch

---

10) Vergl. Anb. § 12, 1 und 10, 1.
11) Der kleinasiatische Fufs (Anh. § 7, 1) ist aus der persischen Elle
gebildet; die samische Elle, wahrscheinlich das Mafs auch anderer Insel-
griechen, ist nach Herodot der ägyptischen gleich.
12) De die natali 13: nam ut Eratosthenes geometrica ratione collegit
maximum terrae circuitum esse stadiorum ducentum quinquaginta duum
milium, ita Pythagoras, quot stadia inter terram et singulas stellas essent,
indicavit. Stadium autem in hac mundi mensura id potissimum intelligen-
dum est, quod Italicum vocant, pedum sexcentorum viginti quinque: nam
sunt praeterea et alia longitudine discrepantia, ut Olympicum, quod est
pedum sexcentum, item Pythicum pedum ∞. Es mag diese Stelle als Be-

sprechen alle Griechen, wo sie Entfernungen nach griechischem
Mafse bestimmen, nur von Stadien schlechthin, ohne die geringste
Andeutung über eine Verschiedenheit derselben zu geben; und
wenn man daraus hat schliefsen wollen, dafs eben nur ein Stadion als Längenmafs in ganz Griechenland üblich gewesen sei,
so bleibt doch immer die Schwierigkeit, dafs nirgends gesagt
wird, welche von den verschiedenen Rennbahnen die Grundlage
für das angenommene allgemeine Längenmafs gebildet habe.
Freilich haben daran die meisten Metrologen wenig Anstofs genommen, indem sie glaubten, dies könne kein anderes Stadion
als das vornehmste in Griechenland, das olympische, gewesen
sein. So hatte man den Namen für das Längenmafs, die Gröfse
desselben ergab sich aus den Angaben des Polybios, Strabon
und anderer, dafs 8 Stadien auf die römische Meile gehen. Es
kann erst weiter unten (§ 10, 3) gezeigt werden, inwieweit es
wahrscheinlich ist, dafs das Achtelmeilenstadion wirklich das
olympische gewesen sei; aber selbst wenn die Identität beider
zugestanden wird, so ist die Einheit der griechischen Längenmafse immer noch nicht gerettet, da die älteren Schriftsteller,

---

stätigung der Angabe des Pythagoras über die verschiedene Länge der
griechischen Rennbahnen gelten; aber weiter ist sie schlechterdings nicht
zu gebrauchen; denn man mag sie erklären und wenden, wie man will, so
stöfst man auf Widersprüche. Zunächst kann das Verhältnifs zwischen
dem italischen und olympischen Stadion nicht richtig bestimmt sein, denn
Censorin setzt dabei voraus, dafs der Fufs des italischen Stadions,
d. h. der römische Fufs (§ 13 Anm. 6) dem olympischen gleich gewesen
sei. Da aber der olympische Fufs auf keinen Fall kleiner gewesen sein
kann als der attische, welcher ₂₄ gröfser ist als der römische (§ 10, 2), so
ist es offenbar, dafs Censorin hierin sich geirrt hat. Seine Angabe über
das olympische Stadion enthält also durchaus nichts mehr, als was wir bereits aus den § 5, 4 angeführten Stellen des Gellius und Isidor wissen,
dafs das olympische Stadion 600 eigene Fufs enthielt, welche Censorin
ohne weiteres den römischen gleich setzt. Ja wenn es richtig ist, dafs der
olympische Fufs dem attischen gleich war (§ 10, 3), so ist der Fehler des
Schriftstellers noch auffälliger, da dann das olympische und italische Stadion gleich sind, also die Zahlen 600 und 625 nicht die verschiedene Länge
derselben, sondern das Verhältnifs der zu Grunde liegenden Fufsmafse ausdrücken (600 olympische Fufs = 625 römischen). Ebenso unsicher ist die
Angabe über das pythische Stadion. Nach der gewöhnlichen Annahme
soll *pedum* D für ∞ gelesen werden, also das pythische Stadion 500 Fufs
und zwar römische = ₁/₁₀ römische Meile betragen haben. Indefs fehlt
hierfür jede Begründung. Das wahrscheinlichste ist noch, was Krause
Gymnastik I S. 136 annimmt, dafs die Lesart *pedum* ∞ richtig sei, und es
also zu Censorin's Zeit wirklich ein Stadion von 1000 Fufs in Delphi gegeben habe.

besonders Herodot und Xenophon, sich erwiesenermafsen eines kürzeren Stadions als jenes zu 8 auf die römische Meile bedient haben. Wir werden also immer wieder auf eine Verschiedenheit der Längenmafse geführt und müssen von neuem fragen, wie es kommt, dafs die Griechen selbst kein Wort davon erwähnen. Das Räthsel löst sich ziemlich einfach, wenn wir bedenken, auf welche Weise bei den Griechen gröfsere Entfernungen bestimmt wurden. An ein genaues Ausmessen mit der Mefsschnur und Zugrundelegung eines festen Mafsstabes ist nur in den seltensten Fällen zu denken[13]), für gewöhnlich begnügte man sich damit längere Strecken durch Ausschreiten zu bestimmen. So wissen wir von Alexander dem Grofsen, dafs er auf diese Weise die Stationen, die er mit seinem Heere zurücklegte, ausmessen liefs[14]), und auf eben solchen Bestimmungen müssen auch die Angaben Xenophon's über den Marsch der Zehntausend beruhen, insoweit dieselben nicht auf Strafsen zogen, die von den Persern bereits vermessen waren[15]). Neben dieser verhältnifsmäfsig noch immer zuverlässigen Art der Wegbestimmung ging eine andere her, die noch bequemer, aber auch weit weniger genau war, ich meine die Bestimmung nach der zu der Zurücklegung eines Weges erforderlichen Zeit. Eine Tagereise, der Marsch eines Heeres, die Tagfahrt und die Nachtfahrt eines Schiffes wurden zu einer bestimmten runden Zahl von Stadien angesetzt, und danach berechnete man die zurückgelegten Entfernungen[16]). Es bedarf

---

13) Genaue Messungen haben natürlich bei Bauwerken, wie bei dem Hekatompedos zu Athen (§ 10, 2) stattgefunden; es ist daher anzunehmen, dafs die Angabe des Thukydides (2, 13) über die Länge der Mauern, die von Athen nach den Häfen führten, auf einer solchen Messung beruht. Vergl. Leake die Demen v. Athen S. 32 der Uebers., Ideler Abhandl. 1826 S. 17 f. und unt. § 10, 2. Dafs auch der bebaute Boden wenigstens zum Theil genau mit der Mefsschnur ausgemessen wurde, ersehen wir aus Herodot 1, 66, wo σχοίνῳ διαμετρήσασθαι sowohl für das Vermessen des eroberten Landes als für das Zumessen des von den Sclaven zu bestellenden Landes gebraucht wird.

14) Von Plinius wird 7, 2 § 11 ein Baeton als itinerum mensor Alexander's des Grofsen erwähnt; ebendenselben nennt Athenäos 10 p. 442 B Ἀλεξάνδρου βηματιστής und führt von ihm eine Schrift: Σταθμοὶ τῆς Ἀλεξάνδρου πορείας an. Vergl. Ideler Abhandl. 1812—13 S. 172.

15) Vergl. Ideler Abhandl. 1827 S. 123.

16) Den nähern Nachweis giebt Ukert über die Art u. s. w. S. 8—14 und Geogr. I, 2 S. 55—65. Herodot 4, 101 schätzt eine Tagereise zu 200 Stadien, Pausanias 10, 33, 3 zu 150 Stadien. Den Marsch einer Armee giebt Herodot 5, 53 zu 150 Stadien an (vergl. Ideler Abhandl. 1827 S. 120 f.), derselbe 4, 86 die Tagfahrt eines Schiffes zu 700, die Nachtfahrt zu 600 Stadien; gewöhnlich nahm man für die 24stündige Fahrt eines Schiffes

keiner nähern Ausführung, wie grofse Irrthümer dabei unterlaufen konnten, zumal wenn durch besondere Umstände ein Fehler veranlafst wurde, wie wir das am deutlichsten bei den Angaben Herodot's über die Dimensionen des Schwarzen Meeres sehen (§ 9 Anm. 5). Auch verhehlen sich die Alten selbst nicht, dafs alle solche Bestimmungen nur ungefähre sind, und dafs man sie mit Vorsicht zu gebrauchen hat [17]. Für kleinere Entfernungen, die nicht ausgeschritten werden konnten, z. B. die Breite von Flüssen, genügte die Abschätzung durch das Auge; wir dürfen also nicht annehmen, dafs wir genaue Messungen vor uns haben, wenn Xenophon unter anderm die Breite des Mäander zu 2 Plethren und die des Euphrat zu 4 Stadien angiebt [18]. Endlich ist noch zu berücksichtigen, dafs sehr viele Entfernungsbestimmungen in Stadien aus der Reduction ausländischer Mafse, wie des ägyptischen Schoinos oder des persischen Parasanges entstanden sind. Auch hierbei erstrebte man keine absolute Genauigkeit, sondern zog es vor der bequemeren Berechnung halber ein möglichst rundes Verhältnifs anzusetzen. Nehmen wir nun noch dazu, dafs bereits die Angaben in jenen fremden Mafsen meistens nur ungefähre waren, so dürfen wir um so weniger in den daraus reducirten Stadien genaue Messungen finden wollen. Noch auffälliger wird der Fehler, wenn geradezu ein falsches Verhältnifs zu Grunde gelegt wird, wie es Herodot bei der Reduction der ägyptischen Schoinen thut (§ 9, 5).

4. Allen diesen mehr oder weniger ungenauen Bestimmungen brauchte aber ein bestimmtes Stadion, d. h. die genau ausgemessene Länge irgend einer Rennbahn gar nicht zu Grunde zu liegen. Herodot kennt keine andere Norm für sein Stadion als das menschliche Körpermafs; Xenophon als Athener mufste doch den attischen Fufs genau kennen, und trotzdem finden wir bei ihm ein Stadion, das hinter dem sechshundertfachen dieses Fufses weit zurückbleibt. Man begnügte sich jedenfalls die Länge von 600 Fufs, die als Normalmafs zu Grunde lag, in einem bequemen Verhältnisse auf das Schrittmafs zu reduciren; und alles führt

---

in runder Summe 1000 Stadien an, doch finden sich auch niedrigere und höhere Bestimmungen. Vergl. aufser Ukert S. 11 f. auch Ideler Abhandl. 1826 S. 9, Forbiger Handb. I S. 550 f.
    17) Ukert Geogr. I, 2 S. 65 f.
    18) Anab. 1, 2, 5. 4, 11 und anderwärts sehr häufig. Ideler Abhandl. 1827 S. 124 nimmt ohne Noth für diese Messungen das olympische Stadion in Anspruch, obgleich er zugiebt, dafs die Zahlen nur auf ungefährer Schätzung beruhen.

darauf hin, dafs man in runden Zahlen 2 Schritt auf die Orgyie,
also 200 auf das Stadion rechnete[19]. Es beträgt nämlich der
mittlere Schritt des Menschen 0,8 Meter = 2,549 preufs. Fufs[20]);
dies giebt auf das Stadion 509,8 Fufs, und mit einem solchen
Stadion lassen sich die Angaben der älteren Schriftsteller schon
weit besser vereinigen als mit dem olympischen, welches 588,5
Fufs enthält. Denn ungefähr eben diese Länge mufs das Stadion
Herodot's gehabt haben, und das Stadion des Xenophon und
Eratosthenes ist, wie im folgenden gezeigt werden wird, noch
um etwas kürzer; was sich leicht erklärt, wenn man bedenkt,
ein wie schwankender Mafsstab der Schritt ist. Wir müssen
also gänzlich darauf verzichten, in den Stadienangaben dieser
Schriftsteller genaue Messungen zu finden. Erst später, als man
mit der römischen Meile bekannt wurde, wurde das Stadion eine
feste Gröfse, indem man es auf $\frac{1}{8}$ der Meile fixirte. Aber dabei
behielt man die Angaben der Aelteren, die sich noch des kürzeren Schrittstadions bedient hatten, bei, ohne an eine Reduction
zu denken. So hat Strabo als Normalmafs das Achtelmeilenstadion, aber daneben giebt er manche Ortsbestimmung nach Eratosthenes und anderen älteren Geographen, welcher sicher das
kürzere Stadion zu Grunde liegt[21]). So glaubten also die
Griechen wirklich nur ein Stadion als Längenmafs zu
haben, es war ihnen schlechthin die Länge von 600 Fufs; allein
mit welchem Grade von Genauigkeit und unter welchen Voraussetzungen überhaupt diese Länge in jedem einzelnen Falle bestimmt
war, darum kümmerten sie sich nicht. Erst wir, die wir genauer
nachmessen, finden eine Verschiedenheit der Stadien, die eben
nur auf jener Ungenauigkeit im Messen beruht[22]). Es ist aber
auch nach dem angeführten ganz unnütz nach einem Namen
für das kürzere Schrittstadion zu suchen; es hat, da es nie für
ein besonderes Stadion im Gegensatz zu dem sogenannten olympischen galt, auch nie einen besonderen Namen geführt, und somit entbehrt die Benennung pythisches Stadion, welche

---

19) Ideler Abhandl. 1827 S. 112f.
20) Henschel, das bequemste Mafs- und Gewichtssystem, Cassel
1855. S. 6ff.
21) Dies weist überzeugend nach Ideler Abhandl. 1827 S. 127.
22) In diesem Sinne spricht sich auch Rennel, the geographical system
of Herodotus p. 14 aus: the different results arising from the comparison of
the numbers of stades, with the ground on which they were computed, are
to be ascribed to the difference of judgement amongst the individuals who
made the computations (we say *computations*, because it may supposed that
the distances were, in very few instances, measured).

französische Geographen aufgebracht haben, jeder Berechtigung [23]). Am besten bezeichnen wir es als Schritt- oder
Itinerarstadion.

§ 9. *Fortsetzung. Das Itinerarstadion.*

1. Das Stadion, welches Herodot seinen itinerarischen
Bestimmungen zu Grunde legt, ist ebenso wenig das vierhundertfache seines μέτριος πῆχυς, als das Stadion Xenophon's das
sechshundertfache des attischen Fußes. Es ist jedenfalls kürzer
gewesen. Einen erwünschten Anhalt dasselbe zu bestimmen
würde Herodot's Angabe über die Basis der Pyramide des Cheops
geben, wonach sich ein Stadion von 170,44 Meter = 543,1 preußs.
Fußs berechnet, wenn nicht der ganz abweichende Werth, der
aus der Bestimmung der Pyramide des Mykerinos hervorgeht, darauf hinwiese, daß hier nicht genaue Messungen, sondern nur
unzuverlässige Angaben, wahrscheinlich aus ägyptischem Län-
genmaße reducirt, vorliegen [1]). Wir müssen also versuchen das
Stadion Herodot's anderweitig zu bestimmen. Aristagoras, der
Tyrann von Milet, beschreibt (5, 52ff.) den Weg von der Küste
Kleinasiens bis zur Residenz des Perserkönigs und giebt zuletzt
die Entfernung von Sardes bis Susa auf 13500 Stadien oder
450 Parasangen an. Herodot läßt ihn dabei ausdrücklich bemer-

23) Der Name pythisches Stadion stützt sich lediglich auf die unsichere Stelle Censorin's (s. oben Anm. 12), aus der sich in dieser Beziehung durchaus nichts folgern läßt. Denn erstlich bestimmt Censorin das
pythische Stadion nicht auf 500, sondern auf 1000 Fußs und zweitens giebt
er keine Andeutung, daß dasselbe als Längenmaßs je gebraucht worden sei.
Dennoch behält Ideler nach Barbié du Boccage und d'Anville diese Benennung bei. Vergl. Abhandl. 1826 S. 12ff.
1) Die Basis der Pyramide des Cheops beträgt nach Herodot 2, 124
8 Plethren auf jeder Seite, nach neuern Messungen 227,25 Meter (v. Zach,
Monatl. Correspond.IV S.79). Dies ergiebt für das Stadion 170,44 Meter =
543,1 preußs. Fußs, also einen merklich kürzeren Betrag, als ihn das spätere
griechische Stadion hat (§ 10, 2). Aber die Angabe über die Pyramide des
Mykerinos (2, 134) führt zu einem weit größeren Stadion. Die Basis beträgt nach Herodot 3 Plethren weniger 20 Fußs, nach neuern Messungen
103, 10 Meter (Letronne recherches p. 154); das zu Grunde liegende Stadion ist also = 220,93 Meter = 703,9 preußs. Fußs, wobei zu beachten,
daß die Pyramide gegenwärtig ihre Bekleidung verloren, also die neuere
Messung noch einen zu niedrigen Werth geliefert hat. Herodot's Angaben
können daher nicht genau sein; deshalb hat auch der Versuch Letronne's
(recherches p. 183—193), sie mit den wirklichen Angaben durch Aufstellung verschiedener Hypothesen in Einklang zu bringen, viel bedenkliches.
Das räthlichste ist vielleicht 2,134 τεσσέρων für τριῶν zu schreiben.

ken, dafs der persische Parasang wirklich 30 Stadien enthalte
und dafs man die Messung des Weges nach Parasangen für zuverlässig halten müsse. Rennel [2]) berechnet die Summe der directen Abstände zwischen den von Herodot genannten Stationen
auf 280 geographische Meilen und kommt dadurch auf ein Stadion von 510 preufs. Fufs (46,3 auf die Meile), also auf dieselbe
Länge, wie sie oben (§ 8, 4) für das Stadion von 200 Schritt
angenommen worden ist. Indefs mufs vielleicht, indem man die
Krümmungen des Weges etwas höher anschlägt, als es Rennel
gethan hat, noch eine Kleinigkeit hinzugefügt werden; aber man
würde immer bei weitem noch nicht das olympische Stadion
erreichen [3]). Auf einen noch geringeren Betrag kommt das Stadion Herodot's aus nach seiner Angabe über die Länge des
Weges, der von dem Altar der zwölf Götter zu Athen nach Pisa
und zum Tempel des olympischen Zeus führt. D'Anville [4]) berechnet daraus ein Stadion von 471 Fufs.

Eine ganz eigenthümliche Bewandtnifs hat es noch mit dem
Stadion, nach welchem Herodot die Dimensionen Aegyptens
bestimmt. Seine Angaben darüber beruhen auf Messungen, denen
das ägyptische Wegmafs, der Schoinos, zu Grunde lag. Durch
ein Mifsverständnifs nun, dessen Anlafs sich zwar nur vermuthen
läfst, das aber nichtsdestoweniger sicher ist, rechnet Herodot
fast um das doppelte zu viel, nämlich 60 Stadien auf den Schoinos [5]). Es sind daher alle seine Ortsbestimmungen über Aegyp-

---

2) The geographical system of Herodotus p. 16 f. Er addirt für die
Krümmungen des Weges, der schon bei Issos und Mossul stark gebogen
ist, noch ⅕ zu den 1120 englischen geographischen Meilen, die er als den
directen Abstand gefunden hat, und erhält daraus ein Stadion, von dem 695
auf den Erdgrad, 46,3 auf die geogr. Meile geben.

3) Ideler Abhandl. 1827 S. 117.

4) Nach der Karte d'Anville's, dem Rennel p. 16 und Ideler S. 114f.
folgen, geben die directen Abstände des bezeichneten Weges, vorausgesetzt, dafs derselbe durch Arkadien über Orchomenos ging, 130 röm. Meilen. Herodot 2, 7 hat 1485 Stadien. Um diese beiden Zahlen mit einander
vergleichen zu können, mufs von der letzteren noch etwas für die
Krümmungen des Weges in Abzug gebracht werden. D'Anville (traité des
mesures p. 175 ff.) befolgt bei seinen geographischen Untersuchungen das Prin-
cip, dafs er die itinerarischen Distanzen um ⅛ verkürzt, um die directen zu
erhalten. Ihm stimmt Ideler S. 114 bei, indem er darauf hinweist, dafs bei
gröfseren Entfernungen, wo eine Station die andere compensirt, dieses
Achtel als das Maximum der Verkürzung zu betrachten ist. Hiernach berechnet sich das der Angabe Herodot's zu Grunde liegende Stadion genau
auf ¹⁄₁₀ römische oder ⅕₀ geogr. Meile = 471 preufs. Fufs.

5) Da die Schoinen ursprünglich die Stationen für die Schiffszieher am
Nil und als solche von verschiedener Länge (30, 40, 60, ja 120 Stadien)

ten, die er in Stadien giebt, in dem Verhältnifs von 60: 1 auf Schoinen zu reduciren und diesen dann der unten (Anh. § 11, 3) angegebene Betrag des Schoinos zu Grunde zu legen.

2. Am sichersten läfst sich das ältere kürzere Stadion bei Xenophon nachweisen. Die Länge des Weges, den das griechische Heer von Ephesos bis zum Schlachtfelde bei Kunaxa zurücklegte, belief sich auf 535 Parasangen oder 16050 Stadien [6]). Nun beträgt die directe Entfernung zwischen den einzelnen Stationen, welche Xenophon angiebt, nach den sorgfältigen Untersuchungen von Rennel [7]), der hierbei alle nur möglichen Hülfsmittel benutzte, zusammen 1321 römische Meilen, woraus sich nach Abzug von $\frac{1}{4}$ für die Krümmungen des Weges ein Stadion von 443 Fufs (53,2 auf die geogr. Meile) ergiebt [8]). Man würde zu weit gehen, wollte man behaupten hiermit das Stadion Xenophon's sicher gefunden zu haben; aber so viel ist augenscheinlich, dafs dasselbe dem oben angenommenen Stadion von 200 Schritt oder ungefähr 500 Fufs viel näher gestanden hat, als dem sogenannten olympischen von 588$\frac{1}{2}$ Fufs.

Ein solches kürzeres Stadion mufs auch der Geograph

waren, so ist es wohl erklärlich, dafs Herodot durch Mifsverständnifs den Itinerar-Schoinos zu 60 Stadien nahm. Man darf aber nicht etwa glauben, dafs er wirklich ein besonderes kurzes Stadion (von nur 314 Fufs) für Aegypten gebraucht habe; es gab für ihn, wie für alle Griechen, nur ein Stadion, der Fehler ist also lediglich in seiner irrthümlichen Reduction des Schoinos zu suchen. Ebenso wenig ist an ein solches Halbstadion zu denken, wenn man seine Angaben über die Ausdehnung des Pontos (4, 85 f.) mit den wirklichen Entfernungen vergleicht. Er bestimmt hier alles nach Tag- und Nachtfahrten eines Schiffes und setzt diese zu einer bestimmten Anzahl Stadien an. Da aber die Schiffe auf dem stürmischen Schwarzen Meere durchschnittlich täglich viel kürzere Strecken zurücklegen als anderswo, so dehnt Herodot die Länge und Breite des Pontos viel zu weit aus. Diesen Fehler darf man aber nicht dadurch beseitigen wollen, dafs man ihm ein besonderes kürzeres Stadion zuschreibt. Die ganze schwierige Frage über dieses Halbstadion ist erschöpfend behandelt von Ideler Abhandl. 1826 S. 6 ff.

6) Es thut nichts zur Sache, dafs die Aechtheit der betreffenden Stelle (Anab. 2, 2, 6) bezweifelt worden ist, denn man erhält dieselbe Summe, wenn man die einzelnen Angaben, die sich bei Xenophon über den Marsch des Heeres von Sardes bis zum Schlachtfelde finden, addirt (= 517 Parasangen), und dazu nach Herodot (5, 54) noch 540 Stadien oder 18 Parasangen für den Weg von Ephesos nach Sardes hinzuzählt. Die Angabe ist also so genau wie wenige, die wir aus dem Alterthum haben. Den nähern Nachweis giebt Ideler Abhandl. 1827 S. 122 f.

7) Illustrations of the history of the Expedition of Cyrus (London 1816).

8) Das nähere s. bei Ideler S. 114. 122 f. Rennel selbst (Illustr. p. 11) rechnet das Itinerarstadion zu $\frac{1}{76}$ des Grades = 493 preufs. Fufs.

Eratosthenes bei seinen Messungen gebraucht haben. Der
ägyptische Schoinos betrug, wie unten (Anh. § 11, 3) gezeigt
werden wird, ungefähr 4 römische Meilen; Eratosthenes aber
rechnete nach Plinius[9]) 40 Stadien auf denselben, es gingen
also von seinem Stadion 10 auf die römische Meile (1 Stadion
= 471 Fufs). Dasselbe Stadion oder ein nur um wenig gröfseres lag auch, wie d'Anville[10]) mit grofser Wahrscheinlichkeit
nachweist, seiner Bestimmung des Erdumfangs zu Grunde, ebenso
wie auch der Correction, welche Hipparch in dieser Berechnung vornahm.

3. Es würde zu weit führen auch die übrigen Spuren von
einem kürzeren Stadion, welche d'Anville und Rennel nachgewiesen haben, weiter zu verfolgen. Ich glaube, dafs schon das angeführte genügen wird, um das Resultat zu begründen, dafs wir
in folgendem kurz zusammenfassen: Es kann den Angaben über
Ortsentfernungen, die wir bei den älteren griechischen Schriftstellern bis in die Mitte des zweiten Jahrhunderts v. Chr. und
theilweise noch darüber hinaus finden, nicht das sogenannte
olympische Stadion von $\frac{1}{8}$ der römischen Meile (588$\frac{1}{2}$ preufs.
Fufs), noch überhaupt ein genau normirtes Mafs, zu Grunde
gelegen haben. Vielmehr ist in runder Summe die Zahl der
Schritte bestimmt worden, die beim Ausschreiten auf ein
Stadion kamen. Wahrscheinlich rechnete man 200 Schritt,
was für das Stadion gegen 500 preufs. Fufs ergiebt. Nach
diesem schwankenden Mafsstabe ferner wurden theils
gröfsere Entfernungen unmittelbar durch Ausschreiten bestimmt, theils reducirte man danach fremde Längenmafse,
theils endlich schätzte man Entfernungen aufs ungefähr nach
der Zeit oder mit dem Auge ab. Je ungenauer gemessen
wurde, desto mehr mufste der Fehler sich vermehren, und
zwar kann man als Regel annehmen, dafs mit der steigenden Ungenauigkeit auch das Plus der abgeschätzten Entfer-

---

9) 12, 13 § 53: schoenus patet Eratosthenis ratione stadia XL, hoc
est passuum V milia, aliqui XXXII stadia singulis schoenis dedere.
Da der Schoinos, wie wir sicher wissen, 4 römische Meilen enthielt,
so erkennen wir in den 32 Stadien olympische oder Achtelmeilen-
stadien, und berechnen danach das Stadion des Eratosthenes zu $\frac{1}{10}$ der
römischen Meile. Dagegen sind die fünf Meilen, welche Plinius angiebt,
von ihm irrthümlich aus den 40 Stadien des Eratosthenes reducirt, indem
er diese ebenfalls für olympische hielt.

10) Discussion de la mesure de la terre par Eratosthène in den Mém.
de l'Acad. t. 26 p. 92 ff.

nung über die wirkliche wuchs. Um daher aus den Angaben
der Schriftsteller die wirklichen Entfernungen annähernd
bestimmen zu können, mufs man das Itinerarstadion noch etwas
kürzer ansetzen, etwa zu 470 Fufs oder $\frac{1}{500}$ der geographischen
Meile [11]).

§ 10. *Das olympische Stadion.*

1. Der erste Grieche, von dem uns eine Vergleichung
zwischen dem griechischen Stadion und dem römischen Wegmafse mit Sicherheit überliefert ist, ist Polybios [1]). Die nächstliegende und einfachste Art eine solche Vergleichung anzustellen
war für ihn die, den griechischen und römischen Fufs als gleich
zu setzen und danach das Verhältnifs des Stadion zur Meile zu
bestimmen. So erhielt er $\frac{5000}{600}$ = 8$\frac{1}{3}$ Stadien auf die römische
Meile, und nach dem Zeugnisse Strabo's [2]), der wahrscheinlich
eine Stelle aus den geographischen Untersuchungen im vierund-
dreifsigsten Buche seiner Geschichte vor sich hatte, hat Polybios
wirklich so gerechnet. Allein an einer Stelle des dritten Buches [3])

---

11) Nach diesem Ansatze sind die Stadien in Tab. I auf Meilen reducirt (1 Meile = 23601 preufs. Fufs). Von dem 60sten Stadion an giebt
die Tabelle mit Rücksicht auf Xenophon's Anabasis zugleich die Reduction der Parasangen (1 Parasang = 30 Stadien = $\frac{8}{6}$ Meile).
1) Auch Eratosthenes soll nach dem metrologischen Fragmente des
Iulianus Ascalonita (in Constant. Harmenopuli manuale legum 2 tit. 4 in
der Ausg. v. Heimbach oder in Suppl. novi thes. iuris civil. et canon.
Hagae 1780) die römische Meile nach Stadien bestimmt haben: τὸ μίλιον
κατὰ Ἐρατοσθένην καὶ Στράβωνα τοὺς γεωγράφους ἔχει σταδίους η΄
καὶ γ΄. Nun ist es wohl möglich, dafs Eratosthenes, der (nach § 9, 2) ein
weit kürzeres Stadion als zu 8$\frac{1}{3}$ auf die römische Meile gebrauchte, dennoch
dieselbe irrthümlich so reducirte, indem er ebenfalls die Fufsmufse gleich
setzte. Aber es fällt auf, dafs Strabo an der in der folgenden Anmerkung
citirten Stelle blos Polybios als Gewährsmann für die Reduction von 8$\frac{1}{3}$ anführt, und nicht auch den Eratosthenes, von dem er es doch ebenso gut
wissen mufste; ferner dafs Iulianus fälschlich auch dem Strabo diese Reduction zuschreibt, während dieser selbst doch immer die Meile auf 8 Stadien
reducirt. Es erscheint also diese Notiz ziemlich verdächtig.
2) 7 p. 322: (ἡ Ἐγνατία ὁδὸς) μιλίων ἐστὶ πεντακοσίων τριάκοντα πέντε· λογιζομένῳ δέ, ὡς μὲν οἱ πολλοί, τὸ μίλιον
ὀκτασταδίον, τετρακισχίλιοι ἂν εἶεν στάδιοι καὶ ἐπ᾽ αὐτοῖς δια-
κόσιοι ὀγδοήκοντα, ὡς δὲ Πολύβιος προστιθεὶς τῷ ὀκτασταδίῳ
δίπλεθρον, ὅ ἐστι τρίτον σταδίου, προσθετέον ἄλλους σταδίους
ἑκατὸν ἑβδομήκοντα ὀκτώ, τὸ τρίτον τοῦ τῶν μιλίων ἀριθμοῦ.
3) 3, 39, 8 giebt er die Entfernungen von der Meerenge von Gibraltar
bis zur Rhone an und fügt hinzu: ταῦτα γὰρ νῦν βεβημάτισται καὶ σεση-

4 *

zählt er ausdrücklich nur 8 Stadien auf die Meile, und ebenso rechnet Strabo mit dem Bemerken, dafs dies die allgemeine Rechnungsweise sei. So finden wir die 8 Meilen auch bei Suidas, der freilich daneben zwei noch gröfsere Stadien aufführt [4]), und, was weit wichtiger ist, bei allen römischen Schriftstellern, welche griechisches auf römisches Mafs reducirten (§ 13 A. 6). Wahrscheinlich hatte man zuerst, nur um den Bruchtheil wegzuschaffen, 8 statt 8⅓ Stadien auf die Meile gerechnet; aber es war in diesem Falle einmal die runde Zahl wirklich die genauere, denn wir können an zwei verschiedenen Orten ein griechisches Fufsmafs nachweisen, dessen sechshundertfaches mit dem Achtelmeilenstadion genau übereinstimmt.

2. Der prachtvolle von Perikles erbaute Minerventempel zu Athen, der Parthenon, wurde nach Plutarch [5]) von den Athenern auch der hundertfüfsige, ἑκατόμπεδος, genannt. Dieses Wort haben alte Schriftsteller selbst, wie Harpokration [6]) berichtet, verschieden erklärt; nach einigen sollte es blos dichterisch die grofsen Dimensionen des Gebäudes bezeichnen, andere deuteten es auf die harmonischen Verhältnisse desselben. Auf den Gedanken, dafs der Ausdruck ganz im eigentlichen Sinne zu nehmen sei, kam unter den neueren Reisenden zuerst Le Roy [7]), der die hundertfüfsige Dimension in der Länge des Architravs auffand. Später mafs Stuart [8]) die Seiten der erhöhten Arena, auf welcher die Säulen des Peristyls stehen. Er

---

μείωται κατὰ σταδίους ὀκτὼ διὰ 'Ρωμαίων ἐπιμελῶς. Vergl. Ideler Abhandl. 1812—13 S. 183f.

4) Μίλιον μέτρον γῆς· τὰ δέκα μίλια ἔχουσι στάδια π'. Ueber die längeren Stadien, die er aufserdem erwähnt, s. unt. § 11 Anm. 4 u. 6.

5) Perikl. 13. Cato 5.

6) Ἑκατόμπεδον· Λυκοῦργος ἐν τῷ ἐπιγραφομένῳ Ἀπολογισμὸς ὧν πεπολίτευται· ὁ παρθενὼν ὑπό τινων Ἑκατόμπεδος ἐκαλεῖτο διὰ κάλλος καὶ εὐρυθμίαν οὐ διὰ μέγεθος, ὡς Μενεκλῆς ἢ Καλλίστρατος ἐν τῷ περὶ Ἀθηνῶν. Aehulich Suidas unt. ἑκατόμπεδος. Vergl. Leake Topogr. Athens S. 414 A. 1 der Uebersetzung.

7) Les ruines des plus beaux monumens de la Grèce p. 49. 51. Seine Messung des Architravs ergab 94 Par. Fufs 10 Zoll; doch ist das Resultat deswegen nicht ganz sicher, weil er mit einem ungenauen Mafsstabe mafs und nachträglich erst den Fehler berichtigen konnte. Focberot mafs 95 Par. Fufs. Da letztere Messung den Fufs etwas gröfser, die erstere etwas kleiner als nach Stuart ergiebt, so ist es räthlich den Durchschnitt zwischen beiden zu nehmen, der für den attischen Fufs 136,68 Par. Linien ergiebt.

8) The antiquities of Athens measured and delineated by J. Stuart and N. Revett, London 1787 vol. II p. 8f.

fand für die Breite 101 Fufs 1,7 Zoll und für die Länge 227 Fufs 7,05 Zoll englisch. Beide Zahlen verhalten sich so genau zu einander wie 100 : 225 oder 4 : 9 [9]), dafs dieses Verhältnifs nothwendig in dem Plane der Erbauer gelegen haben mufs. Wir haben also in den Dimensionen der Breite und Länge wirklich und genau 100 und 225 attische Fufs. Danach ergeben sich für den Fufs

aus der Messung der Breite 12,137 engl. Zoll
- - - - Länge 12,138 - -
also im Mittel 12,1375 engl. Zoll
$= 136{,}66$ Par. Linien.

Dieses Resultat haben in überraschender Weise noch viele weitere Messungen sowohl am Parthenon als an andern Gebäuden zu Athen bestätigt, denn der Durchschnitt derselben giebt gerade eben denselben Betrag [10]). Wir können also den attischen Fufs mit grofser Sicherheit zu

136,66 Par. Linien $= 0{,}30828$ Meter $= 11{,}787$ preufs. Zoll

ansetzen. Auch das Stadion zu Athen ist, wie sich mit vieler Wahrscheinlichkeit nachweisen läfst, nach eben diesem Fufs-

---

9) Nur 0,225 Zoll hat man von den 227 F. 7,05 Z. der Länge abzuziehen, oder nur 0,1 Zoll zu den 101 F. 1,7 Z. der Breite hinzuzuzählen, damit das Verhältnifs vollkommen genau werde. Wenn also die längere Seite nur ¼ Zoll weniger oder die kürzere Seite nur über ⅛ Zoll mehr betrüge, als sie Stuart gefunden hat, so würde das Verhältnifs von 225: 100 schon weniger genau herauskommen, als es sich aus Stuart's Messungen ergiebt. Daraus folgt, dafs der daraus für den attischen Fufs berechnete Werth so genau ist, dafs der Fehler nur $\frac{1}{1000}$ Zoll betragen kann; vorausgesetzt, dafs die alten Baumeister mit einem ebenso genauen Mafsstabe gemessen haben, als Stuart ihn gebrauchte.

10) In's einzelne verfolgt diese Messungen Wurm p. 108 ff., doch bedürfen die Werthe, die er p. 109 in Par. Linien anstellt, noch einer kleinen Correction, da er den englischen Fufs zu 135,1414 anstatt zu 135,1160 Par. Linien annimmt. Dadurch ist der Durchschnittswerth von 136,687 Linien, den er aus den monumentalen Messungen erhält, um 0,026 Linien zu grofs ausgefallen. Er nimmt nun aber noch den Werth von 136,61 Lin. hinzu, der sich ihm aus der Gleichung 8 Stadien $= 1$ römische Meile ergiebt, und setzt nach dem Durchschnitte den attischen Fufs definitiv zu 136,65 Lin. fest. So stimmt sein Resultat zufällig sehr nahe mit dem von mir aufgestellten. Meiner Ansicht nach kann die Vergleichung mit der römischen Meile nicht in Rechnung gebracht werden, da das Verhältnifs nur ein rundes sein soll; der Durchschnitt aus den Messungen aber wird, glaube ich, am besten so gezogen, dafs man zuerst Stuart's Messung der obern Arena als die präsumtiv genaueste für sich nimmt, und damit die übrigen Messungen vergleicht. Nun ergeben nach Wurm (mit Vornahme der nöthigen Correctionen) für den Fufs:

mafsstabe gebaut worden [11]); ebenso die Umfassungsmauern Athens und die langen Mauern, die nach den Häfen Phaleron und Peiräeus führten [12]). Es kann also kein Zweifel sein, dafs der durch die neuern Messungen aufgefundene Fufs wirklich der gesetzmäfsige attische war.

Gleich hier mufs noch darauf hingewiesen werden, dafs der attische Fufs zu dem römischen sehr nahe in dem Verhältnifs von 25 : 24 steht, und dafs das Stadion des attischen Fufses, welches genau 569,42 Par. Fufs = 589,35 preufs. Fufs beträgt, nur um ein geringes gröfser ist als $\frac{1}{8}$ der römischen Meile [13]).

3. Ein zweites griechisches Fufsmafs, über dessen Betrag wir genau unterrichtet sind, ist der Ptolemäische Fufs, den der Gromatiker Hyginus erwähnt [14]). Nach diesem Fufse waren

der Durchschnitt von Le Roy's und Focherot's Messung	136,68 Par. L.
die 12 weiteren Messungen am Parthenon	136,58 - -
der Durchschnitt der übrigen n. 3—7 zusammengestellten 35 Messungen	136,688 - -

das Mittel aus sämmtlichen 49 Messungen

$$\left(= \frac{136,68 \times 2 + 136,58 \times 12 + 136,688 \times 35}{49}\right) \quad 136,66 \text{ Par. L.}$$

also übereinstimmend mit Stuart's Messung der Arena. Zu demselben Resultate gelangt auf ähnlichem Wege Bückh Metrol. Unters. S. 198 f. Ideler S. 199 setzt den attischen Fufs allein nach dem Verhältnisse zum römischen Fufse zu 136,458 Par. Linien an. Paucker Metrologie der Röm. und Griechen in den Dorpater Jahrb. Bd. 5 S. 191 erhält als Durchschnittswerth 12,137 eng. Zoll = 136,66 Par. Lin.

11) V. Fenneberg Untersuch. S. 122 ff. macht es wahrscheinlich, dafs die wahre Länge des griechischen Stadions von den Schranken bis zur Meta gerechnet werden müsse, und dafs letztere etwa 25 Fufs vom Fond entfernt gestanden habe. Unter dieser Voraussetzung berechnet er nach den Messungen von Chandler und Le Roy, die das athenische Stadion 591½ Par. Fufs lang fanden, den Fufs des Stadions zu 136,3 Par. Linien, was sehr nahe mit dem obigen Resultate übereinstimmt.

12) Ideler Abhandl. 1826 S. 17 f., Leake Topogr. S. 312 f., die Demen v. Athen S. 32 finden mit Zugrundelegung des olympischen Stadions, dafs die Angaben des Thukydides (2,13) über die Länge der Mauern Athens recht gut den neuern Messungen entsprechen; dieses olympische Stadion aber ist kein anderes als das attische.

13) Der attische Fufs von 136,66 Par. L. verhält sich zu dem römischen, der (nach § 15,2) 131,1 Par. L. beträgt, wie 25,018 : 24, also sehr nahe wie 25 : 24. Die römische Meile hält 4711,4 preufs. Fufs, steht also nur um 3,37 Fufs hinter dem achtfachen des attischen Stadions zurück.

14) Gromat. ed. Lachm. p. 122 f.: in provincia Cyrenensium agri sunt regii, id est illi, quos Ptolemaeus rex populo Romano reliquit; — pes eorum, qui Ptolemeicus appellatur, habet monetalem pedem et semunciam. Der pes monetalis ist der römische, wie § 15, 1 nachgewiesen ist. — Dafs wir in der Angabe Hygin's eine zuverlässige und genaue Nachricht haben,

die königlichen Ländereien der Provinz Cyrenaica vermessen,
die Ptolemäos Apion dem römischen Volke hinterlassen hatte.
Hyginus bestimmt denselben zu $1\frac{1}{34}$ des römischen Fußes, woraus sich, da der römische Fuß (nach § 15, 2) 131,1 Par. Linien enthält, 136,56 Par. Lin. ergeben. Dies stimmt aber so nahe
mit dem für den attischen Fuß gefundenen Werthe überein, daß
an der Identität beider Fußmaße nicht gezweifelt werden kann.
So finden wir an einer Grenzstätte griechischer Cultur das
gleiche Fußmaß wie in dem Mittelpunkte derselben. Den innern
Zusammenhang zwischen beiden nachzuweisen muß der Special-
forschung, die hier noch eine empfindliche Lücke auszufüllen
hat, überlassen bleiben. Es würden die Ueberreste sämmtlicher
griechischen Bauten, soweit genaue Messungen davon vorliegen,
einer methodischen Untersuchung in Betreff des zu Grunde liegenden Fußmaßes zu unterziehen sein. Nach dem bis jetzt vorliegenden Material läßt sich wenigstens vermuthungsweise bestimmen, daß der älteste griechische Fuß, der an dem Heräon
zu Samos nachgewiesen worden ist, 315 Millimeter d. i. reichlich
$\frac{4}{5}$ der um eine Handbreite verkürzten orientalischen Elle betrug,
und daß derselbe, wie sich an den Tempelbauten von Pästum
und Selinus verfolgen läßt, allmählich bis zu 308 Millim., dem
Betrag des attischen Fußes zur Zeit des Perikles, herabsank [15]).
Dieses Maß ist wahrscheinlich über Sicilien bis nach Kyrene gelangt; daß es aber auch im eigentlichen Griechenland nicht auf
Athen beschränkt war, scheinen die Ueberreste des Zeustempels
zu Olympia zu beweisen [16]). Das Stadion zu Olympia läßt sich
leider nicht mehr nachmessen.

Wir sehen also, daß dem auf $\frac{1}{8}$ der römischen Meile angesetzten Stadion ein weitverbreitetes Fußmaß zu Grunde liegt,
welches sich nach Analogie des nahe dazu stimmenden μέτριος

---

dafür bürgt uns nicht nur der Name dieses Schriftstellers, eines der bedeutendsten unter den römischen Feldmessern (Lachmann II p. 136), sondern
auch die ganze Art und Weise, wie er die Reduction des Ptolemäischen
Flächenmaßes auf das römische in's einzelne verfolgt (vergl. unten Anh.
§ 13, 1).

15) S. das nähere im Anhang § 5, 6.

16) Nach Blouet Expédition scientifique de la Morée I pl. 62 mißt
die unterste Stufe des Zeustempels 30,8 Meter in die Breite und 67 Meter
in die Länge. Das giebt unter der Voraussetzung, daß die Breite 100 griechische Fuß betrage, 308 Millim. für den Fuß. Wenn Pausanias 5, 10, 3
die Breite des Tempels zu 95 Fuß = 29,26 Meter angiebt, so meint er
wahrscheinlich den Abstand zwischen den Ecksäulen; entschieden zu hoch
aber rechnet er auf die Länge 230 Fuß = 70,84 Meter.

πῆχυς Herodot's mit Recht als das gemeine griechische bezeichnen läfst. Das davon abgeleitete Stadion heifst bei Neuern bekanntlich das olympische. Streng genommen würde diese Benennung selbst dann nicht begründet sein, wenn das Mafs an der Rennbahn zu Olympia nachgewiesen wäre, denn kein Grieche hat je ein Längenmafs unter dem Namen des olympischen gekannt. Aber da die allgemeine Tradition die Begründung des Stadions nach Olympia verlegte und somit die Vorstellung von dem gemeinsamen griechischen Längenmafse an diesen Ort anknüpfte, so kann dieses gemeingriechische Mafs, dessen genauen Betrag wir aus den Tempelbauten Athens entnommen haben, recht wohl von uns das olympische genannt werden, und wird also die einmal eingeführte Bezeichnung am besten beibehalten.

4. Eine Uebersicht über das griechische Längenmafs und die Reduction desselben nach dem attischen (olympischen) Fufse geben Tab. II — IV. In Tab. II sind alle in § 5 und 6 aufgeführten griechischen Mafse zusammengestellt. Tab. III enthält die vielfachen von Fufs, Elle, Orgyia und Plethron, Tab. IV die vielfachen des Stadions. In der letzteren beruht die Reduction auf geographische Meilen auf dem runden Verhältnisse von 1 : 40. Dem ungefähren Betrage nach ist 1 δάκτυλος = ³⁄₄ Zoll (preufs.), 1 πούς nicht ganz = 1 Fufs, 1 πῆχυς nicht ganz = 1½ Fufs, 1 ὀργυιά = 5⅝ Fufs, 1 πλέθρον = 98 Fufs, 1 στάδιον = 590 Fufs = ₁⁄₄₀ geogr. Meile.

§ 11. Die längeren Stadien der Kaiserzeit.

1. Die erste Spur eines noch längeren Stadions, als das olympische war, finden wir bei Plutarch, der in der Biographie des C. Gracchus da, wo er über dessen Strafsenbauten und Strafsenvermessungen spricht, hinzufügt, dafs die römische Meile etwas kleiner sei als 8 Stadien [1]). Er hatte hierbei jedenfalls das

---

1) C. Gracch. 7: πρὸς δὲ τούτοις διαμετρήσας κατὰ μίλιον ὁδὸν πᾶσαν (τὸ δὲ μίλιον ὀκτὼ σταδίων ὀλίγον ἀποδεῖ) κίονας λιθίνους σημεῖα τοῦ μέτρου κατέστησεν. Ideler Abh. 1812—13 S. 187 bezieht diese Angabe auf die geringe Differenz von 8 Fufs, um welche nach seiner Berechnung die römische Meile hinter dem achtfachen des attischen (olympischen) Stadions zurücksteht. Allein die Differenz war höchst wahrscheinlich noch unbedeutender (nach § 10 A. 13 nur 3,37 preufs. Fufs), und es ist ganz unglaublich, dafs Plutarch einen so feinen Unterschied, der nur durch die genauesten Messungen sichtbar werden konnte, bemerkt habe. Die genaueste Vergleichung zwischen römischem und griechischem Längenmafse, die wir aus dem Alterthum haben, ist die des Hygin (§ 10 A. 14), aber auch nach dieser entsprechen 8 Stadien gerade einer Meile.

Stadion vor Augen, welches nach einer Stelle des Dio Cassius
7½ mal in der römischen Meile enthalten war. Dieser Schriftsteller sagt nämlich, dafs sich die Gerichtsbarkeit des Stadtprä-
fecten bis auf 750 Stadien im Umkreise der Stadt erstrecken
sollte [2]), und bezeichnet damit unverkennbar dieselbe Entfernung,
welche in den Digesten [3]) auf 100 römische Meilen bestimmt wird.
Dieselbe Reduction der Meile finden wir bei Iulianus von Asca-
lon; auch Photios kennt kein anderes Stadion, und weiter lassen
sich die Spuren desselben bis in das zehnte Jahrhundert nach
Chr. verfolgen [4]). Den Ursprung dieses Längenmafses haben wir
im Osten, theils in Kleinasien, theils in Palästina zu suchen [5]);
wir können es daher füglich das kleinasiatische oder das orientalische nennen. Etwa seit dem zweiten Jahrhundert nach Chr.
mufs dasselbe, während es vorher nur provinciale Geltung hatte,
sich allgemeiner verbreitet und das Achtelmeilenstadion verdrängt
haben; wenigstens finden wir bei griechischen Schriftstellern
seit jener Zeit keine Spur mehr von diesem, wohl aber, wie eben
gezeigt worden, vielfache Nachweise für jenes längere, welches
7½ mal in der römischen Meile enthalten ist.

2.　　Die andere Reduction, wonach 7 Stadien auf die Meile
gerechnet werden, erscheint zuerst in dem zweiten metrologischen Fragmente, welches der im J. 392 vom Bischof
Epiphanios verfafsten Schrift περὶ μέτρων καὶ σταθμῶν

Dagegen hindert uns nichts anzunehmen, dafs Plutarch das längere Stadion
von 7½ auf die römische Meile gemeint habe, dessen Fufs, der persischen
Elle zugehörig (Anh. § 7, 1), schon lange vor Plutarch in Kleinasien einheimisch war, und welches wir später so allgemein verbreitet finden. —
(Sprachlich und sachlich unmöglich ist die Erklärung, welche v. Fenneberg
Unters. S. 34 von der Stelle Plutarch's giebt.)
　　2) 52, 21: πολλαρχος — ἀποδειχνύσθω, — ἵνα τὰς δίκας — τοῖς
τε ἐν τῇ πόλει — καὶ τοῖς ἔξω αὐτῆς μέχρι πεντήκοντα καὶ ἑπτακοσίων
σταδίων οἰκοῦσι κρίνῃ.
　　3) 1 tit. 12, 4.
　　4) Iulian. Ascal. (vergl. § 10 Anm. 1): τὸ μίλιον κατὰ τὸ νῦν κρα-
τοῦν ἔθος στάδια μὲν ἔχει ζ'S. Photios unt. d. W.: στάδιον ὁ τόπος
τοῦ ἀγῶνος καὶ μέρος τι τοῦ λεγουένου μιλίου· ἑπτὰ γὰρ ἥμισυ στάδια ποιοῦσι μίλιον. Ebenso Suidas. Hesychios unt. μίλιον hat beide
Bestimmungen der Meile, die zu 7½ und 7 Stadien, neben einander. Ueber
die späteren vergl. Bernard de mensuris p. 235, v. Fenneberg Unters.
S. 114 f. Auch Heron rechnet 7½ Stadien auf die Meile, aber nicht auf die
römische, sondern die dem Philetärischen System zugehörige ägyptische
Meile (Anh. § 11, 2). Von Philetärischen Stadien geben etwas über 7 auf
die römische Meile.
　　5) Ueber die Spuren, welche nach Kleinasien führen, s. Anh. § 7, 1,
über Palästina Anh. § 9, 1.

entnommen ist; aufserdem bei Hesychios und Suidas [6]). Hier
liegt der genaue Betrag des Fufsmafses, welches von der ägyptischen und persischen Elle abgeleitet ist, zu Grunde. Dasselbe betrug 350 Millimeter (Anh. § 7, 1), das Stadion 210 Meter, das siebenfache 1470 Meter oder fast genau 1 römische Meile
von 1478,7 Meter.

---

6) Epiphanios bei Le Moyne Varia sacra p. 501 (vergl. § 2, 2): τὸ
μίλιον ἔχει στάδια ζ′ ἤγουν πλέθρα μβ′ —, ἔνιοι δὲ τὸ μίλιον ἑπτὰ
καὶ ἥμισυ στάδια λέγουσιν ἔχειν. Hesychios: μίλιον μέτρον ὁδοῦ σταδίων ἑπτὰ· οἱ δὲ ζ′S, ποδῶν ‚δφ′ (nach Ideler's Emendation S. 192).
Suidas: μίλιον μέτρον γῆς· τὰ δέκα μίλια ἔχουσι στάδια π′. ἄλλως·
τὸ στάδιον ἔχει πόδας χ′, τὸ δὲ μίλιον πόδας ‚δσ′. Vergl. v. Fenneberg S. 114.

Zweiter Abschnitt.

Die römischen Längen- und Flächenmaſse.

---

§ 12. *Uebersicht des Systems.*

1. Wie bei den Griechen, so sind auch bei den Römern die Längenmaſse von dem menschlichen Körper abgeleitet worden: 'mensurarum rationes ex corporis membris collegerunt, uti digitum, palmum, pedem, cubitum', wie Vitruvius (3, 1, 5) bemerkt. Das kleinste Maſs war wie bei den Griechen die Fingerbreite, *digitus* (δάχτυλος); alles was unter dem Digitus gemessen wurde, wurde nach Theilen desselben bezeichnet [1]). Vier Fingerbreiten geben die Breite der Hand, *palmus* (παλαιστή), und wiederum vier Handbreiten entsprechen der Länge des Fuſses, *pes*, der demnach 16 Digiti enthält [2]). Diese Eintheilung des Fuſses war nach Frontinus in den meisten Gegenden Italiens üblich, sie ist als die technische zu bezeichnen, denn ihrer bedienten sich die Feldmesser, die Architekten und wohl überhaupt Künstler

---

1) Balbus in Gromat. ed. Lachm. p. 94: minima pars horum mensurarum est digitus: si quid enim infra digitum metiamur, partibus respondemus, ut dimidiam aut tertiam. Vergl. Isidor Orig. 15, 15: digitus est minima pars agrestium mensurarum. Beispiele von Maſsangaben nach Theilen des Digitus finden wir bei Frontinus, der in seiner Schrift *de aquae ductibus urbis Romae* die Duodecimaltheilung bis zu dem *scripulum* (= $\frac{1}{288}$) herab auf den Digitus anwendet; so § 26: digitus quadratus in rotundum redactus habet diametri digitum unum et digiti sescunciam, scripulum. Vergl. ebend. § 32. 39 ff. Gromat. p. 407, 10.

2) Vitruv. 3, 1, 8: e cubito cum dempti sunt palmi duo, relinquitur pes quatuor palmorum, palmus autem habet quatuor digitos: ita efficitur, ut pes habeat XVI digitos. Colum. de r. r. 5, 1: modus omnis areae pedali mensura comprehenditur, quae digitorum est sedecim. Frontin. aquaed. 24: est digitus, ut convenit, sextadecima pars pedis.

und Handwerker[3]). Daneben jedoch gebrauchte man auch die
Duodecimaltheilung, wonach der ganze Fufs als *as* betrachtet
in 12 *unciae* zerfiel. Wir finden dann für die Theile des Fufses
dieselben Namen, wie sie nach § 20,1, wo ausführlicher über das
römische Duodecimalsystem gesprochen ist, die Theile des Ge-
wichts- und Münzasses führten. So ist z. B. ein *dodrans* = $\frac{3}{4}$ Fufs,
bes = $\frac{2}{3}$, *triens* = $\frac{1}{3}$, *quadrans* = $\frac{1}{4}$, *sicilicus* = $\frac{1}{48}$ Fufs; und
dem Münzsystem entsprechend kommt für 2 Fufs auch der Aus-
druck *dupondius*, für $2\frac{1}{2}$ Fufs *pes sestertius* vor[4]). Diese Duo-

---

3) Frontin. de aquaed. 24: aquarum moduli aut ad digitorum aut ad
unciarum mensuram instituti sunt. Digiti in Campania et in plerisque
Italiae locis, unciae in popularibus rationibus adhuc observantur.
Für den Gebrauch der Eintheilung des Fufses in *digiti* bei Feldmessern und
Architekten zeugen die Anm. 2 angeführten Stellen des Columella und Vitru-
vius; derselben Eintheilung folgten nach Frontin. 25 auch die *plumbarii*. Die
alten Fufsmafsstäbe haben entweder die Sedecimaltheilung allein, oder diese
mit der Duodecimaltheilung zusammengestellt, niemals aber letztere allein.
Vergl. Ideler Abhandl. 1812 — 13 S. 128f. — Nach *digiti* mafs schon
Cato de r. r. 45: (taleae) supra terram ne plus IV digitos transversos
emineant; cb. 18 u. ö. Vergl. Caes. b. civ. 2, 10, 4, Vitruv. 5, 6, 3. 10, 2, 8,
Plin. 31, 6 § 57 u. ö., Colum. de arbor. 26, Iuven. 12, 58. Mafsangaben
nach *palmi* sind nicht selten; bei Plinius z. B. 12, 13 § 48 (7, 2 § 28 hat er
die Femininform *palma*). Keine andere Bedeutung als die der Handbreite
hat *palmus* bei Varro de r. r. 3, 7: columbaria singula esse oportet —
intus ternorum palmorum ex omnibus partibus, wo man ganz verkehrter
Weise an einen sogenannten *palmus maior*, der wie die griechische $\sigma\pi\iota$-
$\vartheta\alpha\mu\eta$ $\frac{3}{4}$ des Fufses betragen soll, gedacht hat. Für die $\sigma\pi\iota\vartheta\alpha\mu\eta$ haben
die Römer keinen eigenen Ausdruck, sie bezeichnen sie stets nur durch
dodrans d. i. $\frac{3}{4}$ Fofs. So sagt Plinius 7, 2 § 26 ausdrücklich: Trispithami
Pygmaeique narrantur ternas spithamas longitudine, hoc est ternos do-
drantis, non excedentes. In der Bedeutung von $\sigma\pi\iota\vartheta\alpha\mu\eta$ erwähnt *palmus* zuerst der Kirchenvater Hieronymus in Ezech. c. 40 (t. V p. 522 B
ed. Basil.): (palmus) rectius graece dicitur $\pi\alpha\lambda\alpha\iota\sigma\tau\eta$ et est sexta pars cubiti.
alioquin palmus $\sigma\pi\iota\vartheta\alpha\mu\eta$ sonat, quam nonnulli pro distinctione palmam,
porro $\pi\alpha\lambda\alpha\iota\sigma\tau\eta\nu$ palmum appellare consuerunt. Später freilich wurde dieser Sprachgebrauch der allgemeine und ging so auch in das italiänische
(*palmo* = Spanne) über. Vergl. Ideler S. 129. — Aufser *digitus* und *palmus* finden sich hin und wieder noch andere Mafsbestimmungen, die ebenfalls vom menschlichen Körper abgeleitet, aber nicht förmlich in das System
der Längenmafse eingereiht sind; so der *pollex* bei Plin. 13, 23 § 128:
pollicari crassitudine, 15, 24 § 95: pollicari latitudine, 27, 9 § 73: pollicari
amplitudine. Aber nirgends entspricht der *pollex* unserm Zoll, wofür
immer *uncia* gebraucht wird. *Digitus* als Fingerlänge hat Plin. 15, 24
§ 95. (Keine eigentliche Mafsbestimmung mehr ist das sprüchwörtliche
digitum transversum aut unguem latum bei Plaut. Aulul. 1, 1, 18, vergl.
transversum unguem bei Cic. ad Att. 13, 20, ad fam. 7, 25.)
   4) Vergl. Tab. VI A, welche die vollständige Uebersicht dieser Eintheilung giebt, und s. die folg. Anm.

decimaltheilung, die nach Frontinus im Volksgebrauche (*in popularibus rationibus*) üblich war, findet sich auch bei den Schriftstellern, besonders bei Plinius ungemein häufig, da sie sich sowohl durch ihre Uebersichtlichkeit als wegen der Bequemlichkeit
und Kürze des sprachlichen Ausdrucks empfahl[5]).

2. Unter den Mafsen, welche gröfser als der Fufs sind, ist
in aufsteigender Reihe zunächst zu nennen der *palmipes* =
1 Fufs und 1 Palmus, also 1¼ Fufs oder 20 Digiti[6]). Der Ellen-

---

5) Als Belege dafür mögen hier folgende Beispiele Platz finden:
$\frac{1}{4\frac{1}{8}}$ Fofs: Plin. 13, 15 § 94: mensam quattuor pedes sextante et sici-
lico excedentem. Marini atti de' fratelli arvali I n. XXIII Z. 32.
$\frac{1}{2\frac{1}{4}}$ Fufs: Hygin. de condic. agr. (Gromat. p. 123): pes eorum, qui
Ptolemeicus appellatur, habet monetalem pedem et semunciam. Marini
a. a. O.
$\frac{1}{\frac{7}{8}}$ Fufs: Plin. 6, 34 § 214: gnomonis C unciae; 18, 16 § 146: alti-
tudine unciali.
$\frac{1}{\frac{11}{16}}$ Fufs: Plin. 13, 15 § 94: crassitudine sescunciali. Hygin. de
condic. agr. p. 123.
$\frac{1}{\frac{5}{8}}$ Fufs: Plin. a. a. O.: sextante et sicilico.
$\frac{1}{\frac{1}{4}}$ Fufs: Cato de r. r. 18: foramina longa p. III S $\Longrightarrow$ (pedes tres semissem quadrantem); Gell. 3, 10, 11: pedes duodecim et quadrantem,
vergl. 9, 4, 10. Crassitudine quadrantali Plin. 13, 15 § 93.
$\frac{1}{\frac{1}{3}}$ Fufs: Vitruv. 10, 2, 11: de materia trientali; Plin. 27, 5 § 34:
foliis trientalibus.
$\frac{5}{12}$ Fufs: Plin. 9, 48: quincunciali magnitudine, 27, 11 § 98: herba
quincuncialis.
$\frac{1}{2}$ Fufs: Cato de r. r. 18: foramina longa p. III S $\Longrightarrow$ a. ö.; Colum. 3, 13
u. 15: duos pedes et semissem; Plin. 17, 21 § 160: sesquipedes in lati-
tudinem, in longitudinem semisses. (Häufiger noch findet sich semipes,
z. B. Cato de r. r. 123, Varro de r. r. 3, 5, Plin. 9, 5 § 11 u. ö.)
$\frac{2}{3}$ Fufs: Vitruv. 5, 10, 2 und 7, 4, 2: lateruculis bessalibus.
$\frac{3}{4}$ Fufs: Vitruv. 3, 4, 4: tenuiores dodrante; Colum. de r. r. 3, 13:
dupondio et dodrante, vergl. 3, 15 u. ö., Plin. 15, 30 § 131: ramos do-
drantalis, 18, 19 § 178: sulco dodrantali.
$\frac{5}{6}$ Fufs: Vitruv. 3, 4, 4: crassitudines eorum graduum ita finiendas
censeo, ut neque crassiores dextante, neque tenuiores dodraute sint
collocatae.
$\frac{11}{12}$ Fufs: Inschrift bei Marini atti I n. XXIII Z. 32: PED VS $\sqsubset$ $=$ $-$)
d. h. pedes V deuncem semunciam.
2 Fufs: Colum. de r. r. 3, 13: dupondio et dodrante altum sulcum,
vergl. 3, 15. 4, 1.
2¼ Fufs: Leges XII tabul. bei Volus. Maec. § 46: lex etiam XII ta-
bularum argumento, in qua duo pedes et semis sestertius pes vocatur; Colum. de arb. 1, 5: agrum sat erit bipalio vertere, quod rustici vocant
sestertium.
Mehr Beispiele der Bruchtheilung des Fufses geben die Inschriften bei
Gruter p. 67,2. 207 (mit den richtigen Bruchzeichen abgedruckt bei Zell,
Handbuch der röm. Epigr. I n. 1751) 592,4. 810,8.
6) Vitruv. 5, 6, 3: gradus spectaculorum ne minus alti sint palmi-

bogen, *cubitus,* mit Einschlufs der Hand bis zur Spitze des Mittelfingers wurde wie der griechische πῆχυς (§ 5, 3) zu 1½ Fufs oder 6 Palmen (= 18 *unciae* = 24 *digiti*) gerechnet [7]). Als Längenmafs diente der Cubitus anstatt des sonst üblichen *pes* in der Sprache des gewöhnlichen Lebens in den Fällen, wo eine Vergleichung mit der Armlänge näher lag, als die mit dem Fufse; aufserdem findet er sich auch bei denjenigen Schriftstellern, welche griechische Quellen benutzen, als Uebersetzung von πῆχυς; aber in das System der geodätischen Mafse ist er nicht aufgenommen worden [8]). Der synonyme Ausdruck für Cubitus, *ulna,* kommt in zwei ganz verschiedenen Bedeutungen als Längenmafs vor. Die Dichter des Augusteischen Zeit-

─────────

pede. Als Adjectiv hat das Wort Plin. 17, 20 § 143: palmipedi intervallo; sonst steht dafür *palmipedalis,* wie bei Varro d. r. r. 2, 4: limen inferius altum palmipedale, Vitruv. 10, 20, 3, eb. 21, 5, Colum. de r. r. 3, 19.

7) Excerpta de mensur. (Gromat. ed. Lachm. p. 373): cubitus est, qui naturaliter a cubito ad digitorum summitatem pertendit, vergl. die § 5, 3 angeführte Stelle des Pollux über den πῆχυς. Vitruv. 3, 1, 7: cubitum animadverterant ex sex palmis constare digitisque viginti quatuor; eb. § 5: e cubito cum dempti sunt palmi duo, relinquitur pes quatuor palmorum. Balbus (Gromat. p. 95, 4): cubitus habet sesquipedem, sextantes duos (d. h. dodrantes duos nach p. 94, 19), palmos VI, uncias XVIII (vergl. p. 96, 3. 245, 10. 339, 7). — Eine abweichende Reduction des *cubitus* hat Gellius 3, 10, 11: Herodotus — in primo historiarum inventum esse sub terra scripsit Oresti corpus cubita longitudinis habens septem, quae faciunt pedes duodecim et quadrantem. Er nimmt also den *cubitus* oder πῆχυς zu 1¾ Fufs anstatt zu 1½ Fofs. Dies erklärt sich daraus, dafs er zwar übereinstimmend mit den Griechen 4 cubita (πήχεις) auf die Körperlänge, aber abweichend von jenen 7 Fufs (§ 10) auf dieselbe rechnet; so sind ihm also 4 πήχεις = 7 Fufs und 7 πήχεις = 12¼ Fofs.

8) Vergl. Ideler Abhandl. 1812—13 S. 130 f. Bei den Griechen stehen die verschiedenen vom Körper abgeleiteten Mafse neben einander, ohne dafs man sagen könnte, dafs eines ausschliefslich die Grundlage des Systems der Längenmafse bilde; bei den Römern ist unverkennbar der *pes* als Einheit der Längenmafse anzusehen, daher ist der Gebrauch des *cubitus,* der als das anderthalbfache des Fufses sich nicht bequem in dieses System einreiht, viel beschränkter, als bei den Griechen der Gebrauch des πῆχυς. Anderthalb Fufs wird gewöhnlich durch *sesquipes* gegeben, z. B. Plaut. Trin. 4, 2, 58, Varro de r. r. 1, 43, Colum. de r. r. 3, 13, 8, Plin. 35, 14 § 170. Beispiele für *cubitus* geben Plaut. Poen. 4, 2, 15: cubitum longis litteris, vergl. Rud. 5, 2, 7, Cic. leg. 2, 26, 66: columellam tribus cubitis altiorem (nach griechischer Quelle), ad Att. 13, 12, 3: biennium praeteriit, cum ille Καλλιππίδης assiduo cursu cubitum nullum processerit (vergl. Suet. Tib. 38), Suet. Aug. 43: anguem quinquaginta cubitorum, Plin. 7, 2 § 28: corpora hominum cubitorum quinum et binarum palmarum, vergl. eb. § 22 und 31. Ferner Liv. 24, 34, 9: (Archimedes) murum ab imo ad summum crebris cubitalibus fere cavis aperuit; Plin. 7, 2 § 24: in meridianis Indiae viris

alters bezeichnen damit entweder den Cubitus selbst oder doch
ein demselben nahe verwandtes Mafs, wahrscheinlich die Länge
des ganzen Armes, als den dritten Theil der Höhe des menschlichen Körpers gerechnet. Dagegen gebraucht Plinius einigemal,
wo er den Umfang von Bäumen angiebt, das Wort als Uebersetzung des griechischen ὀργυιά, also zur Bezeichnung der Armspanne oder Klafter von 6 Fufs [9]).

3. Ein Längenmafs, das ausschliefslich in den Schriften der
Feldmesser vorkommt, ist der *gradus*, Schritt. Er ist die Hälfte
der Fufsspanne oder des *passus*, also $= 2\frac{1}{2}$ Fufs [10]). Weitere
Verbreitung hat dieses so bequeme Mafs eben deshalb nicht gefun-
den, weil man sich gewöhnt hatte den Passus (§ 13,1) als die
Einheit der Wegmafse zu betrachten.

4. Die Länge der Mefsstange, *pertica*, deren sich Architekten und Feldmesser bedienten, betrug 10 Fufs, daher sie
auch gewöhnlich unter dem Namen *decempeda* erscheint [11]).

---

plantas esse cubitalis, 8, 48 § 198, eb. 52 § 212, 12, 12 § 45 u. ö. — Im
Edict Diocletian's *de pretiis rerum venalium* wird beim Bauholz nach Cu-
biti und Digiti, beim Pergament und den Zügeln nach dem Fufse gerechnet.
Mommsen, Ber. der Sächs. Ges. d. Wiss. 1851 S. 58.

9) Sueton erklärte nach Serv. zu Virg. Ecl. 3, 105 *ulna* für gleichbedeutend mit *cubitus*, und so gebraucht es auch Solinus, der Epitomator des
Plinius; vergl. Ideler S. 131. Servius selbst billigt diese Deutung von *ulna*
zu Virg. Georg. 3, 355; aber zu Ecl. 3, 105 giebt er noch eine andere Erklärung: ulna proprie est spatium, in quantum utraque extenditur manus;
dicta ἀπὸ τῶν ὠλενῶν, id est, a bracchiis. In dieser Bedeutung von Klafter hat das Wort offenbar Plin. 16, 40 § 202: arboris eius crassitudo
quattuor hominum ulnas complectentium implebat, und eb. 32 § 133:
(platanus) crassitudine quattuor ulnarum, womit zu vergleichen § 203:
crassitudinis ad trium hominum complexum. — Der Gebrauch der Dichter
des Augusteischen Zeitalters geht deutlich hervor aus Ovid. Met. 8,
746 ff.: Saepe sub hac Dryades festas duxere choreas, Saepe etiam manibus
nexis ex ordine trunci Circuiere modum, mensuraque roboris ulnas Quinque ter implebat, d. h. fünf Klaftern, die Klafter oder Armspanne zu drei
ulnae gerechnet. Damit stimmt überein Virgil. Ecl. 3, 104 f.: Dic, quibus
in terris — Tris pateat caeli spatium non amplius ulnas. Der Dichter
meint in diesem Räthsel das Grabdenkmal des Mantuaners Caelius, bezeichnet also mit *tris non amplius ulnas* die Länge des menschlichen Körpers, welche bekanntlich ebenso wie die Klafter gewöhnlich zu sechs Fufs
gerechnet wird. Bei Horat. Epod. 4, 8 und bei Virgil. Georg. 3, 355 ist
dieselbe Deutung von *ulna* wenigstens nicht unzulässig.

10) Balbus, expositio et ratio mensur. (Gromat. p. 95): gradus habet
pedes duo semis., vergl. p. 96, 4. 245. 339. 372, 2.

11) Balbus a. a. O.: decempeda, quae eadem pertica appellatur,
habet pedes X. Die Bedeutung der *pertica* erklärt Isidor. Orig. 15, 15:
pertica autem a portando dicta, quasi portica. omnes autem praeceden-
tes mensurae in corpore sunt, ut palmus, pes, passus et reliqua: sola pertica

Sie war die gesetzmäfsige Mefsruthe bei allen Landvermessungen, was am deutlichsten daraus hervorgeht, dafs ihr Quadrat die Grundlage für die Flächenmafse bildet (§ 14, 1). So heifsen auch die Feldmesser selbst *decempedatores*. Das zwölffache der Decempeda war der *actus*, eigentlich die Länge der Furche, welche die Pflugstiere in einem Anlaufe ziehen, und die nach dem altitalischen Decimalsystem wie bei den Griechen zu 100 Fufs, nach der römischen Duodecimalrechnung aber zu 120 Fufs bestimmt wurde [12]). So erscheint der Actus noch einigemal als Längenmafs [13]), sonst wird er immer als Flächenmafs gebraucht (§ 14, 2).

Eine Uebersicht über die bisher besprochenen Mafse giebt Tab. VI A—C.

portatur. Als Mefsstange erwähnen die *decempeda* Cic. Mil. 27, 74, Hor. carm. 2, 15, 14, die *portica* Prop. 5, 1, 130. Vergl. Rudorff Gromat. Instit. S. 250, Ideler S. 133. — *Decempedatores* hat Cic. Phil. 13, 18, 37.

12) Die ursprüngliche Bedeutung von *actus* erklärt Plin. 18, 3 § 9: actus (vocabatur), in quo boves agerentur cum aratro uno impetu iusto; hic erat CXX pedum; womit zu vergleichen Colum. de r. r. 2, 2, 27: sulcum autem ducere longiorem quam pedum centum viginti contrarium pecori est, quoniam plus aequo fatigatur, ubi hunc modum excessit. Dasselbe wurde im Oskischen und Umbrischen bezeichnet durch *versus* oder *vorsus*, nur dafs dort nach dem ursprünglich italischen Decimalsystem die Furche 100 Fufs lang gezogen wurde. Vergl. Front. de limit. in Gromat. p. 30, Rudorff Gromat. Inst. S. 281, Mommsen, Röm. Gesch. I S. 202 der 3. Aufl. Auch das griechische πλέθρον ist nach Ableitung und Bedeutung damit identisch (§ 5, 4 A. 11).

13) Als Längenmafs nimmt den *actus* Balbus p. 94: mensura est complurium et inter se aequalium intervallorum longitudo finita, ut pes per unciam, per pedem decempeda, per decempedam actus; und so wird derselbe auch als Längenmafs erklärt in dem Zusatze p. 96, 5: actus habet pedes CXX (ebenso p. 245, 13. 339). In diesem Sinne sagt Vitruv. 8, 7, 3: putei ibi sint facti, ut inter duos sit actus, und eb. § 7: item inter actus ducentos non est inutile castella collocari; ebenso Plin. 31, 6 § 57: in binos actus lumina esse debebunt, Hygin. de limit. (Gromat. p. 192): actuarios palos — inter centenos vicenos pedes defigemus. — Dafs auch das Jugerum (§ 14, 2), und zwar die Breite desselben als Längenmafs gedient habe, könnte man aus Plin. 4, 8 § 31 folgern: in eo cursu Tempe vocant V milium passuum longitudine et ferme sesquiiugeri latitudine. Allein Plinius übersetzt dies aus einer griechischen Quelle, vielleicht aus derselben, welcher Aelian. var. hist. 3, 1 folgt: τὸ μὲν μῆκος ἐπὶ τεσσαράκοντα διήκει σταδίους, τό γε μὴν πλάτος τῇ μέν ἐστι πλέθρον, τῇ δὲ καὶ πλεῖον ὀλίγῳ. Es ist also das *sesquiiugerum* einfach auf 150 griechische Fufs (nicht etwa auf 180 röm. Fufs) zu reduciren (vergl. über die Verwechselung von πλέθρον und *iugerum* § 13 A. 3 a. E.). Uebrigens gebraucht er das Jugerum durchaus nicht als Längenmafs, sondern will nur sagen, dafs das Tempethal nicht breiter sei, als 1½ Jugera Landes in die Breite sich erstrecken.

§ 13. *Die Wegmaſse.*

1. Während für die Feldmaſse der Römer die zehnfüſsige
tragbare Meſsstange die Grundlage bildete, so beruhten die Wegmaſse ausschlieſslich auf dem Schritte. Um aber das Schritt-
maſs zu der Grundeinheit aller Längenmaſse, dem Fuſse, in ein
bequemes Verhältniſs zu setzen, wählte man nicht den einfachen
Schritt, der durchschnittlich gegen 2½ Fuſs beträgt, sondern den
Doppelschritt, *passus*, zur Einheit der Wegmaſse und normirte
ihn ein für allemal auf 5 römische Fuſs [1]). Dieses Wort, welches
in der gewöhnlichen Sprache schlechthin den Schritt bezeichnet,
ist als technischer Ausdruck, seiner Ableitung (von *pandere*)
gemäſs, die Fuſsspanne. Es ist der Raum, den beim Gehen
der einzelne Fuſs von dem Punkte, wo er aufgehoben wird, bis
zu dem, wo er wieder auftritt, durchmiſst, also das doppelte des
einfachen Schrittes [2]). Aus der Einführung des fünffüſsigen
Passus erklärt es sich zugleich, daſs die Römer die Armspanne
oder Klafter von sechs Fuſs, die bei den Griechen ein so übliches
Maſs war (§ 5, 3), nicht gebrauchten [3]).

---

1) Colum. de r. r. 5, 1: passus pedes habet V; ebenso Balbus p. 95,
Isidor. Orig. 15, 15. Vitr. 10, 14, 4: pedum milia quinque, id est passus
mille. Plin. 2, 23 § 85: stadium centum viginti quinque nostros efficit
passus, hoc est pedes sexcentos viginti quinque.

2) Daſs *passus* als Längenmaſs nach seiner Ableitung von *pandere*
eigentlich die Fuſsspanne bedeutet, kann nicht zweifelhaft sein, wenn
gleich kein älterer Schriftsteller es ausdrücklich angiebt; denn Gellius an
der von Ideler S. 132 angeführten Stelle (15, 15: ab eo quod est *pando
passum* veteres dixerunt) meint nicht das Substantiv *passus*, sondern das
Supinum *passum*. Es fragt sich nur, wie man sich die Fuſsspanne zu denken hat. Das einfachste könnte scheinen, daſs *passus* den Raum von der
Ferse des einen bis zur Spitze des andern der ausgespreizten Füſse be-
zeichne, so daſs man als Zwischenraum zwischen beiden Füſsen 3 Fuſs
annehmen müſste. Allein da wir eine solche Fuſsspanne beim Gehen niemals machen, der Passus aber augenscheinlich ein Maſs bezeichnet, welches
auf fortgesetztem Ausschreiten beruht, so ist die oben gegebene Erklärung
jedenfalls annehmbarer. Man denke sich den linken Fuſs in gewöhnlicher
Schrittstellung vor den rechten gesetzt, sodaſs zwischen beiden Füſsen
1½ Fuſs Zwischenraum ist. Zieht man nun den rechten Fuſs nach und setzt
ihn wieder in Schrittstellung vor den linken, so hat die Ferse des rechten
Fuſses von der ersten bis zur zweiten Stellung 5 Fuſs durchmessen, dies
ist ein Passus. Bei fortgesetztem Ausschreiten hat man also nur das
wiederholte Auftreten desselben Fuſses zu zählen. So heiſst es auch
in den Excerpt. de mensuris (Gromat. p. 373): passus dicitur, quod duobus
gressibus gradiendo conficitur.

3) Die Excerpt. de mens. (Gromat. p. 373) geben dem Worte *passus*

2. Gröfsere Entfernungen drückten die Römer aus in
Tausenden von Passus (*milia passuum* oder blos *milia*). In
diesen Abständen setzten sie auch auf ihren Militärstrafsen die
Steine, welche die Entfernungen angaben [4]) und die eben daher
miliaria hiefsen. So wurden die tausend Passus zu einem eigenen
Wegmafse, der römischen Meile, wenn gleich ein besonderer
Name dafür nicht gebildet wurde. Ein solcher erscheint zuerst
bei Strabo in der griechischen Nachbildung μίλιον, viel später
erst in dem lateinischen *miliarium* [5]).

---

auch die Bedeutung von *Klafter:* passus etiam dicitur, quantum ambobus
brachiis extensis inter longissimos digitos est; allein es findet sich nirgends
so bei klassischen Schriftstellern. Zwar übersetzt Plinius 5, 9 § 50 die
funfzig Orgyien, auf welche Herodot 2, 149 die Tiefe des Sees Möris bestimmt (λιμνη ἐοῦσα βάθος πεντηκοντόργυιος) durch L *passus;* doch
ist dies eben nur eine Ungenauigkeit dieses Schriftstellers, der sich
andere noch viel gröfsere an die Seite stellen lassen. So giebt er, wie
Ideler Abh. 1812—13 S. 130 Anm. u. S. 169 f. nachweist, bald durch *palmus*, bald durch *semipes*, bald durch *cubitus*, was Dioskorides durch σπιθαμή ausdrückt; obgleich er, wie aus 7, 2 § 26 hervorgeht (s. ob. § 12
A. 3), die richtige Bedeutung von σπιθαμή wohl kannte. 12, 25 § 111
übersetzt er aus Theophr. hist. pl. 9, 6, 1 εἴκοσι πλέθρων durch *iugerum*
XX, ohne zu beachten, dafs das Jugerum über 2½ mal so grofs ist als das
Plethron, denn ersteres hält 0,986 (Tab. IX), letzteres 0,372 preufs. Morgen (Tab. V). Vergl. § 7, 1, § 12 A. 13, Ideler Abhandl. 1812—13 S. 178 f.
   4) Von C. Gracchus berichtet Plutarch in dessen Vita c. 7: πρὸς δὲ
τούτοις διαμετρήσας κατὰ μίλιον ὁδὸν πᾶσαν κίονας λιθίνους σημεῖα
τοῦ μέτρου κατέστησεν. Doch darf man nicht etwa glauben, dafs Gracchus die erste derartige Ausmessung von Strafsen vorgenommen habe.
Polybios sagt 3, 39, 8 von der Strafse, die von der Meerenge von Gibraltar
bis zur Rhone führte: ταῦτα γὰρ νῦν βεβημάτισται καὶ σεση-
μείωται κατὰ σταδίους ὀκτὼ διὰ Ῥωμαίων ἐπιμελῶς (vergl. § 10, 1).
Es waren also zu seiner Zeit bereits die Provincialstrafsen nach Passus
ausgemessen und mit Meilensteinen versehen; um so früher mufste dies in
Italien geschehen sein. Die Zählung der Meilensteine begann von Rom aus
in der Weise, dafs an dem Thore, wo die Strafse ihren Anfang nahm, der
erste Stein errichtet wurde. Vergl. Canina ricerche sulla precisa esten-
sione dell' antico miglio Romano, in dessen Via Appia I p. 233 ff. Später
liefs Augustus auf dem Forum das sogenannte *aureum miliarium* aufstellen,
welches als Ausgangspunkt aller Strafsen Italiens gelten sollte, ohne
dafs jedoch die bisherige Zählung der Meilensteine von den Thoren an geändert wurde. Dio Cass. 54, 8, Plut. Galba 24, Sueton. Otho 6, Tac. hist.
1, 27, Plin. 3, 5 § 66. Vergl. de la Nauze remarques sur quelques points
de l'ancienne géogr. in Mém. de l'Acad. des Inscr. t. 28 p. 380 ff., Becker
Handb. der röm. Alterth. I S. 343 f., Canina a. a. O. p. 235 f.
   5) Isidor. Orig. 15, 16: mensuras viarum nos miliaria dicimus. Graeci
stadia —, miliarium mille passibus terminatur. Balbus p. 95: miliarium
habet passus mille. Μίλιον findet sich zuerst bei Strabo 7 p. 322, dann
öfters bei Späteren. Die älteren römischen Schriftsteller gebrauchen re-

Neben der Meile gebrauchen die römischen Schriftsteller
bisweilen auch das Wegmafs der Griechen, das S t a d i u m (§ 5, 4),
welches sie durchgängig als den achten Theil der Meile, also zu
625 römischen Fufs rechnen [6]). Insbesondere scheinen Entfernungen zur See, da der Passus seiner Natur nach nur Schrittmafs war, meistens nach Stadien bestimmt worden zu sein [7]).
Die Uebersicht über die römischen Wegmafse giebt Tab. VI D.

§ 14. *Die Flächenmafse.*

1. Wie für die Längenmafse so bildet der Fufs auch für
die F l ä c h e n m a f s e die Einheit: 'modus omnis areae p e d a l i

---

gelmäfsig *milia passuum* oder schlechthin *milia*, z. B. Cic. p. Sest. 12, 29,
ad Att. 3, 4, Caes. b. G. 1, 15, 5. 21, 1, Sal. Jug. 4S, Liv. 6, 32, 9. 9, 44, 8
u. ö., Suet. Nero 31. Häufig finden sich auch Angabeu nach den Meilensteinen,
wie bei Cic. Brut. 14, 54: ad tertium miliarium, ad Att. 8, 5 u. 9; oder mit
lapis bei Nep. Att. 22, 4, Varro de r. r. 3, 2, Liv. 5, 4, 12, Tac. ab exc.
3, 45 u. a. Vergl. Ruddimann Iustit. II p. 2S7 n. 52.

6) Colum. de r. r. 5, 1: stadium habet passus CXXV, id est pedes
DCXXV, quae (summa) octies multiplicata efficit mille passus. Plin. 2, 23
§ 85: stadium centum viginti quinque nostros efficit passus, hoc est pedes
sexcentos viginti quinque. Balbus p. 95. Isidor. Orig. 15, 16. — Censorin.
de die nat. 13 nennt dieses Stadion von 625 römischen Fufs das italische,
unterscheidet es aber irrthümlich von dem olympischen, mit dem es
vielmehr identisch war (§ 10). Das von Columella angegebene Verhältnifs
liegt allen Reductionen von Stadien auf Meilen zu Grunde, die sich bei römischen Schriftstellern finden, z. B. bei Vitruv. 1, 6, 9, Plin. 2, 10S § 247,
Liv. 22, 24, 5 vergl. mit Polyb. 3, 101, 4 (Schweighäuser zu Pol. 3, 39 t. V
p. 576). Doch werden auch einigemal die Stadienangaben griechischer
Quellen beibehalten ohne reducirt zu werden; so bei Cic. de fin. 5, 1: sex
illa a Dipylo stadia confecimus, Plin.19, 3 § 41: vim illam per quattuor milia stadium Africae valuisse; vergl. eb. 4, 8 § 30. Unter den Wegmafsen
wird das Stadium mit aufgeführt von Balbus p. 94, 12, unter den F e l d-
m a f s e n von Colum. de r. r. 5, 1. In diesem Sinne erwähnt Isidor. Orig.
15, 15 auch einen *stadialis ager*, den er zwar mitten unter den Flächenmafsen aufführt, aber deutlich als Läogenmafs erklärt: babet passus CXXV,
id est pedes DCXXV, cuius mensura octies computata miliarium facit.

7) Bei Sidon. Apoll. ep. 2, 2 p. 40 ed. Sirmond. heifst es von einem
See: ipse secundum meosuras, quas ferunt nauticas, in decem et septem
s t a d i a procedit. So werden auch in dem Itinerarium des Kaisers Antonin
die Entfernungen zur See durchgängig nach Stadien bestimmt, während
sonst nach Meilen gerechnet wird (Itineraria ed. Wesseling p. 512 ff.).
So erklären sich die Angaben nach Stadien bei Cic. ad Att. 16, 7, ad fam.
16, 2. Vergl. Ideler Abhandl. 1812—13 S. 135. Doch ist zu bemerken,
dafs Vitruv. 10, 9, 7, wo er eine Vorrichtuog zur Berechnong der zu Schiffe
zurückgelegten Strecken beschreibt, von *miliaria spatia navigationis*
spricht.

mensura comprehenditur', wie Columella (de r. r. 5, 1) bemerkt.
Dies gilt in doppeltem Sinne, denn theils wird eine Fläche nach
dem Längenfufs, *pes porrectus*, bestimmt, indem ihre Dimensionen in die Länge und in die Breite angegeben werden, theils
dient der Quadratfufs, *pes quadratus* oder *constratus*, dazu
den Flächeninhalt auszudrücken [1]. Der Mafsstab beim Ausmessen der Ländereien war, wie schon oben (§ 12, 4) bemerkt wurde,
die zehnfüfsige Mefsstange, *decempeda*, das Quadrat derselben galt als der kleinste Theil der Feldmafse; darunter wurde
höchstens noch die Hälfte berechnet, da noch kleinere Stücke
sich der Schätzung entzogen [2].

2. Die gröfseren Flächenmafse der Römer sind sämmtlich Feldmafse und stehen als solche in engem Zusammenhange mit dem Landbaue. So bezeichnete *actus*, wie bereits
oben (§ 12, 4) gezeigt worden ist, eigentlich die Länge der
Furche, welche die Pflugstiere ohne übertrieben zu werden in
einem Anlaufe ziehen können, eine Strecke, die ursprünglich zu
100 Fufs, später nach dem Duodecimalsystem zu 120 Fufs oder
12 Decempedae angesetzt wurde. Aus dem Längenactus bildete
sich dann ganz von selbst ein Flächenmafs, indem man das Feld

<hr/>

1) Ueber das Flächenmafs im Gegensatz zum Längen- und Körpermafs
sagt Balbus Gromat. p. 97: planum est, quod Graeci epipedon appellant,
nos constratos pedes; in quo longitudinem et latitudinem habemus; per
quae metimur agros, aedificiorum sola, ex quibus altitudo non crassitudo
non proponitur, ut opera tectoria, inauraturas, tabulas et his similia.
Vergl. die Excerpte aus Boeth. Geom. p. 415. Der Längenfufs heifst *pes
porrectus* bei Balbus p. 95, der Quadratfufs *pes quadratus* bei Colum. de
r. r. 5, 1 u. 2, Plin. 33, 4 § 75, Isidor. Orig. 15, 15, endlich auch in der
Schrift de iugeribus metiundis Gromat. p. 354. 356; dagegen haben Balbus
p. 95 u. 97 und die Excerpte aus Boeth. Geom. p. 415 dafür den Ausdruck *pes
constratus*, und *pes quadratus* ist bei Balbus sowie bei Festus unt. *quadrantal* p. 258 Muell. der Cubikfufs. Ueber die Berechnung der Quadratfufse
vergl. Colum. de r. r. 5, 2, wo er z. B. über die Ausmessung des *ager quadratus* sagt: cum sit undique pedum totidem, multiplicantur in se duo latera,
et quae summa ex multiplicatione effecta est, eam dicemus esse quadratorum
pedum. — Das Messen nach Füfsen heifst *pedare*, jede nach dem Fufs ge-
messene Fläche *pedatura* oder *podismus*. Rudorff Gromat. II p. 291.

2) Varro de r. r. 1, 10: iugeri pars minima dicitur scripulum, id est
decem pedes in longitudinem et latitudinem quadratum. Dasselbe Mafs
nennt ausdrücklich *decempeda quadrata* Pallad. de r. r. 2, 12. Colum. de
r. r. 5, 1 beginnt bei der Berechnung der Theile des Jugerum mit dem halben Scripulum als dem kleinsten Theile: ut a minima parte, id est ab
dimidio scripulo incipiam, pars quingentesima septuagesima sexta pedes efficit quinquaginta. Unmittelbar vorher bemerkt er: iugeri partes non omnes
posuimus, sed eas, quae cadunt in aestimationem facti operis, nam minores
persequi supervacaneum fuit, pro quibus nulla merces dependitur.

nach den entsprechenden Quadraten abtheilte. So entstand
der *actus quadratus*, gewöhnlich schlechthin *actus* genannt[3]).
Zur Bepflügung eines solchen Actus war ungefähr eine halbe
Tagearbeit erforderlich; so kam es, dafs man den doppelten
Actus oder das ganze Tagewerk zu einem besonderen Flächen-
mafse machte, welches ein längliches Rechteck von 240 Fufs
Länge und 120 Fufs Breite ($= 28800\square$ Fufs) bildete. Dies
ist das *iugerum*, das Hauptfeldmafs der Römer[4]).

3. Durch die Erhebung des Jugerum oder Doppelactus
zum Hauptmafse erreichte man zugleich den Vortheil, dafs nun
die Theilung desselben nach dem bei der Bruchrechnung allein

---

3) Ueber den Längenactus s. § 12 Anm. 12 u. 13. Ueber die Entstehung
des Quadratactus sagt Frontin. de limit. in Gromat. p. 30: primum agri modum fecerunt quattuor limitibus clausum, plerumque centenum pedum in utraque parte (quod Graeci plethron appellant, Osci et Umbri vorsum), nostri centenum et vicenum in utraque parte, cuius [ex IIII] unum latus, sicut dici XII
horas, XII menses anni, XII decempedas esse voluerunt. Vergl. Varro de r.
r. 1, 10: actus quadratus, qui latus est pedes CXX et longus totidem; Colum. 5, 1: actus qnadratus undique finitur pedibus CXX; Balbus in Gromat.
p. 95, Isidor. Orig. 15, 15. — Varro de l. Lat. 5, 34 nennt neben dem
actus quadratus noch einen *actus minimus:* eius (actus) finis minimus con-
stitutus in latitudinem pedes quattuor — in longitudinem pedes centum et
viginti ; worin ihm Colum. 5, 1, Isidor. Orig. 15, 15, 4 folgen (bei Isidor
steht in den Handschriften irrthümlich CLX oder CXL für CXX). Es
scheint dieser Actus das Stück gewesen zu sein, dafs von einem Jugerum
der Breite nach abgeschnitten wurde, um einen schmalen Triftweg zu erhalten; als Weg für Wagen, wie der Actus in den Dig. 8 tit. 3, 1 u. 12
erklärt wird, mafs derselbe natürlich breiter gewesen sein. Dadurch widerlegt sich Ideler's Ansicht, Abhandl. 1812—13 S. 142.

4) Plin. 18, 3 § 9: iugerum vocabatur, quod uno iugo boum in
die exarari posset, actus in quo boves agerentur cum aratro uno impetu
iusto. hic erat CXX pedum, duplicatusque in longitudinem iugerum facie-
bat. Vergl. 18, 19 § 178, Mommsen Röm. Gesch. I S. 195 Anm. Die von
Plinius angedeutete Ableitung des *iugerum* ist jedenfalls derjenigen vor-
zuziehen, welche Varro und Columella geben; ersterer sagt de r. r. 1, 10:
iugerum (vocant), quod quadratos duos actus habeat (vergl. de l. L. 5, 35),
deutlicher Colum. 5, 1: hoc (actus quadratus) duplicatum facit iugerum, et
ab eo quod erat *iunctum*, nomen iugeri usurpavit. Etymologisch ist *iugerum*
nur eine Nebenform von *iugum*, was nach Varro a. a. O. ein in Spanien übliches Ackermafs war, welches er ebenso wie Plinius das *iugerum* erklärt:
iugum vocant, quod iuncti boves uno die exarare possint. — Die Dimensionen und den Flächeninhalt des Jugerum giebt Columella a. a. O.: duo
actus iugerum efficiunt longitudine pedum CCXL, latitudine pedum CXX,
quae utraeque summae inter se multiplicatae quadratorum faciunt pedum
viginti octo milia et octingentos. Aehnlich Varro de r. r. 1, 10, Quintil. 1,
10, 42, Isidor. Orig. 15, 15. — Ueber das Jugerum als Staatsmafs der Römer vergl. Rudorff Gromat. Instit. S. 280.

üblichen Duodecimalsystem [5]) bis auf das *scripulum*, d. i. den
288sten Theil des Ganzen sich durchführen liefs. Dieses Scripulum ist nämlich nichts anderes als das Quadrat der Decempeda
= 100□ Fufs. Danach lassen sich die übrigen Theile des Jugerum leicht auf Quadratfufs zurückführen, die *uncia* z. B. als
der zwölfte Theil hält 24 Scripula = 2400□ Fufs. Eine vollständige Berechnung dieser Duodecimaltheilung des Jugerum
giebt Columella (de r. r. 5, 1), dieselbe ist in Tab. IX B zugleich
mit der Reduction auf neueres Mafs zusammengestellt.

Eine solche Bestimmung des Flächeninhalts der Felder nach
Scripula und Quadratfufs kam jedoch nur bei förmlichen und
genauen Berechnungen vor; im gemeinen Leben begnügte man
sich mit Decempeda, Actus und Jugerum, wozu nach Columella
noch das *clima* kommt, welches 60 Fufs im Gevierte hatte, also
den vierten Theil des Actus betrug [6]).

4. Die gröfseren Ackermafse der Römer werden im Zusammenhang aufgeführt und erklärt von Varro (de r. r. 1, 10):
'bina iugera, quae a Romulo primum divisa dicebantur viritim,
quod heredem sequerentur, heredium appellarunt. Haec postea
a centum centuria dicta. Centuria est quadrata in omnes quatuor partes, ut habeat latera longa pedum ∞ ∞ CD. Hac porro
quatuor centuriae coniunctae, ut sint in utramque partem binae,
appellantur in agris divisis viritim publice saltus'[7]). Das *here-*

----

5) Ueber die Duodecimalbruchrechnung der Römer vergl. unten § 20,
1 bis 3, Marquardt Röm. Alterth. III, 2 S. 42 ff. Das *scripulum* oder $\frac{1}{288}$
des Jugerum würde vom Actus $\frac{1}{144}$ gewesen sein, wofür es in der römischen Bruchrechnung keinen besonderen Ausdruck giebt. Dies ist ein
Grund mehr, warum das Jugerum und nicht der Actus zum Hauptmafse
erhoben wurde. Die Eintheilung des Jugerum in Scripula erwähnt aufser
Columella noch Varro de r. r. 1, 10: id (iugerum) habet scripula CCLXXXVIII;
ebendaselbst führt er beispielsweise an: unciam agri aut sextantem. Hygin.
de condic. agr. p. 123 berechnet das cyrenaische *medimnon* auf *iugerum
unum, unciam, dimidium scripulum* (nach Lachmann's Emendation). Mehrere Beispiele giebt Colum. 5, 2. Vergl. auch Liv. 5, 24, 4. S, 11, 14.

6) Colum. 5, 1: clima quoquo versus pedum est LX; ebenso Isidor.
Orig. 15, 15 und die Exc. de mensuris in Gromat. p. 372.

7) Die Stelle ist nach Schneider gegeben. Ebenso wie Varro erklärt
die *centuria* Frontin. de limit. (Gromat. p. 30), doch hat er für *heredium*
die Benennung *quadratus ager* oder *sors:* haec duo iugera iuncta in unum
quadratum agrum efficiunt, quod sint in omnes partes actus bini —,
quidam primum appellatum dicunt sortem, et centies ductum centu-
riam. An einer andern Stelle (de l. L. 5, 35) bemerkt Varro: centuria
primum a centum iugeribus dicta, post duplicata retinuit nomen, ut tribus
multiplicatae idem tenent nomen; was von Colum. 5, 1 und Isidor. 15, 15
wiederholt wird.

dium hatte also 240 Fufs in's Gevierte = 57600□ Fufs oder
4 Actus, die *centuria* 2400 Fufs in's Gevierte = 5760000□ F.
oder 400 Actus, der *saltus* 4800 Fufs in's Gevierte = 1600 Actus
oder 4 Centurien.

Es sind demnach die Flächenmafse der Römer aufser dem
Jugerum sämmtlich Quadrate, deren Seiten sich, wenn man
die Decempeda, d. h. die Seite des Scripulum, als Einheit setzt,
verhalten wie

$$1 \; : \; 6 \; : \; 12 \; : \; 24 \; : \; 240 \; : \; 480$$

(Seite des scripulum, clima, actus, heredium, centuria, saltus),

oder die Flächenmafse selbst verhalten sich wie die Quadrate
dieser Zahlen. Dies verdeutlicht folgende Tabelle, in welche zugleich das Jugerum mit aufgenommen ist:

saltus	1					
centuria	4	1				
heredium	400	100	1			
iugerum	800	200	2	1		
actus	1600	400	4	2	1	
clima	6400	1600	16	8	4	1
scripulum	230400	57600	576	288	144	36.

Die Reduction der römischen Flächenmafse auf neueres Mafs
giebt Tab. IX.

§ 15. *Bestimmung des römischen Fufses.*

1. Der Ausdruck *pes monetalis*, mit dem der Gromatiker
Hyginus[1]) den römischen Fufs im Gegensatz zu ausländischen
Fufsmafsen benennt, weist deutlich darauf hin, dafs in dem
Tempel der Iuno Moneta auf dem Capitol ebenso wie andere
Normalmafse auch ein Mafsstab des Fufses aufbewahrt wurde[2]).

---

1) Gromat. ed. Lachm. p. 123: pes eorum, qui Ptolemeicus appellatur,
habet monetalem pedem et semunciam — item dicitur in Germania in
Tungris pes Drusianus, qui habet monetalem pedem et sescunciam.   .

2) In der Aufschrift des Farnesischen Congius (§ 18, 1) heifst es
'mensurae exactae in Capitolio', woraus hervorgeht, dafs das Normalmafs
auf dem Capitol aufgestellt war. Dies bezeugt ausdrücklich Priscian in
dem Lehrgedichte *de ponderibus et mensuris* (Werusdorf poet. Lat. V, 1
p. 494 fl.) v. 62: quam (amphoram) ne violare liceret, Sacravere Iovi Tarpeio in monte Quirites. Noch genauer wird der Aufbewahrungsort der
Normalmafse bezeichnet durch die Benennung *pes monetalis* bei Hygin; es
war der Tempel der Iuno Moneta auf dem Capitol, der bekanntlich zugleich

Dies bürgt uns dafür, dafs der römische Fufs eine feste und
constante Gröfse gewesen ist, und wirklich finden sich erst in
der Kaiserzeit, von dem zweiten Jahrhundert an, Spuren einer
geringen Verkleinerung desselben [3]).
Um den Betrag des römischen Fufses genau zu ermitteln
hat man verschiedene Wege eingeschlagen, die zwar im allgemeinen zu einem übereinstimmenden Resultate führten, aber keineswegs alle gleich sicher und zuverlässig sind [4]). Am nächsten lag
es den Fufs unmittelbar nach den Mafsstäben zu bestimmen, die
uns noch erhalten sind. Dies sind theils wirkliche Fufsmafsstäbe,
wie sie zum Messen gebraucht wurden, theils Modelle von Mafsstäben, die auf Monumenten angebracht sind. Die letzteren, vier
an der Zahl [5]), sind in Relief ausgeführt und haben deshalb an
den Enden durch Verwitterung gelitten. Da indefs drei derselben in Palmen eingetheilt sind, so hat man den ganzen Fufs
nach den mittleren Abtheilungen zu bestimmen gesucht. Doch
hat das ganze Verfahren soviel schwankendes und unsicheres,
dafs man nicht erwarten kann dadurch den genauen Werth des
römischen Fufses gefunden zu haben [6]), ganz abgesehen davon,

---

Münzstätte war. Liv. 6, 20, 13. Wernsdorf in dem Excurse zu Priscian
p. 605 ff. Ideler Abhandl. 1812—13 S. 158, Hase Palaeologus S. 5 f.

3) R a p e r in seiner später noch näher zu berücksichtigenden Schrift
an enquiry into the measure of the Roman foot (Philosophical transactions
1760) p. 820 weist nach, dafs der römische Fufs unter der Regierung des
Septimius Severus und Diocletian um etwa 0,005 des englischen Fufses (=
0,7 Par. Linien) kleiner erscheint als früher. Vergl. unt. Anm. 12.

4) Eine ausführliche Uebersicht über die verschiedenen Arten, auf
welche man den römischen Fufs zu bestimmen gesucht hat, geben Ideler
Abhandl. 1812—13 S. 146 ff., Wurm p. 69 ff., Paucker S. 178 ff., Hussey
p. 216 ff.

5) Es sind 1. der Fufs auf dem Grabmale des Cn. C o s s u t i u s (Gruter
Inscr. p. 644, 1), nach dem Besitzer des Grundstückes, in welchem das Monument aufgefunden wurde, auch der C o l o t i a n i s c h e genannt, zuerst erwähnt von Portius (§ 3, 1) — 2. der Fufs auf dem Marmor des T. S t a t i l i u s
(Philander bei Paetus im Thes. Graev. XI p. 1617 und Revillas in Saggi
di dissertazioni academiche di Cortona III p. 116) — 3. der Fufs auf dem
Monument des A e b u t i u s (Fabretti de aquis et aquaeductibus veteris Romae p. 73) — 4. der C a p p o n i s c h e Fufs (Revillas a. a. O. p. 118).

6) Eine Uebersicht über die älteren Messungen der in voriger Anm.
aufgeführten Fufsmafsstäbe giebt Revillas sopra l'antico piede Romano in den
Saggi di dissert. acad. di Cort. III p. 111 ff. Die zuverlässigsten Messungen theilt mit Barthélemy mémoire sur les anciens monumens de Rome
in den Mém. de l'Acad. des Inscr. t. 28 p. 607 ff. Danach verhält sich der Cap-
ponische Fufs zum englischen wie 116 : 120, was für denselben 130,61 Par.

dafs von vornherein bei Errichtung der Monumente eine absolute Genauigkeit in der Nachbildung der Fufsmafsstäbe gar
nicht beabsichtigt ist. Kaum ein günstigeres Resultat ergeben die
ziemlich zahlreichen noch erhaltenen Fufsmafsstäbe [7]. Denn
schon aus den nicht unbedeutenden Abweichungen in der Länge
derselben geht hervor, dafs sie mehr oder minder ungenau gear-
beitet sind; und da man nicht annehmen kann, dafs die Abweichungen nach dem Plus wie nach dem Minus sich gegenseitig
aufheben, so giebt auch eine Durchschnittsrechnung keinen ganz
sichern Werth. Ein ganz willkürliches Verfahren aber ist es,
einen beliebigen von den Mafsstäben herauszugreifen und ihn
als den allein richtigen zu bezeichnen.

Da die Römer ihre Landstrafsen genau vermafsen und die
Entfernungen durch Meilensteine bezeichneten, so würde sich
durch Nachmessungen die Gröfse der römischen Meile und indirect des Fufses ergeben, wenn solche Nachmessungen mit
genügender Sicherheit angestellt werden könnten. Die bisher

Linien ergiebt (p. 608), der Aebutische ist dem Capponischen fast gleich
(p. 609), der Cossutische verhält sich zum Par. Fufs wie 1288 $\frac{784}{1035}$: 1440
(p. 610), d. h. der Cossutische Fufs enthält 128,835 Par. Linien; der
Fufs des Statilius ist diesem gleich. Revillas p. 125 bringt etwas höhere
Werthe heraus, insbesondere giebt er dem Statilischen Fufs 131,08, dem
Cossutischen 130,75 Par. Lin., also an 2 Linien mehr. Nach Greaves
discourse of the Roman foot p. 233 ist der Statilische Fufs = 0,972 engl.
Fufs, der Cossutische = 0,967 = 130,38 Par. Linien. Letzteren Werth
hält er für die allein wahre Bestimmung des römischen Fufses (p. 222 ff.).

7) Lucas Paetus de mensuris p. 1607 ff. (Thes. Graev. XI) kannte
fünf Mafsstäbe, von denen er diejenigen drei, welche gleich lang waren,
als zuverlässige Modelle des römischen Fufses erklärte (p. 1617). Dieses
Mafs liefs er auf einer Marmorplatte vertieft eintragen und auf dem Capitol ausstellen; dies ist der Capitolinische Fufs. Vergl. Revillas p. 119,
Ideler S. 149, welcher letztere zugleich nachweist, wie das eingegrabene
Modell durch häufige Nachmessungen länger geworden ist. Nach Paetus'
eigener Angabe ist der Capitolinische Fufs um $\frac{1}{14}$ kürzer als der Cossutische; Barthélemy mafs 130,5 Par. Lin., spätere Messungen steigen bis
zu 130,7 Linien. — Barthélemy p. 610 beschreibt einen bronzenen Mafsstab
aus der Vaticanischen Bibliothek, der gleiche Länge mit dem Capponischen
Fufse = 130,61 Par. Lin. hat. Romé de l'Isle Métrol. préf. p. XVIII findet seine Berechnung des römischen Fufses bestätigt durch einen auf dem
Berge Châtelet gefundenen Mafsstab, der 130,6 Lin. hält. Sechs Mafsstäbe
aus dem früheren Borbonischen Museum in Neapel sind gemessen von
Cagnazzi (so i valori u. s. w. S. 12 der Uebers.); sie schwanken zwischen
129,198 bis 131,348 Par. Linien. Ein Mafsstab im Kircher'schen Museum
ist gleich 0,296145 Meter = 131,28 Par. Lin., ein anderer in der Vaticanischen Bibliothek gleich 0,295070 Meter = 130,803 Linien (Canina in
der § 13 Anm. 4 angeführten Schrift p. 242).

auf diesem Wege gefundenen Resultate sind mit grofser Vorsicht aufzunehmen ᵏ).
Ganz zu verwerfen ist die Methode das Längenmafs aus dem Körpermafs zu bestimmen. Die römischen Körpermafse beruhten allerdings dem System nach auf dem Längenmafse, denn das Quadrantal sollte den Inhalt eines römischen Kubikfufses haben. Allein in der Praxis wurden, wie unten (§ 17, 1) gezeigt werden wird, die Hohlmafse nach dem Gewichte des Wassers oder des Weines bestimmt, den sie fafsten; es ist also verkehrt aus solchen Hohlmafsen einen genauen Werth für den römischen Fufs finden zu wollen, ganz abgesehen davon, dafs die Römer bei ihren Wägungen weder die Temperatur berücksichtigten, noch destillirtes Wasser gebrauchten, also schon deshalb eine sichere Uebereinstimmung des Körper- und Längenmafses nicht erreichen konnten ⁹).

2. Immerhin bleibt es das sicherste den Fufsmafsstab wieder aufzusuchen, den die alten Baumeister selbst bei Tempeln und anderen öffentlichen Gebäuden gebraucht haben; denn wenn irgendwo, so ist bei solchen Bauten genau gemessen worden,

---

8) Die früheren Versuche der Art, welche Cassini, Astruch, Maffei und Revillas angestellt haben (s. den letzteren p. 121 ff.) sind ohne Werth. Zuverlässiger ist das Resultat von d'Anville mémoire sur le mille Romain in den Mém. de l'Acad. des Inscr. t. 28 p. 346 ff., der für die Meile 576 Toisen, für den Fufs 130,637 Lin. findet. Eine Nachmessung einer Distanz der Appischen Strafse hat für die Meile 1471,233 Meter, für den Fufs 0,29424 M. = 130,436 Lin. ergeben (Letronne recherches sur Héron p. 10). Canina endlich berechnet ebenfalls aus der Messung einer Distanz auf der Via Appia 0,295600 Meter = 131,038 Lin. (a. a. O. p. 249 ff.). Dieser letztere Werth kommt der aus den Gebäuden entnommenen Bestimmung des Fufses am nächsten.

9) Aus dem Farnesischen Congius (§ 18, 1) leitet Villalpandi de ponder. p. 499f. einen Fufs ab, der mehr als 133 Lin. beträgt, was jedenfalls zu hoch ist. Sicherer noch ist der Weg, den zuerst Eisenschmid p. 101f. eingeschlagen hat. Er geht von dem römischen Pfunde aus und berechnet danach die Seite des Quadrantal als eines Kubus, der 80 Pfund Quellwasser hält. So erhält er einen Fufs von 132,45 Linien. Cagnazzi S. 122 rechnet nach seinem Pfunde 131,3 Lin., was von Böckh S. 197 mit Recht als nicht hinlänglich gesichert bezeichnet wird. Dureau de la Malle Écon. polit. I p. 29 folgt der Bestimmung des Pfundes durch de la Nauze und Barthélemy und erhält danach 0,29642 Meter = 131,102 Lin., wofür er später (p. 30) nach Gosselin 0,296296 M. = 131,35 Lin. setzt. Da aber das römische Pfund in Wirklichkeit noch gröfser war, als de la Nauze und Barthélemy es annehmen (s. § 21, 3), so würde auch der Fufs noch höher anzusetzen sein, also der daraus gefundene Werth um so mehr von der wahren Länge des römischen Fufses abweichen.

und es bedarf also nur einer zuverlässigen Nachmessung. Da
man nun die Gröfse des römischen Fufses aus den oben erwähnten Monumenten und Mafsstäben bereits bis zu einem gewissen
Grade sicher kannte, so liefs sich leicht erkennen, wie viel römische Fufs jeder einzelnen Dimension eines Gebäudes zu Grunde
liegen, und hieraus wiederum konnte der Betrag des Fufses
genau ermittelt werden. Diesen Weg hat Raper in seiner *Enquiry into the measure of the Roman foot*[10]) eingeschlagen, und
mit Zugrundelegung des Desgodetz'schen Werkes[11]) als den
Betrag, den der römische Fufs bis zur Regierung des Titus hatte,
0,970 engl. Fufs = 131,10 Par. Linien gefunden[12]). Dieser auf
einer grofsen Anzahl von Messungen basirte Werth wird nur
um ein weniges von dem Resultat überschritten, welches Canina
in seinen Untersuchungen über die römische Meile aus der Länge
der Säulen Trajan's und Marc Aurel's berechnet hat. Es ergab
sich ihm daraus ein Fufs von 0,296350 Meter = 131,371 Linien[13]). An Raper schliefst sich Ideler an, der bei der runden
Zahl von 131 Linien stehen bleibt[14]). Wurm, dem Böckh
(S. 198) folgt, fufst bei seiner Berechnung ebenfalls hauptsächlich auf Raper, erhöht jedoch das von diesem erhaltene Resultat
noch um eine Wenigkeit, indem er den Fufs zu 131,15 Lin. ansetzt[15]). Jedenfalls erscheint es räthlich, bei der von Raper

10) Philosophical transactions 1760 p. 774 ff.
11) Les édifices antiques de Rome, Paris 1682.
12) Nachdem er a. a. O. p. 795—819 die Mittel aus den Messungen
an verschiedenen Tempeln gezogen hat, kommt er p. 820 zu dem Schlusse:
'It appears from the measures of these buildings, that the Roman foot before
the reign of Titus exceeded 970 parts in 1000 of the London foot and in
the reigns of Severus and Diocletian fell short of 965'. Das *exceeded* bezeichnet die betreffende Zahl als Minimalbetrag, d. h. der römische
Fufs war auf keinen Fall kleiner als 0,970 engl. Fufs, sondern noch um
eine Kleinigkeit gröfser, die jedoch aufser Berechnung fällt, da sie noch
nicht 0,001 engl. Fufs beträgt. Da Raper überdies, wie er p. 778 bemerkt,
den Pariser Fufs zum englischen in dem Verhältnifs 10654 : 10000 ansetzt,
so sind die 0,970 engl. Fufs = 131,10 Par. Linien.
13) S. die § 13 Anm. 4 angeführte Schrift p. 244—248. Beide Säulen sind mit Ausschlufs der Basis und des obern Aufsatzes 100 römische
Fufs hoch.
14) Abhandl. 1812—13 S. 160. Bestätigt findet Ideler dieses Resultat
durch die Vergleichung der Angabe des Plinius (36, 9 § 71) über die von
Augustus zu Rom aufgestellten Obelisken mit der Nachmessung Stuart's.
Freilich mufs hierbei die handschriftliche Lesart geändert werden (LXXXII
für LXXXV). Unter dieser Voraussetzung ergeben sich 130,97 Par. Lin.
für den Fufs (S. 161).
15) Seine Durchschnittsrechnung p. 83—85 ergiebt 131,141 Linien,

bestimmten Ziffer stehen zu bleiben, da sie keinesfalls zu grofs, schwerlich aber auch um vieles zu klein ist. Canina's Messung dagegen scheint einen etwas zu hohen Betrag zu liefern. Wir setzen also den römischen Fufs gleich

131,10 Par. Lin. = 0,29574 Meter = 0,94228 preufs. Fufs
(= 11,31 Zoll),

danach beträgt

der Cubitus 1,413 preufs. Fufs = 0,4436 Meter
der Passus 4,711   -   -   = 1,4787   -
die Meile 4711,4   -   -   = 1,4787 Kilometer.

Da die geographische Meile 23601,5 preufs. Fufs enthält, so sind 5 römische Meilen sehr nahe gleich einer geographischen (nur um 8,9 Fufs ist die römische Meile kleiner als $\frac{1}{5}$ der geographischen). Man kann also auch in runden Zahlen sagen:

Die römische Meile = $\frac{1}{5}$ geographische Meile
= $1\frac{1}{2}$ Kilometer.

Ferner ist der römische Quadratfufs

= 0,8879 preufs. $\square$ Fufs = 0,08746 $\square$ Meter
das Scripulum = 88,79   -   -   -   = 8,746   -   -
das Jugerum = 25571,5   -   -   -   = 2518,88 -   -
= 0,98655   -   Morgen   = 0,251888 Hectare.

Man kann also das Jugerum ohne grofsen Fehler = 1 preufs. Morgen = $\frac{1}{4}$ Hectare setzen.

Die weitere Reduction der römischen Längen- und Flächenmafse enthalten Tab. VI—IX. Tab. VI giebt die Uebersicht

wofür er schliefslich 131,15 Linien setzt. Indefs würde er nach seiner eigenen Rechnung noch etwas mehr erhalten haben, wenn er das englische Mafs richtig auf französisches zurückreducirt hätte. Raper hatte nämlich den Pariser Fufs auf den englischen in dem Verhältnifs 10654 : 10000 reducirt (oben Anm. 12), Wurm aber nimmt bei der Zurückrechnung das Verhältnifs 10655,5 : 10000 (p. 83 vergl. mit p. 6). — Ganz unkritisch ist das Verfahren Paucker's (S. 178 — 186), der das Mittel aus allen ihm vorliegenden Bestimmungen des römischen Fufses zieht, und so 11,650 engl. Zoll = 131,17 Par. Lin. erhält. Dabei ist aber die viel zu hohe Bestimmung nach dem Farnesischen Congius mit in Rechnung gekommen, nach deren Ausscheidung das Ergebnifs unter das Wurm'sche herabsinken würde (Böckh S. 198). Hussey p. 230 erhält durch eine ähnliche Durchschnittsrechnung aus den Bestimmungen nach den Mafsstäben, den Gebäuden und Wegmessungen 11,6496 engl. Zoll = 131,17 Par. Linien. Canina p. 243 berechnet als Durchschnitt aller früheren Bestimmungen 0,296240 Meter = 131,322 Lin.

über die doppelte Eintheilung des Fußes und über die größeren Maße bis zur Meile. In Tab. VII sind die vielfachen des Fußes und Passus auf preußische Fuß, in Tab. VIII die römischen Meilen auf geographische reducirt [16]). Tab IX A giebt die Uebersicht über die Flächenmaße, B die Theile, C die vielfachen des Jugerum.

---

16) Bei Tab. VIII ist zu beachten, daß für 0,1996 ohne merklichen Fehler 0,2 = ½, für 0,399 0,4 = ⅖ u. s. w. gesagt werden kann.

Dritter Abschnitt.

Die Hohlmafse.

---

§ 16. *Das attische Hohlmafs.*

1. Seit den ältesten Zeiten sind die Hohlmafse unterschieden worden, je nachdem sie zum Messen von Flüssigkeiten oder von trockenen Gegenständen bestimmt waren. Der Grund dieser Erscheinung ist nicht weit zu suchen. Der Krug oder die Kanne, womit Wein oder Oel gemessen wurden, war nach Form und meistens auch dem Material nach verschieden von dem Mafse für das Getreide, und nach dem verschiedenen Bedürfnisse wich auch in seinem Betrage das Mafs für trockenes von dem Flüssigkeitsmafse ab. So waren auch bei den Griechen beide Gattungen von Mafsen nach Gröfse und Benennung verschieden [1]); erst bei den kleineren Unterabtheilungen fand Uebereinstimmung statt.

Ebenso wenig wie ein gemeinsames Münzsystem gab es auch gleiches Hohlmafs in Griechenland. So wissen wir, dafs das lakedämonische und vielleicht auch das äginäische Mafs (Anh. § 2, 4) gröfser als das attische war. Indessen mufs das letztere schon frühzeitig mehr als blos locale Geltung gehabt haben, sonst würde Herodot die persische Artabe nicht nach attischen Medimnen und Choeniken bestimmt haben (Anh. § 10, 2).

---

1) Mafse für flüssiges und trockenes unterscheidet ausdrücklich der Anm. 3 angeführte Volksbeschlufs, ebenso die Galenischen Tafeln und überhaupt der allgemeine Sprachgebrauch. Dagegen kann nicht in Betracht kommen, dafs das Homerische $\mu\acute{\epsilon}\tau\rho o\nu$ (Il. 7,471. Od. 2,355. 9,209) als Mafs für Mehl sowohl als Wasser und Wein erscheint. Es ist eben das Mafs im allgemeinen, welches erst später genauer normirt und mit bestimmten Namen bezeichnet wurde.

Auch in Sicilien herrschte das attische Mafs und ging von da
zu den Römern über (Anh. § 15, 2). In Athen wurde die sorgfältigste Controle über die Aufrechterhaltung von richtigem Mafs und Gewicht geübt. Darauf
läfst schon der Umstand schliefsen, dafs dafür eine besondere
Behörde, die Metronomen[2]), bestand. Den näheren interessanten Aufschlufs giebt ein ziemlich vollständig erhaltener Volksbeschlufs, der zwar der späteren Zeit angehört, aber zugleich
einen Rückschlufs auf frühere ähnliche Bestimmungen gestattet[3]).
Danach sollen die Behörden, welche gesetzlich dazu bestimmt sind,
nach besonders dazu vorgerichteten Mustermafsen ($\sigma\acute{v}\mu\beta o\lambda\alpha$)
geaichte Mafse ($\sigma\eta\varkappa\acute{\omega}\mu\alpha\tau\alpha$) für trockenes und flüssiges wie
auch Gewichte anfertigen lassen; wobei die Aichung durch einen
Stempel garantirt sein soll[4]). Die Behörde solle ferner bei Ver-
meidung von Geldstrafe darüber wachen, dafs nach diesen Mafsen
und Gewichten ohne Ausnahme im Verkehr gemessen werde,
und aufserdem solle noch der Rath der Sechshundert zu Anfang jedes Jahres genaue Controle üben, dafs Verkäufer sowohl
als Käufer richtiges und geaichtes Mafs gebrauchen[5]). Zur Aufrechterhaltung des richtigen Mafses auch in der Zukunft sollen
die Normalmafse und Gewichte von öffentlichen Sclaven sorg-

---

2) Böckh Staatsh. I S. 70. Diese Metronomen hatten nach Aristoteles
bei Harpocr. die Aufsicht über die Richtigkeit der Mafse, also im wesentlichen den Wirkungskreis, der den nicht namentlich genannten Behörden
in dem Volksbeschlusse vorgeschrieben wird.

3) Die betreffende Inschrift ist von Böckh C. I. Gr. n. 123 veröffentlicht und in der Staatshaushaltung II S. 356 ff. eingehend behandelt worden.
Ihre Abfassungszeit fällt nach Ol. 152 (172 v. C.), aber auch wahrscheinlich
nicht viel später; auf keinen Fall kann sie in die Kaiserzeit hinabgerückt
werden. Dafs schon viel früher ähnliche Bestimmungen in Betreff der
Mafse und Gewichte bestanden, dafür giebt den directen Beweis die In-
schrift 151 in C. I. vom Jahre 385 (Ol. 98,4), wo Z. 40 $\sigma\tau\acute{a}\vartheta\mu\iota\alpha$ $\chi\alpha\lambda\varkappa\tilde{\alpha}$
ΔII, $\ddot{\alpha}$ ὁ δῆμος σηκῶσαι ἐψηφίσατο unter den Schätzen des Hekatom-
pedos aufgeführt werden. Auch das Bestehen der Behörde der Metronomen
zeugt dafür.

4) Die σύμβολα und σηκώματα werden § 2 deutlich unterschieden.
Vergl. darüber Böckh S. 358: 'die σύμβολα müssen Mustergewichte und
Mustermafse sein, wonach die normirten Mafse ($\sigma\eta\varkappa\acute{\omega}\mu\alpha\tau\alpha$) durch Vergleichung ($\delta\iota\grave{\alpha}$ τοῦ συμβάλλεσθαι) bestimmt werden. So erklären Suidas
und Phot. σύμβολα· σημεῖα, μέτρα'. Von der Stempelung finden sich
einige Andeutungen in dem leider verstümmelten zehnten Paragraphen,
wo ein μέτρον κεχαραγμένον τῷ χαρακτῆρι μολυβδίνῳ oder σφραγι-
στὸν μέτρον erwähnt wird. Ein nicht geaichtes Mafs heifst § 2 ἀσύμ-
βλητον.

5) Alle diese Bestimmungen finden sich in § 2.

fältig aufbewahrt und jährlich unter genauer Rechenschaftsablage den Nachfolgern übergeben werden; andere sollen für immer auf der Akropolis niedergelegt werden [6]). Auch Strafen für die Verfälschung der Mustermafse sowie für den Gebrauch falscher Mafse im Verkehr werden festgesetzt [7]).

2. Betrachten wir nun zunächst die Flüssigkeitsmafse. Das Hauptmafs, der $\mu\varepsilon\tau\varrho\eta\tau\dot{\eta}\varsigma$ [8]), wurde nach dem Duodecimalsystem eingetheilt in 12 $\chi\acute{o}\varepsilon\varsigma$, der $\chi o\tilde{v}\varsigma$ in 12 $\varkappa o\tau\acute{v}\lambda\alpha\iota$ [9]).

---

6) § 5—8. Die auf der Akropolis niederzulegenden Normalmafse und Gewichte sollen als Reserve dienen für den Fall, dafs die übrigen verloren gehen; nach denjenigen dagegen, welche unter der Obhut der öffentlichen Sclaven stehen und an drei Orten, in der Tholos zu Athen, im Peiräeus und in Eleusis aufbewahrt werden, sollen andere geaichte Mafse gefertigt und nach Bedürfnifs an Behörden und andere, die es verlangen, abgegeben werden. So wenigstens scheint § 5 zu verstehen zu sein. Dafs sich wirklich auf der Burg, und zwar im Hekatompedos Gewichte in Aufbewahrung befanden, wissen wir aus den Uebergab-Urkunden der Schatzmeister des Tempels, C. I. 150 § 25 und 151 Z. 40, wo $\sigma\tau\acute{\alpha}\vartheta\mu\iota\alpha\;\chi\alpha\lambda\varkappa\tilde{\alpha}$ ΔΙΙ, $\ddot{\alpha}\;\dot{o}\;\delta\tilde{\eta}\mu o\varsigma\;\sigma\eta\varkappa\tilde{\omega}\sigma\alpha\iota$ $\dot{\varepsilon}\psi\eta\varphi\acute{\iota}\sigma\alpha\tau o$, erwähnt werden.

7) § 9 enthält die Vorschriften über Bestrafung der Verfälscher der Mustermafse; § 1, der nur unvollständig erhalten ist, Bestimmungen über das, was bei Entdeckung falscher Mafse geschehen solle.

8) Ein anderer Name für $\mu\varepsilon\tau\varrho\eta\tau\acute{\eta}\varsigma$ war nach Philyllios bei Poll. 10, 70 $\dot{\alpha}\mu\varphi o\varrho\varepsilon\acute{v}\varsigma$, durch Abkürzung aus dem Homerischen $\dot{\alpha}\mu\varphi\iota\varphi o\varrho\varepsilon\acute{v}\varsigma$ entstanden, ein gröfseres Gefäfs mit Henkeln zum Tragen an beiden Seiten. Nach Philochoros bei Poll. 10, 71 sagten die Aelteren für $\dot{\alpha}\mu\varphi o\varrho\varepsilon\acute{v}\varsigma$ auch $\varkappa\acute{\alpha}\delta o\varsigma$. Beide Wörter bezeichnen jedoch an sich keineswegs das bestimmte Mafs, wie der $\mu\varepsilon\tau\varrho\eta\tau\acute{\eta}\varsigma$ z. B. bei Demosth. or. 42, 20, Arist. hist. anim. 8, 11. Vergl. § 17 Anm. 4.

9) An einem directen Zeugnisse über die Eintheilung des Metretes fehlt es; doch läfst sich dieselbe leicht combiniren. Priscian sagt de ponder. v. 84 f.:

Attica praeterea discenda est amphora nobis
Seu cadus, hanc facies, nostrae si adieceris urnam.

Die *Attica amphora* ist der $\mu\varepsilon\tau\varrho\eta\tau\acute{\eta}\varsigma$, der 1 Urne mehr als die römische Amphora (§ 17, 3), d. h. 1½ Amphorae beträgt. Nun enthält die römische Amphora 8 *congii*, der *congius* aber ist gleich dem $\chi o\tilde{v}\varsigma$ (§ 17 A. 12), also hat der $\mu\varepsilon\tau\varrho\eta\tau\acute{\eta}\varsigma$ 12 $\chi\acute{o}\varepsilon\varsigma$. Dasselbe Resultat giebt die Vergleichung mit dem römischen *sextarius*, der als $\xi\acute{\varepsilon}\sigma\tau\eta\varsigma$ in das griechische Mafssystem übergegangen ist (§ 17, 3). Der $\chi o\tilde{v}\varsigma$ enthält nach den metrologischen Fragmenten des Galen, der Kleopatra und des Dioskorides (Galeni opera ed. Kühn tom. XIX) p. 752. 770. 776 sechs $\xi\acute{\varepsilon}\sigma\tau\alpha\iota$, der $\xi\acute{\varepsilon}\sigma\tau\eta\varsigma$ aber ist nach Kleopatra p. 770 der 72ste Theil des Metretes, also der $\chi o\tilde{v}\varsigma$ der zwölfte Theil desselben. Die Eintheilung des $\chi o\tilde{v}\varsigma$ giebt das Fragment der Kleopatra p. 770: $\dot{o}\;\chi o\tilde{v}\varsigma\;\ddot{\varepsilon}\chi\varepsilon\iota\;\mu\acute{\varepsilon}\tau\varrho\omega\;\mu\grave{\varepsilon}\nu\;\varkappa o\tau\acute{v}\lambda\alpha\varsigma\;A\tau\tau\iota\varkappa\grave{\alpha}\varsigma\;\delta\acute{\omega}\delta\varepsilon\varkappa\alpha$; ebenso das 15te Fragment der Galenischen Sammlung p. 779, sowie das metrologische Fragment in den Analecten der Benedictiner p. 395. Ueber einige abwei-

Das Viertel der κοτύλη war das ὀξύβαφον, das Sechstel der
κύαϑος[10]. Noch kleinere Mafse, wie die κόγχη, das μύστρον,
die χήμη finden sich in den metrologischen Fragmenten der Galenischen Sammlung erwähnt[11]).

Die Römer haben, wie im folgenden (§ 17, 3) nachgewiesen
werden wird, ihre Hohlmafse nach dem attischen normirt; um
so leichter konnte es kommen, dafs, seitdem die Herrschaft
Roms sich über Griechenland ausgebreitet hatte, ein Mafs des
römischen Systems zurück in das griechische überging. So
geschah es mit dem Sechstel des römischen Congius, dem *sextarius*, den die Griechen unter dem Namen ξέστης in ihr System
aufnahmen. Galen[12]) sagt darüber: ξέστον δὲ νομίζω μεμνῆ-
σθαι τὸν Ἡρᾶν τοῦ Ῥωμαϊκοῦ. παρὰ μὲν γὰρ τοῖς Ἀθηναίοις
οὔτε τὸ μέτρον ἦν οὔτε τοὔνομα τοῦτο. νυνὶ δὲ ἀφ’ οὗ Ῥωμαῖοι κρατοῦσι, τὸ μὲν ὄνομα τοῦ ξέστου παρὰ πᾶσίν
ἐστι τοῖς Ἑλληνικῇ διαλέκτῳ χρωμένοις ἔθνεσιν. Mit dem
Sextarius kam aber auch noch das Viertel desselben, τέταρτον,
dem lateinischen *quartarius* entsprechend, zu den Griechen.

---

chende Angaben s. Böckh Metrol. Unters. S. 201 ff. Gleich grofs wie die
κοτύλη waren nach Galen p. 752 f. das τρυβλίον und das κοχλιάριον.

10) Galen. p. 753: ἡ κοτύλη ταὐτὸν δὲ εἰπεῖν ὡς τὸ τρυβλίον. τὸ
τρυβλίον δὲ τὸ μικρὸν ἔχει — ὀξύβαφα δ’, — τὸ δὲ ὀξύβαφον ἔχει
κύαϑον α’ καὶ ἥμισυ. Kleopatra p. 769: ἡ κοτύλη μέτρῳ μὲν ἔχει κυά-
ϑους ς’ — τὸ ὀξύβαφον ἔχει μέτρῳ μὲν κοτύλης τέταρτον, κύαϑον
α’ S″. Dioskorides p. 776. Vergl. Wurm p. 129.

11) Als bestimmtes Mafs kennt die κόγχη Plin. 12, 25 § 117: Alexan-
dro Magno res ibi gerente toto die aestivo unam concham (opobalsami)
impleri iustum erat, omni vero fecunditate e maiore horto congios senos, e
minore singulos. Aus der Stelle geht hervor, dafs unter concha ein sehr
kleines Mafs zu denken ist, wahrscheinlich die ἐλάττων κόγχη bei Kleopatra p. 770, die als die Hälfte des κύαϑος bestimmt wird, während die
grofse κόγχη dem ὀξύβαφον gleich sein soll. — Sehr abweichend sind die
Angaben über das μύστρον. Das Galenische Fragment p. 753 bestimmt das
μέγα μύστρον zu 3 ὀξύβαφα, das μικρὸν μύστρον zu 1⅓ ὀξύβαφον; sagt
aber gleich darauf: ὁ δὲ κύαϑος ἔχει χήμας μικρὰς ἤτοι μύστρα μικρὰ
β’. Kleopatra p. 770 giebt dem grofsen μύστρον ⅔, dem kleinen ₄⁄ des κύαϑος,
das 15. Fragment p. 779 dem grofsen μύστρον ⅓, dem kleinen ¼ des
κύαϑος. Bei Dioskorides p. 776 heifst das Viertel des κύαϑος χήμη.
Noch andere Bestimmungen hat Priscian; s. unten § 17 Anm. 11.

12) De compos. medic. p. gen. 1, 16 (Kühn t. XIII p. 435). Die Worte,
die sich bei Galen an die oben citirte Stelle anschliefsen: αὐτὸ δὲ τὸ
μέτρον οὐκ ἴσον τῷ Ῥωμαϊκῷ, χρῶνται γὰρ ἄλλος ἄλλῳ ξεστιαίῳ μέτρῳ,
weisen darauf hin, dafs zu seiner Zeit verschiedene Xestenmafse gebräuchlich waren, beweisen aber nichts dagegen, dafs der attische Xestes
dem Sextarius gleich war. Vergl. Böckh S. 205.

Daraus ergiebt sich folgende Uebersicht der attischen Hohlmafse für flüssiges:

μετρητής	1					
χοῦς	12	1				
ξέστης	72	6	1			
κοτύλη	144	12	2	1		
τέταρτον	288	24	4	2	1	
ὀξύβαφον	576	48	8	4	2	1
κύαθος	864	72	12	6	3	1½.

Die Reduction auf preufsisches und französisches Mafs giebt Tab.
X A. B. — Ueber das lakedämonische und äginäische Mafs ist der
Anhang § 4 und 2, über den böotischen κόφινος ebend. § 1 zu
vergleichen.

3. Für das trockene war das Hauptmafs der μέδι-
μνος, auch μέδιμνος σιτηρός genannt [13]). Die Eintheilung desselben giebt im wesentlichen der Verfasser des fünften Galenischen Fragments (p. 755). Nachdem er bemerkt hat, dafs der
römische Modius 8 χοίνικες, die χοῖνιξ 2 Sextarien beträgt,
führt er fort: ὁ δὲ Ἀττικὸς μέδιμνος ἔχει ἡμίεκτα ιβ'.
τὸ δὲ ἡμίεκτον ἔχει χοίνικας δ', ὥστε τὸν μέδιμνον ἔχειν
μοδίους ς', χοίνικας μη', ξέστας ϛς'. Das ἡμίεκτον oder
ἡμιεκτέον [14]) ist die Hälfte des Sechstels vom Medimnos, des
ἑκτεύς, den der Metrolog nicht erwähnt, weil er dafür die entsprechende römische Benennung μόδιος gebraucht [15]). Ueber
den Betrag der χοῖνιξ, die nach gewöhnlicher Schätzung so viel
Weizen fafste, als ein Mensch zur täglichen Nahrung bedarf [16]),
finden sich selbst in guten Quellen abweichende Angaben, die
darauf führen, dafs in einem andern Mafssystem, wahrscheinlich
dem Ptolemäischen in Aegypten, die χοῖνιξ um ¼ kleiner war [17]).

13) Den μέδιμνος Ἀττικός erwähnt zuerst Herod. 1, 192, häufig
Spätere; μέδιμνος σιτηρός findet sich im Corp. Insc. n. 123 § 3.
14) Ἡμιεκτέον haben Aristoph. Nub. 643 und der Komiker Plato bei
Athen. 10 p. 441 F, ἡμίεκτον Demosth. or. 34, 37 und die Späteren.
15) Den ἑκτεύς erwähnen Aristoph. Eccl. 547, Poll. 10, 113. Als das
Sechstel des Medimnos entsprach er dem römischen Modius (Anm. 23).
16) Die χοῖνιξ, als Kornmafs schon von Homer Od. 19, 28 erwähnt,
gilt als das gewöhnliche Mafs der Tageskost für einen Menschen. So
schätzt Herodot 7, 187 nach diesem Ansatze die Masse von Getreide ab,
die das persische Heer unter Xerxes täglich verzehrte: εἰ χοίνικα πυρῶν
ἕκαστος τῆς ἡμέρης ἐλάμβανε καὶ μηδὲν πλέον. Vergl. auch die Berechnung bei Böckh Staatshaush. I S. 396. Daher heifst die χοῖνιξ ἡμεροτρο-
φίς bei Athen. 3 p. 98 E, ἡμερήσιος τροφή bei Diog. L. 8 § 18 und Suidas
unt. Πυθαγόρα τὰ σύμβολα. Vergl. Böckh Staatshaush. I S. 128.
17) Ebenso wie Galen an der oben angeführten Stelle bestimmen Ni-

Auch die $\varkappa o\tau\acute{v}\lambda\eta$ [18]), das Viertel der $\chi o\~i\nu\xi$, und der $\varkappa\acute{v}\alpha$-$\vartheta o\varsigma$ [19]), der sechste Theil der $\varkappa o\tau\acute{v}\lambda\eta$, wurden als Mafse für trockenes gebraucht. Daraus ergiebt sich folgende Uebersicht:

$\mu\acute{\epsilon}\delta\iota\mu\nu o\varsigma$	1					
$\grave{\epsilon}\varkappa\tau\epsilon\acute{\iota}\varsigma$ ($\mu\acute{o}\delta\iota o\varsigma$)	6	1				
$\dot{\eta}\mu\acute{\iota}\epsilon\varkappa\tau o\nu$	12	2	1			
$\chi o\~i\nu\xi$	48	8	4	1		
$\xi\acute{\epsilon}\sigma\tau\eta\varsigma$	96	16	8	2	1	
$\varkappa o\tau\acute{v}\lambda\eta$	192	32	16	4	2	1
$\varkappa\acute{v}\alpha\vartheta o\varsigma$	1152	192	96	24	12	6.

Besondere Gefäfse hatte man noch für den halben Medimnos, für das Drittheil desselben, für die dreifache und doppelte, vielleicht auch für die fünffache Choenix [20]).

─── ───

kander von Thyateira (bei Harpocr. unt. $\mu\acute{\epsilon}\delta\iota\mu\nu o\varsigma$) und Poll. 4, 168 die $\chi o\~i\nu\xi$ als den 48sten Theil des $\mu\acute{\epsilon}\delta\iota\mu\nu o\varsigma$. Dasselbe Verhältnifs geht auch aus der Berechnung bei Herodot (s. Anm. 16) hervor, die wenigstens in den zehntausenden stimmt (5280000 : 48 = 110000). Eben darauf führt auch der Name, der dem $\dot{\eta}\mu\iota\epsilon\varkappa\tau\acute{\epsilon}o\nu$, dem Zwölftel des Medimnos, bei Aristoph. Nub. 645 gegeben wird; es heifst $\tau\epsilon\tau\rho\acute{\alpha}\mu\epsilon\tau\rho o\nu$, weil es 4 $\chi o\acute{\iota}\nu\iota$-$\varkappa\epsilon\varsigma$ enthält. Ferner stimmt damit die obige Angabe Galen's, wonach 2 Sextarien auf die $\chi o\~i\nu\xi$ gehen; denn da der Medimnos 6 Modien zu je 16 Sextarien enthält, so kommen auf die Choenix als den 48sten Theil des Medimnos 2 Sextarien. Dagegen können die Angaben in dem 8. Galenischen Fragment (p. 762), welches Böckh S. 21 mit Recht als eines der schlechtesten Stücke bezeichnet, sowie bei Priscian. de ponder. v. 69 (nachgeschrieben von Isidor 16, 26, 6), wonach vier Sextarien gleich einer Choenix sein sollen, nicht in Betracht kommen. Priscian verwechselte vielleicht das $\delta\iota\chi o\acute{\iota}\nu\iota\varkappa o\nu$ (Anm. 20) mit der einfachen Choenix. Aus dem Verhältnifs zum Sextarius folgt weiter, dafs die Choenix 4 Kotylen hatte, denn die Kotyle für trockenes ist ebenso grofs, als das gleichnamige Flüssigkeitsmafs und der Sextarius enthielt nach übereinstimmenden Angaben 2 Kotylen. So wird auch in den Analecten der Benedict. p. 394 die Choenix zu 4 Kotylen bestimmt. Allein Poll. 4, 168. 10, 113, Kleopatra p. 770 u. a. rechnen nur 3 Kotylen, eine Bestimmung, die Böckh S. 201f. mit grofser Wahrscheinlichkeit auf das ältere ägyptische oder Ptolemäische Mafssystem zurückführt. S. unten Anh. § 11, 6.

18) Thukyd. 7, 87: $\varkappa o\tau\acute{v}\lambda\eta\nu$ $\H{v}\delta\alpha\tau o\varsigma$ $\varkappa\alpha\grave{\iota}$ $\delta\acute{v}o$ $\varkappa o\tau\acute{v}\lambda\alpha\varsigma$ $\sigma\acute{\iota}\tau o\upsilon$, vergl. Poll. 4, 168. 7, 195. 10, 113. Dafs die Kotyle für trockenes kein anderes Mafs ist als die Kotyle für flüssiges, weist Böckh S. 201f. nach.

19) Als Mafs für trockenes erscheint der $\varkappa\acute{v}\alpha\vartheta o\varsigma$ bei Galen p. 755, wo jedoch abweichend 8 $\varkappa\acute{v}\alpha\vartheta o\iota$ auf die Kotyle gerechnet werden anstatt 6, wie Anm. 10 gezeigt worden ist.

20) Ein $\dot{\eta}\mu\iota\mu\acute{\epsilon}\delta\iota\mu\nu o\nu$ erwähnt Dikaearch bei Athen. 4 p. 141 C u. a., als besonderes Gefäfs nennt es Poll. 10, 113, ebenso den $\tau\rho\iota\tau\epsilon\acute{v}\varsigma$ derselbe 4,168, das $\tau\rho\iota\chi o\acute{\iota}\nu\iota\varkappa o\nu$ 1,246. 4,169, das $\delta\iota\chi o\acute{\iota}\nu\iota\varkappa o\nu$ 10,113, ein $\pi\epsilon\nu\tau\alpha$-$\chi o\acute{\iota}\nu\iota\varkappa o\nu$ 4,168.

6*

Verglichen mit den Flüssigkeitsmafsen ist der

$$\mu\acute{\epsilon}\delta\iota\mu\nu o\varsigma = 1\tfrac{1}{2}\ \mu\epsilon\tau\varrho\eta\tau\alpha\acute{\iota}$$
$$\grave{\epsilon}\varkappa\tau\epsilon\acute{\upsilon}\varsigma = 2\tfrac{2}{3}\ \chi\acute{o}\epsilon\varsigma$$
$$\chi o\tilde{\iota}\nu\iota\xi = \tfrac{1}{2}\ \chi o\tilde{\upsilon}\varsigma.$$

Die Reduction auf neueres Mafs giebt Tab. X C. D.

4. Die Bestimmung der griechischen Hohlmafse ist nur bis zu einem beschränkten Grade von Sicherheit möglich. Sehr schwankend sind die Werthe, die sich aus der Nachmessung mehrerer Amphoren attischen Mafses [21]) ergeben haben; sie steigen von 1718 Par. Kubikzoll für den Metretes bis zu 2033 Kubikzoll, wobei allerdings zu bemerken ist, dafs die Art der Messung selbst eine unsichere war. Ein wahrscheinlicher Mittelwerth ist der von 1950 Kubikzoll [22]). Aufserdem lassen sich die griechischen Hohlmafse nur noch durch Vergleichung mit den römischen bestimmen. Es ist bereits bemerkt worden, dafs die letzteren nach den ersteren normirt waren; $\chi o\tilde{\upsilon}\varsigma$ und *congius*, $\xi\acute{\epsilon}\sigma\tau\eta\varsigma$ und *sextarius* waren identisch, also betrug der Metretes das anderthalbfache der Amphora, der Medimnos das sechsfache des Modius [23]). Freilich mufs es dahin gestellt bleiben, ob die Uebereinstimmung in der Praxis auch wirklich eine vollkommene war. So führt eine Angabe bei Nepos [24]), vorausgesetzt dafs die

21) Zusammengestellt von Böckh Metrol. Unters. S. 279 f.

22) Die bei Böckh unter Nr. 5—7 aufgeführten Vasen sind in England, und zwar nach anderer Methode als die Berliner Vasen gemessen, sie sind auffallender Weise sämmtlich kleiner als diese. Bei den Berliner Vasen scheinen diejenigen Messungen annehmbarer zu sein, welche nur bis zum schwarzen innern Rande, nicht bis zum äufsersten Rande genommen sind. So giebt Nr. 2 1950,59 Kubikzoll, womit der Drittel-Metretes unter Nr. 4 genau übereinstimmt. Nr. 1 steigt bis zu 1981,7, Nr. 3 sinkt bis zu 1884,8 Kubikzoll.

23) Den Metretes bestimmt zu 1½ Amphora Priscian an der Anm. 9 angeführten Stelle. Das Verhältnifs des Medimnos zum Modius geht aus folgenden Zeugnissen hervor: 1. Didymos (cap. 19) sagt, der Ptolemäische Medimnos sei anderthalbmal so grofs als der attische und bestehe aus 2 Artaben zu je 4½ Modien, also war schon zur Zeit der Ptolemäer 1½ attischer Medimnos = 9, oder 1 Medimnos = 6 Modien; 2. Cicero giebt dem sicilischen Medimnos, der von dem attischen nicht verschieden gewesen sein kann, 6 Modien, worüber Anh. § 15, 2 zu vergleichen; 3. Priscian v. 64 rechnet auf den Medimnos 2 Amphoren zu je 3 Modien; 4. das Galenische Fragment (p. 755): $\ddot{\omega}\sigma\tau\epsilon\ \tau\grave{o}\nu\ \mu\acute{\epsilon}\delta\iota\mu\nu o\nu\ \check{\epsilon}\chi\epsilon\iota\nu\ \mu o\delta\acute{\iota}o\upsilon\varsigma\ \varsigma'$, womit Suidas unter $\mu\acute{\epsilon}\delta\iota\mu\nu o\varsigma$ übereinstimmt.

24) Atticus 2, 6: universos frumento donavit, ita ut singulis s e p t e m modii tritici darentur, qui modus mensurae medimnus Athenis appellatur. Die Lesart *septem* für die Vulgata *sex* stützt sich auf die besten Handschriften (cod. Guelferb. und Sangall.). Doch darf daraus, wenn nicht eine verderbte Lesart vorliegt, nur gefolgert werden, dafs der Medimnos zu Athen

Lesart richtig ist, darauf, dafs zu seiner Zeit der Medimnos in Athen
das ursprüngliche Normalmafs etwas überschritt, indem 7 anstatt
6 römische Modien auf denselben gerechnet wurden. Auf keinen
Fall aber kann die Annahme einiger französischen Gelehrten [25])
Billigung finden, dafs die griechischen Hohlmafse zu den entsprechenden römischen sich wie 3 : 4 verhalten sollen, wonach
der Metretes nur $1\frac{1}{8}$ Amphora, der Medimnos nur $4\frac{1}{2}$ Modien
betragen würde. Diese Ansätze widersprechen so entschieden
den übereinstimmenden Angaben der Alten, dafs dagegen die ungenauen Bestimmungen, nach welchen griechische Aerzte das
Gewicht der kleinern Hohlmafse abschätzten [26]), nicht in Betracht
kommen können. Auch Galen, der an mehreren Stellen griechisches und römisches Hohlmafs zu vergleichen versucht, begeht

damals abusiv etwas gröfser war, als er normal sein sollte; auf keinen Fall
aber können dadurch die in der vorigen Anmerkung zusammengestellten
Zeugnisse umgestürzt werden.

25) Paucton Métrologie p. 239, Romé de l'Isle p. XXXXII und 25,
neuerdings Queipo Essai I p. 503 ff.

26) Die Aerzte verschrieben in ihren Recepten flüssige Medicamente
theils nach dem Mafse, theils nach dem Gewichte. Das Gewicht war von
alter Zeit her die Drachme, und zwar ursprünglich die attische Drachme
(Plin. 21, 34 § 185, vergl. unten § 20 A. 14). So verschrieb Heras, der zu
Anfang der Kaiserzeit in Rom lebte, nach Galen de compos. medic. p. gen.
p. 813 in einem Recepte 180 Drachmen Olivenöl, wo Herakleides von Tarent, der dasselbe Recept gegeben, 3 Kotylen verordnet hatte. Heras
rechnete also die Kotyle Oel zu 60 Drachmen. Nehmen wir an, dafs er
hierbei einem älteren Ansatze folgte, dem die vollwichtige attische Drachme
zu Grunde lag, so ergiebt sich für die Kotyle ein Betrag, der dem der römischen Hemina fast genau gleich kommt, also die Identität beider Mafse
bestätigt. Denn 60 attische Drachmen Olivenöl nehmen ein Volumen von
0,285 Liter ein, während die Hemina (nach Tab. XI) 0,274 Liter beträgt.
Die geringe Differenz erklärt sich daraus, dafs die Bestimmung eben nur
eine annähernde sein sollte. So kam es weiter, dafs man auch das Wassergewicht der Kotyle nach demselben Betrage ansetzte, wie wir dies in den
unter Galen's Namen aufgeführten metrologischen Tafeln, welche der Kaiserzeit angehören, p. 766. 769. 779 finden, womit auch Plinius a. a. O. und
Priscian v. 75 f. übereinstimmen. Aber die Ungenauigkeit der Bestimmung war inzwischen noch vermehrt worden, indem in jener Zeit die Ge-
wichtsdrachme nichts anders als der damalige Denar von $\frac{1}{72}$ Pfund oder
3 Scrupel war. Dadurch fielen die nach Drachmengewicht bestimmten
Hohlmafse gegen den genauen Werth um $\frac{1}{4}$ zu klein aus. Die Hemina z. B.
wog gesetzlich 10 Unzen (§ 17 Anm. 1); 60 Kaiserdenare aber sind nur
$7\frac{1}{2}$ Unzen. Die meisten, wie Plinius und Priscian a. a. O. ignorirten diesen
Unterschied; andere, wie Galen an der in der nächsten Anmerkung zu be-
sprechenden Stelle, suchten ihn, so gut es ging, auszugleichen; auf keinen
Fall aber kann darauf die Bestimmung des griechischen Hohlmafses, wie es
Paucton und Romé de l'Isle thun, basirt werden.

dabei mehrfache Irrthümer, da er weder über die Methode einer
scharfen Bestimmung des Hohlmafses klare Einsicht hatte, noch
die verschiedenen ihm vorliegenden Angaben anderer mit der
nöthigen Kritik benutzte. So gelangte er dazu die Kotyle auf $\frac{3}{4}$
des römischen Oelhornes, welches den Betrag der Hemina hatte,
anzusetzen; aber der Irrthum, den er hierbei begangen, läfst
sich so bestimmt nachweisen, dafs aus der betreffenden Stelle
unmöglich weitere Folgerungen gezogen werden können[27]).
Böckh sucht das attische Hohlmafs aus dem Längenmafse abzuleiten, und gelangt unter Voraussetzungen, die allerdings fester
Begründung entbehren, zu einem Werthe von 1993,95 Par. Ku-

---

27) Galen will de compos. medic. p. gen. p. 813 nachweisen, dafs
Heras die Kotyle Oel mit Recht zu 60 Drachmen angesetzt habe: καὶ γὰρ
ἕλκει ἥ γε Ἀττικὴ (δραχμὰς ξ'), θ' οὐγγιῶν οὖσα τῶν Ἰταλικῶν. ἕλ-
κουσι γὰρ αἱ θ' οὐγγίαι Ἰταλικαὶ αἱ ἐν τοῖς κατατετιμημένοις κέρασιν
ἑπτὰ καὶ ἥμισυ οὐγγίας σταθμικάς, αἵτινες ξ' δραχμαὶ γίνονται τῆς
μιᾶς οὐγγίας η' δραχμὰς δεχομένης. Das κατατετμημένον κέρας ist
das Oelhorn (§ 17, 4), welches der römischen Hemina gleich und durch
Striche duodecimal in Unzen getheilt war. Es fragt sich nun, wie Galen
dazu kommt der Kotyle 9 Unzen des Oelhorns, d. h. $\frac{3}{4}$ der Hemina zu geben. P. 893 sagt er, dafs es verschiedene Kotylen gebe, die attische,
alexandrinische, ephesische und andere; dann bemerkt er über die Kotyle
der Aerzte: οἱ μὲν οὖν πλεῖστοι τῶν γραμμάτων περὶ μέτρων καὶ
σταθμῶν θ' φασὶν οὐγγιῶν τῶν ἐκ τῆς Ῥωμαϊκῆς λίτρας τὴν ὑπὸ
τῶν ἰατρῶν ἐν τοῖς φαρμακίτισι βίβλοις γεγραμμένην κοτύλην, ἄλλοι
δὲ τὴν τῶν ιβ' φασὶν οὐγγιῶν ὑπ' αὐτῶν λέγεσθαι, καθάπερ ἐν Ῥώμῃ
τὴν λίτραν τοῦ ἐλαίου συνήθως ὀνομάζουσιν. Nach der letzteren Ansicht wurde also die Kotyle der Hemina gleich gesetzt; eben darauf hinaus
geht aber auch die Bestimmung zu 9 Unzen. Galen fügt nach seinen Quellen hinzu ἐκ τῆς Ῥωμαϊκῆς λίτρας, womit unzweifelhaft das Gewichtpfund
bezeichnet ist; höchst wahrscheinlich lagen ihm Bestimmungen nach dem
Oelgewichte vor, wie in den Galenischen Tafeln (p. 754. 774. 777), wonach
die Kotyle Oel 9 Unzen wiegt. Dies auf Wassergewicht reducirt ergiebt
10 Unzen, das gesetzliche Gewicht der römischen Hemina. Doch wie dem
auch sein mag, die Kotyle der Aerzte hielt 9 Unzen an Gewicht; dafür
aber setzt Galen an der zuerst angeführten Stelle 9 metrische Unzen,
welche nur $7\frac{1}{2}$ Gewichtsunzen betragen. Veranlafst dazu wurde er durch
die Bestimmung der Kotyle zu 60 Drachmen; denn 60 Drachmen zu $\frac{1}{8}$ Unze,
wie er sie rechnet, sind eben $7\frac{1}{2}$ Unzen und diese wiederum entsprechen
9 metrischen Unzen (§ 17 Anm. 21). Auch 5 p. 793 nennt er Kotylen von
9 und 12 Unzen, ohne ersichtlich etwas näheres darüber zu wissen. Ebendaselbst aber steht noch eine Aeufserung, die deutlich zeigt, wie unglaublich wenig er von den Mafsen verstand. Er schwankt nämlich, ob er den
Congius zu 6 Sextarien oder 6 Kotylen ansetzen soll und ist nicht ab-
geneigt das letztere anzunehmen. Unter solchen Umständen kann nicht
daran gedacht werden, auf Galen's Auctorität hin die so gut verbürgte
Identität des attischen und römischen Hohlmafses zu bezweifeln.

bikzoll für den Metretes [28]), bemerkt jedoch, dafs das Resultat möglicherweise auf 1969,3 Kubikzoll herabzusetzen sei. Das Mittel aus beiden Bestimmungen stimmt sehr nahe mit dem Werthe, den wir aus dem römischen Hohlmafse ableiten, und der in Ermangelung anderweitigen Anhalts immerhin als der gesichertste erscheint; wir setzen nämlich den Metretes von $1\frac{1}{2}$ römischer Amphora $= 1986$ Par. Kubikzoll [29]) $= 39,395$ Liter $= 34,405$ preufs. Quart, den Medimnos $= 2648$ Kubikzoll $= 52,527$ Liter $= 45,874$ Quart.

Nach diesen Ansätzen sind die griechischen Hohlmafse in Tab. X reducirt. Dem ungefähren Betrage nach ist

der $\mu\varepsilon\tau\varrho\eta\tau\acute{\eta}\varsigma = \frac{4}{5}$ preufs. Eimer
der $\chi o\tilde{v}\varsigma$ etwas kleiner als 3 Quart
der $\xi\acute{\varepsilon}\sigma\tau\eta\varsigma = \frac{1}{2}$ Quart
die $\varkappa o\tau\acute{v}\lambda\eta = \frac{1}{4}$ Quart,

ferner der $\mu\acute{\varepsilon}\delta\iota\mu\nu o\varsigma$ etwas kleiner als 1 Scheffel
die $\chi o\tilde{\iota}\nu\iota\xi$ etwas kleiner als 1 Quart.

§ 17. *Die römischen Hohlmafse.*

1. Die Hohlmafse bilden naturgemäfs die Vermittelung zwischen dem linearen Mafse und dem Gewichte. Denn es können Flüssigkeiten oder trockene schüttbare Gegenstände ebensowohl nach dem Volumen, das sie einnehmen, als nach dem Gewichte ihrer Masse gemessen werden. Dafs sich hieraus ein einheitliches Mafssystem entwickeln lasse, in welchem nicht blos Flächen- und Körpermafse, sondern auch das Gewicht von der linearen Ausdehnung abgeleitet werde, haben die Römer bereits geahnt, wenn

28) Metrol. Unters. S. 278 f. 281 f., Staatshaush. I S. 130. Seine Berechnung des griechischen Hohlmafses beruht auf folgenden Combinationen: der olympische Kubikfufs ist $\frac{1}{10}$ des römischen Kubikfufses oder Quadrantal (S. 255), der äginäische Metretes beträgt $2\frac{1}{4}$ olympische Kubikfufs (S. 281), der attische Metretes ist $\frac{8}{9}$ des äginäischen (S. 282), also $= \frac{27}{14}$ des olympischen Kubikfufses, wofür bei manchen Evaluationen das rundere Verhältnifs 4 : 3 statt hatte (S. 279). Nach ersterem Verhältnifs beträgt der Metretes 1993,95, nach letzterem 1969,3 Kubikzoll. Es ist hier nicht der Ort, auf die Widerlegung dieser Hypothesen einzugehen; nur darauf mag hingewiesen werden, wie es kommt, dafs das angenommene Verhältnifs so gut pafst. Es beruht nämlich im Grunde auf dem Verhältnifs des Metretes zur römischen Amphora $= 3 : 2$. Denn 1 Metretes ist nach Böckh $\frac{27}{14}$ olympischer Kubikfufs, 1 olympischer Kubikfufs $= \frac{1}{10}$ römischer Kubikfufs, also der Metretes $= \frac{27}{14} \times \frac{1}{10} = \frac{3}{2}$ römischer Kubikfufs oder Amphora.

29) Die römische Amphora beträgt (nach § 18, 2) 1324 Par. Kubikzoll, also der Metretes als das anderthalbfache 1986.

auch nicht praktisch ausgeführt. Dies zu thun blieb erst der
französischen Revolution vorbehalten, die in dem neuen metrischen Systeme nicht blos eine natürliche und unveränderliche
Einheit der Längenmafse aufstellte, sondern auch durch Vermittelung des Hohlmafses das Gewicht auf einer rationellen Basis
begründete (§ 4, 3). Die Römer dagegen stellten zwar als Einheit der Körpermafse ein Gefäfs von dem Inhalte eines Kubikfufses, das *quadrantal*, fest; aber sie gingen nicht so weit etwa
danach ihr Pfund zu bestimmen. Vielmehr war dieses bei der
Feststellung des Quadrantal bereits eine feste gegebene Gröfse.
Da sich nun zeigte, dafs von Wein, der an Gewicht dem Wasser
gleich geachtet wurde, etwa 80 Pfund (= 1 attisches Talent)
auf das Quadrantal gingen, so wurde dieses Gewicht als Norm
für das Hohlmafs hingestellt. Dies war besonders deshalb nothwendig, weil die Unterabtheilungen des Quadrantal, je kleiner sie
wurden, um so schwieriger nach dem Längenmafse sich darstellen liefsen, während sie durch Abwägung sehr leicht bestimmt
werden konnten. So haben also die Römer ihr Körpermafs zwar
von dem Längenmafs abgeleitet, aber die genauere Bestimmung
desselben lediglich auf das Gewicht begründet [1]).
    2. Die Entstehung des Namens *quadrantal* giebt Festus
(p. 25S Muell.): quadrantal vocabant antiqui, quam ex Graeco
amphoram dicunt, quod vas pedis quadrati octo et XL capit
sextarios [2]); und Priscian in seinem Lehrgedichte über die Mafse

---

1) Den directen Beweis dafür liefern das Silianische Plebiscit und
die Aufschrift des Farnesischen Congius, welche nur die Bestimmungen
nach dem Gewichte kennen. Die vollständige Uebersicht über die Gewichte
der römischen Hohlmafse giebt die Tabelle des Dioskorides in den Galenischen Tafeln (p. 776); danach hat von den kleineren Mafsen z. B. der
Sextarius 20 Unzen, die Hemina 10 Unzen und so die übrigen nach Verhältnifs. — Ein zweiter Beweis liegt darin, dafs man den Fufs, den man
unter der Voraussetzung berechnet hat, dafs das Quadrantal von 80 Pfund
genau einen Kubikfufs Inhalt gehabt habe, nicht mit dem wirklichen Längenfufse der Römer (§ 15 Anm. 9) übereinstimmt. Mit Recht sagt daher
Böckh S. 27: 'Alle Versuche, das Römische Pfund aus dem Römischen Längenfufs oder umgekehrt zu bestimmen, müssen wir bei Seite liegen lassen'.
Vergl. S. 29. 207. 290 f., Hussey p. 217.
    2) Dies ist undeutlich ausgedrückt; genauer sollte es heifsen : weil
das Mafs, welches 48 Sextarien hält (nämlich die Amphora), ein Gefäfs
von einem Kubikfufs ist. Vergl. Balbus expos. et rat. mensur. (Gromat. ed.
Lachm.) p. 96: pes quadratus concavus capit amphoram trimodiam. So werden auch in dem metrologischen Fragmente bei Paucton p. 266 auf den στερεὸς
πούς 3 Modien oder 48 Sextarien gerechnet. Ueber die Benennung *pes
quadratus* für Kubikfufs s. Balbus p. 97: solidum est quod Graeci stereon
appellant, nos quadratos pedes appellamus. Vergl. oben § 14 Anm. 1,

zeigt, wie ein solches Gefäfs zu construiren ist[3]). Später wurde
die aus dem griechischen entlehnte Benennung *amphora* üblich [4]).
Die amtliche Bestimmung über den Betrag des Quadrantal und
der davon abhängigen Mafse ist in dem Plebiscit der Volkstribu-
nen P. und M. Silius, welches Festus (p. 246) anführt, erhalten:
'ex ponderibus publicis, quibus hac tempestate populus oetier
(*uti*) solet, uti coaequator se (*sine*) dulo malo, uti quadrantal
vini octoginta pondo siet, congius vini decem pondo siet, sex
sextari congius siet vini, IIL sextari quadrantal siet vini —, sexdecimque librari (*sextarii*) in modio sient' [5]). Es darf nicht auffallen, dafs die Bestimmungen nicht nach dem Gewichte des Wassers gegeben sind; man nahm eine Flüssigkeit, die wirklich im
Handel gemessen wurde, und wählte dazu den Wein, der dem
Wasser an Gewicht gleich gesetzt wurde [6]). Ein genaues Modell der

---

Gell. 1, 20: qualia sunt quadrata undique, quae $\varkappa\acute{v}\beta ov\varsigma$ illi, nos quadran-
talia dicimus.
3) De ponder. et mensur. v. 59:
 Pes longo spatio atque alto longoque notetur:
 Augulus ut par sit, quem claudit linea triplex,
 Quatuor et quadris medium cingatur inane:
 Amphora fit cubus;
d. h. es soll auf einer Fläche ein Quadrat, dessen Seite einen Fufs beträgt,
gezogen und auf den Seiten desselben vier ebenso grofse Wände perpen-
diculär aufgerichtet werden; der dadurch entstehende (oben offene) Würfel ist die Amphora.
4) *Amphora* ist die latinisirte Form für $\dot\alpha\mu\varphi o\rho\acute{v}\varsigma$ und bedeutet
ebenso wie dieses (§ 16 Anm. 8) ursprünglich ein grofses zweihenkliges
Gefäfs zur Aufbewahrung von Wein oder Oel. So öfters bei Cato (de r. r.
10. 13. 88 u. ö.), der davon das Quadrantal als eigentliches Mafs unterscheidet. Auch das Silianische Plebiscit kennt nur den Ausdruck *quadrantal*. In der Bedeutung des bestimmten Mafses scheint *amphora* zuerst bei
Cicero (Font. 9, 19 u. a.) vorzukommen, seitdem aber ist dies der herrschende Gebrauch. Vergl. Festus a. a. O.: quadrantal vocabant antiqui,
quam ex Graeco amphoram dicunt; Volus. Maec. part. distrib. § 79: quadrantal, quod nunc plerique amphoram vocant. — Ebenso wenig, wie
ursprünglich die Amphora, ist der *cadus* ein fest bestimmtes Mafs, daher
die besondere Bestimmung bei Colum. de r. r. 12, 28: in cado duarum ur-
narum (= 1 Amphora). Wo der Cadus als festes Mafs vorkommt, ist
meist der attische Metretes (§ 16, 1) zu versteben. So unterscheidet Plin.
14, 14 § 97: vini Faleroi amphoras, Chii cados (vergl. ebend. § 96) und
Priscian. v. 84 sagt ausdrücklich: Attica praeterea dicenda est amphora
nobis Seu cadus; ebenso Isidor. Orig. 16, 26, 13: cadus Graeca amphora est.
5) Die Stelle ist nach der Collation von Keil (Rhein. Mus. N. F. VI
S. 623) und Mommsen's Emendationen gegeben.
6) Priscian. de ponder. v. 93: Nam librae, ut memorant, bessem sextarius addet, Seu puros pendas latices seu dona Lyaei; d. h. ein Sextarius

Amphora wurde, wie wahrscheinlich auch von anderen Mafsen,
auf dem Capitol aufbewahrt [7]). Als dieses im J. 69 bei der Bestür-
mung durch die Soldaten des Vitellius niedergebrannt war, stellte
Vespasian, ebenso wie das grofse Reichsarchiv, wahrscheinlich
auch die Mustermafse wieder her. Darauf deutet die Inschrift
des Farnesischen Congius (§ 18, 1), wonach dieses Gefäfs unter
dem sechsten Consulate Vespasian's (75) auf dem Capitole geaicht
worden ist.

3. Das zwanzigfache der Amphora war der *culeus*, das
Fafs, hauptsächlich ein Weinmafs [8]). Die Unterabtheilungen der
Amphora ergeben sich theils aus dem eben angeführten Silianischen Plebiscit, theils aus andern Zeugnissen. Volusius Maecianus [9]) bemerkt darüber: quadrantal. quod nunc plerique
amphoram vocant, habet urnas duas, modios tres, semodios
sex, congios octo, sextarios quadraginta octo, heminas
nonaginta sex, quartarios centum nonaginta duo, cyathos
quingentos septuaginta sex [10]). Hierzu kommt noch das aceta-

---

wiegt 1⅔ Pfund, mag er nun mit reinem Wasser oder Wein gefüllt sein.
Ebenso das Galenische Fragment p. 761: τὸ ὕδωρ καὶ οἶνος ἰσόσταθμα
λογίζονται. S. jedoch unten § 18 Anm. 11.

7) Priscian. v. 62: quam (amphoram) ne violare liceret, Sacravere
Iovi Tarpeio in monte Quirites. Daher *Capitolina amphora* bei Iul. Capito-
lin. vit. Maximin. du. 4. Vergl. § 15 Anm. 2.

8) Priscian. v. 86: Est et, bis decies quem conficit amphora nostra,
Culeus, huc nulla est maior mensura liquoris. Plin. 14, 4 § 52: saepe-
numero septenos culleos singula iugera, hoc est amphoras centenas qua-
dragenas musti dedere. Vergl. Varro de r. r. 1, 2, 7, Colum. 3, 3. Um ein
weniges gröfser ist der Culeus bei Cato de r. r. 148: vini in culleos singulos quadragenae et singulae urnae dabuntur (= 20½ Amphorae).

9) Distributio part. § 79.

10) Mit diesen Angaben stimmt vollständig die Tabelle des Dioskorides in dem 14. Galenischen Fragment (p. 776 Kühn), welche sich ganz
auf das römische Hohlmafs bezieht. Auch an anderen Belegen fehlt es
nicht. Die *urna* bestimmt als die Hälfte der Amphora auch Priscian. v. 64.
Der *congius* wird als ⅛ der Amphora bezeichnet durch die Inschrift auf
dem Farnesischen Gefäfse: P(ondo) X, womit das Silianische Plebiscit
und Priscian. v. 70 übereinstimmen. So auch das Galenische Fragment
περὶ μέτρων ὑγρῶν p. 752: τὸ Ἰταλικὸν κεράμιον (= amphora) ἔχει
χόας (= congios) η'. Der *sextarius* wird als der sechste Theil des Congius erklärt von Priscian. v. 71 f., Isidor. Orig. 16, 26, 6, Galen. a. a. O., die
hemina als die Hälfte des Sextarius von Priscian. v. 67 f., Isidor. 16, 26, 5;
vergl. Varro bei Gell. 3, 14, 2. Damit stimmen die Berechnungen bei Cato
de r. r. 57: heminas in dies, id est in mense congios II S; in dies sextarios,
id est in mense congios quinque. Der *quartarius* heifst als das Viertel des
Sextarius bei Varro de r. r. 3, 14, 4 *quadrans*; vergl. unten 4 Anm. 16. —
Keine Beachtung verdienen die abweichenden Angaben in dem ganz unkri-

bulum, der vierte Theil der Hemina[11]). Zur bessern Uebersicht möge folgende Tabelle dienen:

amphora	.1						
urna	2	1					
congius	8	4	1				
sextarius	48	24	6	1			
hemina	96	48	12	2	1		
quartarius	192	96	24	4	2	1	
acetabulum	384	192	48	8	4	2	1
cyathus	576	288	72	12	6	3	1½.

Es ist leicht zu sehen, dafs das ganze System fast durchaus dem griechischen nachgebildet ist, selbst die Namen sind aufser *urna*, *sextarius* und *quartarius* von dort entlehnt. Schon der Umstand, dafs das Gewicht der Amphora gerade ein attisches Talent beträgt, weist darauf hin, dafs die Uebereinstimmung mit den griechischen Hohlmafsen nicht etwa blos eine zufällige und ungefähre ist. Der Congius ist nach Namen und Inhalt gleich dem griechischen χοῦς[12]), *acetabulum* ist Uebersetzung von ὀξύβαφον, der κύα-θος ist unverändert herübergenommen worden. Daneben ist eigenthümlich römisch die Eintheilung des Congius in Sechstel, *sextarii*, und dieser in Viertel, *quartarii*. Beide Benennungen sind umgekehrt als ξέστης und τέταρτον zurück in das griechische übergegangen. Endlich für die Hälfte des Sextarius, die

---

tisch geschriebenen Fragmente *de mensuris in liquidis* in Gromat. ed. Lachm. p. 374.

11) Plin. 21, 34 § 185: cum acetabuli mensura dicitur, significat heminae quartam. Ebenso Isidor. 16, 26, 5. Dem entsprechend giebt Priscian. v. 76 dem *oxybaphon* (= *acetabulum*) 1½ Cyathi. — Noch kleinere Mafse als der Cyathus sind die *ligula*, ein Löffel zum Schöpfen, nach Colum. 12, 21 etwa so viel uls ⅓ Cyathus (ligula cumulata vel mensura semunciae), dann das *cochlear*, welches nach demselben ¼ Cyathus beträgt (cochlear cumulatum vel simile genus poculi eius, quae est quarta pars cyathi). Letzteres erscheint als Mafs öfters bei Plinius, z. B. 20, 6, § 45. 21, 27 § 172. Bei Dioskorides p. 776, der die römische Eintheilung der Hohlmafse giebt, heifst das Viertel des Cyathus χήμη; dagegen nennt Priscian. v. 77 das Viertel *mystrum*, den dritten Theil von diesem *cheme*, die Hälfte davon erst *cochlear*. Isidor. 16, 26, 3 bestimmt das *cochlear* als den dritten Theil der *concula*, von welcher, wenn seine Angaben übereinstimmen sollen, 6⅔ auf den Cyathus gehen müfsten. Bei Galen a. a. O. ist das κοχλιάριον so viel als die κοτύλη (= *hemina*).

12) Priscian. v. 70: Adde duos, chus fit, vulgo qui est congius idem. Fragment des Dioskorides in der Galenischen Sammlung p. 776: ὁ χοῦς, τουτέστι τὸ κόγγιον.

der attischen κοτύλη gleich kommt[13]), ist wiederum die griechische Benennung *hemina* von den Römern aufgenommen worden. Dies ist das bunt zusammengesetzte Bild der römischen Flüssigkeitsmafse[14]).

4. Besonders zu erwähnen ist noch die Anwendung der gewöhnlichen Duodecimaltheilung (§ 20) auf den Sextarius[15]). Das Zwölftel desselben, der Cyathus (= 2½ preufs. Kubikzoll), war das Mafs für die kleine Schöpfkelle, mit welcher der Wein aus dem gröfseren Gefäfse, dem *crater*, in die Trinkbecher gefüllt wurde. Die Gröfse der Becher und das Mafs des hineinzufüllenden Weines war nach den Umständen verschieden. So gab es *trientes*, Drittelsextarien zu 4 Cyathi, etwa so grofs wie unsere Römer, *quadrantes* zu 3, *sextantes* zu 2 Cyathi. Bei Trinkgelagen hatte man grofse Kelche vom Betrage eines Sextar, etwas gröfser als unsere Biergläser, die vielleicht durch Kreise in zwölf Theile getheilt waren[16]). Man bezeichnete nun die Zahl der Cyathi, die in den Becher gefüllt wurden, kurz mit den gebräuchlichen Namen der Theile des As. Nur einige *unciae* verdünnten Falernerweines zu trinken erscheint bei Martial[17]) als Zeichen auffallender Enthaltsamkeit; Augustus überschritt selbst bei besonderen Anlässen nicht das Mafs von sechs *sextantes*[18]); ein

---

13) Athen. 11 p. 479 A: Διόδωρος δὲ ἐν Ἰταλικαῖς γλώσσαις καὶ Ἡρακλέων, ὥς φησι Πάμφιλος, τὴν κοτύλην καλεῖσθαι καὶ ἡμίναν. Dioskorides a. a. O.: ἡμίνα τουτέστιν ἡ κοτύλη. Priscian. v. 67 f., Isidor. 16, 26, 5.

14) Vergl. Mommsen Röm. Gesch. I S. 203 f. der 3. Aufl.

15) Ideler Abhandl. der Akad. d. Wiss. 1812—13 S. 126, Becker Gallus III S. 220 ff. der 2. Aufl.

16) Becker a. a. O. ist der Meinung, dafs nur der *triens* und *cyathus* als wirkliche Gefäfse gelten können. Allein dafs auch der *quadrans* ein eigenes Gefäfs war, geht aus Celsus 3, 15 hervor (sumere vini quadrantem); und wenn es von Augustus heifst, dafs er niemals mehr als *senos sextantes* (Anm. 18) trank, so liegt doch wohl nichts näher als die Annahme, dafs er dazu auch Becher vom Betrag eines Sextans hatte. Die aufserdem noch erwähnten Abtheilungen des Sextar vom *quincunx* bis zum *deunx* beziehen sich alle auf das Trinken bei Gelagen, wo jedenfalls grofse Kelche vom Betrage eines Sextar üblich waren, die bald mehr, bald weniger voll gefüllt wurden. Nur so erklären sich die Stellen des Martial (Anm. 19. 20), sowie die viel gedeuteten Verse des Horaz Carm. 3, 19, 11, wo er 9 + 3 *cyathi* d. h. volle Sextarbecher zu trinken verbietet, dagegen 3 und höchstens 9 cyathi gestattet.

17) Epigr. 1, 106: Interponis aquam subinde, Rufe, Et si cogeris a sodale, raram Diluti bibis unciam Falerni.

18) Suet. Aug. 77: quotiens largissime se invitaret, senos sextantes non excessit. Ein Sextans ist etwas kleiner als eins unserer gewöhnlichen Weingläser, 6 Sextanten machen noch nicht eine Flasche.

quadrans Wein ist bei Celsus (3,15) die Ration, die einem Kranken verordnet wird. Bei lustigen Gelagen wurden aus den grofsen Bechern natürlich auch gröfsere Quantitäten getrunken. Von einem Zecher heifst es bei Martial [19]) *septunce multo perditus stertit;* ein anderer bringt es zu *deunces,* er läfst sich also den Becher fast bis zum Rande füllen. Den Anlafs noch andere Unterabtheilungen zu machen bot die Sitte auf die Gesundheit einer Person so viel Cyathi zu trinken, als der Name Buchstaben enthält. So werden 6 Cyathi zu Ehren Caesar's getrunken, ein *quincunx* für Gaius, ein *bes* für Proculus [20]).

Auch bei der Hemina war, besonders im Gebrauch der Aerzte, die duodecimale Eintheilung üblich. Galen erwähnt an mehreren Stellen ein in Rom gebräuchliches Gefäfs, welches aus durchscheinendem Horn gefertigt, und an dessen Aufsenseiten Kreise eingeritzt waren, nach welchen das hineingegossene Oel oder andere Flüssigkeiten gemessen wurden. Aus den von ihm gegebenen Andeutungen geht mit Sicherheit hervor, dafs dieses Oelhorn das Mafs der Hemina hatte, und dafs es in Zwölftel oder Unzen eingetheilt war [21]). Zum Unterschiede von den Gewichtsunzen (σταθμι-

---

19) Epigr. 3, 82, 29. Vergl. 12, 28: Poto ego sextantes, tu potas, Cinna, deunces, Et quereris quod non, Cinna, bibamus idem.

20) Martial. 11, 36: Quincunces et sex cyathos bessemque bibamus, Gaius ut fiat Iulius et Proculus. Vergl. 1, 71. 8, 51, 21. 9, 93; Becker Gallus I S. 193f. der 2. Aufl.

21) Galen spricht von dem Oelhorne und Oelpfunde an mehreren Stellen seiner σύνθεσις φαρμάκων τῶν κατὰ γένη (vol. XIII Kühn). Am deutlichsten beschreibt er es p. 616: ἔστι δὲ παρ' αὐτοῖς (τοῖς 'Ρωμαίοις) μέτρον, ᾧ τὸ ἔλαιον μετροῦσιν, ἐντετμημένον γραμμαῖς διαιρούσαις τὸ σύμπαν εἰς μέρη ιβ', καὶ καλεῖται μὲν τὸ ὅλον μέτρον ὑπ' αὐτῶν λίτρα, τὸ δωδέκατον δ' αὐτῆς οὐγγία, womit p. 415 und 435 zu vergleichen. In diesem Sinne werden auch p. 813 οὐγγίαι 'Ιταλικαὶ αἱ ἐν τοῖς κατατετμημένοις κέρασιν, und p. 417. 894 μετρικαὶ οὐγγίαι erwähnt. Es war also ein zum Messen des Oeles bestimmtes Gefäfs, welches duodecimal in *unciae* getheilt war. Den Betrag desselben giebt Galen nirgends direct an, doch läfst sich derselbe aus dem, was er p. 894 bemerkt, entnehmen. Dort sagt er, er habe durch eigene Abwägung gefunden, dafs die 12 metrischen Unzen des Oelhorns == 10 Gewichtsunzen seien, und übereinstimmend damit setzt er p. 813 9 metrische Unzen == 7½ Gewichtsunzen. Nun scheint das nächstliegende anzunehmen, dafs er das Oelhorn nach dem Oelgewichte angegeben habe, allein diese Voraussetzung führt auf allerlei Widersprüche. Denn erstlich giebt es unter den uns bekannten römischen Hohlmafsen keines, dessen Oelgewicht 10 Unzen beträgt, und dann wird auch sonst das Hohlmafs, wenn nicht ausdrücklich das Gegentheil bemerkt ist, regelmäfsig nach dem Wassergewicht bestimmt. Nach dem Wassergewicht aber passen die 10 Unzen genau auf die Hemina, denn das zwölffache der-

καὶ οὐγγίαι) hiefsen diese Abtheilungen Unzen des Oelpfundes oder metrische Unzen, und das Horn selbst Pfundhorn (κέρας λιτραῖον).

5. Das Hauptmafs des trockenen war der *modius*, nach dem Silianischen Plebiscit sowie nach vielen anderen Zeugnissen der dritte Theil des Quadrantal = 16 Sextarii [22]). Schon hieraus ergiebt sich, dafs die Mafse des trockenen ebenso wie die des flüssigen nach den attischen normirt waren. Wie die Amphora gleich ⅜ attischen Metreten, so war der Modius gleich ⅙ Medimnos, womit auch die Reductionen von Medimnen, die Cicero [23]) giebt, übereinstimmen.

Gröfsere Mafse als der Modius waren das der Amphora entsprechende *trimodium*, welches Plautus erwähnt; Columella nennt *corbulae trimodiae* und *decemmodiae* [24]). Der *modius castrensis*, dessen Entstehung noch unerklärt ist, betrug das doppelte des gewöhnlichen Modius [25]).

Die Hälfte des Modius erscheint als besonderes Mafs unter der Benennung *semodius* [26]); die übrigen Unterabtheilungen des

selben, der Congius, wiegt 10 Pfund oder 120 Unzen; also war das Oelhorn in seinem Betrage identisch mit der Hemina. Dies bestätigt auch
Oreibasios in den Galenischen Tafeln p. 755, indem er dem Sextarius,
dem doppelten der Hemina, 24 metrische Unzen giebt. Vergl. im allgemeinen Wurm p. 138, Queipo Essai I p. 510. Böckh p. 18 f. sieht in der metrischen Unze des Oelhorns das Aequivalent einer Unze Wassergewicht,
was sich schwerlich erweisen läfst und das Problem nur verwickelter
macht. Die Hauptschwierigkeit ist, dafs Galen sich selbst nicht ganz klar
über die Sache ist. So ignorirt er überall den Unterschied von Wasser-
und Oelgewicht, und obgleich er oft genug vor der Verwechselung der
metrischen und stathmischen Unzen warnt (p. 415. 471 u. ö.), so begeht
er doch offenbar denselben Fehler, indem er p. 435 die 20 Unzen, die das
Wassergewicht des Sextarius darstellen, für metrische ausgiebt; in ähnlicher Weise irrt er sich auch p. 813, worüber oben § 16 Anm. 27 zu vergleichen.

22) Das Silianische Plebiscit (§ 17, 2): sexdecimque librari (= sextarii) in modio sient; Balbus p. 96: pes quadratus concavus capit amphoram trimodiam; Volus. Maec. § 79: quadrantal habet modios tres; Priscian. v. 65, Isidor. 16, 26, 13.

23) In Varr. act. II. 3, 46, 110. 49, 116. Vergl. § 16 Anm. 23 und
Anh. § 15.

24) Plaut. Men. Prol. 14: nunc argentum vobis demensum dabo non
modio neque trimodio. Plin. 33, 1 § 20: trimodia anulorum. Colum.
12, 50, 8: corbulae decemmodiae satoriae, vergl. 2, 9, 9. 12, 18, 2.

25) Mommsen, das Edict Diocletian's de pretiis rerum venalium in
den Berichten der Sächs. Gesellsch. der Wiss. 1851 S. 58 ff. Eisenschmid
de pond. et mens. p. 73.

26) Volus. Maec. a. a. O.: quadrantal habet semodios sex. Vergl.
Cato de r. r. 11, 3 und Colum. 6, 3, 5.

Modius stimmen nach Gröfse und Benennung mit den Flüssigkeitsmafsen überein[27]).   Daraus ergiebt sich folgende Tabelle:

modius	1					
semodius	2	1				
sextarius	16	8	1			
hemina	32	16	2	1		
quartarius	64	32	4	2	1	
acetabulum	128	64	8	4	2	1
cyathus	192	96	12	6	3	$1\frac{1}{2}$.

Die Reduction der römischen Hohlmafse giebt Tab. XI.

§ 18. *Bestimmung des römischen Hohlmafses.*

1. Zur Bestimmung der römischen Hohlmafse stehen drei
Wege offen, die Berechnung der Amphora als des Kubus des römischen Längenfufses, die Nachmessung römischer Hohlmafse,
endlich die Bestimmung der Amphora nach dem römischen
Pfunde.

Es ist bereits oben (§ 17, 1) gezeigt worden, dafs die
Amphora zwar der Absicht nach ein römischer Kubikfufs war,
die genauere Bestimmung ihres Inhalts aber nach dem Gewichte
sich richtete. Daher kann man nicht erwarten aus dem römischen
Längenfufse den richtigen Werth der Amphora zu erhalten.
Gerade wie der Fufs, den man aus dem Hohlmafse und dem Gewichte hat berechnen wollen (§ 15 Anm. 9), zu grofs war, so
wird die Amphora, die man nach dem Fufse berechnet, zu klein[1]).

Der einfachste und sicherste Weg, sollte man meinen, sei
die Nachmessung alter Hohlmafse, besonders da uns in dem
sogenannten Farnesischen Congius[2]) ein Gefäfs erhalten ist,
das einen sehr hohen Grad von Zuverlässigkeit zu haben scheint.
Dieser Congius, der sich ursprünglich in der Sammlung des

---

27) Der *sextarius* erscheint als Mafs für Getreide z. B. bei Colum. 2,
9 a. E., Plin. 18, 13 § 131, die *hemina* als Mafs für trockenes bei Cels.
4, 15, Plin. 18, 3 § 9, der *quartarius* bei Cato de r. r. 95 (wo zugleich ein
tertiarius, also ein Drittelsextar genannt wird), Plin. 18, 3 § 9, das *acetabulum* bei Cato de r. r. 102, Cels. 5, 18, 5, Plin. 18, 7 § 73, der *cyathus*
bei Colum. 8, 4, 5, Plin. 14, 9 § 85, die *ligula* (oben Anm. 11) bei Colum. 12, 21.

1) So berechnet Wurm p. 123 nach seinem römischen Fufse von
131,15 Par. Linien die Amphora zu 1305,45 Par. Kubikzoll, während sie
nach dem Farnesischen Congius 1362,4, nach dem Pfunde 1324 Kubikzoll hielt.

2) Hase über den Farnesischen Congius in der Königl. Antikensammlung zu Dresden, Abhandl. der K. preufs. Akad. 1824, abgedruckt im Palaeologus S. 1 ff.

Cardinals Alexander Farnese befand und später nach Dresden gelangte [3]), ist ein wohlerhaltenes Messinggefäfs, dessen Aufsenseite
noch deutliche Spuren von Vergoldung zeigt. Er besteht aus zwei
abgekürzten Kegeln, die an ihren breiten Grundflächen auf einander gelöthet sind; oben herum läuft ein verbreiterter Rand, der
lediglich dazu bestimmt ist das Verschütten der Flüssigkeit zu
verhüten, also bei der Bestimmung des Inhalts nicht in Betracht
kommt. Auf dem oberen Kegel befindet sich folgende Aufschrift:

$$\begin{aligned}
&\text{IMP. CAESARE}\\
&\text{VESPAS. VI}\\
&\text{T. CAES. AVG. F. IIII}^{\text{COS}}\\
&\text{MENSVRAE}\\
&\text{EXACTAE. IN}\\
&\text{CAPITOLIO}\\
&\text{PX}
\end{aligned}$$

Aus diesen Worten läfst sich zwar nicht, was früher angenommen
wurde, folgern, dafs der Congius eines der auf dem Capitole aufgestellten Normalmafse gewesen sei [4]); wohl aber geht daraus
hervor, dafs er daselbst unter Vespasian (im J. 75) geaicht worden
ist und an Gewicht 10 Pfund, unbestimmt von welcher Flüssigkeit, enthalten soll.

Nach den sorgfältigen Messungen Beigel's [5]) enthält der
Congius bei 13° R. 63460,6 Par. Gran destillirtes Wasser, woraus
sich für die Amphora der Betrag von 1362,4 Par. Kubikzoll ergiebt. Man sollte meinen hiermit einen gesicherten Werth für
das römische Hohlmafs gefunden zu haben [6]), dennoch aber er-

---

3) Hase S. 6 ff. Aus der Farnesischen Sammlung erhielt den Congius
Lucas Paetus, der ihn zuerst beschrieb und abbildete (de mensur. et ponder.
im Thes. Graev. t. XI p. 1634 f.). Später mafsen ihn Villalpandi (s. das
§ 3, 1 angeführte Werk tom. III p. II p. 351) und Greaves (Miscellaneous
works p. 225). Auf welche Weise er nach Dresden gelangte, ist nicht sicher zu ermitteln. Gegenwärtig ist er im X. Saale der Antikensammlung
unter Nr. 397 aufgestellt.

4) Dieser Meinung ist aufser den italiänischen Gelehrten auch Ideler
Abhandl. 1812—13 S. 154. Vergl. dagegen Hase S. 5 f., Böckh S. 163.

5) Bei Hase S. 14 ff. Aus dem Gewicht des Congius von 63460,6 Gran
ergeben sich für die Amphora 507684,8 Gran; ein Par. Kubikfufs (=
1728 Kubikzoll) destillirtes Wasser wiegt bei derselben Temperatur
643934,8 Gran, also enthält die Amphora 507684,8 × 1728 : 643934,8 =
1362,4 Par. Kubikzoll. Dies Resultat bestätigte die stereometrische Messung des Congius, wonach für die Amphora sich 1365,9 Kubikzoll ergaben.
Das kleine Plus (für den Congius nur 0,44 Kubikzoll) erklärt sich leicht
daraus, dafs die beiden Hälften des Congius der mathematischen Kegelform
nicht ganz genau entsprechen.

6) So Hussey p. 205, der danach auch das Pfund bestimmt; s. § 21 Anm. 7.

heben sich dagegen gewichtige Bedenken. Der Congius soll seiner
eigenen Aufschrift gemäfs 10 Pfund enthalten, wofür das Silianische Plebiscit genauer 10 Pfund Wein angiebt. Lassen wir
den unbedeutenden Unterschied zwischen dem specifischen Gewicht von Wein und Wasser (Anm. 11) aufser Acht, so ergiebt
sich aus dem Congius ein Pfund von 6346,06 Gran = 337,1 Gramm,
was den sicher ermittelten Werth des römischen Pfundes (§ 21)
merklich übersteigt. Berechnet man ferner nach dem Inhalt
des Congius den griechischen Metretes, der das anderthalbfache der Amphora beträgt, so erhält man 2043,6 Par.
Kubikzoll, was ebenfalls ohne Zweifel zu hoch ist[7]). Endlich
trägt selbst die künstliche Form des Congius dazu bei den Grad
seiner Genauigkeit verdächtig zu machen. Es ist schwerlich anzunehmen, dafs die beiden Kegel, aus denen er zusammengelöthet
ist, so genau construirt waren, dafs nicht noch eine Regulirung,
etwa durch einen Aichungsstrich, nöthig gewesen wäre[8]). Nach
alledem kann der Farnesische Congius nicht als zuverlässige
Grundlage für das römische Hohlmafs angenommen werden;
noch weniger leisten diesen Dienst andere uns erhaltene Gefäfse,
die noch gröfsere Abweichungen zeigen[9]).

2.   Es bleibt also nur noch die Bestimmung nach dem Gewichte[10]). Mögen die Hohlmafse, wie sie bei den Alten in Ge-

---

7) Keines der bei Böckh S. 279 f. aufgeführten Gefäfse von attischem
Mafse erreicht diesen Betrag. Vergl. § 16, 4.
8) Der Congius soll ⅛ der Amphora oder des römischen Kubikfufses
betragen, also jeder der beiden abgekürzten Kegel, aus denen er zusam-
mengesetzt ist, gleich ₁⁄₁₆ Kubikfufs sein. Es überstieg aber die mathematischen Kenntnisse der Alten einen solchen Kegel genau zu construiren;
höchstens konnten sie ihn empirisch bis zu einem gewissen Grade von Zuverlässigkeit herstellen. Dafs etwas der Art beim Farnesischen Congius
beabsichtigt worden ist, geht aus den Verhältnissen einzelner Dimensionen
hervor. Der Durchmesser der oberen Grundfläche ist halb so grofs als der
der unteren; der Umfang des Mantels an der unteren Grundfläche beträgt
etwa 2, derjenige an dem oberen Abschnitt etwa 1 römischen Fufs, die
Höhe des Kegels beträgt ziemlich einen halben Fufs.
9) Der Sextarius der Dresdner Sammlung (Hase S. 9. 16) zeigt noch
gröfseres Mafs als der Congius, er hält 29,05 Par. Kubikzoll, was für die
Amphora 1394,3 Kubikzoll ergiebt. Ueber andere theils gröfsere theils
kleinere Hohlmafse vergl. Böckh S. 167.
10) Unbrauchbar ist die Angabe bei Vitruv. 7, 8, 2, wonach 4 Sextare
Quecksilber 100 Pfund wiegen. Dies würde, die Richtigkeit von Mafs und
Gewicht vorausgesetzt, für das Quecksilber ein specifisches Gewicht von
15 ergeben, was weitaus zu hoch ist. Vitruv giebt nur ungefähre runde
Zahlen, vielleicht brachte er auch das Gewicht des Gefäfses selbst nicht in
Abzug.

brauch waren, auch noch so ungenau und schwankend gewesen sein, so können wir doch immerhin nach dem alten Silianischen Plebiscit die normale und gesetzliche Gröfse derselben mit genügender Sicherheit berechnen. Das Plebiscit bestimmt das Hohlmafs nach dem Gewichte des Weines; nach anderen Zeugnissen gilt das Wasser und zwar das Regenwasser als die sicherste Grundlage für die Abwägung [11]). In der That nähert sich das letztere in seinem specifischen Gewichte am meisten dem destillirten Wasser, welches die Neueren bei derartigen Messungen zu Grunde legen; das Gewicht des Weines schwankt, einige Sorten sind schwerer, einige leichter als destillirtes Wasser [12]). Zu dieser Unsicherheit kommt noch die andere, welche aus der Nichtberücksichtigung der Temperatur entspringt. Da die Flüssigkeiten wie alle anderen Körper bei erhöhter Wärme sich ausdehnen, so nimmt eine nach dem Gewicht bestimmte Menge Wasser oder Wein je nach dem Wechsel der Temperatur einen gröfseren oder geringeren Raum ein. Doch diese Differenzen sind so gering, dafs sie die Alten nicht berücksichtigten: es kann also auch nicht verlangt werden, dafs wir sie in Rechnung bringen. Wir nehmen also, da es doch nur darauf ankommt einen möglichst genäherten Mittelwerth zu finden, destillirtes Wasser, welches dem mittleren Weingewicht näher kommt als das von andern benutzte Regen- oder gar Flufswasser; setzen voraus, dafs dies bei einer Temperatur von 15 Grad R. gewogen werde [13]), und legen endlich (nach § 21) für das römische Pfund den Werth von 327,453 Gramm zu Grunde: so ergiebt sich für die Amphora der Betrag von 1324 Par. Kubik-

---

11) Gewöhnlich wurden Wein und Wasser an Gewicht einander gleich geachtet (§ 17 Anm. 6), aber genauere Untersuchungen machten schon den Alten Unterschiede bemerkbar. Priscian. v. 98 ff. bemerkt:
Namque nec errantes undis labentibus amnes,
Nec mersi puteis latices, aut fonte perenni
Manantes par pondus habent: non denique vina,
Quae campi aut colles nuperve aut ante tulere.
Daher sagt Dioskorides im 14. Fragm. der Galenischen Sammlung (p. 777 Kühn): φασὶ δὲ τοῦ ὀμβρίου ὕδατος πληρωθῆναι ἀψευδέστατον εἶναι τὸν σταθμόν; ebenso das 9. Fragment (p. 766): σταθμὸν δὲ ὕδατος ὀμβρίου, ὅπερ ἐστὶν ἀψευδέστατον.
12) Vergl. die Angaben bei Romé de l'Isle p. 33, Müller Lehrbuch der Physik S. 21. Die meisten Weinsorten sind etwas leichter als das Wasser.
13) Die mittlere Temperatur von Rom beträgt 15,4 Grad R.; auch Böckh S. 30 nimmt 15 Grad an.

zoll, wobei die Fehlergränze sich von — 2 bis etwa zu + 16 Kubikzoll erstreckt[14]. Zu einem nur wenig abweichenden Resultate sind unter ähnlichen Voraussetzungen Cagnazzi und Dureau de la Malle gelangt[15].

Die römische Amphora beträgt also 22,9368 preufs. Quart = 26,263 Liter, der Modius 7,6456 Quart = 8,754 Liter. Daraus ergeben sich die übrigen Mafse, welche in Tab. XI zusammengestellt sind. Dem ungefähren Betrage nach ist:

die Amphora $= \frac{3}{5}$ Eimer
der Congius etwas kleiner als 3 Quart
der Sextarius $= \frac{1}{2}$ Quart
die Hemina $= \frac{1}{4}$ Quart
der Modius $= \frac{1}{6}$ preufs. Scheffel.

14) Der Par. Kubikfufs destillirtes Wasser wiegt bei 15° R. 643695,2 Par. Gran, also enthält die Amphora von 80 Pfund zu 6165 Gran 1323,995 Par. Kubikzoll. Die Fehlergränze ziehe ich so: Wurde mit Regenwasser, welches um 0,00011 schwerer ist als destillirtes Wasser bei niedrigerer Temperatur bis zu 8" R. gewogen, so enthielt die Amphora höchstens 2 Kubikzoll weniger; war dagegen das Pfund bis zu $\frac{1}{4}$ Gramm schwerer (§ 21, 3), und wurde mit einer etwas leichteren Weinsorte (etwa 0,99) gewogen, so enthielt die Amphora bis zu 16 Kubikzoll mehr. Trotz dieser Schwankungen ist das Resultat verhältnifsmäfsig immer noch genau, denn die Differenz im Betrag der Amphora, je nachdem man sie nach dem römischen Längenfufs oder nach dem Farnesischen Congius bestimmt, beträgt nicht weniger als 75 Kubikzoll, und doch ignoriren die Alten diesen Unterschied.

15) Cagnazzi bestimmt S. 122 d. Uebers. nach seinem Pfunde von 325,9 Gramm den Congius Regenwasser bei 10° C. zu 3250,27 Kubikcentimeter, was 26,00216 Liter für die Amphora ergiebt. Dies stimmt ziemlich nahe mit dem von uns aufgestellten Werthe, und würde noch besser stimmen, wenn er eine höhere Temperatur angenommen hätte. Uebrigens sind in seinen Prämissen noch einige anderweitige Fehler, wie Paucker S. 188 nachweist. Dureau de la Malle behält Cagnazzi's übrige Voraussetzungen bei (p. 29), setzt aber das Pfund um eine Kleinigkeit höher zu 236 Gramm und erhält daraus eine Amphora von 26,012295 Liter (p. 435).

ZWEITER THEIL.

Die Gewichte.

Griechisches und römisches Gewicht.

§ 19. *Das griechische Gewichtsystem.*

1. Die Elemente des griechischen Gewichtsystems werden dargestellt durch die vier Benennungen τάλαντον, μνᾶ, δραχμή und ὀβολός. Ihr Verhältniſs zu einander beruht auf einer Verschmelzung der duodecimalen und decimalen Rechnungsweise. Das Talent hat $\frac{12}{2} \times 10 = 60$ Minen, die Mine $10 \times 10 = 100$ Drachmen, die Drachme $\frac{12}{2} = 6$ Obolen [1]). Noch deutlicher erscheint das duodecimale System, wenn man, wie sich gleich zeigen wird, die Drachme als Hälfte, mithin den Obolos als Zwölftel betrachtet. Der Ursprung des Systems ist nicht in Griechenland selbst, sondern im Orient zu suchen; darauf weist sowohl die Benennung μνᾶ, welches entschieden Lehnwort aus

---

1) Die Hauptquellen über das gegenseitige Verhältniſs von Talent, Mine, Drachme und Obolos sind Diodoros, der Verfasser einer Schrift περὶ σταθμῶν (bei Suid. unter τάλαντον), der anonyme Alexandriner (cap. 1S p. 155 der Mai'schen Ausgabe), Priscian. *de ponderibus* und Pollux. Letzterer sagt 9, 86, daſs, obwohl es verschiedene Talente gab, doch ein jedes in 6000 Drachmen, die Mine in 100 Drachmen zerfiel. Diese Bestimmung giebt er zwar zunächst für die Münzen; sie gilt aber ebenso für das Gewicht, wie aus 9, 52f. hervorgeht. Die μνᾶ bezeichnet er § 56 als σταθμοῦ τε ὁμοῦ καὶ νομίσματος ὄνομα, und weist § 59 aus Eupolis nach, daſs dieselbe 100 Drachmen hielt. Endlich daſs auf die Drachme 6 Obolen gingen, sagt er noch besonders § 60. Das Verhältniſs von Talent, Mine und Drachme Priscian. de pond. v. 37 ff. und für den Obolos v. 8 vergl. mit 17. Weitere Belegstellen für diese durchaus unbestrittenen Verhältnisse anzuführen scheint nicht nöthig. Abweichende Angaben beruhen auf Ungenauigkeiten oder Verwechselungen, so z. B. die Angabe des Plutarch über die ältere attische Mine, worüber § 25, 1 zu vergleichen.

dem semitischen ist, als auch die Uebereinstimmung des ganzen
Systems mit dem hebräischen hin. Freilich kann auch den
Hebräern nicht die erste Erfindung desselben zugeschrieben
werden; sie haben nur aus gemeinschaftlicher Quelle mit den
Griechen geschöpft. Wo der gemeinsame Ursprung zu suchen
sei, ob in Aegypten oder Babylonien, darüber lassen sich wohl
Hypothesen aufstellen; eine sichere Entscheidung aber kann nach
den gegenwärtigen Unterlagen der Forschung schwerlich getroffen werden [2]).

2. Es kommt also darauf an das griechische System, so
wie es uns vorliegt, darzustellen. *Τάλαντον* ist ein griechisches
Wort, gleichen Stammes mit *τλῆναι*, und bedeutet zunächst die
Wage, dann auch das auf die Wage zur Abwägung gehobene, die
Last [3]). Bei Homer ist es noch Ausdruck für ein kleines Gewicht
Goldes, dessen Betrag, wie schon Aristoteles und andere bemerkten,
sich in keiner Weise genau bestimmen läfst [4]). In der historischen
Zeit erscheint das Talent, wie bereits angegeben, durchaus als
das sechzigfache der Mine, das sechstausendfache der Drachme.
Μνᾶ ist schon aus dem Klange als Fremdwort zu erkennen.
Es ist aus dem semitischen, vielleicht noch weiter aus dem ägyptischen entlehnt, und scheint ursprünglich die Zahl, die Summe
bedeutet zu haben und erst später auf das Gewicht übertragen
worden zu sein [5]). Die Ableitung von *δραχμή* schwankt. Wenig

---

2) Die Frage über den Ursprung des griechischen Gewichtsystems
besprechen aufser mehreren französischen Metrologen Hussey p. 177 ff. und
Böckh S. 33 ff. Eine auf zuverlässigen Grundlagen fufsende Untersuchung
fehlt noch.

3) Erstere Ableitung giebt das Etymol. M., die andere stützt sich
besonders auf die Vergleichung mit dem lateinischen *libra* (§ 20, 1).

4) Die Stellen bei Homer sind Il. 9, 122. 264. 18, 507. 23, 269. 614.
751, Od. 4, 129. 8, 393. 9, 202. 24, 274, wo überall Gold als das gewogene Metall erscheint. Dafs das Homerische Talent ein kleines Gewicht
sei, schliefst nach Vorgang anderer Grammatiker Poll. 9, 55 aus Il. 23, 269,
wo als dritter Kampfpreis ein Kessel, als vierter zwei Talente Goldes bestimmt sind. Auch aus anderen Stellen läfst sich dasselbe folgern; aber
den genauen Betrag zu ermitteln ist nicht möglich. Dies haben schon Aristoteles und später Porphyrios und andere bemerkt, worüber Schol. B. zu
23, 269 und Eustathios zu Il. 9 p. 740, 18 zu vergleichen sind. Daher
kann der Bestimmung des Alexandriners, das Homerische Talent sei gleich
einem Dareikos oder zwei attischen Drachmen gewesen, kein weiteres Gewicht beigelegt werden. Auch Suidas und Etymol. M. unt. *τάλαντον*
geben Notizen über das Homerische Talent.

5) Ueber die Ableitung von dem chaldäischen מְנָא oder מְנָה und das

gesichert ist die Zurückführung auf das hebräische [6]), sehr wahrscheinlich dagegen die Ableitung von δράττομαι, welche Plutarch und die Grammatiker geben [7]). Danach bedeutet es die Handvoll, so viel als man in die Hand nimmt um es auf die Wagschale zu bringen. Damit stimmt sehr gut, dafs die Drachme ursprünglich nicht als Ganzes, sondern als Hälfte erscheint. Sowie die Wage zwei Schalen hat, so ist die δραχμή oder Handvoll auch nur die Hälfte des auf die Wage gelegten. Das Ganze ist der στατήρ, die Wage, Uebersetzung des hebräischen *shekel* [8]). Als Benennung für das Gewicht hat sich nun freilich στατήρ nicht erhalten, aber seine Bedeutung als Ganzes gegenüber der Hälfte oder Drachme hat es deutlich im Münzsystem bewahrt. Die älteste griechische Währung, die äginäische, nannte ihr Ganzstück Stater, die Hälfte Drachme; und ähnlich läfst es sich bei anderen Währungen nachweisen. Die Athener änderten das System zwar in der Silberprägung, behielten es aber beim Golde bei, wo durchaus der Stater als die Hauptmünze erscheint. In diesem Zusammenhange wird nun auch die Bedeutung des Obolos klar. Der Obolos gilt in dem üblichen Rechnungssystem als Sechstel der Drachme; da diese nun als Hälfte zu betrachten ist, so erkennt man in jenem leicht das Zwölftel des Stater, also die reine Duodecimaltheilung. So sind im äginäischen Münzsystem die hauptsächlichsten Theilmünzen Drachme, Triobolon und Obolos d. h. die Hälfte, das Viertel und das Zwölftel; und auch sämmtliche übrigen Theilmünzen, besonders der attischen Prägung [9]), ordnen sich dem duodecimalen Systeme unter. Die Ableitung von ὀβολός ist unsicher, wenigstens kann es nicht, wie Aristoteles vorschlägt, auf ὀφέλλω zurückgeführt werden; wohl aber ist es nicht un-

---

ähnliche Wurzelwort im ägyptischen vergl. Böckh S. 34, Pauly Real-Encyclopädie V S. 38.

6) Hussey p. 182f.

7) Plutarch. Lys. 17 spricht von dem alten Eisen- oder Kupfergelde, wovon der Obolos seinen Namen habe, und fügt hinzu, 6 Obolen habe man eine Drachme genannt: τοσούτων γὰρ ἡ χὴρ περιεδράττετο. Aehnlich geben die Ableitung Poll. 9, 77, das Etymol. M. und Eustath. zu Il. 1 p. 136, 9. Die Beziehung auf das Abwägen, von welcher in den genannten Quellen nichts steht, ergiebt sich aus der engen Zusammengehörigkeit von δραχμή und στατήρ.

8) Ueber den hebräischen *shekel* vergl. Hussey p. 177, Böckh S. 49. 63 f. Er entspricht ursprünglich durchaus dem Didrachmon. Hieronymus zu Ezech. 1, 4 erklärt *siclus* geradezu durch *stater*.

9) S. unten § 27, 1. Das ganz seltene πεντώβολον (§ 27 Anm. 30) ist eine Ausnahme, die in eine Zeit fällt, wo die Einsicht in das ursprüngliche System nicht mehr lebendig war.

wahrscheinlich, dafs eine eigenthümliche Form des ältesten
Barrengeldes Anlafs zu der mit ὀβελός, *Spiefs*, identischen
Benennung gegeben hat[10]. Wie das Talent das gröfste, so war
der Obolos das kleinste Gewicht[11]), doch erscheint schon in den
Urkunden des attischen Staates das Zeichen des halben Obo-
los[12]). Eine noch weitere Theilung desselben scheinen zuerst
die Aerzte für nöthig gefunden zu haben; wenigstens finden wir
eine solche in den metrologischen Tabellen der Kaiserzeit, welche
Dioskorides und Galen zugeschrieben werden. Hier wird der
Obolos in Achtel zerlegt, die nach der Kupferscheidemünze der
Athener (§ 28, 3) χαλκοῖ heifsen[13]). Aufserdem sind daselbst zur
Vervollständigung des Systems noch andere Gewichte eingefügt, die
entsprechend auch im römischen System sich linden, über deren
Ursprung wir aber nicht näher unterrichtet sind. Es sind das
γράμμα (*scriptulum, scripulum*) = ⅓ Drachme, also dem Dio-
bolon in der Münze entsprechend, das κεράτιον (*siliqua*)
= ⅓ Obolos und der ϑέρμος (*lupinus*) = 2 κεράτια[14]). Was

---

10) Nach der allgemeinen Ansicht der Alten ist ὀβολός so viel als
ὀβελός oder ὀβελίσκος, was man sich damit erklärte, dafs das älteste Geld
von Eisen oder Kupfer gewesen sei und die Form von Spiefsen gehabt habe.
Vergl. Aristoteles bei Poll. 9, 77, Plut. Lys. 17, Etymol. M. unt. δραχμή und
ὀβολός, Eustath. zu Il. 1 p. 136, 5, und über das älteste Barrengeld unten
§ 22, 1 Anm. 12. Aristoteles a. a. O. fügt noch die oben erwähnte Ableitung hinzu: ὀγελοὺς αὐτοὺς (τοὺς ὀβολοὺς) ἕως ὠνομάσθαι, τοῦ μὲν
ὀγέλλειν δηλοῦντος τὸ αὔξειν, αὐτῶν δὲ διὰ τὸ εἰς μῆκος ηὐξῆσθαι
ὧδε κληθέντων.
11) Prisc. de pond. v. 40: nam nihil his (Atheniensibus) oboluve minus maiusve talento.
12) C. I. 151 Z. 27 und bisweilen anderwärts. Für gewöhnlich wird
in den Urkunden das Gewicht nach Talenten, Drachmen und Obolen angegeben; die Mine erscheint selten.
13) Galeni opp. ed. Kühn XIX p. 752. 768. Doch finden sich auch
abweichende Bestimmungen, deren weitere Erörterung nicht hierher gehört. So rechnet das Fragment p. 765 sechs, Plin. 21 § 185 zehn Chalkus
auf den Obolos. Vergl. Böckh S. 24. 32 f.
14) Dafs die Drachme 3 γράμματα oder 18 κεράτια, der Obolos
3 κεράτια hat, wird übereinstimmend p. 752. 759. 764. 765. 767 f. 771 gesagt. Der ϑέρμος wird zu 2 κεράτια p. 768 und 771 bestimmt. Mit Recht
macht Böckh S. 160 darauf aufmerksam, dafs die *siliqua* eine ächtrömische
Eintheilung des Pfundes zu sein scheint, also κεράτιον Uebersetzung davon
ist. Darauf weist auch an sich der Werth dieses kleinsten Gewichtes hin,
der sehr gut in das römische System, aber nur gezwungen in das griechische pafst. Auch das γράμμα ordnet sich leichter dem römischen als dem
griechischen System unter; doch sprechen sprachliche Gründe dafür, dafs
der griechische Ausdruck früher da war als das danach gebildete lateinische *scriptulum*. Die ursprüngliche Bedeutung ist *Täfelchen*, ein plattes
Metallstückchen, wie es als Gewicht gebraucht wurde.

sonst noch in diesen Tabellen von Gewichten erwähnt wird, hat provinciellen, wahrscheinlich ägyptischen Ursprung und kann hier ebenso wenig als einige abweichende Angaben über die soeben angeführten Gewichte berücksichtigt werden.

Für δραχμή kommt in der spätern Gräcität, zuerst bei Galen, der Ausdruck ὁλκή vor, was von ἕλκω abgeleitet eben nichts anderes als das Gewicht bedeutet[15]).

3. Wir geben nun der Uebersichtlichkeit wegen eine Zusammenstellung der griechischen Gewichte vom Talent bis zum Chalkus und verweisen wegen der übrigen auf das römische System (§ 20, 4):

τάλαντον	1			
μνᾶ	60	1		
δραχμή	6000	100	1	
ὀβολός	36000	600	6	1
χαλκοῦς	288000	4800	48	8.

Dieses gegenseitige Verhältnifs der Theile des Gewicht- und Münzsystems vom Talent bis zum Obolos war ein unabänderlich festes. Talent bedeutete unter allen Umständen das sechstausendfache der Drachme, welchen Betrag auch immer diese haben mochte. Es gab also auch so viele Talente, als es Münzwährungen gab, worüber das weitere erst bei den Münzen besprochen werden kann. Hier kommt es nur darauf an, den Betrag des attischen Gewichtes, wie er weiter unten ermittelt werden soll, vorläufig anzugeben. Es betrug nach neuerm Gewichte:

das attische Talent 26,196 Kilogr. = 52,392 Pfund
die Mine 436,6 Gr. = 26,20 Loth
die Drachme 4.366 - = 0,262 -
der Obolos 0,728 - = 0,044 -

Die weitere Reduction giebt Tab. XII. Dem ungefähren Betrage nach kann man ohne grofsen Fehler das Talent gleich einem halben Centner, die Drachme gleich ¼ Loth setzen.

4. Das eben angegebene Gewicht war das Münzgewicht des athenischen Staates seit Solon. Früher hatte ein anderer Münzfufs und ein anderes Gewicht, nämlich das äginäische, be-

---

15) In der allgemeinen Bedeutung *Gewicht* findet sich ὁλκή auf Inschriften und bei Luc. lup. tr. 7 u. a. Als Synonymon von δραχμή führen es einstimmig die Galenischen Tafeln, Epiphanios tom. II p. 188 und Prisc. de pond. v. 19 an. Vergl. auch die im Thes. Steph. unter ὁλκή a. E. ohne näheren Nachweis angeführte Stelle Galen's.

standen (§ 25, 1). Dieses erhielt sich auch noch später als
Handelsgewicht, denn die μνᾶ ἐμπορική, über die wir durch
einen attischen Volksbeschlufs[16]) genau unterrichtet sind, war
keine andere als die alte äginäische. Diese Erscheinung läfst sich
unschwer erklären. Es hatten zwingende Gründe zu einer Herabsetzung des Münzfufses getrieben, die von Solon mit aller nöthigen
Umsicht ausgeführt wurde; aber es folgte daraus nicht, dafs
auch das im alltäglichen Verkehr bisher übliche Gewicht abgeschafft wurde. Dieses blieb also unter dem Namen Handelsgewicht, und war die gesetzmäfsige Norm bei Kauf und Verkauf,
wenn nicht ausdrücklich das Silbergewicht angeordnet war[17]).
Nach den Bestimmungen des Volksbeschlusses war die Handelsmine gleich 138 Münzdrachmen[18]); es ist also

das Talent des attischen Handelsgewichts auf 36,156 Kilogr.
$$= 72,31 \text{ Pfund}$$

die Mine auf 602,6 Gr. $= 1,2$ -

- Drachme - 6,03 - $= 0,36$ Loth

anzusetzen. Was aufserdem noch in dem Volksbeschlusse in
Betreff des Zuschlages (ῥοπή), der bei der Mine 12 Münzdrachmen,
bei dem Fünfminengewicht eine sechste Mine, bei dem Talent
5 Minen betragen soll, verordnet wird, gehört nicht in das Gebiet
der Metrologie[19]). Lehrreich aber sind noch die eingehenden Be-

---

16) C. I. Gr. n. 123, besonders behandelt von Böckh Staatsh. der
Ath. II S. 356 ff. Der Beweis, dafs das Handelsgewicht das äginäische war,
wird unten § 25 geführt werden.
17) A. a. O. § 4: πωλείτωσαν πάντες τἄλλα πάντα ταύτῃ τῇ μνᾷ,
πλὴν ὅσα πρὸς ἀργύριον διαρρήδην εἴρηται πωλεῖν.
18) Ebend.: ἀγέτω ἡ μνᾶ ἡ ἐμπορικὴ Στεφανηγόρου δραχμὰς
ἑκατὸν τριάκοντα καὶ ὀκτὼ πρὸς τὰ στάθμια τὰ ἐν τῷ ἀργυροκοπείῳ.
Vergl. unt. § 25 Anm. 5.
19) Diese Bestimmungen sind ebenfalls in § 4 des Beschlusses enthalten und von Böckh S. 364—66 behandelt worden. Das Uebergewicht soll
den Aufschlag ersetzen, welchen die mit der Waare beladene Schale der
Wage haben soll; es soll dafür noch ein Zusatzgewicht in die Gewicht-
schale gelegt werden und alsdann die Zunge der Wage ganz gleich stehen.
Die gegebenen Ansätze für das Uebergewicht haben ihre Schwierigkeit,
die von Böckh nicht ganz gelöst worden ist. Bei der Mine sollen 12 Drachmen zugelegt werden, sodafs das effective Gewicht der Handelsmine
gerade 150 Münzdrachmen oder anderthalb Silbermine beträgt. Denselben
Zuschlag finden wir auch bei dem Talent wieder, nur dafs anstatt 12 × 60
= 720 Münzdrachmen in runder Zahl 690 Drachmen = 5 Handelsminen
angesetzt sind. Genau gerechnet betrug also das Uebergewicht bei der
Mine 8,696, bei dem Talent nur 8,333 Procent; allein die geringe Differenz
kam nicht in Betracht, da ohnedies die Preise beim Verkauf im Grofsen

stimmungen über die Aufbewahrung der Mustergewichte und
Mustermafse, woraus hervorgeht, dafs die Athener mit grofser
Sorgfalt für Aufrechterhaltung von richtigem Mafs und Gewicht
bedacht waren. Einiges nähere darüber ist bereits oben (§ 16, 1)
bemerkt worden.

5. Eine eigene Bewandtnifs hat es noch mit dem kleinen
Goldtalente, welches zuerst bei dem Komiker Philemon (gest.
262) erwähnt und daselbst gleich drei Goldstateren (= 26,2 Gr.
= 1,57 Loth) gerechnet wird [20]). Uebereinstimmend damit
unterscheidet Pollux das χρυσίου τάλαντον von dem Silbertalente, welches ihm das gewöhnliche attische ist, und bestimmt
ersteres nach Gewicht und Werth auf drei attische Goldstatere [21]).
Nach solchen kleinen Talenten müssen die Goldschmiede gerechnet haben, wie wir aus einigen Angaben über das Gewicht
goldener Ehrenkränze ersehen [22]). Bei der Frage nach der Entstehung dieses eigenthümlichen Gewichts kommt zunächst in
Betracht, ob anzunehmen sei, dafs das kleine Goldtalent Homer's

andere sein mufsten als im Detailverkauf. Ganz abweichend aber ist der
Zuschlag bei dem Fünfminengewicht, τὸ πεντάμνουν τὸ ἐμπορικόν, der eine
ganze Handelsmine = 20 Procent betragen soll. Hier löst sich die Schwierigkeit einfach so, dafs man annimmt, es seien ganz andere Handelsartikel
gewesen, die nach Steinen oder Fünfminenstücken verkauft wurden, als
diejenigen, bei denen man nach Talenten, Minen und Drachmen wog. Waren es voluminösere und verhältnifsmäfsig weniger werthvolle Gegenstände, so ist es wohl erklärlich, dafs der Aufschlag ein gröfserer war;
man wog hier nicht nach einzelnen Drachmen, sondern setzte zu dem
Fünfpfundstück gleich noch ein Pfund hinzu.
20) Etymol. M. unt. τάλαντον: τὸ τάλαντον κατὰ τοὺς παλαιοὺς
χρυσοῦς εἶχε τρεῖς· διὸ καὶ Φιλήμων ὁ κωμικός φησι· Δύ' εἰ λάβοι
τάλαντα, χρυσοῦς ἐξ ἔχων ἀποίσεται.
21) Die Angabe über das Gewicht findet sich 4,173, über den Werth
9,53.
22) Diod. 11,26 berichtet, dafs Damarete von den Karthagern mit einem
Kranze von 100 Talenten = 5,2 Pfund beschenkt worden sei. Dafs hier
στεφανωθεῖσα wörtlich von einem Kranze und nicht überhaupt von einer
Belohnung zu verstehen ist, und dafs demnach die Goldtalente nicht solche
im eigentlichen Sinne gewesen sein können, ergiebt der Zusammenhang.
Nach demselben a. a. O. weihte Gelon einen goldenen Dreifufs von 16 Talenten = 25,15 Loth. Nach dem später eingeschobenen Actenstücke zu
Demosth. p. cor. 92 erhielt der Senat der Athener von den Städten des
Chersones einen Kranz von 60 Talenten=3,14 Pfund. Die Athener selbst
bestimmten das Gewicht ihrer Kränze, wie des Goldes, überhaupt, lediglich
nach den gewöhnlichen Gewichten (Drachmen und Obolen), wofür die Belege im C. I. Gr. 150 und anderwärts zu finden sind. Athen. 5 p. 202 B giebt
den Betrag eines Kranzes, der zu dem Schatze des Ptolemäos Philadelphos
gehörte, auf 10000 χρυσοῖ an.

sich bis in die historische Zeit erhalten habe. Dafür fehlt es freilich an jedem Anhalte, während sich alle vorliegenden Angaben ungezwungen auf eine andere Weise erklären lassen. Auch das kleine Talent mufs das sechstausendfache einer Drachme, folglich diese Drachme ein sehr kleiner Werth gewesen sein. Nun gab es in Aegypten eine Kupferdrachme, deren sechstausendfaches oder Talent durch ein Goldstück im Betrag von 8 Ptolemäischen Drachmen dargestellt wurde; dieses Ptolemäische Octadrachmon aber ist im Curse gleich 6 attischen Drachmen Goldes oder 3 Goldstateren gerechnet worden[23]). Wir haben also hierin das Goldäquivalent für das ägyptische Kupfertalent. Dafs Philemon dasselbe kennt, darf bei dem regen Verkehre Attika's mit Aegypten nicht auffallen, und es braucht nicht erst besonders geltend gemacht zu werden, dafs der Dichter sich einige Zeit in Aegypten aufgehalten hat. Wenn Eustathios[24]) es das makedonische nennt, so meinte die Quelle, der er folgte, vermuthlich damit das Ptolemäische, wenigstens läfst es sich nicht erklären, wie gerade in Makedonien der Ursprung des kleinen Talents zu suchen sein sollte[25]). Die weiteren Erwähnungen bei Diodor und in dem später eingeschobenen Actenstücke zu Demosthenes Rede für den Kranz beweisen nur, dafs in späterer Zeit die Rechnung nach diesem Gewichte ganz gewöhnlich war.

§ 20. Das römische Gewichtsystem.

1. Die Römer nannten ihre Gewichteinheit *libra*, die mit ausgestrecktem Arme auf der Hand schwebend zu haltende Last[1]). Die Theilung dieser Libra fand nach dem eigenthümlich italischen Duodecimalsystem statt, in welchem die gröfsere Einheit *as*, die kleinere Einheit oder das Zwölftel *uncia* heifst[2]). Das Wort *as* hängt etymologisch keineswegs mit *aes* zusammen —

---

23) Diese Ansicht führt Mommsen S. 42 f. aus. Vergl. im Anhang § 12.
24) Zu II. 9 p. 740, 19: τὸ δὲ Μακεδονικὸν τάλαντον τρεῖς ἦσαν χρύσινοι.
25) Die von Böckh S. 344 angeführte Stelle des Lex. Seg. ist doch zu unsicher, als dafs sich darauf weiter bauen liefse. Auch das Vorkommen des Talentes in dem unächten Volksbeschlusse der Chersonesier bei Demosthenes kann nicht als Beweis für die makedonische Heimath angeführt werden. Wäre das kleine Talent makedonisch, so müfste es meiner Ansicht nach auch attisch sein; aber gerade das ist höchst unwahrscheinlich.
1) Mommsen Röm. Gesch. I S. 201 der 3. Auflage.
2) Mommsen Gesch. des Röm. Münzw. S. 188.

eine Ableitung, die auf der Vorstellung beruhte, dafs der As als
Münze ursprünglich ein Pfund Kupfer dargestellt habe —, sondern es bezeichnete überhaupt die Einheit, das Ganze gegenüber seinen duodecimalen Theilen [3]). Diese Theile sind aufser
der *uncia* zunächst die Hälfte *semis* $= 6$ Zwölftel, das Drittel
triens $= 4$ Zwölftel, das Viertel *quadrans* $= 3$ Zwölftel, das
Sechstel *sextans* $= 2$ Zwölftel. Aufserdem bildete man noch
eigene Namen für die übrigen vielfachen der Uncia: *bes*[4]) zwei
Drittel des Ganzen $= 8$ Zwölftel, *dodrans* (eigentlich *dequa-
drans*) das Ganze weniger ein Viertel $= 9$ Zwölftel, *dextans* (eigentlich *desextans*) das Ganze weniger ein Sechstel $= 10$ Zwölftel;
endlich durch Zusammensetzung mit *uncia*: *deunx*, das Ganze
weniger 1 Unze $= 11$ Unzen, *septunx* $= 7$, *quincunx* $= 5$ Unzen[5]). Dem entsprechend heifst auch das Achtel *sescuncia*
$= 1\frac{1}{2}$ Unzen. Die kleinere Einheit, die *uncia*, zerfiel wiederum
in die Hälfte *semuncia* und das Sechstel *sextula*; seit der Kaiserzeit kam dazu das Viertel *sicilicus* und das Vierundzwanzigstel
scriptulum oder *scripulum*[6]). In Theilen des As ausgedrückt ist

---

3) Die Ableitung des *as* von *aes* giebt Varro de l. L. 5, 169; dagegen
sagt Balbus ad Celsum de asse § 1: quidquid unum est —, assem ratio-
cinatores vocant, und Volus. Maec. § 1: divisio solidi, id est librae, quod
as vocatur. Vergl. Mommsen a. a. O. Anm. 60, Klotz Handwörterb. der
lat. Spr. unt. *as*.

4) *Bes*, wofür eine ältere Nebenform *des* ist (wie *duis* für *bis*) darf weder mit Varro de l. L. 5, 172 durch *dempto triente*, noch mit Festus Exc.
p. 33 M. durch *bis triens* erklärt werden, sondern es bezeichnet zwei
Theile d. i. Drittel des As (*bi — as*), weshalb es auch die Griechen richtig
mit δίμοιρον wiedergeben. Vergl. Müller zu Festus a. a. O., Mommsen a. a. O.

5) Diese ganze Eintheilung geben Varro de l. L. 5, 171 f., Balbus ad
Celsum § 2, Colum. de r. r. 5, 1 (wo er die Eintheilung des Jugerum be-
spricht, vergl. oben § 14, 3 Anm. 5), Volus. Maec. § 1 ff., Ulpian. Digest.
28, 5, 50, Priscian. de fig. num. 2, 10 f., de ponder. 41 ff., Anthol. Lat. ed.
Meyer n. 1066, das Fragment in den Gromat. ed. Lachm. p. 339 f. — Die
Ableitungen von *dodrans*, *dextans*, *deunx* hat Varro a. a. O. — Für *quadrans* findet sich *teruncius* bei Cic. ad. Att. 7, 2, 3.

6) Varro a. a. O. kennt nur die *semuncia* und die *sextula*, letztere bezeichnet er ausdrücklich als den kleinsten Theil des As: assis (zu lesen für
aeris) minima pars sextula. Die übrigen oben genannten Theile fügen Balbus de asse § 15, Volusius § 27 ff., Anthol. Lat. n. 1067 hinzu. *Sicilicus*
ist das griechische Σικελικός (Bernard de mens. p. 121, Böckh Metrol. Unters. S. 160), es bezeichnete ursprünglich den sicilischen Quadrans in der
römischen Silberrechnung (Mommsen Röm. Münzw. S. 202). *Scriptulum*
ist Uebersetzung des griechischen γράμμα (§ 19, 2 Anm. 14); vergl. Priscian. de ponder. v. 9: gramma vocant, scriplum nostri dixere priores. Für
scriptulum sind Nebenformen *scripulum* und *scrupulum*, worüber Varro
bei Charis. 1 p. 81: scriptulum, quod nunc vulgo sine *t* dicunt, Cic. ad
Att. 4, 16, 13, Vitruv. 7, 8 u. a. zu vergleichen sind.

die Semuncia $= \frac{1}{24}$, der Sicilicus $= \frac{1}{48}$, die Sextula $= \frac{1}{72}$, das Scripulum $= \frac{1}{288}$.

Die vielfachen des As werden durch Zusammensetzung mit den Zahlwörtern ausgedrückt: *tressis* bis *nonussis*; *decussis, bicessis, tricessis* bis *centussis*; für zwei As jedoch gebrauchte man *dupondius* [7]).

2. Von früher Zeit hatte man für die einzelnen Theile dieses Systems eigene Zeichen. Der vertikale Strich bezeichnete den As; der Punkt, später der horizontale Strich die Unze, S den halben As. Die Chiffern für die Theile der Unze sind ≤ oder Ⲥ *semuncia*, Ɔ *sicilicus*, ∽ oder Ⲭ *sextula*, Ⲭ oder Ⲭ *dimidia sextula*, Ⴇ (Ⴇ od. ⲭⲭ) *scripulum* [8]). Die übrigen Theile wurden durch Zusammensetzung dieser Zeichen gegeben; für die mehrfachen des As dienten die gewöhnlichen Ziffern V X ↓ C u. s. w. [9]). Zur bessern Uebersicht möge hier folgende Tabelle Platz finden [10]):

As und seine Theile	As	Unzen	Bezeichnung.
as	1	12	ǀ
deunx . . .	$\frac{11}{12}$	11	S ⹀ ⹀ —
dextans . . .	$\frac{5}{6}$	10	S ⹀ ⹀
dodrans . .	$\frac{3}{4}$	9	S ⹀— oder S ⹀ǀ
bes	$\frac{2}{3}$	8	S ⹀ oder — S —
septunx . .	$\frac{7}{12}$	7	S —
semis . . .	$\frac{1}{2}$	6	S
quincunx . .	$\frac{5}{12}$	5	⹀ ⹀— oder ⹀⹀
triens . . .	$\frac{1}{3}$	4	⹀ ⹀
quadrans . .	$\frac{1}{4}$	3	⹀— oder ⹀ǀ
sextans . . .	$\frac{1}{6}$	2	⹀
sescuncia . .	$\frac{1}{8}$	$1\frac{1}{2}$	— Ⲥ oder Ⲥ —
uncia . . .	$\frac{1}{12}$	1	—
semuncia . .	$\frac{1}{24}$	$\frac{1}{2}$	Ⲥ (≤)
sicilicus . .	$\frac{1}{48}$	$\frac{1}{4}$	Ɔ
sextula . .	$\frac{1}{72}$	$\frac{1}{6}$	Ⲭ
scripulum .	$\frac{1}{288}$	$\frac{1}{24}$	Ⴇ (Ɔ, ⲭⲭ)

7) Varro de l. L. 5, 169. 8, 83 f., Volus. Maec. § 49 ff. Vergl. Böckh S. 161, Mommsen S. 158. Die Erklärung der abweichenden Benennung *dupondius* giebt Varro 5, 169: dupondius a duobus ponderibus, quod unum assipondium dicebatur. id ideo, quod as erat libra pondus. Die analoge Bildung, welche *bes* oder *bessis* gelautet haben würde, unterblieb, weil *bes* schon ⅔ des As bezeichnete. Mommsen a. a. O. Anm. 60.

8) Diese Zeichen giebt Volus. Maec. § 1. 27. 29. 30. 31. 32; vergl.

3. Dieses Systems der duodecimalen Theilung eines Ganzen oder Asses haben die Römer bekanntlich in der verschiedensten Weise sich bedient. Im gewöhnlichen Leben fand es am häufigsten seine Anwendung auf die Erbschaftsmasse, daher die Ausdrücke *heres ex asse, ex dodrante* u. s. w. [11]). Im Gebiete des Messens wurden als Asse diejenigen Gröfsen behandelt, bei denen vorzugsweise das Bedürfnifs einer leichten und bequemen Eintheilung sich fühlbar machte, so besonders der F u fs (§ 12, 1), das Jugerum (§ 14, 3), der Sextarius (§ 17, 4), das Pfu n d und endlich die Einheit der ältesten Münze, der Kupferas (§ 33, 5). Aber auch jede andere beliebige Einheit konnte so getheilt werden [12]), ja es ist die Duodecimaltheilung die allein gebräuchliche Art der Bruchrechnung bei den Römern. Wie bei unsern Decimalbrüchen die erste Stelle die Zehntel, die zweite die Hundertel und so fort einnehmen, so drückten die Römer gebrochene Zahlen durch Reihen von Brüchen aus, deren Nenner vielfache der Zwölf sind. Die erste Stelle nehmen die 12tel (*unciae*) ein, die zweite die 24stel (*semunciae*), die dritte die 48stel (*sicilici*), die vierte die 72stel (*sextulae*), die fünfte die 288stel (*scripula*) [13]). Wie schwerfällig und unzureichend diese Rechnungsweise ist, ist hier nicht der Ort näher auszuführen.

4. In der Kaiserzeit brachte man das griechische Gewichtsystem mit dem römischen in Verbindung. Das Gewicht, dessen sich die griechischen Aerzte bedienten, war die D r a c h m e. Ursprünglich war es die attische Drachme [14]) gewesen; in Rom

---

das Fragment in den Gromat. p. 339. Dafs dieselben schon früher vorkommen, weist Mommsen S. 189 Anm. 65 nach.

9) Mommsen S. 188.

10) Zusammengestellt nach Volus. Maec. § 1 ff. Abweichende Zeichen sind ∿ für die Unze, ≈ für 2 Unzen u. s. w., oder Ƨ für 2 Unzen und dem entsprechend Ƨ Ƨ für 4 Unzen, S Ƨ Ƨ für 10 Unzen; endlich Z für 3 Unzen.

11) Vergl. Gronov. de sestertiis III, 11 p. 435 ff.

12) So z. B. der *digitus* bei Frontin (§ 12 Anm. 1), die *hemina* bei Plin. 23, 7 § 133, die attische Mine bei Prisc. de fig. numer. 2 § 10, die Stunde bei Plin. 2, 14 § 58. 18, 32 § 325 u. a. Vergl. Marquardt Handb. der röm. Alterth. III, 2 S. 42 ff.

13) Mehrere Beispiele giebt Columella 5, 2: iugeri trientem et sextulam $= \frac{4}{12} + \frac{1}{72}$, semuncia et scripula tria $= \frac{1}{24} + \frac{3}{288}$, sescunciam scripula duo et dimidium $= \frac{1}{12} + \frac{1}{24} + \frac{2}{288} + \frac{1}{576}$. Das nähere s. bei Marini gli atti dei fratelli arvali I p. 227—230. 258 f., Marquardt Handb. III, 2 S. 42 f.

14) Plin. 21, 34 § 185: Et quoniam in mensuris quoque ac ponderibus crebro Graecis nominibus utendum est, interpretationem eorum semel hoc in loco ponemus: D r a c h m a A t t i c a — fere enim Attica observatione medici utuntur — denari argentei habet pondus, eademque sex obolos pon-

aber wurde anstatt derselben der Denar gebraucht und der
Name Drachme auf diesen übertragen. Danach bestimmte sich
auch die Einreihung in das römische Gewichtsystem. Der Denar
betrug bis auf Nero $\frac{1}{84}$, nach diesem $\frac{1}{96}$ des Pfundes. Nach der
ersteren Bestimmung nahmen den Denar als Gewicht Cornelius
Celsus, Scribonius Largus und Plinius, nach der letzteren spätere
Schriftsteller [15]). Dieser letztere Denar erscheint als Drachme
bei Galen, und ist auch unter diesem Namen von den Metrologen
der Kaiserzeit nebst seinem Sechstel, dem Obolus $= \frac{1}{2}$ Scrupel, in
das Gewichtsystem aufgenommen worden [16]). Dazu kommen als
kleinste Gewichte die *siliqua* ($\varkappa\varepsilon\varrho\acute{\alpha}\tau\iota\upsilon\nu$) $= \frac{1}{6}$ Scrupel $= \frac{1}{3}$ Obolus
und der *chalcus* $= \frac{1}{8}$ Obolus [17]). Es hat also seit dieser Zeit das
römische Pfund folgende Eintheilung:

libra	1					
uncia	12	1				
sicilicus	48	4	1			
drachma	96	8	2	1		
scripulum	288	24	6	3	1	
obolus	576	48	12	6	2	1
siliqua	1728	144	36	18	6	3.

Die Reduction des römischen Gewichts giebt Tab. XIII.

§ 21. *Bestimmung des römischen Pfundes.*

1. Nach einem unverdächtigen Zeugnisse [1]) rührte die
feste Bestimmung des Mafses und Gewichts ebenso wie die Einführung des *aes signatum* (§ 33, 2) von dem Könige Servius her.

dère efficit, obolus decem chalcos. Scribon. Larg. a. E. d. Vorr.: erit nota
denarii unius pro Graeca drachma.
15) Die Belegstellen s. unten § 36, 1 und 38, 4.
16) Galen. de compos. med. p. gen. p. 813: (*af* $\dot{\varepsilon}\pi\tau\grave{\alpha}$ $\varkappa\alpha\grave{\iota}$ $\H{\eta}\mu\iota\sigma\upsilon$ $\upsilon\grave{\upsilon}\gamma$-
$\gamma\acute{\iota}\alpha\iota$) ξ' $\delta\varrho\alpha\chi\mu\alpha\grave{\iota}$ $\gamma\acute{\iota}\upsilon\upsilon\upsilon\tau\alpha\iota$ $\tau\~\eta\varsigma$ $\mu\iota\~\alpha\varsigma$ $\upsilon\grave{\upsilon}\gamma\gamma\acute{\iota}\alpha\varsigma$ η' $\delta\varrho\alpha\chi\mu\grave{\alpha}\varsigma$ $\delta\varepsilon\chi\upsilon\mu\acute{\varepsilon}\upsilon\eta\varsigma$.
Das vollständige römisch-griechische System geben die 11. und 14. Tafel
der Galenischen Sammlung, der Alexandriner cap. 19 und Priscian. de
pond. v. 8 ff. Letzterer fügt noch die *duella* = 2 *sextulae* und den *semo-*
bolus hinzu. Vergl. auch Anthol. Lat. 1067. 1068.
17) Priscian. v. 10: Semina sex alii s i l i q u i s latitantia curvis Attri-
buunt scriplo. Die Griechen geben siliqua durch $\varkappa\varepsilon\varrho\acute{\alpha}\tau\iota\upsilon\nu$ (§ 19, 2). Auch
den $\chi\alpha\lambda\varkappa\upsilon\~\upsilon\varsigma$ als das Achtel des Obolus und den *lupinus* ($\vartheta\acute{\varepsilon}\varrho\mu\upsilon\varsigma$) = 2 *sili-*
quae haben die Metrologen der Kaiserzeit in das System eingefügt. Pli-
nius 21 § 185 giebt dem Obolus abweichend 10 Chalkus. Vergl. Böckh S. 24.
1) Aurel. Victor de vir. illustr. 7, 8: mensuras p o n d e r a classes cen-
turiasque constituit. Vergl. Böckh S. 162.

Ueber die Gröfse des Servianischen Pfundes haben wir zwar
keine directe Nachricht, aber es weisen sichere Anzeichen darauf
hin, dafs es nicht wesentlich verschieden gewesen sei von dem
Münzpfunde, welches wir als eine unabänderliche Gröfse von
dem fünften Jahrhundert des Freistaates bis zu den Zeiten Constantin's verfolgen können. Dafs von diesem Münzpfunde, welches
sich bis auf eine sehr geringe Fehlergränze sicher bestimmen
läfst, die zahlreichen erhaltenen Gewichtstücke [2]) merklich
abweichen, darf nicht Wunder nehmen. Denn einem Theile derselben scheinen abweichende städtische und provinciale Pfunde
zu Grunde zu liegen; bei weitem die gröfsere Anzahl aber ist
theils aus Nachlässigkeit theils absichtlich falsch justirt, und zwar
finden sich nicht nur Stücke mit bedeutendem Mindergewicht,
pondera iniqua, sondern auch solche mit merklichem Uebergewicht [3]). Es ist daher nicht möglich nach diesen Gewichten
das römische Pfund sicher zu bestimmen. Selbst wenn man diejenigen Stücke ausscheidet, die entschieden einem höhern Fufs
angehören, so beträgt die Differenz zwischen dem höchsten und
niedrigsten immer noch 58,4 Gramm oder über $\frac{1}{6}$ des Ganzen [4]).
Erwägt man nun noch dazu, dafs bei weitem mehr Gewichtstücke
unter dem Normalgewicht als solche, die dasselbe übersteigen,
vorhanden sind, so ist leicht zu sehen, dafs eine Durchschnittsrechnung trotz der grofsen Anzahl von Exemplaren nur einen
sehr unsichern Werth geben würde. Immerhin ist es noch räthlicher einige entschieden gute und zuverlässige Stücke auszuwäh-
len, wie es Cagnazzi [5]) gethan hat, der aus fünf wohl erhaltenen

---

2) Eine ausführliche Uebersicht über die römischen Gewichtstücke
giebt Böckh S. 170 — 188, wozu noch die von Cagnazzi S. 120 f. (der
Uebers.) aufgeführten kommen.
3) *Pondera iniqua* erwähnt Ulpian. Dig. 19, 1, 32, wie Pers. 1, 130
heminas iniquas. Vergl. auch Orelli 144. 4344, Tonini Rimini p. 297: ex
iniquitatibus mensurarum et ponder ... aed(iles) stateram aerea et pondera
decret. decur. ponenda curaverunt. Die bei Böckh S. 170 — 179 zusammengestellten Gewichte gehen von dem Normalgewicht von 327, 5 Gramm
bis auf 282,7 Gramm d. i. bis auf $\frac{7}{8}$ des Normalpfundes herab. Ueber das
Uebergewicht bei mehreren Stücken vergl. denselben S. 193; es steigt
nach ihm bis zu einem Scrupel auf die Unze d. i. bis zu $\frac{1}{24}$ des Pfundes.
4) Rechnet man mit Böckh S. 193 das vorkommende Uebergewicht
bis auf $\frac{1}{24}$, so ergeben sich als Differenz zwischen dem höchsten und niedrigsten Pfunde (6422—5322) 1100 Gran = 58,4 Gramm.
5) Su i valori delle misure S. 120 ff. der Uebersetzung. Er wählte
unter den Gewichten des früheren Museo Borbonico in Neapel (S. 4) die
am besten erhaltenen Serpentingewichte aus, und zwar 1. ein vollkommen
erhaltenes Zehnpfundstück von 3258 Gramm, 2. eines desgleichen von

Serpentingewichten das römische Pfund auf 325,8 Gramm bestimmt hat, was sehr nahe mit dem aus den Münzen gefundenen
Werthe übereinstimmt. Fast genau denselben Betrag, 325,06
und 325,4 Gr. für das Pfund, geben zwei schöne kürzlich bei
Huete nordwestlich von Cuenca in Spanien aufgefundene Gewichtstücke von 50 und 10 Pfund [6]). Dagegen zeigt ein Normalgewicht Justinian's eine spätere Verringerung des Pfundes
auf 323,5 Gr. (Anm. 14).

2. Aufser aus den Gewichtstücken hat man das römische
Pfund auch aus dem Längen- und Hohlmafs zu bestimmen
versucht. Dafs dies Verfahren falsch sei, ist bereits oben (§ 17, 1.
18, 1) nachgewiesen worden. Es wurde gezeigt, dafs das Gewicht zwar durch Vermittelung des Hohlmafses in einem bestimmten Verhältnifs zu dem Längenmafs stehen sollte, dafs aber
sowohl der Fufs als das Pfund unabhängig von einander festgesetzt worden sind und also keine von beiden Gröfsen nach der
anderen bestimmt werden darf. Das Hohlmafs aber war nach
dem Gewichte normirt, es kann also nicht umgekehrt das Pfund
nach dem übermäfsigen Farnesischen Congius (§ 18, 1) berechnet werden [7]). So bleiben nur noch die Münzen übrig.
Ganz unbrauchbar sind die Kupfermünzen, welche, wie unten
(§ 32, 4) gezeigt werden wird, von Anfang an eine sehr schwankende Währung gehabt haben. Ein um so befriedigenderes Resultat gewähren die Münzen von edlem Metall, vorzüglich die
Goldmünzen. Diese sind gesetzlich auf einen bestimmten Theil
des Pfundes ausgeprägt worden, und es zeigen die guten Stücke,
die uns zahlreich erhalten sind, in ihrem Gewichte so geringe
Abweichungen, dafs sich daraus durch vorsichtige Rechnung

3285 Gramm, 3. zwei andere Zehnpfundstücke, von denen das eine
3232 Gramm wog, 4. ein Zweipfundstück von 652 Gramm, was für das
Pfund 326 Gramm giebt. Aus diesen zieht er den Mittelwerth von
325,8 Gramm; bemerkt aber ausdrücklich, dafs er andere Gewichte, die
er aufserdem vorfand, aber nicht für zuverlässig hielt, nicht berücksichtigt
habe. — Nur von historischem Interesse ist die Bestimmung des Pfundes,
welche Lucas Paetus de mens. et pond. (Thes. Graev. p. 1618f.) nach Gewichtstücken ermittelt hat. Er fand das Pfund gleich 11 Unzen 3 Drachmen
1 Scrupel des neurömischen Pfundes = 322,6 Gramm.
6) E. Hübner in den Monatsb. der Berl. Akad. Mai 1861 S. 544. Das
eine Gewichtstück von 50 Pfund, von Serpentinstein mit Bronzehenkel,
wiegt 16253 Gr., das andere zehnpfündige von Bronze, 3254 Gr.
7) Aus dem Farnesischen Congius ergiebt sich nach § 18,1 ein Pfund
von 337,1 Gramm, was entschieden zu hoch ist. Dennoch folgt Hussey
S. 126 f. dieser Bestimmung.

der Werth des Pfundes so sicher ermitteln läfst, als es nur immer erwartet werden kann. Diesen Weg haben mehrere französische Gelehrte, unter denen besonders de la Nauze, Romé de l'Isle und Letronne[8]) zu nennen sind, eingeschlagen. Da die von dem letzteren gefundene Bestimmung gegenwärtig die allgemein angenommene ist, so scheint es nothwendig sein Verfahren in Kürze darzulegen.

3. Letronne fand, dafs die am besten erhaltenen Goldmünzen sowohl der Republik als der Kaiserzeit in ihrem Gewichte keine gröfseren Differenzen zeigen als etwa $\frac{1}{4}$ Par. Gran auf den Scrupel. Diese Schwankungen rühren von der unvermeidlichen Ungenauigkeit bei der Ausprägung her; sie kommen, wenn auch in etwas geringerem Mafse, auch bei den neueren Münzen vor. Daher ist zu erwarten, dafs eine Durchschnittsrechnung einen möglichst genäherten Werth des Scrupels und des Pfundes ergebe. Letronne nahm nun von den besten Goldmünzen der Republik und den Solidi des Constantin je 27 Stück und bestimmte daraus das mittlere Gewicht folgendermafsen:

I. Consularmünzen

5 Stück von	1 Scrupel geben für den Scrupel	21,177 Gran	
4 -	- 3 - - - -	- 21,3	-
6 -	- 1½ bis 3 Scr. - - -	- 21,45	-
12 -	- 5 bis 9½ - - - -	- 21,427	-

27 Stück geben im Durchschnitt für den Scrupel 21,34 Gran.

II. Solidi von Constantin zu je 4 Scrupel

12 Stück von Constantin geben für den Scrupel	21,375	Gran
10 - desgleichen	21,44	-
5 - von Faustina, Crispus, Delmatius	21,375	-

27 Stück geben im Durchschnitt für den Scrupel 21,396 Gran.

Der Durchschnitt der Consularmünzen und der Solidi endlich ergiebt für den Scrupel 21,368 Gran, also für das Pfund 6154 Gran oder in runder Zahl 6160 Gran = 327,18 Gramm.

---

8) Den ersten Versuch dieser Art scheint Jac. Capellus gemacht zu haben, denn seine Bestimmung des römischen Pfundes zu $\frac{24}{41}$ Par. Pfund = 321,2 Gramm (de ponder. 1, 111) beruht wahrscheinlich auf Münzwägungen. De la Nauze Mém. de l'Acad. des Inscr. t. 30 p. 365 ff. fand aus der Abwägung von Goldmünzen den Scrupel zu 21½ Par. Gran, das Pfund zu 6144 Gran = 326,34 Gr. Romé de l'Isle préf. p. XIf., p. 111. 129 geht auf 21 Gran herab, und giebt demnach dem Pfunde nur 6048 Gran. Letronne theilt seine Bestimmung des Pfundes mit in den Considérations générales sur l'évaluation des monnaies Grecques et Romaines p. 4 ff.

Gegen diese Durchschnittsrechnung ist zunächst einzuwenden, daſs die Gruppirung nach Unterabtheilungen vielleicht besser unterblieben wäre; es scheint räthlicher jedes einzelne Stück für sich in Rechnung zu bringen. Dies haben mit Benutzung der von Letronne gegebenen Unterlagen Paucker und Böckh gethan [9]). Beide nehmen den einfachen Durchschnitt der 27 Stücke der ersten wie der zweiten Klasse, ziehen aus beiden das Mittel und erhalten übereinstimmend 6165 Gran = 327,45 Gramm für das Pfund.

Indeſs bedarf das Letronne'sche Resultat noch einer Controle, da viele der von ihm zugezogenen Goldstücke theils falsch, theils nicht auf Scrupel gemünzt sind [10]). Einen sehr zuverlässigen Werth liefern die ältesten campanisch-römischen, auf Scrupelgewicht geprägten Goldstücke, welche auf ein Pfund von 327,51 Gramm führen [11]). Aehnlich ergeben die ältesten römischen Goldstücke aus der Hannibalischen Zeit ein Pfund von 328,32 bis 325,44, im Mittel von 327,12 Gramm [12]). Weniger brauchbar zur Bestimmung des Pfundes sind die Aurei Cäsar's, deren höchster nur ein Pfund von 326,39 Gramm giebt [13]). Endlich zeigt die durch Constantin eingeführte Prägung der Solidi von $\frac{1}{72}$ Pfund, obgleich eine definitive Bestimmung schwerlich daraus gezogen werden kann, doch hinlänglich, daſs auch für die spätere Kaiserzeit das Pfund nicht unter 327,45 Gramm angesetzt werden

---

9) Paucker S. 189. Böckh S. 165.

10) Mommsen S. 406 Anm. 128. S. 407 Anm. 132.

11) Aus der Zusammenstellung bei Mommsen S. 260 dürfte das Resultat folgendermaſsen zu ziehen sein:

1 St. v. 6 Scr. im Gew. von 128,4 Par. Gran giebt f. d. Pf.	327,356 Gramm
1 - - 6 - - - - 105,3 engl. Gran - - - -	327,525 -
1 - - 6 - - - - 105,2 - - - - - -	327,214 -
1 - - 3 - - - - 64,25 Par. Gran - - - -	327,611 -
1 - - 3 - - - - 52,7 engl. Gran - - - -	327,836 -

Der Durchschnitt der 5 Stücke giebt für das Pfund   327,508 Gramm.
Hierbei sind einige etwas minder wiegende Stücke unberücksichtigt geblieben, dafür aber auch das merklich höher gemünzte Sechsscrupelstück von 129,25 Par. Gran nicht mit in Rechnung gebracht worden.

12) Mommsen S. 405 Anm. 124. Von den dort aufgeführten Sechzigsesterzstücken im Gewicht von 3 Scrupel giebt

1 Stück im Gew. von 3,42 Gramm für das Pfund 328,32 Gramm
1 - - - - 64,25 Par. Gran - - - 327,61 -
1 - ✐ - - 3,39 Gramm - - - 325,44 -

Durchschnitt 327,12 Gramm.

13) Mommsen S. 751. Das Gewicht beträgt 153⅝ Par. Gran.

darf[14]). Wir tragen daher kein Bedenken mit Mommsen[15]) bei
dem von Böckh aufgestellten Ansatze stehen zu bleiben und setzen
das römische Pfund auf

6165 Gran = 327,453 Gramm = 0,65491 Vereinspfund.

Die Fehlergränze ist dahin zu ziehen, dafs das strenge Normalgewicht auf keinen Fall geringer, möglicher Weise aber noch um
$\frac{1}{2}$ Gramm höher war. Damit steht nicht in Widerspruch, dafs
selbst sorgfältig geprägte Münzen und gut justirte Gewichte auf
ein Pfund von 325 Gramm und etwas darüber führen; ein solches
Gewicht hat in der Praxis noch als vollkommen genau gelten
können, darf aber nicht mit dem exacten Normalgewicht verwechselt werden.

Nach diesem Ansatze ist Tab. XIII berechnet; hier mögen
noch folgende Bestimmungen in runden Beträgen Platz finden:

1 römisches Pfund ist fast genau = $\frac{2}{3}$ Vereinspfund
1 Unze   -   -   -   = $1\frac{2}{3}$ Loth
1 Scripulum sehr nahe . . . = $\frac{2}{3}$ Quent.

14) Die höchsten Solidi von Constantin dem Grofsen wiegen von 4,77.
4,76. 4,66. 4,64 u. s. w. bis 4,55 Gr. (Letronne consid. p. 7, Queipo III
p. 496. 484). Noch aus dem zuletzt angeführten Gewichte ergiebt sich ein
Pfund von 327,6 Gr. Freilich sinkt von da ab das Gewicht weiter auf
4,5 Gr. (Pfund von 324 Gr.) und darunter. Es entsteht also die Frage, wie
weit abwärts die Gewichte zur Bestimmung des Pfundes zu Grunde zu legen sind. Wollten wir nur die allerhöchsten (von 4,6 Gr. und darüber)
nehmen, so käme das Pfund entschieden zu hoch (über 331 Gr.) aus. Auch
ist zu bedenken, dafs unter der grofsen Menge übermünzte Stücke vorkommen müssen. Wie weit abwärts nun das niedrigere Gewicht noch in
Rechnung zu bringen ist, dafür giebt es keinen sichern Anhalt. Es kann
also allein aus den Solidi das Pfund nicht bestimmt werden, wohl aber geben dieselben eine erwünschte Controle für die anderweitigen Bestimmungen, indem sie beweisen, dafs der Ansatz von 6165 Gran = 327,45 Gramm
selbst für die spätere Kaiserzeit auf keinen Fall zu hoch ist. Nach Constantin freilich scheint eine kleine Verringerung des Pfundes eingetreten
zu sein. Dies beweist sowohl der etwas sinkende Fufs der Solidi, welche
seit Theodosius das Gewicht von 4,50 Gr. (Pfund von 324 Gr.) nicht mehr
übersteigen, als das fast genau dazu stimmende *exagium* oder Normal-
pfundgewicht Justinian's von 323,51 Gr. (beschrieben von Queipo II p. 65).
15) Vergl. Vorr. S. XIX: 'Eine mathematisch scharfe Bestimmung ist
zwar nicht zu gewinnen, da selbst die aus der sichersten Quelle, den maximalen Goldmünzgewichten, gezogenen Bestimmungen unter sich selbst nicht
völlig harmoniren, vielleicht auch die Norm selbst im Laufe der Jahrhunderte
um eine Kleinigkeit herabgegangen ist; indefs ist das Schwanken ein so geringes, dafs für alle praktischen Zwecke die von Böckh nach dem Vorgang
anderer Metrologen aufgestellte Satzung füglich als die normale betrachtet,
namentlich aber jede niedrigere mit völliger Sicherheit verworfen werden
darf.'

DRITTER THEIL.

Die Münzen.

Erster Abschnitt.

Das griechische Münzwesen.

§ 22. *Einleitung.*

1. Die Anwendung der sogenannten edlen Metalle als allgemeiner Werthmesser ist dergestalt mit unsern ganzen Culturverhältnissen verwachsen und daher für uns etwas so selbstverständliches, dafs wir uns kaum darüber Rechenschaft zu geben vermögen, wie die Schätzung des Besitzes, die Bestimmung des Preises der Waare bei Kauf und Verkauf ohne das Medium des Geldes möglich sein würde. Indefs lehrt eine einfache Betrachtung, dafs streng genommen alle Gegenstände des Besitzes nur relativ unter einander verglichen werden können. Kein Gut hat einen absoluten Werth; derselbe bestimmt sich vielmehr im Verhältnifs zu dem Werthe alles dessen, was im engern oder weitern Kreise der menschlichen Gesellschaft theils neu producirt, theils im Handelsverkehr ausgetauscht, theils dauernd besessen wird. Eine solche in ihrem relativen Werthe zu der Summe aller übrigen Werthgegenstände schwankende Waare ist eigentlich auch Gold und Silber; indefs haben verschiedene Umstände zusammengewirkt um gerade diesen beiden Metallen eine eigenthümliche Bedeutung allen übrigen Waaren gegenüber zu verschaffen. Sie sind seltener als die sogenannten unedlen Metalle und in diesem Verhältnisse auch werthvoller, eignen sich also um so viel besser für den Handelsverkehr, da sie den möglichst hohen Werthbetrag in möglichst geringem Volumen und Gewicht darstellen. Sie sind ferner beliebig theilbar, fügen sich in jede Form und besitzen grofse Widerstandsfähigkeit gegen Abnutzung durch den Gebrauch. Auch eignen sie sich am allerwenigsten zur Verarbeitung

für praktische Zwecke, bleiben also um so ungestörter dem Handelsverkehr erhalten, und was an Luxusgegenständen aus ihnen verfertigt wird, kann füglich als der Ueberschufs betrachtet werden, der von dem dringendsten Bedarf der Circulation übrig bleibt. Sie sind endlich in einer im Ganzen stetigen Quantität vorhanden und selbst, wenn sie zeitweilig durch überreiche Production bedeutend vermehrt werden, nicht so leicht einer auffallenden Entwerthung ausgesetzt. Alles dies hat dazu beigetragen den genannten Metallen eine Ausnahmestellung zu verschaffen; sie sind nicht selbst mehr Waare, sondern sollen als der Werthmesser für alle übrigen Waaren dienen. Inwieweit sie dieser Aufgabe entsprechen, ist hier nicht der Ort näher auszuführen [1]); es genügt darauf hinzuweisen, dafs sie nicht blos gegenwärtig factisch als allgemeiner Werthmesser dienen, sondern auch seit den ältesten Zeiten, besonders in Asien in diesem Sinne benutzt worden sind. Aber es ist damit nicht gesagt, dafs in den Anfängen der menschlichen Cultur nicht noch andere Arten der Schätzung haben stattfinden können. Für die Viehzucht treibenden Voreltern der Hellenen und Italiker lag nichts näher, als das Thier, in welchem ihr Hauptbesitz bestand, das Rind, zum Ausdrucke des Werthes auch für ihren übrigen Besitz zu wählen. Dafs die Römer noch in verhältnifsmäfsig später Zeit nach Rindern rechneten, wird unten (§ 33, 1) gezeigt werden; für die Griechen bezeugt uns Homer deutlich, dafs noch in der Zeit, wo man bereits Metalle im Handelsverkehr benutzte, die Rinder sowohl als Tauschmittel wie auch zur Preisbestimmung dienten. So tauschten von den Achäern die einen gegen Erz, andere gegen Eisen oder Häute oder Rinder oder Sclaven Wein ein [2]); Eurykleia wurde von Laertes um den Preis von zwanzig Rindern gekauft [3]), eine andere Sclavin wird vier Rinder werth geschätzt [4]). Daran reihen sich andere zahlreiche Werthbestimmungen wie ἐννεάβοιος, δυωδεκάβοιος, ἑκατόμβοιος [5]). Ja noch bis in die spätere Zeit hinab blieb in gewissen Fällen die Rechnung nach Rindern üblich. Drakon bestimmte in seinen Gesetzen, offenbar altem Brauche

1) Näheres darüber giebt Mommsen Vorr. S. Vff. Im allgemeinen spricht von dem Gegenstande Hoffmann Lehre vom Gelde S. 4 ff.
2) Il. 7, 472. Vergl. auch Pausan. 3, 12, 3.
3) Od. 1, 431: ἐεικοσάβοια δ᾽ ἔδωκεν. Der Ausdruck zeigt deutlich, dafs die Rinder hier nicht als wirkliche substantielle Zahlung, sondern blos als Werthmesser gedacht sind.
4) Il. 23, 705.
5) Il. 6, 236. 23, 703. 2, 449. 21, 79.

folgend, eine Bufse zum Werth von zwanzig Rindern; für die
Tödtung von Wölfen war ein Rind oder Schaf als Belohnung
ausgesetzt, wofür erst Solon ein Geldäquivalent von fünf oder
einer Drachme einführte; ähnlich wurden nach einer andern,
allerdings nicht ganz deutlichen Notiz bei der Festgesandtschaft
in Delos Rinder als Geschenk ausgerufen, das Geschenk selbst
aber in attischen Drachmen gezahlt⁶). Allein schon Homer kennt
neben den Rindern die Metalle als Tauschmittel. Und zwar
dienten hierzu sowohl die unedlen, wie Erz und Eisen, als auch
das Gold. Wein wird um glänzendes Eisen gekauft⁷), Besiegte
bieten ihrem Ueberwinder als Preis für ihr Leben Gold, Erz und
Eisen an⁸); Mentes, der König der Taphier, fährt nach Te-
mese auf Kypros um Eisen gegen Kupfer einzutauschen⁹);
die Phönikier tauschen Lebensmittel gegen kostbaren Schmuck
von Gold und Bernstein ein¹⁰). Wenn man aber in dieser Weise
die Metalle im Tauschhandel benutzte, so mufste nothwendig der
Gebrauch der Wage hinzukommen. Und so wird denn bei
Homer das Gold, wo es allein seinem Metallwerth nach in Betracht kommt, regelmäfsig nach dem Gewicht, dem Talent,
bezeichnet¹¹). Daran hat sich nun in der Folgezeit, was
sich allerdings nicht durch Zeugnisse belegen läfst, aber
nichts desto weniger vollkommen sicher ist, ein Fortschritt in
zwiefacher Beziehung geknüpft. Zunächst mufste man darauf
kommen nicht mehr nach Rindern zu rechnen, sondern, da man
einmal nicht mit Thieren, sondern mit dem zugewogenen Metalle
zahlte, gleich nach den Gewichten Goldes oder Erzes den Preis
zu bestimmen. Wie lange in Griechenland, besonders im Verkehr
mit den überseeischen Handelsvölkern das Metall gewogen worden
ist und welche Metalle vorzüglich dazu verwendet wurden, darüber

---

6) Poll. 9, 61: καὶ μὴν κἂν τοῖς Δράκοντος νόμοις ἔστιν ἀποτί-
νειν εἰκοσάβοιον. καὶ ἐν τῇ παρὰ Δηλίοις θεωρίᾳ τὸν κήρυκα κηρύτ-
τειν φασίν, ὁπότε δωρεά τινι δίδοται, ὅτι βόες τοσοῦτοι δοθήσονται
αὐτῷ, καὶ δίδοσθαι καθ᾽ ἕκαστον βοῦν δύο δραχμὰς Ἀττικάς. Die
letztere Bemerkung beruht auf der Fiction der alten Grammatiker, dafs
das älteste attische Didrachmon den Stier als Stempel gehabt und zugleich den Werth desselben dargestellt habe. Die Nachricht über die Solonische Bestimmung giebt Demetrios von Phaleros bei Plut. Sol. 23.
   7) Il. 7, 473.
   8) Il. 6, 48. 10, 379.
   9) Od. 1, 184 und dazu Nitzsch S. 36.
   10) Od. 15, 403 ff. Nitzsch a. a. O.
   11) S. oben § 19 Anm. 4.

fehlen nähere Nachrichten; so viel aber ist sicher, dafs die Griechen
frühzeitig von Kleinasien und Phónikien her noch eine andere
Art der Werthmessung durch die Metalle kennen lernten. Es
kam von selbst dahin, dafs das zum Tausch benutzte Metall
eine conventionelle, dem Bedürfnifs entsprechende Form erhielt.
Gröfsere Quantitäten circulirten in Barrenform. Ein eigenthümlicher Beleg dafür ist vielleicht in dem griechischen ὀβολός zu
suchen, wenn die alte Tradition richtig ist, dafs damit das älteste
eiserne Geld bezeichnet worden sei, welches die Form von
Spiefsen, d. h. von länglichen, an den Enden dünneren Barren
hatte [12]). Wenn nun die in feststehende Form gegossenen
Barren mit einem Stempel bezeichnet wurden, der das Gewicht
angab, sodafs ein jedesmaliges Nachwägen erspart wurde, wenn
dann ferner die kleineren Gewichttheile durch runde platte, ebenfalls gestempelte Metallstücke ausgedrückt wurden, so ging dadurch das bisher nur gewogene Werthmetall in die Form der
Münze über.

2. Die Bedeutung, welche der aufgedrückte Stempel dem
Metallstücke giebt, das er dadurch zur Münze macht, ist mit
wenigen Worten anzudeuten [13]). Zunächst soll damit ein bestimmtes Gewicht garantirt und so das Abwägen ein für allemal
ersetzt werden. Was früher nach Minen und Theilen der Mine
zugewogen worden war, das wurde nun in Stateren oder Drachmen
zugezählt, sodafs jetzt die Zahl der Münze dasselbe ausdrückte als
früher der zugewogene Betrag. Aber der Stempel kann nur dann
das Gewicht genügend ersetzen, wenn die Garantie dafür eine anerkannt sichere ist, wenn die Stempelung von der geeigneten
Auctorität ausgeht. Metallbarren zum Austauschen nach der Wage
konnte jeder einzelne sich giefsen; der Stempel, der das umständ-
liche Abwägen ersetzen soll, kann nicht von dem einzelnen, sondern
mufs von der Gesammtheit, der Staatsgemeinde, ausgehen. Ohne den
Begriff des Staates läfst sich das Münzwesen schlechterdings nicht
denken. Durch den Stempel aber wird nicht blos das Gewicht, sondern auch der Feingehalt des Metalls garantirt. Das aus den Flüssen
und Bergen gewaschene Gold, das durch mühsamen Schmelz-
procefs gewonnene Silber enthalten bald mehr bald weniger Bei-

---

12) Die Stellen der Alten s. oben § 19 Anm. 10. Mommsen S. 169
bringt damit die Erzählung von den durch Pheidon in dem Heratempel zu
Argos aufgehängten cassirten Obelisken (Böckh S. 76), sowie von dem spar-
tanischen Eisengelde in Verbindung.
13) Näheres bei Mommsen Vorr. S. IX ff.

mischung; aufserdem lag es zu nahe in betrügerischer Absicht
das Metall zu legiren, als dafs es nicht frühzeitig hätte versucht
werden sollen. Deshalb bürgt der Stempel auch für die Feinheit
des von dem Staat als Münze ausgebrachten Metalles. Im Bereich
des eigenen Staates hat der Stempel zwingende Geltung; die
Münze soll nicht mehr weder nach Gewicht noch Feingehalt geprüft werden, sondern auch dann noch mit ihrem vollen Werthe
cursiren, wenn sie in beiden Beziehungen mangelhaft sein sollte.
Prägt der ausmünzende Staat gewissenhaft und sorgfältig, und
stehen andere Staaten in politischer oder commercieller Abhängig-
keit von ihm, so erstreckt sich die Gültigkeit seiner Münze auch
auf diese; ja es kann sogar vorkommen, dafs diese fremde Münze
höher geschätzt wird als die weniger sorgfältig geschlagene
Landesmünze. Aber auch in dem Falle, dafs die Münzen des
ausprägenden Staates in auswärtigen Staaten nicht ihre volle
Geltung haben, kehrt man deswegen nicht etwa zum Abwägen
zurück, sondern man nimmt sie auch dort als Münzen, jedoch
mit einem entsprechenden Abzuge. Dies ist der Curswerth der
Münze im Gegensatz zu dem gesetzlichen oder nominellen Werthe.
Auch ältere Münzen des eigenen Staates können durch eine
Aenderung des Münzfufses einen hinter dem ursprünglichen Be-
trag zurückstehenden Curswerth erhalten.

3. Der Natur der Sache nach kann nur ein Metall der
allgemeine Werthmesser sein. Jedes andere Metall schwankt
diesem einen gegenüber, wie eine Waare. Wo die Silberwährung
zu Grunde liegt, hat das Gold bald höheren, bald niedrigeren
Curs, d. h. seine Werthmessung durch die Silbermünze ist eine
wechselnde. Dies fand selbstverständlich schon im Alterthum
statt. Im allgemeinen war das Verhältnifs des Silbers zum Golde
ein höheres als in der neuern Zeit. Durch die Entdeckung Ameri-
kas und die dadurch hervorgerufene massenhafte Production an
edlen Metallen trat eine Entwerthung derselben, besonders des
Silbers ein. Das mittlere Verhältnifs des Goldes zum Silber ist
gegenwärtig $15\frac{1}{2}$: 1, d. h. ein Gewicht Gold ist $15\frac{1}{2}$ mal soviel
werth als ein gleiches Gewicht Silber [14]. Die enorme Ausbeute

---

14) Das Verhältnifs von $15\frac{1}{4}$: 1 ist das legale in der französischen
Münze. Frankreich sucht bekanntlich die Gold- und Silberwährung neben
einander aufrecht zu erhalten, obgleich es factisch sich immer mehr der
reinen Goldwährung nähert. In der Münze von Paris werden aus je 900 Gr.
feinen Goldes (wozu noch 100 Gr. Legirung kommen) 3100, aus dem gleichen Gewicht feinen Silbers 200 Francs geschlagen, also wird das Gold

der californischen und australischen Golddistricte, sowie der
stetige Abflufs des Silbers nach Ostasien haben in neuester Zeit
das Verhältnifs zum Nachtheil des Goldes um ein weniges, etwa
auf 15,3 : 1 herabgedrückt; doch ist der Unterschied so unmerklich und voraussichtlich so vorübergehend, dafs für den Zweck
der folgenden Untersuchungen das zuerst angegebene runde Verhältnifs unbedenklich beizubehalten war. Im Alterthum war
der Werth der edlen Metalle überhaupt höher, doch der des
Goldes verhältnifsmäfsig nicht so beträchtlich als der des Silbers. Bei den Griechen stand nach gewöhnlicher Schätzung das
Gold zum Silber wie 10 : 1; der Goldstater, welcher 2 Drachmen
an Gewicht hatte, sollte 20 Silberdrachmen gelten. Indefs stand
im Handelsverkehr das Gold noch etwas höher. Herodot giebt
ihm den dreizehnfachen Werth des Silbers, andere Angaben
führen auf das zwölffache, ein Verhältnifs, welches durchschnittlich auch im römischen Staate galt. Das nähere darüber kann
erst weiter unten gegeben werden. Wir verfolgen jetzt zunächst
die Entwickelung der hauptsächlichsten griechischen Münzwährungen, um dann eingehender mit dem attischen Münzfufse uns
zu beschäftigen.

§ 23. *Die persische und kleinasiatische Münzwährung.*

1. Als die Römer ihre Herrschaft nach dem Osten über
Makedonien und Griechenland ausdehnten, fanden sie den attischen Münzfufs als den am weitesten verbreiteten vor. Dies

---

zum 15⅔fachen Werthe des Silbers ausgemünzt. Der Handelswerth des
Goldes war vor 1850 noch etwas höher, seitdem ist er um weniges gesunken. Nach der im Ausland Jahrg. 1859 S. 960 aus dem Bremer Handelsblatt mitgetheilten Zusammenstellung stand Gold zu Silber durchschnittlich
1821—1830 = 15,80 : 1
1831—1840 = 15,75 : 1
1841—1850 = 15,83 : 1.
Aber von dieser Höhe sank das Gold schon im J. 1851 in Folge des seitdem sich fühlbar machenden Zuflusses aus Amerika auf 15,46, und ein
Durchschnitt aus den Jahren 1851—1858 ergiebt nur 15,33. Am 10. Sept.
1859 stand Gold zu Silber im Handelsverkehr wie 15,32 : 1, am 1. Mai 1861
wie 15,35: 1. Diese Angaben mögen genügen, um zu zeigen, dafs das Verhältnifs des Goldes zum Silber zwar gegenwärtig etwas niedriger ist als
15¼ : 1, dafs aber bei allen Berechnungen, wo der durchschnittliche heutige
Werth des Goldes zu Grunde gelegt werden soll, dieses runde Verhältnifs
immer noch angewendet werden mufs. Auch ist es das von den Auctoritä-
ten auf diesem Gebiet allgemein anerkannte; so von Dureau de la Malle
Écon. polit. I p. 40, Mommsen Gesch. d. R. M. S. 900.

war nicht immer so gewesen. Der von Solon in Athen eingeführte Münzfufs wich ab von den Währungen des übrigen Griechenlands, und wenn auch in der Blüthezeit des athenischen Staates
seine Münzen bereits durch ganz Griechenland cursirten, so gab es
doch nur wenige Orte, die in ihrer eigenen Prägung dem attischen Fufse folgten. Erst durch Alexander änderte sich das, indem
dieser die attische Prägung in Makedonien einführte und sie dann
über sein weites Reich verbreitete. Der attische Münzfufs steht, wie
sich später zeigen wird, in einem nahen Zusammenhange mit
dem euboischen. Durch Herodot erfahren wir, dafs das euboische Talent im Osten seinen Ursprung hatte; es war das
Goldgewicht im persischen Reiche, während für das Silbergeld
das babylonische Talent bestand. So wird es nöthig bei der
Betrachtung des griechischen Münzwesens davon auszugehen,
inwieweit das persische Goldgewicht und vielleicht auch das
des Silbers mit den Währungen Griechenlands im Zusammenhang steht.

2. Die Nachricht über die beiden persischen Talente giebt
uns Herodot 3, 89 ff., wo er von den Einkünften des Perserkönigs handelt. Die zwanzig Satrapien, sagt er, in welche Darius
sein Reich eintheilte, zahlten ihren Tribut theils in Silber theils
in Gold. In euboischen Goldtalenten zahlte Indien, in babylonischen oder Silbertalenten die übrigen neunzehn Provinzen. Nachdem er nun die Tribute jeder einzelnen Provinz aufgezählt hat,
giebt er die Totalsumme, indem er alles auf euboische d. h. attische
Talente Silbers reducirt. Die Stelle hat ihre grofsen Schwierigkeiten, da sie in den Zahlangaben mehrfach verderbt ist [1]), so viel
aber geht mit Sicherheit aus derselben hervor, dafs es im persischen Reiche ein besonderes Gewicht für das Gold, ein anderes
für das Silber gab, und dafs das letztere, von Herodot das babylonische Talent genannt, gröfser war als das erstere, welches er mit
dem Namen des euboischen Talents bezeichnet. Unverkennbar finden wir diese beiden Gewichte in den Münzen wieder. Es wird unten (Anh. § 10, 3) gezeigt werden, dafs dem euboischen Talente die
gangbarste persische Goldmünze, der $\sigma\tau\alpha\tau\dot{\eta}\varrho$ $\varDelta\alpha\varrho\varepsilon\iota\varkappa\acute{o}\varsigma$
von 8,385 Gr. Normalgewicht zu Grunde liegt, der von den
Griechen als Didrachmon betrachtet wurde, so dafs 3000 Dareiken
auf das Goldtalent zu rechnen sind. Weiter entspricht diesem
Goldstater ein Silberstück, der medische Siglos, der $\frac{4}{3}$ des

---

1) S. die nähere Erörterung darüber im Anhang § 10, 3.

Dareikos beträgt, und ein dazu gehöriges Ganzstück von 11,39 Gr., welches zu dem Dareikos in dem Verhältnisse von 4 : 3 steht. Diese beiden Münzen vertreten das babylonische Silbertalent, indem die gröfsere als Stater, die kleinere als Drachme desselben zu betrachten ist. Es verhält sich also das babylonische Talent zu dem euboischen wie 4 : 3, oder mit anderen Worten, das erstere ist gleich 80 euboischen Minen. Nach diesem aus den Münzen gezogenen Resultate mufs die abweichende Ueberlieferung bei Herodot, wonach das babylonische Talent 70 euboische Minen betragen soll, die überdies schon aus andern Gründen unhaltbar ist, berichtigt werden [2]), und auch die Angaben von Pollux und Aelian, von denen der erstere das babylonische Talent zu 70, der letztere zu 72 attischen Minen bestimmt, können dagegen nicht in Betracht kommen [3]).

3. Die Währung des persischen Gold- und Silbergeldes hängt eng zusammen mit dem Münzfufse, den die ältesten kleinasiatischen Münzen zeigen. Mit Recht hat man die phokaischen und kyzikenischen Statere, welche Thukydides und attische Redner erwähnen, wiedererkannt in Goldstücken ältester Prägung, deren Gewicht von 16,5 bis unter 16 Gr. herabgeht [4]). Wir haben hier offenbar das Ganzstück desselben Fufses, nach welchem der Dareikos von 8,38 Gr. als Hälfte geschlagen worden ist, nur dafs die königlich persischen Münzen sowohl im Gewicht als in der Legirung sorgfältiger ausgeprägt sind [5]). Die schwie-

---

2) Die 70 euboischen Minen in dem überlieferten Texte stimmen in keiner Weise zu der übrigen Rechnung Herodot's. Dagegen ist es nicht unwahrscheinlich, dafs derselbe 78 geschrieben hat, eine Zahl, die zwar immer noch hinter dem geforderten Verhältnifs von 80 Minen zurückbleibt, aber sich trotzdem wohl begründen läfst. Vergl. Anh. § 10 Anm. 8.

3) Die Angabe bei Poll. 9, 86, dafs das babylonische Talent 7000 attische Drachmen gegolten habe, ist offenbar aus Herodot geschöpft, dessen Text schon damals dasselbe Verderbnifs wie die jetzigen Handschriften hatte. Die Minen sind auf Drachmen reducirt, und dafs für euboische Minen attische Drachmen gesetzt sind, erklärt sich nach § 25, 3. Die Bestimmung Aelian's Var. hist. 1, 22, wonach das babylonische Talent gemünzten Geldes (ἐπισήμου ἀργυρίου) gleich 72 attischen Minen stand, beruht, wie Mommsen S. 27 annimmt, auf einer ungenauen Gleichung von 5 Silbersiglen mit 6 statt 6⅔ attischen Drachmen.

4) S. das nähere im Anhang § 7, 2.

5) Darius verwendete nach Herod. 4, 166 besondere Sorgfalt auf die Goldprägung: χρυσίον καθαρώτατον ἀπεψήσας ἐς τὸ δυνατώτατον νόμισμα ἐκόψατο. Die königlichen Dareiken sind so gut wie gar nicht legirt, während die kleinasiatischen Goldmünzen, mit Ausnahme der ältesten, sehr starke Beimischung zeigen. Das Beispiel einer Erhöhung des Münz-

rige Frage über den Ursprung dieser Goldwährung dürfte schwerlich
mit Sicherheit zu entscheiden sein; die ältesten nachweisbaren
Spuren führen auf Lydien, wo nach den Forschungen Herodot's [6])
zuerst Gold geprägt worden war. An diese Goldprägung, die
sich noch für viele andere Orte Kleinasiens nachweisen läfst,
schliefst sich eine ebenfalls sehr alte Silberprägung an, die zu der
Goldwährung in demselben Verhältnisse steht, wie der medische
Siglos zu dem Dareikos. Wie der Siglos $\frac{2}{3}$ des Dareikos betrug,
so entwickelte sich aus dem grofsen kleinasiatischen Goldstück
von 16,5 Gr. ein entsprechendes Silberstück von reichlich 11 Gr.,
welches füglich als der kleinasiatische Silberstater bezeichnet werden kann [7]). Die Verbreitung dieser Währung zu
verfolgen gehört nicht hierher; nur das ist zu bemerken, dafs
die chiotischen Vierzigstel, welche Thukydides [8]) erwähnt, wahrscheinlich Münzen dieses Fufses waren, die als Vierzigstel der
attischen Mine gerechnet wurden.

§ 24. Der äginäische Münzfufs.

1. Die verschiedenen Münzwährungen Griechenlands haben
sich sämmtlich, allerdings in mehreren Abstufungen, aus dem
asiatischen Gold- und Silberfufse entwickelt. Da die griechische
Prägung ursprünglich vom Silber ausging, so diente ihr zunächst
das kleinasiatische Silbergeld als Vorbild; erst später wurde auch
die Währung der persischen Goldmünzen in einigen Staaten
Griechenlands auf das Silber übertragen (§ 25). Am nächsten
schliefst sich an den kleinasiatischen Silberstater von reichlich
11 Gr. eine Währung an, in welcher dieses Stück als Tridrachmon
betrachtet wurde. Dadurch entstand eine Drachme von 3 bis
4 Gr., und dann weiter ein Tetradrachmon von ungefähr 15 Gr. [1]).
Nach diesem Fufse prägten die meisten griechischen Städte
Kleinasiens und der benachbarten Inseln; auf dem Festlande erscheint derselbe vorzüglich in Makedonien, wo er bis auf Alexander

---

fufses bei einer Münzreform finden wir auch in Athen (§ 25, 2, vergl.
auch § 24, 1).
6) 1, 94, 1: (Λυδοὶ) πρῶτοι ἀνθρώπων τῶν ἡμεῖς ἴδμεν νόμισμα
χρυσοῦ καὶ ἀργύρου κοψάμενοι ἐχρήσαντο. Derselben Ansicht folgte
Xenophanes nach Poll. 9, 63. Ueber andere Traditionen vergl. Böckh S. 76.
7) Mommsen S. 12 ff.
8) 8, 101: λαβόντες παρὰ τῶν Χίων τρεῖς τεσσαρακοστὰς ἕκαστος
Χίας. Vergl. Anhang § 5 Chios.
1) Mommsen S. 32 ff.

9*

den Grofsen Bestand hatte²). Wesentlich unterscheidet sich
davon die Gestalt, welche die asiatische Silberwährung durch
ihre Aufnahme im eigentlichen Griechenland erhalten hat; denn
einmal war hier die Eintheilung eine andere, indem das grofse
Silberstück nicht gedrittelt, sondern halbirt, und die auf diese
Weise gebildete Drachme weiter gesechstelt wurde³), andrerseits fand auch eine kleine Erhöhung des Münzfufses statt. Im
ganzen Peloponnes mit Ausschlufs von Korinth, ferner in einem
grofsen Theile von Mittel- und Nordgriechenland, namentlich in
Böotien, Phokis, Lokris und auf Eubóa herrscht ein Münzfufs,
dem ein Silberstück von 12,40 Gr. zu Grunde liegt⁴). Dieses
Gewicht steht demjenigen des asiatischen Silberstaters zu nahe,
als dafs an der Identität beider Währungen gezweifelt werden
könnte, zumal da alle übrigen Währungeh Griechenlands mit Sicherheit auf Asien zurückzuführen sind⁵). Eine Erhöhung des früheren Gewichts als Kennzeichen einer sorgfältigeren Prägung finden wir ähnlich bei den persischen Daréiken (§ 23, 2) und deutlicher noch in Athen bei den Münzen des Solonischen Fufses (§ 25, 2).

2. Die Frage danach, welchen Namen diese fast durch ganz
Griechenland verbreitete Währung im Alterthum hatte, ist leicht
zu beantworten; es kann keine andere sein als die so häufig
erwähnte äginäische. Der nächste Beweis liegt darin, dafs die
Münzen der Insel Aegina genau dem eben bezeichneten Münzfufse folgen. Das grofse Silberstück, der Stater, kann normal
auf 12,40 Gr. angesetzt werden und geht nicht leicht unter
11,90 Gr. herab⁶). Die Theilmünzen sind Hälften oder Drachmen

---

2) Vergl. im Anhange § 5 Rhodos, § 6, 2, § 8, 2, § 12.
3) Mommsen S. 45. Dieses Theilungssystem kennzeichnet sich deutlich als das duodecimale. Das Ganzstück, der στατήο, zerfällt in Zwölftel
ὁβολοί, Viertel τριώβολα und Hälften δραχμαί. Vergl. § 19,2. Dafs das
Ganzstück dieser Währung δίδραχμον war, weist Böckh S. 81 f. nach.
4) Vergl. Mommsen S. 45 f. und, was die Verbreitung dieser Währung anlangt, auch O. Müller Dorier II S. 209, Böckh S. 82 ff.
5) Mommsen a. a. O.
6) Wägungen äginäischer Münzen stellen zusammen Hussey p. 60,
Böckh S. 84 f., Prokesch-Osten Denkschr. der Wiener Akad. philos.-histor.
Cl. Bd. V S. 264 f., Mommsen S. 44 Anm. 135. Danach wird das Normalgewicht der Drachme von Hussey zu 6,22 Gr. (= 96 engl. Gran), von
Mommsen zu 6,20 Gr. angesetzt. Ein Didrachmon bei Leake Insular
Greece p. 1 wiegt 12,40 Gr. (= 191,3). Prokesch giebt als Gewicht der
älteren äginäischen Statere seiner Sammlung 12,43 Gr. (= 234 Par. Gran)
bis 11,90 Gr. (= 224), der jüngeren 12,38 Gr. (= 233) bis 11,90 Gr.
(= 224). Bei Mionnet p. 104 wiegt ein Didrachmon 12,38 Gr. (= 233 Par.
Gran), 26 stehen zwischen 12,35 (= 232,5) und 11,92 Gr. (= 224,5), andere noch etwas niedriger.

im Normalgewicht von 6,20 Gr., Viertel oder Triobolen,
Zwölftel oder Obolen und Vierundzwanzigstel oder Hemiobolien, wobei zu bemerken ist, dafs diese kleineren Münzen
wie gewöhnlich verhältnifsmäfsig etwas leichter ausgeprägt worden sind [7]). Ferner stimmen auch in Betreff der Verbreitung
der äginäischen Währung die Angaben der Alten vollkommen
mit den aus den Münzen gezogenen Resultaten überein. Schon
in der alten Tradition, nach welcher Pheidon, König von Argos [8]),
nicht nur neue Mafse für den Peloponnes eingeführt, sondern
auch zuerst Gold und Silber geprägt haben soll, liegt eine Andeutung, dafs der äginäische Fufs von Alters her im Peloponnes
einheimisch gewesen ist; denn als Ort der Silberprägung wird
Aegina genannt, was doch nichts anderes bedeutet, als dafs die
Pheidonische oder peloponnesische Währung die äginäische gewesen sei [9]). Sicherer noch beweisen dies die Bundesverträge,
welche Argos Elis und Mantineia im peloponnesischen Kriege
mit Athen schlossen, in denen der Sold für die Bundestruppen
nach äginäischen Drachmen und Obolen bestimmt wird [10]).
Auch in den dem Jahre 382 angehörenden Vertragsbestimmungen
zwischen den Spartanern und ihren nördlichen Bundesgenossen
wird nach äginäischem Gelde gerechnet [11]). Ja die Münzen von
Aegina, nach ihrem Gepräge χελῶναι genannt [12]), galten geradezu
als peloponnesisches Courant [13]). In Sparta selbst wurden die
Beiträge zu den gemeinschaftlichen Mahlzeiten in äginäischen
Obolen bestimmt [14]), und die Eisenstücke, welche als Geld dienten,

---

7) Böckh S. 84, Mommsen S. 45 Anm. 138. Die Maximalgewichte,
welche sich vorfinden, sind: Drachme 6,37 (= 120 Prokesch), 5,96 Gr.
(= 112½ Mionnet p. 103); Triobolon 3,12 Gr. (= 56½ p. 104); Obolos 1,17
(= 22 Prokesch), 1,06 Gr. (= 16,3 engl. Gran Leake Ins. Gr. p. 2); Hemiobolion 0,64 (= 12 Prokesch).
8) Die Nachrichten über Pheidon finden sich zusammengestellt bei
O. Müller Aeginetica p. 55 ff., Böckh S. 76.
9) Hussey p. 63, Böckh S. 82.
10) Thukyd. 5, 47, 8: ἡ πόλις ἡ μεταπεμψαμένη διδότω σῖτον,
τῷ μὲν ὁπλίτῃ καὶ ψιλῷ καὶ τοξότῃ τρεῖς ὀβολοὺς Αἰγιναίους τῆς
ἡμέρας ἑκάστης, τῷ δ᾽ ἱππεῖ δραχμὴν Αἰγιναίαν.
11) Xenoph. Hellen. 5, 2, 21.
12) Die Münzen von Aegina haben auf der einen Seite die Schild-
kröte, auf der andern ein eingeschlagenes Quadrat.
13) Poll. 9, 74: καὶ μὴν τὸ Πελοποννησίων νόμισμα χελώνην τινὲς
ἠξίουν καλεῖν (l. καλεῖσθαι) ἀπὸ τοῦ τυπώματος. Nach demselben erwähnte auch Eupolis in den Heiloten äginäisches Geld: ὀβολὸν τὸν καλλι-
χέλωνον. Hesychios hat: χελώνη νόμισμα Πελοποννησιακόν.
14) Dikäarch bei Athen. 4 p. 141C.

sollen das Gewicht einer äginäischen Mine gehabt haben [15]). Die
παχεῖα δραχμή der Achäer ist ebenfalls die äginäische [16]). Wie
verbreitet der Münzfuſs auch im übrigen Griechenland war, erhellt
daraus, daſs die Amphiktyonen nach äginäischen Stateren rechneten [17]). Selbst in Athen, wo diese Währung durch Solon abgeschafft worden war (§ 25, 1), blieb äginäisches Geld im gemeinen
Verkehr gangbar [18]); auch befanden sich in den Jahren 398 bis
385 äginäische Statere unter den Weihgeschenken auf der Burg
zu Athen [19]). Als der entfernteste Ort endlich, wo äginäische
Währung herrschte, wird Kreta genannt; dort zahlten die
Sclaven einen äginäischen Stater zu den Syssitien [20]).

3. Weniger zuverlässig sind die Nachrichten, die wir
über den Werth der äginäischen Münze aus dem Alterthume haben. Die äginäische Drachme war gröſser als die
attische und hiefs daher in Athen und Achäa παχεῖα [21]).
Nach den erhaltenen Münzen ergiebt sich für die äginäische
Drachme ein Silberwerth von 10,9 Sgr., für die attische von
7,9 Sgr., das Werthverhältniſs zwischen beiden ist also fast
genau 7 : 5 d. h. 5 äginäische Drachmen galten soviel als
7 attische [22]). Ein solches Verhältniſs mufs Aristoteles vor
Augen gehabt haben, sonst würde er nicht die sicilische Litra
(Anh. § 15) einmal mit einem äginäischen Obolos, das anderemal
mit anderthalb attischen Obolen, also indirect 5 äginäische mit

---

15) Plut. Apophthegm. Lac. p. 903 Steph.
16) Hesych.: παχείη δραχμῇ· τὸ δίδραχμον Ἀχαιοί. Da der
attische Stater ein Tetradrachmon, der äginäische ein Didrachmon war, so
wird hier die dicke äginäische Drachme in Verhältniſs zum attischen Gelde
als δίδραχμον bezeichnet. Auch die Athener nannten, wie Poll. 9, 76 angiebt, die äginäische Drachme παχεῖα, weil sie sie aus Hafs gegen Aegina
nicht mit ihrem eigentlichen Namen benennen wollten. — Mommsen S. 112
Anm. 61 bezieht die Glosse des Hesychios auf die Prägung der achäischen
Colonien in Unteritalien.
17) C. I. Gr. n. 1688, vergl. Böckh M. U. S. 82.
18) Diphilos bei Athen. 6 p. 225 B.
19) C. I, n. 150, 43 und 151, 45, vergl. Hussey p. 96, Böckh Staatshaush. II S. 261.
20) Dosiadas bei Athen. 4 p. 143 B.
21) S. Anm. 16. Dafs das äginäische Geld gröſser war als das attische, geht auch aus der Stelle des Diphilos bei Athen. 6 p. 225 B., sowie
aus Hesych. unt. Αἰγιναῖον νόμισμα und λεπτὰς καὶ παχείας, Etymol.
M. unt. Αἰγιναία hervor.
22) Die genauen Zahlen sind: äginäisches Didrachmon = 21,74 Sgr.
(Anh. § 2, 2), attische Drachme = 7,9 Sgr. (§ 29, 4), also Verhältniſs der
äginäischen zur attischen Drachme 138 : 100 oder 7 : 5.

7½ attischen verglichen haben [23]). Ferner läfst sich aus mehreren
Angaben über die Höhe der Löhnung im griechischen Heere
schliefsen, dafs im gewöhnlichen Verkehr etwa 4 attische Obolen
gleich 3 äginäischen gerechnet wurden, was als ungefährer Ansatz
dem genauen Verhältnifs hinreichend nahe kommt [24]). Mehr als
billig weicht aber davon die Angabe des Pollux ab, der übereinstimmend an zwei Stellen, einmal die äginäische Drachme zu
10 attischen Obolen, das anderemal das äginäische Talent zu
10000 attischen Drachmen bestimmt [25]). Pollux ist im allgemeinen ein gutunterrichteter und zuverlässiger Gewährsmann;
deshalb hat auch Böckh kein Bedenken getragen seinem Zeugnisse
zu folgen und hauptsächlich auf diese Stelle sein System der
griechischen Münzwährungen aufzubauen, welches ohne dieselbe
seiner Hauptstütze entbehren würde [26]). Alles Grund genug,
diese wichtige Stelle nur nach sorgfältiger Prüfung zu verwerfen.
Zunächst ist der Standpunkt der Beurtheilung festzustellen. Wir
sind über den Betrag des äginäischen wie des attischen Fufses
durch die erhaltenen Münzen vollkommen sicher unterrichtet,
wir kennen beide Münzwährungen sowohl in ihrem vollen ursprünglichen Betrage als in ihrer späteren etwas herabgegangenen
Form, wir wissen ferner aus den Zeugnissen der Alten, dafs
äginäisches und attisches Geld neben einander cursirt haben,
und endlich besitzen wir, wenn auch nicht genaue, so doch bis

---

23) Aristoteles bei Poll. 4, 174 und 9, 87. Vergl. Mommsen S. 78.
Auch der Ansatz, den Aristoteles bei Poll. 4, 175 von dem korinthischen
Stater giebt, führt auf ein ähnliches Verhältnifs. Der korinthische Stater
war dem attischen Didrachmon gleich, stand also = 12 attischen Obolen;
Aristoteles bestimmt ihn zu 10 äginäischen. Die Gleichung ist keine
genaue, besonders weil sie mit Rücksicht auf das sicilische Geld gegeben
ist; aber sie beweist wenigstens sicher, dafs der Ansatz des Pollux falsch
ist. Denn wenn, wie Pollux sagt, das äginäische Geld zum attischen sich
wirklich wie 10 : 6 = 30 : 18 verhielt, hätte es Aristoteles doch unmöglich auf 6 : 5 = 30 : 25 ansetzen können.
24) Hussey p. 61 weist darauf hin, dafs nach Thukyd. 5, 47, 8 und
Xenoph. Hell. 5, 2, 21 der gewöhnliche Sold im griechischen Heere 3 äginäische Obolen täglich betrug. Es ist daher wahrscheinlich, dafs der Sold,
welchen Kyros der Jüngere den Truppen des Klearch nach Xen. Anab. 1,
3, 21 anfänglich zahlte, und den später nach 7, 6, 1 Thibron ebenfalls ver-
sprach, nämlich einen Dareikos den Monat, ungefähr dieselbe Summe be-
zeichne. Nun stand der Dareikos = 20 attischen Drachmen (§ 30, 1), wir
erhalten also 4 attische Obolen als ungefähres Aequivalent für die 3 äginäischen. So erklärt sich auch das τετρωβολίζων in den Στρατιώτιδες
des Komikers Theopompos bei Poll. 9, 64.
25) Poll. 4, 76. 86.
26) Metrol. Unters. S. 77—81.

zu einem gewissen Grade sichere Gleichungen beider Geldsorten
aus Xenophon's und Aristoteles' Zeit. Nun ist es schlechterdings
unmöglich, daſs das äginäische Talent, welches seinem Silberwerth nach höchstens auf 8500 attische Drachmen angesetzt
werden kann, jemals 10000 gegolten habe. Es bliebe dann noch
übrig anzunehmen, daſs diese Angabe des Pollux nicht die ursprüngliche, sondern aus der andern über den Werth der
äginäischen Drachme berechnet sei. Hier ist der Fehler wegen
des geringeren Betrages weniger auffällig, aber doch immer noch
zu grofs um zulässig zu erscheinen. Wie wäre es erklärlich, daſs
die äginäische Drachme zu 10 attischen Obolen genommen
worden wäre, da sie nur den Silberwerth von etwas über 8 Obolen hatte und nach den aus Aristoteles berechneten Ansätzen
zwischen 7 und 9 attischen Obolen gestanden haben mufs? Ja
der höhere Ansatz wird dadurch noch unwahrscheinlicher, daſs
das attische Geld im Verkehre einen günstigeren Curs hatte als
alles übrige, also wahrscheinlich eher 7 als 9 attische Obolen,
auf keinen Fall aber 10 auf die äginäische Drachme gerechnet
worden sind. Aus diesen Widersprüchen versuchte Hussey[27])
den Ausweg, daſs er die attische Drachme des Pollux für den
Denar der Kaiserzeit (§ 38, 4) erklärte. Allerdings werden von
den späteren Schriftstellern Drachme und Denar regelmäſsig als
identisch gebraucht, Pollux selbst rechnet in anderen Fällen er-
weislich nach Denardrachmen und könnte auch hier dies gethan
haben, da 10 Neronische Denare von 3,41 Gr. dem Gewicht nach
ziemlich nahe gleich 6 äginäischen Drachmen von 6,20 Gr. sind.
Allein dem steht zunächst entgegen, daſs Pollux schwerlich von
attischen Obolen sprechen würde, wenn er den römischen Denar
meint; der Hauptanstofs aber ist, daſs die äginäische Drachme,
wenn sie in der Kaiserzeit überhaupt noch bestand[28]), auf keinen
Fall so günstig angesetzt worden ist. Die Römer tarifirten pro-
vinziale Münzen natürlich nicht nach dem ursprünglichen Nor-

---

27) Essay p. 31 f. 61.
28) Mommsen S. 47 nimmt an, daſs das äginäische Silbergeld im europäischen Griechenland in der Kaiserzeit verschwunden war; doch bestand
die Währung noch auf Kreta, und die äginäische Drachme wird noch von
dem anonymen Alexandriner aufgeführt. Die Vermuthung Mommsen's
S. 48 ff., daſs Pollux sowohl als der Alexandriner mit der äginäischen
Drachme die Drachme der Cistophorenwährung (Anh. § 7, 3) gemeint
haben, hat viel bedenkliches. Insbesondere verstehe ich die letzte Schlufs-
folgerung (S. 51) nicht, die doch unmöglich die Angabe des Pollux, daſs das
äginäische Talent 10000 attische Drachmen betrage, stützen kann.

malgewicht, sondern sogar noch unter dem durchschnittlichen Effectivgewicht. So ergiebt sich aus einer Notiz des anonymen Alexandriners in den Heronischen Fragmenten, dafs die äginäische Drachme in der Kaiserzeit $1\frac{1}{4}$ Denar [29]) oder, in demselben Nominal wie bei Pollux ausgedrückt, $7\frac{1}{2}$ Obolen galt. Also auch in diesem Falle ist der Ansatz des Pollux weitaus zu hoch. Als der einzige Ausweg bleibt noch übrig an die ältere makedonische Prägung zu denken. In Makedonien bestand ursprünglich der kleinasiatische Fufs (Anh. § 6, 2), nach welchem Philipp II. Tetradrachmen von 14,5 Gr. münzte. Als dann durch Alexander den Grofsen die attische Währung eingeführt wurde, kann das alte Geld nicht sofort aus dem Verkehr verschwunden sein; es mufs, da es ebenfalls königliche Münze war, einen festen Curs gegenüber dem neuen gehabt haben. Nun ist das Tetradrachmon Philipp's von 14,5 Gr. fast genau gleich $3\frac{1}{4}$ attischen Drachmen oder 20 Obolen, welche 14,55 Gr. wiegen; dies und kein anderer mufs der legale Curs zwischen dem alten und dem neuen Gelde gewesen sein. Freilich ist nun das grofse Silberstück Philipp's kein äginäisches Didrachmon, wofür es früher angesehen worden ist [30]); aber immerhin ist es möglich, dafs der unbekannte Gewährsmann des Pollux es für ein solches gehalten hat, wie ja auch sonst ähnliche Münzwährungen bisweilen verwechselt worden sind. Unter dieser Voraussetzung wäre die Bestimmung des Pollux, dafs die äginäische Drachme 10 Obolen gegolten habe, genügend erklärt. Aber auch wenn diese Vermuthung, die allerdings nicht sicher begründet werden kann, als unzulässig erscheinen sollte, selbst dann kann das Endurtheil nicht geändert werden. Auf das wirkliche äginäische Geld bezogen ist Pollux' Angabe unbedingt falsch und bleibt eine irrthümliche, mag auch immerhin der Anlafs des Irrthums nicht aufzuklären sein.

---

29) Der anonyme Alexandriner, über den § 2, 2 zu vergleichen, sagt p. 155 der Mai'schen Ausgabe: τήν τε Αἰγιναίαν καὶ τὴν Ῥοδίαν μνᾶν τῆς Πτολεμαϊκῆς εἶναι πενταπλάσιον. Dasselbe Verhältnifs gilt, wie vorher ausdrücklich bemerkt worden ist, auch für die Drachme; die Ptolemäische Drachme aber stand gleich $\frac{1}{4}$ Denar (Anh. § 12), also ist die äginäische auf $1\frac{1}{4}$ Denar anzusetzen. Dieses Verhältnifs darf nicht zu niedrig erscheinen, denn die rhodische Drachme (d. h. das Didrachmon, wie Mommsen S. 39 nachweist) wird ebenso angesetzt, obwohl es im Normalgewicht noch höher stand (Mommsen S. 38).

30) O. Müller Dorier II S. 209, Böckh S. 89f., L. Müller Numismatique d'Alexandre le Grand p. 338.

Wir bleiben also bei der aus den erhaltenen Münzen gefundenen Bestimmung der äginäischen Währung stehen. Die nähere Berechnung des Werthes ist im Anhange unter Aegina (§ 2, 2) gegeben.

§ 25. *Die älteste Münzwährung Athens und die Einführung einer neuen durch Solon.*

1. Die Athener waren gewohnt ihre wichtigsten staatlichen Einrichtungen, die hinter der historisch beglaubigten Zeit zurücklagen, auf Theseus als den mythischen Begründer ihres Staates zurückzuführen. So darf es nicht verwundern, dafs eine Sage, deren Plutarch gedenkt, auch die erste Prägung von Geld dem Theseus zuschrieb [1]). Das kann schon deshalb nicht im Ernst genommen werden, weil ja Homer noch nichts von gemünztem Gelde weifs (§ 22, 1); merkwürdig jedoch ist es, dafs sowohl in dieser Sage als nach anderen Zeugnissen, unter denen das des Philochoros das wichtigste ist [2]), als das ursprüngliche Gepräge der athenischen Münzen der Stier, als das ursprüngliche Nominal das Didrachmon im Gegensatze zu dem späteren Tetradrachmon genannt werden. Also hatte man in Athen eine Tradition von einer untergegangenen älteren Münzwährung, wenn man sich auch wahrscheinlich, wie erst später gezeigt werden kann, in Betreff des angeblichen Gepräges irrte. Doch nicht blos die unsichere und vieldeutige Sage, sondern auch die bestimmtesten geschichtlichen Nachrichten [3]) belehren uns, dafs in Athen früher eine andere Währung als später bestanden hat.

Eine der wichtigsten vorbereitenden Mafsregeln, welche Solon behufs der neuen Constituirung des Staates durchführte, war bekanntlich die Erleichterung der Schuldenlast, unter wel-

---

1) Plut. Thes 25: *ἔκοψε δὲ καὶ νόμισμα βοῦν ἐγχαράξας.*
2) Schol. zu Aristoph. Av. 1106: *ἡ γλαῦξ ἐπὶ χαράγματος ἦν τετραδράχμου, ὡς Φιλόχορος· ἐκλήθη δὲ τὸ νόμισμα τὸ τετράδραχμον τότε [ἡ] γλαῦξ. ἦν γὰρ γλαῦξ ἐπίσημον καὶ πρόσωπον Ἀθηνᾶς* (Dindorf *Ἀθηνᾶ), τῶν προτέρων διδράχμων ὄντων· ἐπίσημον δὲ βοῦν ἐχόντων.* Poll. 9, 60: *τὸ παλαιὸν τοῦτ' (τὸ δίδραχμον) ἦν Ἀθηναίοις νόμισμα μόνον καὶ ἐκαλεῖτο βοῦς, ὅτι βοῦν εἶχεν ἐντετυπωμένον.* Die hiermit übereinstimmenden Zeugnisse der Lexikographen u. a. hat Böckh S. 121 zusammengestellt. Ueber die Glaubwürdigkeit der Nachricht, soweit sie das Gepräge betrifft, s. unten 4 a. E. Auch Beulé Monnaies d'Athènes p. 9 spricht sich dagegen aus.
3) Im Zusammenhang entwickelt von Böckh M. U. S. 114—120, Staatsh. II S. 362—364.

cher die Masse der ärmeren Bevölkerung schmachtete. Solon
wollte keinen Umsturz alles bestehenden, den eine vollständige
Vernichtung der Schulden herbeigeführt haben würde; er wählte
den nach den Umständen am wenigsten gewaltsamen Ausweg,
der nach ihm unter ähnlichen Verhältnissen öfters versucht worden ist, nämlich eine Herabsetzung des Münzfußes. Die Schulden,
welche in der älteren schweren Münze contrahirt worden waren,
wurden nominell nicht vermindert, aber dadurch erleichtert, dafs
sie in dem neuen leichteren Gelde zurückgezahlt wurden. Die
nähere Auskunft darüber giebt uns eine von Plutarch [4]) erhaltene
Angabe Androtion's: ἑκατὸν γὰρ ἐποίησε δραχμῶν τὴν μνᾶν
πρότερον ἑβδομήκοντα καὶ τριῶν οὖσαν· ὥστ᾽ ἀριθμῷ μὲν
ἴσον, δυνάμει δ᾽ ἔλαττον ἀποδιδόντων ὠφελεῖσθαι μὲν τοὺς
ἐκτίνοντας μεγάλα, μηδὲν δὲ βλάπτεσθαι τοὺς κομιζομένους.
Der Sinn dieser Worte ist insoweit klar, als daraus hervorgeht,
dafs eine Schuld von 100 alten Drachmen mit 100 neuen leichten
Drachmen, die nur den Werth von 73 alten hatten, zurückgezahlt
wurde, also eine Erleichterung von 27 Procent stattfand. Nur
im Ausdrucke hat sich Plutarch bei seinem Bericht versehen.
Die alte Mine konnte nicht 73 Drachmen halten, da sie dann der
neuen gleich gewesen wäre, ganz abgesehen davon, dafs die Mine
nie anders als in 100 Drachmen eingetheilt worden ist; sondern
Androtion mufs gesagt haben, dafs 73 Drachmen alter Währung
der neuen Mine von 100 leichten Drachmen gleichgesetzt wurden.
Die neue Mine verhielt sich also zur alten wie 100 : 137 (genau
136$\frac{7}{8}$). Hiermit stimmen zwei andere Zeugnisse merkwürdig
genau überein. Nach dem bereits oben erwähnten athenischen Volksbeschlusse über Mafse und Gewichte [5]) soll die
Handelsmine, ἡ μνᾶ ἡ ἐμπορική, 138 Münzdrachmen enthalten.
Wir haben hier unverkennbar die ältere Mine, welche in der
Münzwährung zwar aufgehoben war, im Handelsverkehr aber
fortbestand (§ 19, 4). Ebenso unterschied aber auch Dardanos
das ältere und das spätere Gewicht Athens, wie aus einer werth-

---

4) Sol. 15.
5) C. I. Gr. 123 § 4: ἀγέτω δὲ καὶ ἡ μνᾶ ἡ ἐμπορικὴ Στεφανηφόρου δραχμὰς ἑκατὸν τριάκοντα καὶ ὀκτώ πρὸς τὰ στάθμια τὰ ἐν τῷ
ἀργυροκοπείῳ. Die Στεφανηφόρου δραχμαί sind Drachmen attischer
Münze, wie aus dem Zusatze πρὸς τὰ στάθμια τὰ ἐν τῷ ἀργυροκοπείῳ
deutlich hervorgeht. Nach Böckh's (Staatsh. II S. 362) sehr wahrscheinlicher Vermuthung war die Münzstätte in Athen mit einer Capelle des Heros
Stephanephoros verbunden, in welcher die Mustergewichte für die Münze
aufbewahrt wurden.

vollen Notiz bei Priscian [6]) hervorgeht: 'talentum Atheniense
parvum minae sexaginta, magnum minae octoginta tres et unciae
quattuor'. Das kleine Talent von 60 Minen ist das gewöhnliche
attische, das grofse ist das ältere Münztalent und spätere Handelsgewicht, welches nach Priscian 83$\frac{1}{3}$ Minen enthielt. Dies giebt
als Verhältnifs der neuern Mine zur älteren 18 : 25 $=$ 100 : 138$\frac{8}{9}$,
stimmt also von dem Bruchtheile abgesehen genau mit dem oben
erwähnten Volksbeschlufs.

Da wir nun über den Betrag der neuen durch Solon eingeführten Münzwährung, die keine andere als die bekannte attische
ist, vollkommen sicher unterrichtet sind, so können wir nach
den gefundenen Verhältnifszahlen auf den älteren Münzfufs zu-
rückschliefsen. Legen wir die attische Drachme von 4,366 Gr.
(§ 26, 2) zu Grunde, so mufs die vorsolonische Drachme nach
Androtion 5,981, nach dem Volksbeschlufs 6,025, nach Dardanos
6,064 Gr. gewogen haben. Unter diesen Werthen ist der zweite,
weil er unmittelbar aus einem vom athenischen Volke erlassenen
Gesetze abgeleitet ist, voraussichtlich der genaueste; auch stimmt
er gerade mit dem Mittel aus den beiden anderen Bestimmungen [7]).
Welcher Währung gehörte nun die vorsolonische Drachme an?
Der verbreitetste Münzfufs in Griechenland war der äginäische
(§ 24, 2), dessen Drachme das Normalgewicht von 6,20 Gr.
hatte, es kann also die vorsolonische Drachme von 6,025 Gr.
keine andere als die äginäische gewesen sein. Die geringe Differenz
im Gewicht darf nicht auffallen. Als Solon bei der Einführung
der neuen Währung das Verhältnifs des alten Geldes zum neuen
bestimmte, mufste er von dem Durchschnittsgewicht der damals
in Athen circulirenden Münze alter Währung ausgehen, und
dieses kann nicht das Normalgewicht von 6,20 Gr. für die
Drachme, wohl aber das etwas herabgegangene von 6,025 Gr.
gewesen sein [8]).

---

6) De fig. numer. 2 § 10. Dafs Dardanos der Gewährsmann ist, geht
aus der Vergleichung mit 3 § 14 sicher hervor. Die richtige Würdigung
der früher von Scaliger und Gronov verkannten Stelle giebt Böckh S. 115 ff.;
wichtig ist besonders der Nachweis, dafs unter den *unciae* nicht Unzen
des römischen Pfundes, sondern Zwölftel der Mine zu verstehen sind.
Vergl. § 20, 3 Anm. 12.

7) Böckh S. 120 hält die Angabe des Dardanos für die genaueste, wogegen Mommsen S. 45 mit Recht geltend macht, dafs sie durch Rechnung
aus einer ähnlichen Notiz wie bei Plutarch gefunden zu sein scheint.

8) Die Identität der vorsolonischen und äginäischen Drachme ist erst
neuerdings von Mommsen S. 43 ff. nachgewiesen worden. Ueber die abweichende Ansicht Böckh's s. Anm. 10.

Es hat sich also herausgestellt, dafs die ursprüngliche Münzwährung Athens wie fast des ganzen übrigen Griechenlands die
äginäische gewesen ist, wonach sich nun von selbst erklärt, dafs
nach der bereits erwähnten Tradition das älteste Geld Athens
Didrachmen waren, denn das Didrachmon war das hauptsächlichste
Nominal des äginäischen Fufses, während es in der nachsolon-
ischen Währung so gut wie gar nicht vorkommt. Eine andere,
weniger wichtige Frage ist, ob Athen selbst nach dem äginäischen
Fufse gemünzt hat, oder ob vor Solon blos fremdes Geld das
Courant gebildet hat. Attische Münzen aus der vorsolonischen
Zeit sind allerdings nicht vorhanden; da aber der Bericht bei
Plutarch wohl von einer Aenderung des Münzfufses, nicht aber
von der ersten Einführung einer Geldprägung überhaupt spricht,
was schwerlich unerwähnt geblieben sein würde, und da ferner
die allgemeine Tradition von einer älteren Prägung wufste, so
ist es nicht unwahrscheinlich, dafs Athen schon vor Solon, wenn
auch in beschränkter Weise, gemünzt hat.

2. Es konnte nicht in der Absicht Solon's liegen bei der
Aenderung der Währung willkürlich ein ganz neues Münzgewicht
zu schaffen, und dafs er es wirklich nicht gethan hat, darauf weist
deutlich das ungerade und so wenig bequeme Verhältnifs zwischen
der alten und neuen Währung hin. Vielmehr mufs er an eine
schon bestehende Währung angeknüpft haben, wobei als nächstes
Vorbild wahrscheinlich die Silberprägung von Korinth gedient
hat. Der korinthische Stater von 8,66 Gr. (Anh. § 3) ist unverkennbar auf dasselbe Normalgewicht wie das attische Didrachmon
von 8,73 Gr. ausgemünzt worden, er kann aber nicht von Athen
entlehnt sein, da seine abweichende Eintheilung in Drittel und
Sechstel den asiatischen Ursprung deutlich erkennen läfst[9]).
Und in der That finden wir das Gewicht sowohl der attischen
wie der korinthischen Münze in dem persischen Golde, den Dareiken, wieder. Der persische Dareikos hat das Effectivgewicht
von 8,385 Gr. (Anh. § 10, 3), welches zu Korinth und zu Athen,
wie auch anderwärts bei der Aufnahme einer neuen Prägung,
um ein weniges erhöht worden ist. Das auffallendste dabei ist,
dafs es ein Goldgewicht war, welches für die Silberprägung eingeführt wurde, eine Entlehnung, die mit Recht höchst zweifelhaft
erscheinen müfste, wenn sie nicht sicher begründet wäre. Den

---

9) Mommsen S. 61. Auch die der attischen gleiche Währung von
Cyrenaica (Anh. § 13, 2) ist wahrscheinlich unmittelbar aus Asien
entlehnt.

Anlafs können wir zwar nicht in Korinth, wohl aber in Athen
historisch verfolgen. Es hatte sich um dem Nothstand des ärmeren
Volkes abzuhelfen eine theilweise Schuldentilgung als nothwendig
herausgestellt; als das beste Mittel dies zu erreichen erkannte
man eine Herabsetzung der Währung. Doch wäre es nicht klug
gewesen eine neue zu allen bestehenden Währungen incongruente
Münze zu schaffen, man wählte also unter den bestehenden niedrigeren Währungen und fand als die nächstliegende die persische
Goldwährung, die durch den Verkehr mit Kleinasien den europäischen Griechen von früher Zeit-bekannt war. Dies brachte
zugleich einen andern Vortheil mit sich. Die Ungleichheit zwischen Gold- und Silbergewicht, wie sie im persischen Reiche
bestand, war für den Handelsverkehr nicht bequem. Das Verhältnifs zwischen Gold und Silber liefs sich leichter berechnen
und besser ausdrücken, wenn die beiden Metalle auf gleiches
Gewicht ausgeprägt waren. So war Korinth darauf gekommen
nach den Golddareiken seine Silberstatere zu schlagen, so setzte
auch Solon die schwere äginäische Drachme auf die Dareiken-
drachme d. h. auf den halben persischen Dareikos oder korinthischen Stater herab. Dafs man endlich der älteren, höheren Währung insofern eine Concession machte, als man zu dem neuen
Münzgewichte einen kleinen Aufschlag hinzufügte, ist leicht erklärlich; wie überhaupt die neue Einführung oder Wiederherstellung einer Prägung im Alterthum sich häufig durch einen
solchen Aufschlag als Zeichen einer Münzreform charakterisirt.

3. Doch die Uebereinstimmung des Gewichts zwischen
der· attischen und korinthischen Silberwährung einerseits und
dem persischen Golddareikos andererseits ist nicht der einzige
Beweis für die Identität beider. Es ist bereits oben erwähnt
worden, dafs bei Herodot das euboische Talent als Bezeichnung des Goldgewichtes im persischen Reiche erscheint; dieselbe
Benennung war aber auch ein anderer Ausdruck für das attische
Talent[10]). So rechnen die Römer in den Verträgen mit den

---

10) Der Beweis für die Identität des attischen und euboischen Talentes
ist überzeugend geführt worden von Mommsen S. 24—26. 55, womit die
Darlegung bei Queipo I p. 490 ff. im wesentlichen übereinstimmt. Die
Hauptgründe waren schon von Hussey p. 28—30 geltend gemacht worden.
Böckh weicht davon allerdings weit ab. Da er das äginäische Talent, welches nach ihm dem babylonischen gleich ist, mit Pollux gleich 10000 attischen Drachmen setzt, so erklärt er das vorsolonische Talent für verschieden von diesem und glaubt darin das euboische zu erkennen, welchem er
den von uns für das äginäische angesetzten Betrag zuschreibt. Vergl.

Karthagern von 241 und 201, sowie in denen mit Antiochos von
190 und den Aetolern von 189 nach euboischen Talenten [11]).
In dem Vertrage mit Antiochos insbesondere wird bestimmt,
dafs der König als Kriegsentschädigung im ganzen 15000 euboische
Talente, und zwar 500 Talente sogleich, 2500 nach der Bestätigung
des Friedens durch das Volk, die übrigen 12000 in zwölf jähr-
lichen Raten zahlen solle. In Uebereinstimmung damit nimmt
später der römische Proconsul Manlius die 2500 Talente in
Empfang [12]), in Betreff der übrigen Summe aber wird bei Ab-
schliefsung des Tractats nochmals bestimmt [13]): ἀργυρίου δότω
Ἀντίοχος Ἀττικοῦ Ῥωμαίοις ἀρίστου τάλαντα μύρια δισχί-
λια ἐν ἔτεσι ιβ', διδοὺς καϑ' ἕκαστον ἔτος χίλια· μὴ
ἔλαττον δ' ἑλκέτω τὸ τάλαντον λιτρῶν Ῥωμαϊκῶν π'. Die
Talente attischen Silbers können, wie aus der Gewichtsbe-
stimmung zu 80 römischen Pfund hervorgeht, nichts anderes als
attische Talente gewesen sein, wie sie auch von Livius [14]) geradezu
genannt werden; sie sind aber ferner auch identisch mit den in
dem vorläufigen Vertrage ausgemachten euboischen Talenten [15]); es folgt also unzweifelhaft, dafs den Römern das euboische
Talent nur eine andere Bezeichnung für das attische war. So
erklärt es sich nun von selbst, dafs in den Verträgen mit den
Aetolern die Zahlung in euboischen Talenten und in attischem
Gelde verlangt wird [16]); so wird es ferner begreiflich, dafs die
Römer überhaupt nach euboischen Talenten rechneten, was höchst
auffallend sein müfste, wenn das euboische Gewicht verschieden
von dem attischen gewesen wäre, dem einzigen, welches sie
sonst neben dem ihrigen im Verkehr mit Griechenland anzuer-
kennen pflegten. Auch die Berechnung der persischen Tribute
bei Herodot (Anh. § 10, 3) erhält nun erst ihr richtiges Licht.

M. U. Abschnitt VIII und IX, besonders S. 108 f. Die wesentlichsten Ein-
wände dagegen s. bei Mommsen S. 27 Anm. 89 und 92 vergl. mit S. 44.
11) Die Belegstellen sind für die Verträge von 241: Polyb. 1, 62, 9,
Appian. Sic. 2; — 201: Polyb. 15, 18, 7, App. Lib. 54; — 190: Polyb. 21,
14, 4, Liv. 37, 45, 14, App. Syr. 39; — 189: Polyb. 22, 13, 2 und 15, 8, Liv.
38, 9, 9. Auch anderwärts rechnete man nach euboischen Talenten; so der
Stoiker Poseidonios († 51 v. C.), der danach den Ertrag der spanischen
Bergwerke bestimmte (Strab. 3 p. 147).
12) Polyb. 22, 24, 8. 12.
13) Polyb. 22, 26, 19.
14) 38, 38, 13: argenti probi duodecim milia Attica talenta.
15) Mommsen S. 25 gegen Böckh S. 106.
16) Polyb. 22, 15, 8: δότωσαν Αἰτωλοὶ ἀργυρίου μὴ χείρονος Ἀττικοῦ παραχρῆμα μὲν τάλαντα Εὐβοϊκὰ σ' u. s. w.

Fast alle Tribute wurden in Silber- oder babylonischen Talenten
gezahlt, nur die indischen in euboischen Goldtalenten. Hätte nun
Herodot die Gesammtsumme nach persischem Gewichte geben
wollen, so mufste er alles entweder in euboischen Goldtalenten
oder in babylonischen Silbertalenten ausdrücken; er thut aber
keins von beiden, sondern reducirt, da er die Summe für seine
griechischen Leser verständlich machen will, alles auf euboische
Silbertalente d. h. auf attische Währung. So erscheinen
auch bei Pollux [17]) in einer unverkennbar aus Herodot geschöpften
Notiz anstatt der 70 euboischen Minen, die dieser dem babylonischen Silbertalente zuschreibt, 70 attische Minen; es kannte
also entweder Pollux selbst oder der Gewährsmann, dem er
folgte, die Identität des euboischen und attischen Talentes. Auffallend dagegen mufs es erscheinen, dafs Appian [18]) das euboische
Talent zu 7000 Alexanderdrachmen bestimmt. Da die Alexanderdrachme die attische ist (§ 31, 3), so könnte man vermuthen, er
habe den Ansatz Herodot's vor Augen gehabt, aber das euboische Talent mit dem babylonischen verwechselt. Doch liegt eine
andere Erklärung näher. Die Alexander- oder attische Drachme
ist im Sinne Appian's, der im zweiten Jahrhundert n. C. lebte,
der römische Denar von 3,41 Gr. (§ 32, 1), dessen siebentausend-
faches nicht viel hinter dem vollen Betrage des attischen Talentes
zurückbleibt. Dies führt zugleich zu einer andern Bemerkung.
Bei den Römern galt in Folge der Gleichstellung von Drachme
und Denar das attische Talent im gewöhnlichen Sinne als Rechnungssumme von 6000 Denaren, es entsprach also nicht mehr
dem ursprünglichen Betrage von 80 römischen Pfund, sondern
stellte vor Nero ein Silbergewicht von $71\frac{3}{7}$, nach diesem von
$61\frac{1}{2}$ Pfund dar (§ 32). Dagegen behielt man vermuthlich aus
dem älteren officiellen Stile die Benennung euboisches Talent
bei um das vollwichtige attische Talent zu bezeichnen [19]), und
setzte es, wie aus Appian hervorgeht, zu 7000 Denaren an.
Eine Spur von dieser Unterscheidung zeigt sich auch bei
Festus, der das attische Talent dem allgemeinen Gebrauche gemäfs
zu 6000 Denaren, das euboische aber abweichend davon bestimmt.

---

17) 9, 86: τὸ Βαβυλώνιον (τάλαντον ἐδύνατο δραχμὰς Ἀττικὰς)
ἑπτακισχιλίας und darauf: τὸ Βαβυλώνιον ἑβδομήκοντα (μνᾶς εἶχε),
wo aus dem Zusammenhang unzweifelhaft hervorgeht, dafs attische Minen gemeint sind.
18) Sic. 2.
19) Hussey p. 31 Anm. l.

Freilich sind die Zahlen in der letzteren Angabe so verderbt, daſs sich nichts weiteres aus derselben für das euboische Talent folgern läſst[20].

4. Es ist also als feststehend anzunehmen, daſs der von Solon in Athen eingeführte Münzfuſs der der persischen Goldmünze, und mithin das Solonische attische Talent das euboische war. Die Entstehung der letzteren Benennung freilich ist unklar. Kein Werth kann darauf gelegt werden, daſs die Sage dem Könige Pheidon zuschreibt, er habe das erste Gold in dem unbedeutenden argivischen Orte Eubőa prägen lassen[21], ähnlich wie das erste Silber in Aegina. Beides sind nur Umschreibungen der Thatsachen, daſs die älteste Silberwährung in Griechenland die äginäische (§ 24, 2) und die aus Persien stammende Goldwährung die euboische hiefs. Also wird man an die Insel Eubőa zu denken haben. Dort hat nun freilich urprünglich nicht der euboische, sondern der äginäische Münzfuſs bestanden; nur vorübergehend, und zwar in der Zeit nach Solon, ist unter athenischer Herrschaft Silber nach attischem Fuſse gemünzt, und erst viel später ist die attische Währung dort allgemein üblich geworden[22], weshalb es unmöglich ist, daſs die Münze von Eubőa dem euboischen Talente den Namen gegeben hat. Wohl aber ist es glaublich, daſs die Griechen des Festlandes das persische Goldgewicht zuerst durch Vermittelung der damals blühenden euboischen Handelsstädte Chalkis und Eretria kennen lernten und danach das euboische benannten[23]. Dafs den Griechen selbst die Benennung undeutlich war, dafür liegt ein Fingerzeig in der

---

20) Festus p. 359: talentorum non unum genus. Atticum est sex milium denarium. Rhodium et cistophorum quatuor milium et quingentorum denarium. Der Denar verhielt sich also zur Cistophorendrachme wie 4 : 3 (Anh. § 7, 3). Die Nachricht über das euboische Talent ist nur im Auszuge p. 78 erhalten: Euboicum talentum numo Graeco septem milium et quingentorum cistophorum est, nostro quatuor milium denariorum. Diese beiden Ansätze stimmen weder unter sich noch mit dem ersten überein, denn 7500 Cistophorendrachmen müfsten nach der ersten Gleichung 5625 Denaren entsprechen, während Paulus nur 4000 hat. Aber auch die Summe der *cistophori* kann nicht richtig sein, da das euboische Talent doch mindestens dem attischen gleich gesetzt werden mufste, 6000 Denare aber gleich 8000 Cistophorendrachmen sind. Die Erörterung der verschiedenen vorgeschlagenen Verbesserungsversuche (vergl. Anh. § 7 Anm. 15) gehört nicht hierher; für die Bestimmung des euboischen Talentes läfst sich auf keinen Fall etwas sicheres aus der Stelle folgern.

21) Etymol. M. unt. Εὐβοϊκὸν νόμισμα. Vergl. Böckh S. 104.

22) Mommsen S. 62 f. 91 Anm. 32. Anhang § 5 Eubőa.

23) Böckh S. 104. Mommsen S. 26. 63.

Hultsch, Metrologie.   10

zu Anfang dieses Abschnittes erwähnten Sage über die älteste
Prägung Athens. Man wufste, dafs das attische Talent aus dem
euboischen entstanden sei, brachte damit in Verbindung, dafs
das Gepräge der euboischen Münzen der Stier war (Anh.
§ 5), und vermuthete nun in Betreff der ältesten Münzen Athens, über
die man genauer nicht unterrichtet war, dafs dieselben das euboische Gepräge, nämlich den Stier, gehabt haben müfsten, wozu
noch das beitrug, dafs bekanntlich die Rinder ursprünglich anstatt
des Geldes als Werthbestimmung gedient hatten (§ 22, 1).

5. In dem Systeme wurde bei der Einführung der euboischen Währung im wesentlichen nichts geändert. Die Eintheilung
des neuen Talentes und die Benennung der Theile blieb dieselbe.
Die grofse Einheit war nach wie vor das Talent, die kleine die
Drachme. Nur in den durch Münzen dargestellten Nominalen
trat eine wichtige Aenderung ein, indem als gröfstes Silberstück
ein Tetradrachmon an die Stelle des äginäischen Didrachmon
kam (§ 27, 1). Die öffentlichen Rechnungen des athenischen
Staates wurden in Talenten, Drachmen, Obolen und halben Obolen
geführt, die Mine erscheint hier nicht [24]). Für gewöhnlich rechnete man in runden Beträgen nach Drachmen, nicht selten auch
nach Minen, noch über das Talent hinaus, man sagte also z. B.
10000 Drachmen anstatt 1 Talent 4000 Drachmen [25]). Die Benennung Drachme blieb häufig ganz weg [26]).

§ 26. *Feststellung des Normalgewichts der attischen Münze.*

1. Ueber den Gewichtsbetrag des attischen Talentes haben
wir eine Nachricht aus dem Alterthum selbst, der an Zuverlässig-

---

24) Die Belege finden sich in den von Böckh Staatshaush. Bd. II und III
zusammengestellten Inschriften, besonders Bd. II n. I (C. I. 147), II (Ran-
gabé n. 119), VII (C. I. 155), VIII (C. I. 157). In den Tributlisten, die unter n. XX zusammengestellt sind, erscheinen in den Quoten, welche $\frac{1}{1500}$
des vollen Betrages darstellen (Böckh S. 620), Drachmen und Obolen, die
vollen Beträge (S. 547 ff.) sind angesetzt nach Talenten und Tausenden
von Drachmen, einige kleinere auch nach Hunderten. Von den Urkunden
über das Seewesen geben besonders n. X und XIV mehrfache Beispiele.
25) Dem. 19, 39: μυρίας δραχμάς neben τρία und ἑπτακαίδεκα τάλαντα, Lys. 19, 42: ὀγδοήκοντα μνᾶς neben πέντε ταλάντων, wo man
sieht, dafs allemal die Benennung gewählt ist, in welcher der Geldbetrag
am kürzesten sich ausdrücken liefs. Μνᾶς ἑκατόν hat Ephippos bei Athen.
4, 146 C.
26) Aristoph. Equ. 829: ἀλλά σε κλέπτονθ' αἱρήσω 'γὼ τρεῖς μυριάδας. Häufig so bei Rednern διακόσιαι, χίλιαι u. s. w., z. B. Demosth.
22, 21. 24, 3. 36, 15. Ebenso auch bei Späteren, wie Act. Ap. 19, 19:
ἀργυρίου μυριάδας πέντε, Ioseph. Arch. 12, 3, 3 p. 80 Bekk.

keit wenige andere im Gebiet der Metrologie gleichkommen. In
dem schon erwähnten Vertrage der Römer mit dem König Antiochos wurde die Höhe der noch zu zahlenden Kriegsentschädigung
auf 12000 Talente ἀργυρίου Ἀττικοῦ ἀρίστου festgesetzt und
noch besonders bestimmt: μὴ ἔλαττον δ᾽ ἑλκέτω τὸ τάλαντον
λιτρῶν Ῥωμαϊκῶν π᾽ [1]). Der Betrag des römischen Pfundes
ist oben (§ 21) bis zu einer kleinen Fehlergränze genau festgestellt worden, also lassen sich auch die im Vertrage genannten
Talente attischen Silbers mit Sicherheit bestimmen. Dafs es
attische Talente sind, wie sie Livius geradezu nennt, ist bereits
(§ 25, 3) nachgewiesen worden. Weiter ist es ersichtlich, dafs
die von den Römern festgesetzte Bestimmung des attischen Talentes auf keinen Fall eine zu niedrige war, denn sie hätten sich
dann selbst benachtheiligt; aber sie darf auch nicht als eine absichtlich in die Höhe getriebene angesehen werden, weil nicht
der entfernteste Grund zu einer solchen Ungerechtigkeit vorlag,
indem es ja freistand die Zahlung einfach in römischen Pfunden
zu verlangen [2]). Wir haben vielmehr in dem Ansatze zu 80 Pfund
das genaue und gesetzliche Verhältnifs zwischen dem attischen
Talente und dem römischen Pfunde, ähnlich wie das Wassergewicht der Amphora gerade auf 80 Pfund oder ein Talent angesetzt
war (§ 17, 1). Demnach erhalten wir für das attische Talent den
Betrag von 80 × 327,453 = 26196,2 Gr., für die Drachme
4,366 Gr. Nach demselben Ansatze ist die Mine = 1⅓ römische
Pfund = 16 Unzen, und so wird sie von Galen und den Metrologen der Kaiserzeit bestimmt [3]).

1) Polyb. 22, 26, 19. Liv. 38, 38, 13.
2) Böckh S. 123.
3) Galen ist, wie überhaupt in Betreff der Mafse und Gewichte, auch
hier nicht genau unterrichtet. Er sagt de compos. med. p. gen. p. 789, die
Mine werde von einigen auf 16, von andern auf 20 Unzen angesetzt; andere, fährt er fort, machen einen Unterschied und geben der alexandrinischen Mine 20 Unzen, der anderen 16. Die andere Mine ist keine andere
als die attische, welche ebenso auch den Angaben der Kleopatra (p. 767)
und des Dioskorides (p. 775) zu Grunde liegt. Letzterer sagt: μνᾶ κατὰ
μὲν τὴν ἰατρικὴν χρῆσιν ἄγει ϛο ιϛ´, Kleopatra: ἡ μνᾶ ὄνομα σταθμοῦ
ἔχει ϛο ιϛ´. Freilich unterscheidet sie nachher davon die attische Mine,
der sie nur 12½ Unzen zuschreibt; doch erklärt sich der Irrthum leicht
daraus, dafs die 100 Drachmen der Mine als Neronische Denare von ⅛ Unze
angesehen werden, nach welcher Rechnung allerdings nur 12½ Unzen auf
die Mine gehen. Sehr werthvoll ist die Angabe, welche der Metrolog der
Benedictiner (Anal. p. 394) aufbewahrt hat: ἔχει ἡ μνᾶ ὁλκὰς ἑκατόν,
πρὸς δὲ τὸ Ἰταλικὸν ριβ´. ἡ οὐγγία δὲ ὁλκὰς ζ´, Ἀττικὰς δὲ ϛ´ καὶ
ὀβολὸν α´ καὶ χαλκοῦς δ´. Die italischen Drachmen sind Denare von

2. Diese Ansätze werden in überraschender Weise durch den Befund der Münzen bestätigt. Zwar ist das älteste attische Silber unmittelbar aus der Zeit nach Solon noch etwas niedriger ausgeprägt, allein die Tetradrachmen, welche bald nachher geschlagen worden sind, erreichen vollkommen das Effectivgewicht von etwas über 17,46 Gr. [4]), was auf eine Drachme von 4,366 Gr. führt, also dem eben gefundenen Betrage des attischen Gewichts genau entspricht. Dagegen kann nicht in Betracht kommen, dafs nicht lange darauf, wahrscheinlich noch vor den Perserkriegen, diese sorgfältigere Prägung wieder einen kleinen Abbruch erlitt, der auf höchstens 0,05 Gr. für die Drachme anzusetzen ist, sodafs nun das Tetradrachmon auf etwa 17,27, der Goldstater auf 8,62 Gr. auskam [5]). Dies ist auch der Fufs, nach welchem durchschnittlich Philipp von Makedonien in Gold, sein Sohn Alexander in Gold und Silber münzte (§ 31, 2. 3). Aber unter den sicilischen Münzen, die ebenfalls dem attischen Fufse folgen, finden sich zahlreiche Stücke, die das volle Münzgewicht darstellen, ja zum Theil noch übersteigen [6]). Wir tragen demnach kein Bedenken

---

ₙ¼ Pfund, von denen 7 auf die Unze gehen. Attische Drachmen gehen nur 6¼ auf die Unze oder 75 auf das Pfund, also verhält sich die attische Mine von 100 Drachmen zum römischen Pfund wie 100 : 75 = 4 : 3. Vergl. Böckh S. 123.

4) Prokesch-Osten über die Münzen Athens, in den Abhandl. der Berl. Akad. 1848 S. 6 fand als Gewicht der ältesten gut erhaltenen Tetradrachmen mit dem Pallaskopf 329 Par. Gran = 17,47 Gr. Ein Tetradrachmon aus derselben Zeit im Mus. Brit. p. 125 (abgebildet Tab. 6, 10), welches 17,67 Gr. (= 272,7) wiegt, ist etwas übermünzt.

5) S. die nähere Ausführung § 27, 4 mit Anm. 22.

6) Dekadrachmen von Syrakus wiegen 44,06 (= 680 Leake p. 71), 43,45 (= 670¼ Northwick p. 34), 43,38 (= 669,5 Hunter p. 289), 43,34 (= 668,9 Leake p. 72), 43,29 (= 815 Mionnet p. 36 = 668 Northw. p. 34), was auf eine Drachme von 4,406 bis 4,329, also im Mittel von 4,367 Gr. führt. Einige Maximalgewichte von sicilischen Tetradrachmen sind: Agrigent 17,60 (Pinder S. 21), 17,46 (= 269¼ Northw. p. 23), Gela 17,88 (= 276 Leake p. 57), 17,53 (= 270,5 Leake p. 57), Himera 17,46 (= 269¼ Northw. p. 29), Leontini 17,63 (= 272 Northw. p. 29), 17,53 (= 270,5 Pembroke p. 95), 17,48 (= 269,8 Leake p. 61), 17,47 (= 329 Mionnet p. 32), Messana 17,66 (= 332¼ Mionnet p. 32), 17,55 (Pinder S. 24), Panormus 17,46 (= 269¼ Mus. Br. p. 72), Syrakus 17,53 (= 270¼ Northw. p. 35), 17,51 (= 270¼ Northw. p. 35). Ferner Didrachmen im Normalgewicht von 8,73 Gr.: Agrigent 8,96 (= 138,3 Leake p. 49), 8,84 (= 166¼ Mionnet p. 28), 8,75 (= 135 Mus. Br. p. 58), 8,74 (= 164¼ Mionnet p. 28), Leontini 8,73 (= 134,7 Leake p. 61), Syrakus 8,81 (= 135,9 Pembroke p. 110). Dafs die höchsten Stücke übermünzt sind, worauf auch Burgon Catal. Pembr. p. 110 aufmerksam macht, mag gern zugegeben werden; es sollte nur nachgewiesen werden, dafs sich das attische Normalgewicht zu seinem vollen Betrage auch in den Münzen Siciliens findet.

das Normalgewicht der attischen Drachme auf 4,366 Gr. [7]) und danach das Talent auf 26,196 Kilogr., die Mine auf 436,6 Gr. anzusetzen. Hieraus ergiebt sich das Gewicht der verschiedenen attischen Gold- und Silbermünzen wie folgt:

δεκάδραχμον	43,66 Gr.
τετράδραχμον	17,46 -
δίδραχμον, χρύσειος στατήρ	8,73 -
δραχμή	4,366 -
πεντώβολον	3,64 -
τετρώβολον	2,91 -
τριώβολον	2,18 -
διώβολον	1,45 -
τριημιωβόλιον	1,09 -
ὀβολός	0,73 -
τριτημόριον	0,55 -
ἡμιωβόλιον	0,36 -
τεταρτημόριον	0,18 -
Achtelobolos (in Gold)	0,09 -

§ 27. Die attische Silberprägung.

1. Es ist bereits bemerkt worden, dafs, als an die Stelle der schweren äginäischen Drachme die leichtere euboische trat, das System der alten Währung nicht geändert wurde. Die Drachme zerfiel nach wie vor in Hälften oder Triobolen, Sechstel oder Obolen und Zwölftel oder Hemiobolien [1]). Doch prägte

---

7) Auf denselben Betrag bestimmen die attische Drachme Letronne considér. p. 93 (= 82⅓ Par. Gran) und Böckh M. U. S. 124, Staatsb. I S. 21 (= 82,2). Leake Numism. Hell. Europ. Gr. p. 21 giebt den Ansatz um ein merkliches höher auf 4,374 Gr. (= 67,5). Hussey, der die schwersten Münzen des attischen Fufses noch nicht kannte, berechnet aus dem ihm vorliegenden maximalen Münzgewichten eine Drachme von 4,31 Gr. (= 66,5 p. 18). Zu niedrig sind die Ansätze von Beulé p. 11 f., der den Mittelwerth von 17,20 Gr. für das Tetradrachmon oder 4,30 Gr. für die Drachme nimmt, sowie von Queipo I p. 460 und 606, der durch eine unkritische Durchschnittsrechnung auf 4,25 Gr. für die Drachme kommt. Unter den älteren Bestimmungen, welche Hussey p. 19 f. zusammenstellt, kommen der obigen am nächsten die von Greaves on the Roman foot p. 269 und Bernard de mens. p. 105, welche 4,34 Gr. (= 67 engl. Gran) fanden, und die von Barthélemy Voyage VII p. LIV, welcher 4,355 Gr. (= 82 Par. Gran) berechnete.

1) Das τριώβολον und der ὀβολός werden von attischen Schriftstellern so häufig erwähnt, dafs es keines Beleges bedarf; das ἡμιωβόλιον erscheint bei Xen. Anab. 1, 5, 6, Arist. Ran. 554 und in der Nebenform ἡμιωβέλιον bei Aristot. Rhet. 1, 14. Vergl. Poll. 9, 62. 64.

man aufserdem noch andere Theilmünzen, Dritteldrachmen oder
Diobolen [2]), Vierteldrachmen oder Trihemiobolien und dazu
als Hälften Tritemorien = ¾ Obolos [3]). Ja noch weiter bis
zum Viertel des Obolos, dem Tetartemorion [4]), ging die Silberprägung hinab. Seltenere Nominale waren die Zweidritteldrachme
oder das Tetrobolon und das ganz vereinzelte Pentobolon [5]).
Nicht weniger mannichfaltig sind die Nominale der Goldprägung,
von denen weiter unten gesprochen werden wird. Die Hauptab-
weichung von dem System der früheren Währung bestand in der
Einführung eines neuen Silbergrofsstückes anstatt des äginäischen
Staters. Das Didrachmon von 8,7 Gr. war zu klein um passend
als allgemeine Courantmünze zu dienen, man prägte es deshalb
nur sehr selten. An seine Stelle trat, indem man den Betrag ver-
doppelte, das attische Tetradrachmon, die Hauptmünze des
Staates [6]). Die Benennung στατήρ, die ursprünglich nur dem
Didrachmon zukommt und in Athen vorzüglich an der Goldmünze
haftete, ist erst von späteren Schriftstellern dem Tetradrachmon
beigelegt worden [7]). Das Tridrachmon, welches auch dem äginäischen System fremdartig war, ist in Athen, wenn nicht alles

---

2) Das διώβολον erwähnen Aristoph. bei Poll. 9, 63, Alexis bei
Athen. 3, 117 D, Pollux 9, 63: ἦν δὲ καὶ τριώβολον καὶ διώβολον εἶδη
νομισμάτων Ἀττικῶν.
   3) Τριημιωβόλιον Aristoph. bei Poll. 9, 63. Τριτημόριον Deinar-
chos bei Phot. unt. d. W.: ὅτι δὲ τριτημόριόν ἐστιν ἐξ χαλκοῖ, Φιλήμων
διδάσκει; Poll. 9, 65: ὁ μέντοι ὀβολὸς ὀκτὼ χαλκοὺς εἶχεν, — οἱ δὲ
ἐξ (χαλκοῖ) τριτημόριον (ὠνομάζετο), ὅτι τὰ τρία μέρη ἐστὶ τοῦ ὀβολοῦ,
wofür zwei Beweisstellen aus Philemon citirt werden, der überdies die
Form τριτήμορον gebraucht. Eine andere Nebenform war nach Poll.
τριταρτημόριον.
   4) Poll. a. a. O.: οἱ μὲν δύο χαλκοῖ τεταρτημόριον καὶ κατὰ ἀπο-
κοπὴν ταρτημόριον ὠνομάζετο, ὅτι ἦν τοῦ ὀβολοῦ τέταρτον. Als die
kleinste Münze nennt es Aristot. Pol. 7, 1; als Uebersetzung des römischen quadrans gebraucht es Plut. Publ. 23 vergl. mit Liv. 2, 16, 7. 3, 18, 11.
   5) Das πεντώβολον bei Arist. Equ. 798 ist sicher als Münze, nicht
als blofser Zahlenwerth (= πέντε ὀβολοί) aufzufassen. Dafs es wirklich
ausgeprägt worden ist, wird unten (Anm. 30) nachgewiesen werden.
   6) Ueber das seltene Vorkommen des Didrachmon s. unt. 5 Anm. 25,
über das attische Tetradrachmon die § 25 Anm. 2 angeführte Stelle des
Philochoros.
   7) Der anonyme Alexandriner cap. 18 (Mai) bestimmt die attische
Mine zu 25 Stateren, gebraucht also στατήρ für τετράδραχμον. Hesychios
erklärt die γλαῦκες Λαυριωτικαὶ des Aristophanes als ἀργυροστατῆρες,
nachdem er vorher genauer γλαύξ als νόμισμα Ἀθήνησι τετράδραχμον bezeichnet hat. So erklären auch Photios und Suidas den στατήρ
als τετράδραχμον νόμισμα (die handschriftliche Lesart τετράγωνον berichtigt von Letronne consid. p. 90, Böckh Staatsh. I S. 17 Anm. d).

trügt, niemals ausgeprägt worden [8]). Die gröfste attische Silbermünze, die in mehreren schönen Exemplaren erhalten ist, war
das Dekadrachmon (§ 27, 5).

2. Die Silbermünzen, welche durch die Aufschrift AΘE
sich als athenische zu erkennen geben, haben so gut wie ohne
Ausnahme den Pallaskopf auf der vordern, die Eule auf der Rück-
seite [9]). Die ältesten erhaltenen Stücke zeigen in Form und
Stempel eine noch so wenig ausgebildete Technik, dafs man kein
Bedenken getragen hat sie in die Entstehungszeit des attischen
Münzfufses, in das Zeitalter Solon's, hinaufzurücken. Dennoch
haben sich unverkennbare Spuren einer abweichenden attischen
Prägung gezeigt, die der Epoche der Pallasmünzen vorausgegangen
sein mufs. Es giebt Reihen alterthümlicher Münzen, welche
dem attischen Fufse folgen und die Nominale desselben von dem
Hemiobolion aufwärts bis zum Tetradrachmon darstellen; nur
dafs das letztere selten, dagegen das Didrachmon ganz gewöhnlich
ist. Sie sind einseitig geprägt und führen als Wappen das Me-
dusenhaupt, die Eule, das Pferd, den Würfel oder am häufigsten
das Rad [10]). Wenn wirklich, worauf alles hinweist, Athen als
der Heimathsort dieser Prägung zu betrachten ist, so folgt daraus,
dafs dies die älteste nach dem eigentlich attischen Fufse, also die
Solonische sei, und dafs die Münzen mit dem Pallaskopfe erst
einer etwas späteren Epoche angehören. Doch kann die Einführung

---

8) Hussey p. 48. Böckh S. 124. Eine Münze mit attischem Gepräge,
12, 51 Gr. (= 193 engl. Gran) schwer, welche ein Tridrachmon sein
müfste, ist unächt. Leake Numism. Hell. Eur. Gr. p. 24.

9) Den Pallaskopf bezeichnet als Gepräge der attischen Münzen
Poll. 9, 75; über die Eule s. oben § 25 Anm. 2. Daher erklären sich folgende meist scherzhafte Benennungen der attischen Münzen: Παλλάδες
beim Komiker Eubulos bei Poll. 9, 76, κόραι bei Hypereides und Euripides
(Poll. a. a. O.), γλαῦκες Λαυριωτικαί bei Aristoph. Av. 1106, γλαῦκες
bei Plut. Lysand. 16. Eine seltene Gattung älterer athenischer Münzen
zeigt zwei vereinigte Pallasköpfe auf der Vorder-, einen auf der Rückseite.
Beulé p. 52. Leake p. 25.

10) Das wichtigste über diese Münzen ist von Beulé Monnaies
d'Athènes p. 15 ff. und Mommsen S. 52 ff. 856 zusammengestellt. Die
Maximalgewichte betragen nach Mommsen:

	Tetradr.	Didrachm.	Drachme	Triob.	Obol.	Hemiob.
Medusenhaupt . .	17,02	8,52	—	—	0,72	0,20
Eule	—	8,42	—	—	0,65	—
Pferd, Pferdehinter-						
theil, Dreibein .	—	8,45	4,25	2,00	—	—
Würfel	—	8,13	—	—	—	—
Rad	—	8,50	4,22	—	0,71	—

der neuen Prägung schwerlich weit herabgerückt werden, weil
dieselbe wahrscheinlich schon einige Zeit bestanden hatte, als
die Perser in Griechenland einfielen [11]). Vermuthlich war es
Peisistratos, der anstatt des einfachen Wappens die kunstvolle
Prägung mit dem Götterbilde einführte; es würde also für die
Wappenmünzen nur die kurze Periode von 594 bis 560 bleiben.
Möglich, dafs sie neben den Pallasmünzen noch eine Zeit lang
für den Verkehr mit dem Norden, oder in nördlichen Colonien
selbst, wie in Neapolis am Strymon geschlagen worden sind;
auf jeden Fall müssen wir die vollwichtige und geregelte attische
Prägung von der Epoche der Pallasmünzen an datiren [12]).

---

11) Eine ziemliche Anzahl griechischer Münzen, welche der Zeit der
Perserkönige Dareios und Xerxes angehören, zeigen eine eigenthümliche,
offenbar erst nach der Prägung eingeschlagene Marke. Es ist ein breiter
tiefer Einschnitt, der von der Mitte nach dem rechten Rande geht. Mehrere so bezeichnete Stücke hat Leake Num. Hell. Kings p. 1 und 19, Asiat.
Gr. 127, Europ. Gr. 23 und 157 beschrieben. Der Einschnitt befindet sich
auf Münzen von Alexander I von Makedonien, dem Zeitgenossen des Dareios und Xerxes, ferner auf solchen von Getas, König der Edoner, der
um 520 regierte, sowie auf einer derselben Zeit angehörenden Münze der
Bisalter in Thrakien, sehr häufig auch auf kilikischen Münzen aus der Zeit
der persischen Herrschaft. Genau dieselbe Marke erscheint nun auch nicht
blos auf einem attischen Tetradrachmon mit Pallaskopf, welches nach
Form und Stil der ältesten Prägung angehört (abgebildet Mus. Brit.
Tab. VI, 10, beschrieben von Leake p. 22), sondern auch auf einem Dekadrachmon, welches bereits dem zweiten Abschnitte der athenischen Prägung
angehört (genau beschrieben von Leake p. 23). Wohl mit Recht hat Leake
in dem merkwürdigen Zeichen eine Art von Stempel erkannt, den die Perser
zur Zeit ihrer Herrschaft in den betreffenden Gegenden auf die Münze schlugen, um anzuzeigen, dafs sie in ihrem Reiche als Courant gelten solle. Die
Zeit der Stempelung ist bei den makedonischen und thrakischen Münzen unzweifelhaft die der Perserkriege, sie kann also auch bei den athenischen
nicht wohl später angesetzt werden. Daraus folgt weiter, dafs die Prägung
der Pallasmünzen in Athen schon eine geraume Zeit vor 500 begonnen haben
mufs, also nicht erst um die Zeit der Vertreibung der Peisistratiden (510)
angefangen haben kann, wie Beulé p. 29. 33 und Mommsen S. 69f. anzunehmen geneigt sind. Wohl aber hat es die gröfste Wahrscheinlichkeit,
dafs das andere von Mommsen gesetzte Datum, der Anfang der Herrschaft
des Peisistratos (560) als der Anfangspunkt der neuen Prägung zu betrachten ist.
12) Die alten Wappenmünzen zeigen nicht das volle attische Normalgewicht; das höchste Stück giebt eine Drachme von nur 4,26 Gr.; sie sind
also weniger sorgfältig geprägt als die darauf folgenden Pallasmünzen.
Freilich ist zu bedenken, dafs vielleicht die vollwichtigen Stücke, die auch
unter den letzteren sehr selten sind, bei der älteren Reihe verloren gegangen sind. Jedenfalls scheint es nicht rathsam anzunehmen, dafs die
Fixirung des attischen Normalgewichts nicht gleich durch Solon, sondern

3. Diese Münzen scheiden sich der Zeit nach deutlich in
zwei grofse Klassen, deren jede wieder ihre Unterabtheilungen
hat. Die charakteristischen Merkmale der ersten Klasse sind
der einfache Stil sowie die Abwesenheit von überflüssigen Zier-
rathen bei den Bildern der Vorder- und Rückseite, dem Pallas-
haupte und der Eule. Die Rückseite zeigt ein eingeschlagenes
Quadrat, welches erst gegen das Ende der Periode allmählich weg-
bleibt; neben der Eule sind die einzigen Symbole der Olivenzweig
und theilweise die Mondsichel, die einzige Aufschrift ist AΘE
in mehr oder weniger archaistischer Form, oft auch noch rückläufig geschrieben. Die ältesten Tetradrachmen dieser
Klasse sind klein von Umfang [13]), dafür aber dick und klumpig.
Der Pallaskopf ist verhältnifsmäfsig hoch gehoben, die Nase spitz
und lang, das Auge grofs und nach der Nase zu gerundet, die
Haare liegen in sechs straffen Locken über der Stirn und an der
Wange. Der Helm ist ohne jede Verzierung, hat breite Ohrlaschen
und zeigt vom Kamm nur den Ansatz. Die Eule auf der Rückseite
ist plump, das eingeschlagene Quadrat fast flach, der Oelzweig
im Felde lang, die Schrift AΘE oder rückläufig ƎΘA bei
manchen Stücken kaum sichtbar. Auch ist der Stempel selten
rein und zeigt Unebenheiten [14]). Daran reiht sich eine zweite
Abtheilung, in welcher ein stufenweises Loslassen vom älteren
Stile und der Uebergang zu einem feineren und schöneren, sowie
ein grofser Fortschritt in der Prägekunst sichtlich ist. Der Helm
der Pallas ist mit drei stehenden Olivenblättern und einem ge-
wundenen Zweige geschmückt. Bei den älteren Stücken läuft
das Auge noch geschlitzt zu, aber es wird nach und nach schöner
und wahrer gezeichnet, die Nase verliert die zu scharfe Spitze
und sitzt gerader an der Stirne, die Wangen werden geründeter

---

erst später mit der Prägung der Pallasmünzen eingetreten sei. Die oben
§ 25, 1 im Zusammenhang besprochenen Stellen weisen darauf hin, dafs
das Solonische Gewicht von dem spätern attischen nicht verschieden war;
womit recht wohl vereinbar ist, dafs die erste Prägung nicht ganz so sorgfältig war als die bald darauf folgende, die unter strengerer Controle und
mit besseren Hülfsmitteln ausgeführt wurde.

13) Sie haben nach der Mionnet'schen Scala reichlich vierte bis fünfte
Gröfse, oder mit heutigen Münzen verglichen, den Durchmesser eines Sil-
bergroschenstücks. Doch finden sich auch Stücke sechster Gröfse, die der
Beschreibung nach dieser ersteren Abtheilung zugetheilt werden müssen.

14) Diese Beschreibung giebt Prokesch - Osten über die Münzen
Athens, Abhandl. der Berl. Akad. 1849 S. 6, etwas weniger ausführlich
Leake Europ. Gr. p. 22 f. Abbildungen bei Prokesch Inedita in den
Denkschr. der Wiener Akadem. 1854 Taf. II Fig. 63, Mus. Brit. Tab. VI,
10, Beulé p. 35.

und voller. Die Haare sind bei allen Tetradrachmen dieser Klasse
in zwei Flechten über die Stirne geschwungen. Der Helm hat
vorne eine diademartige Stülpe; der Kamm wird mehr oder weniger sichtbar, die Ohrlappen werden kleiner und fallen wohl
auch ganz weg. Der Hals ist bei den meisten mit einer Perlenschnur geschmückt. Das Viereck der Rückseite, erst tiefer und
sicherer als bei der früheren Klasse, verliert sich nach und nach
fast ganz. Die Eule ist größer gehalten und steht manchmal auf
einem keulenartigen, knotigen Aste, der nicht selten gespalten
ist. Die Blätter des Zweiges sind breiter, manchmal gerippt und
vor denselben ist stets eine Mondsichel zu sehen. Die Schrift
ist stehender, der Umfang der Münze merklich größer [15]). Hieran
schließt sich als dritte Abtheilung noch eine besondere Reihe
von Tetradrachmen, die die volle Entwickelung des archaischen
Stils mit überlegenen Mitteln der Kunst zeigen [16]), der Zeit nach
aber nicht hinter denen der vorhergehenden Abtheilung stehen,
sondern in dieselbe als eingeschoben zu betrachten sind, sodafs
die weniger kunstvolle Prägung diejenige von der höchsten künst-
lerischen Vollendung wieder überdauerte [17]).

Deutlich unterscheiden sich davon die Münzen der zweiten
Klasse. Sie sind breiter und dünner ausgeschlagen, also trotz
des verminderten Gewichts bedeutend größer im Umfang [18]).
Der Helm, mit Akrostolium und geflügeltem Greif, über der Stülpe
aber mit Zähnen geschmückt, trägt einen hohen, gedoppelten
und gefiederten Kamm, die Haare sind kaum sichtbar und glatt

15) Die Beschreibung nach Prokesch S. 6 f., womit die des Dekadrach-
mons bei Leake p. 23 bis auf wenige Einzelheiten genau übereinstimmt.
Abbildungen Mus. Hunter Tab. 8 n. 7, Mionnet pl. LIV, 1, Prokesch Ined.
Taf. II Fig. 66—68, Beulé p. 37. Die Größe ist 5—7, also zwischen dem Umfang eines preufsischen Zwölftel- und eines sächsischen Drittelthalerstücks.
16) Prokesch S. 7: 'Der Kopf, im Ganzen kleiner gehalten, läfst Raum
für das flache, besser geebnete und besser gerundete Feld. Der Helm ist
ohne Zierrath mit hohem glatten Kamm und Vorderstülpe. Das Ohr ist
frei. Die Haare liegen in neun langen Locken, sorgsam geordnet auf der
Stirn und an der Wange. Das Auge, obwohl geschlitzt, ist richtig im Mafs
und die Nase klein und edel. Den Hals schmückt die Perlenschnur. Das
Viereck der Rückseite ist scharf und tief, auch bedeutend kleiner, die Eule
gedrungener, ohne Unterlage, und sowie Oelzweig und Schrift kleiner.
Die Mondsichel ist weggelassen. Größe 6.' Aehnlich Beulé p. 39. Abbildungen bei Prokesch Fig. 74, Beulé p. 39.
17) Prokesch S. 15. Beulé classificirt die Münzen, welche auf die der
dritten Abtheilung folgen, als vierte Abtheilung.
18) Die Größe geht von 7—9, also fast bis zum Umfang eines Ver-
einsthalers. Ueber das Gewicht s. unt. 4 Anm. 23.

über der Stirn und hängen längs der Wange in einer Locke; das
Ohr hat ein Gehänge, der Hals manchmal eine Perlenschnur.
Das Bild ist mit einem Perlenreif umschlossen. Die Rückseite
zeigt die Eule auf einer liegenden Diota stehend. Unterhalb der
zu beiden Seiten des Eulenkopfes befindlichen Legende AΘE erscheinen Monogramme oder Magistratsnamen und verschiedene
Symbole und Prägezeichen. Alles ist von einem Olivenkranz ein-
geschlossen, der an die Stelle des eingeschlagenen Quadrats getreten ist[19]). Das E statt H in dem Namen der Stadt ist nach
der alterthümlichen Schreibweise beibehalten, während in den
Magistratsnamen nach der seit 403 v. C. gesetzlich eingeführten
Orthographie regelmäfsig H sich findet. Nach der Art der aufserdem noch hinzutretenden Aufschrift sind unverkennbar zwei
Unterabtheilungen zu unterscheiden, die der Zeit nach eine auf
die andere gefolgt sein müssen. Anfangs erscheinen die Namen
der Magistrate nur in Monogrammen, später in drei, vier und
mehr Anfangsbuchstaben oder auch vollständig ausgeschrieben[20]).

4. Den Unterschieden in der äufseren Form, wie wir sie
soeben bei den athenischen Münzen in absteigender Zeitfolge
verfolgt haben, entsprechen merkliche Differenzen im Gewicht.
Die gut erhaltenen Tetradrachmen, welche der ersten Abtheilung
der ersten Klasse angehören, wiegen 17,47 Gr. und darüber[21]),

19) Die Beschreibung gleichfalls nach Prokesch S. 7f. Aehnlich Beulé
p. 81 f. Abbildungen im Mus. Hunter Tab. 8. 9. 10, bei Mionnet pl. LXXII,
8, Beulé p. 83. Die Symbole der Rückseite aufser der Diota sind von der
gröfsten Mannichfaltigkeit; ihre Bedeutung hat sich noch nicht mit Sicherheit bestimmen lassen. Vergl. Beulé p. 117 ff. Aufser den Namen
der Magistrate finden sich häufig entweder auf oder unter der Diota oder
an beiden Stellen zugleich Buchstaben, und zwar auf der Diota nur einer,
unter derselben zwei. Die Buchstaben auf der Diota gehen von A bis M;
dies sind Zahlzeichen von 1 bis 12. Aus jeder der zwölf Phylen, welche
seit 307 bestanden, wurde vermuthlich ein die Controle führender Magistrat
ernannt und durch die Nummer seiner Phyle angedeutet. Beulé p. 111 f.
129 ff. Freilich erscheint einmal (p. 170) auch ein N, was Beulé für ein
Versehen des Graveurs erklärt. — Die Bedeutung der zwei oder drei
Buchstaben unter der Diota, welche Beulé p. 135 f. auf 23 Gruppen zurückführt, ist noch nicht enträthselt. Da dieselben Zeichen in den verschiedensten Serien, die wahrscheinlich der Zeit nach weit auseinander liegen,
wiederkehren, so wird es bedenklich darin die Namen von Münzbeamten
erkennen zu wollen. Aber auch Beulé's Hypothese ist unhaltbar, dafs damit die Namen der verschiedenen Werkstätten der Münze von Athen bezeichnet worden seien.

20) Die Serien mit Monogrammen behandelt Beulé p. 143—184, diejenigen mit abbrevirten oder ausgeschriebenen Namen p. 186—384.

21) Dafs das angegebene Gewicht von 17,47 Gr. für die ältesten Te-

erreichen also vollkommen das Normalgewicht (§ 26, 2). In der zweiten Abtheilung sinkt das Gewicht ein wenig bis auf 17,32 Gr. und darunter, doch darf das Zurückbleiben hinter dem Normalgewicht nicht höher als auf 0,20 Gr., das Tetradrachmon also nicht niedriger als 17,27 Gr. angesetzt werden[22]). Eine bedeutende Abminderung aber hat das Gewicht in der Periode erfahren, welcher die Münzen der zweiten Klasse angehören. Hier übersteigt das Tetradrachmon nur noch ausnahmsweise das Gewicht von 17 Gr., meistens steht es zwischen 16,8 und 16,5 Gr., sinkt aber noch weit herunter bis unter 16 Gr.[23]).

---

tradrachmen von Prokesch gefunden worden ist, und dafs einzelne Stücke noch darüber hinausgehen, ist bereits oben § 26 Anm. 4 gezeigt worden. Freilich stehen auch viele Stücke darunter, was schwerlich der Abnutzung Schuld gegeben werden kann. So finden sich die Gewichte von 17,30 (= 266,9 Leake p. 23), 17,15 (= 264,6 ebend.), 17,13 (= 264,3 ebend.), 17,05 (= 321 Mionnet Descr. 113, 19, Poids 96), 16,95 (= 261,5 Leake), 16,85 (= 260 Northwick 74 n. 777). Man münzte also schon in der ersten Periode häufig unter dem Normalgewicht, und es scheint demnach die Verminderung des Münzgewichts um 0,2 Gr. in der folgenden Epoche um so weniger auffällig.

22) Das besterhaltene Tetradrachmon dieser Abtheilung fand Prokesch S. 7 17,32 Gr. (= 326 Par. Gran) schwer. Einen sehr zuverlässigen Werth giebt das schöne Dekadrachmon von 43,16 Gr. (= 666) bei Leake p. 23, welches auf eine Drachme von 4,32 und ein Tetradrachmon von 17,27 Gr. führt. Damit stimmt genau der schwerste attische Goldstater von 8,64 Gr. und die schwerste Golddrachme von 4,32 Gr. (§ 28 Anm. 11). Dieses mindestens mufs das Gewicht gewesen sein, auf welches die damalige Prägung fixirt war; die Drachme kam also auf 0,05, das Tetradrachmon auf 0,20 Gr. unter dem Normalgewicht aus, eine für den gewöhnlichen Verkehr schwerlich bemerkbare Verminderung, da sie nicht viel über 1 Procent ausmachte. Freilich stehen die uns erhaltenen Münzen theils in Folge der Vernutzung, theils weil viele weniger sorgfältig ausgeprägt sein mögen, meist noch etwas niedriger. Die nächst höchsten Gewichte sind: 17,24 (= 324½ Mionnet p. 96), 17,22 (= 265,7 Leake 23), 17,21 (= 324 Mionnet), 17,20 (= 323¾ ebend.), 17,19 (= 265,3 Thomas p. 204), 17,17 (= 265 Leake Suppl. p. 115), 17,14 (= 264,5 Leake 23), 17,13 (= 264,3 ebend.), 17,10 (= 322 Mionnet). Mehrere Stücke von noch geringerem Gewicht müssen merklich verloren haben. Die Tetradrachmen, welche Prokesch unter der dritten Klasse begreift, während sie nach der obigen Gruppirung in die zweite Abtheilung der ersten Klasse eingeschoben worden sind (3 Anm. 16. 17), wiegen nach jenem nicht über 17,04 Gr. (= 320 S. 7).

23) Ein seltenes hohes Gewicht eines Tetradrachmon mit Monogrammen, also der zweiten Klasse angehörig, ist das von 17,14 Gr. (= 264,5) bei Leake p. 24; andere stehen auf 16,99 (= 318 Mionnet p. 97), 16,85 (= 260 Northwick p. 74), 16,81 (= 316½ zwei bei Mionnet p. 97) und so stufenweise abwärts bis 16,00 (= 301¼ Mionnet p. 97), 15,80 (= 297½ ebend.). Von den Tetradrachmen der zweiten Abtheilung, auf denen die Magistrats-

5. Wir haben die verschiedenen Epochen der athenischen Prägung bisher an den Tetradrachmen verfolgt, wo sie sich am deutlichsten unterscheiden lassen; es ist nun noch einiges über die übrigen Nominale hinzuzufügen. Das Dekadrachmon erscheint in der zweiten und dritten Abtheilung der ersten Periode in einigen schönen Exemplaren; die Prägung desselben begann wahrscheinlich schon kurz vor den Perserkriegen, ist aber wohl nie in ausgedehnterem Maſsstab ausgeübt worden, und hat vor Beginn der zweiten Periode wieder aufgehört [24]). Auch das äuſserst seltene Didrachmon ist nur noch in der älteren Zeit bisweilen geschlagen worden, in der zweiten Periode erscheint es nicht mehr [25]). Die Drachme ist nicht selten sowohl in der ersten als in der zweiten Periode; das Gewicht entspricht dem

---

namen in gewöhnlicher Schrift erscheinen, sind die höchsten Gewichte 17,61 (= 271¾ Hunter p. 53, vergl. Barthélemy Voyage VII, table XI p. LV), ein übermünztes Stück; 17,13 (= 322¼ Mionnet p. 102), 17,11 (= 264,1 Mus. Brit. p. 126), 17,02 (=262,7 Leake p. 24). Dies sind seltene Ausnahmen; die meisten Stücke stehen weit unter 17 Gr., wie folgende Uebersicht der bei Mionnet p. 98—103 aufgeführten mit Ausschluſs der vernutzten oder verstümmelten zeigt: Das höchste Gewicht nächst dem eben erwähnten von 17,13 Gr. ist 16,86 Gr.; von da bis 16,80 Gr. stehen achtzehn Stücke, bis 16,70 siebzehn, bis 16,60 zweiundzwanzig, bis 16,50 zwanzig, bis 16,00 einundfunfzig, darunter bis 15,38 vierzehn. Ganz ähnliche Resultate ergeben die übrigen gröſseren Sammlungen, wonach als feststehend betrachtet werden kann, daſs das Tetradrachmon dieser Periode normal auf reichlich 16,8 bis 16,7 Gr., durchschnittlich aber noch niedriger ausgeprägt wurde; doch so, daſs im ganzen noch mehr Stücke über 16,5 als darunter stehen. So fixirt auch Beulé p. 105 f., der mehr als 1000 Tetradrachmen der jüngeren Prägung unter den Händen gehabt zu haben versichert, das Durchschnittsgewicht zwischen 16,5 und 16,6 Gr.

24) Zwei Dekadrachmen, welche der zweiten Abtheilung der ersten Periode angehören, beschreibt Leake p. 23; die Gewichte sind 43,16 (=666) und 42,70 (=659,1). Ein drittes von 43,03 Gr. (= 664) war in der Thomasschen Sammlung (Catal. p. 203, abgebildet bei Bröndsted Reisen in Griechenland II p. 189). Ein viertes von 42,65 Gr. (= 803) befindet sich in der Sammlung von Prokesch (Ined. 1854 S. 261, abgebildet Fig. 76). Beulé (p. 47 f.) hat mehrere Stücke in Paris, London und Athen geprüft und sich von ihrer Aechtheit überzeugt; ihr Gepräge gehört nach ihm der schönsten Epoche der Kunst, also der dritten Abtheilung an.

25) Die erhaltenen Didrachmen scheinen sämmtlich der zweiten Abtheilung anzugehören. Die Gewichte sind 8,41 Gr. (= 129¼ Mus. Hunt. p. 56), 8,39 (= 129,5 Leake p. 24), 8,21 (= 126,7 Mus. Brit. p. 125). Ein viertes gleich schweres in der Pariser Sammlung (Mionnet p. 96 = 154¼), nach der Abbildung bei Beulé p. 52 offenbar der zweiten Abtheilung zugehörig, ist durchlöchert. Prokesch S. 8 kennt ebenfalls nur ein Stück, welches am Rande beschnitten ist und 7,49 Gr. (= 141) wiegt.

des gleichzeitigen Tetradrachmon [26]). Was endlich die Theilmünzen der Drachme anlangt, so zeigt sich die auffallende Erscheinung, dafs sie vollständig nur in der zweiten und dritten
Abtheilung der ersten Klasse vertreten sind. In der ersten Abtheilung, also der Zeit der ältesten Prägung, lassen sich mit
Sicherheit nur die Hälfte und das Sechstel der Drachme, Triobolon und Obolos belegen, aber auch das Zwölftel oder Hemiobolion ist ohne Zweifel schon damals geschlagen worden [27]).
Darauf folgte die Periode der mannichfaltigsten Silberprägung,
in welcher aufser den genannten Nominalen [28]) das Tetrobolon,
Diobolon, Trihemiobolion, Tritemorion und Tetartemorion [29]) erscheinen. Auch Pentobolen müssen gegen das

26) Prokesch S. 8: 'Die Drachme der zweiten und vierten Klasse
(nach unserer Gruppirung Klasse I Abtheilung 2, und Klasse II) ist nicht
selten; von derjenigen der ersten und dritten ist uns keine bekannt'. Doch
giebt Beulé p. 52 die Abbildung einer Drachme von ältestem Stil, die demnach der ersten Abtheilung zuzuordnen ist; einige andere, welche p. 54f.
abgebildet sind, versetzt derselbe in die Zeit des Perikles und weiter abwärts; sie müssen also theilweise der dritten Abtheilung angehören. Die
höchsten Gewichte sind: Klasse I Abtheilung 2: 4,30 (= 81 Prokesch =
66,4 Leake p. 24), 4,26 (= 65,7 Mus. Brit. p. 125), 4,21 (= 79½ Mionnet
Descr. II p. 115, 38, Poids p. 97), desgleichen 4,21 (= 65 Leake p. 24,
Durchschnitt von vier Stücken); — Klasse II Abtheilung 1: 4,06 (= 62,7
Leake), 4,04 (= 76 Mionnet p. 97), 4,02 (= 62 Leake); — Abtheilung 2:
4,15 (= 64 Northwick p. 75, Leake Suppl. p. 116), 4,14 (= 78 Prokesch
S. 5, möglicher Weise auch der vorhergehenden Abtheilung zugehörig),
4,03 (= 62,2 Mus. Brit. p. 127).
27) Prokesch S. 10 theilt Triobolen von 2,178 Gr. (=41) dieser Periode
zu. Ueber den Obolos vergl. denselben S. 9, Ined. S. 258. Ein offenbar
hierher zu rechnendes Stück bei Leake p. 25, welches 0,894 Gr. (= 13,8)
wiegt, ist etwas übermünzt. Bei andern Obolen sowie bei einigen Hemiobolien läfst sich wegen der mangelhaften Beschreibung nicht ausmachen,
ob sie dieser Periode oder der nächsten angehören. Doch ist nicht zu
bezweifeln, dafs Hemiobolien schon damals geschlagen worden sind, da sie
bereits unter den Wappenmünzen (Anm. 10) erscheinen.
28) Triobolon 2,138 (= 33 Leake p. 25 = 40½ Prokesch S. 10),
2,125 (= 32,8 Leake), 2,093 (= 32,3 Leake, Durchschnittsgewicht von
6 Stücken), 2,071 (= 39 Mionnet p. 97, Prokesch S. 10), 2,058 (= 38⅔
Mionnet) u. s. w. — Obolos 0,717 (= 13½ Prokesch S. 10), 0,713 (= 11
Leake p. 25), 0,703 (= 13¼ Mionnet p. 96) und häufig darunter. Vierzehn
Stücke bei Leake wiegen im Durchschnitt 0,680 (= 10,5). — Hemiobolion 0,372 (= 7 Mionnet Descr. II p. 114, 28, Poids p. 96, gehört vielleicht der ersten Periode an), 0,350 (= 5,4 Leake) und öfters darunter.
Vierzehn Stücke bei Leake geben im Durchschnitt 0,318 (= 4,9).
29) Das Tetrobolon ist daran kenntlich, dafs auf der Rückseite
zwei Eulen erscheinen, wie auch Poll. 9, 63 angiebt. Die höchsten Gewichte sind 2,842 (= 53½ Mionnet p. 97), 2,815 (= 53 Prokesch S. 10),

Ende dieser Periode gemünzt worden sein [80]). Ganz anders ge-
staltete sich die Prägung zu der Zeit, welche die Münzen der
zweiten Klasse darstellen. Hier kommt von Theilmünzen der
Drachme nur noch das Triobolon, und auch dieses selten, vor [81]),
ein sicherer Beweis dafür, dafs seitdem die geringeren Werthe
durch Kupfermünzen dargestellt wurden [82]).

6. Die Zeit, welcher die verschiedenen Perioden der Prägung Athens angehören, läfst sich bei dem Mangel an bestimmten
Daten nur annäherungsweise bestimmen. Es ist bereits darauf
hingewiesen worden, dafs ein Dekadrachmon, welches dem Ge-

2,611 (= 40,3 Leake p. 25). Der Stil des Pallaskopfes weist bei einigen
auf die zweite, bei andern auf die dritte Abtheilung der ersten Klasse hin.
— Das Diobolon hat auf der Rückseite zwei Eulen, die in einen Kopf
zusammengehen, es wiegt maximal 1,434 (= 27 Prokesch S. 10), 1,374 (=
21,2 Mus. Brit. p. 125, Leake p. 25), 1,361 (= 21 Leake Suppl. 116). —
Das Trihemiobolion zeigt die Eule mit weit geöffneten Flügeln, es gehört der zweiten und dritten Abtheilung an und wiegt 1,050 (= 16,2 Leake
p. 25), 1,037 (= 16 Leake), 1,009 (= 19 Prokesch S. 11). Ein älteres
Stück mit abweichendem Gepräge bei Leake p. 25 wiegt 1,082 (= 16,7).
— Das Tritemorion hat auf der Rückseite drei, das Tetartemorion
eine Mondsichel; das erstere wiegt maximal 0,544 (= 10¼ Mionnet p. 97),
0,531 (= 8,2 Leake Suppl. p. 116 = 10 Prokesch S. 11), 0,518 (= 8 Leake
p. 25, das letztere 0,186 (= 3½ Mionnet p. 97, Prokesch S. 12), 0,168 (=
2,6 Mus. Brit. p. 126). Daneben erscheint noch eine Klasse kleiner Silbermünzen mit einem cylindrischen Gefäfse auf der Rückseite im Gewicht von
0,27 (= 5 reichlich, Prokesch S. 11) und 0,26 Gr. (= 4 Leake p. 26). Sie
sind zu schwer um als Tetartemorien gelten zu können, wofür sie von
Leake gehalten werden; eher könnte man sie als leicht geprägte Hemiobolien betrachten. Auf keinen Fall hat es jemals Trihemitartemorien
gegeben, welches wunderliche Nominal Prokesch und Beulé p. 13. 54
fingiren.
    30) Leake p. 24 beschreibt eine attische Münze von eigenthümlichem
Gepräge. Die Eule auf der Rückseite hält den rechten Flügel offen, der
linke bleibt fast ganz hinter dem Körper verborgen, im Felde nach
rechts erscheint eine aufrecht stehende Diota und eine kleine Mondsichel
(abgebildet bei Beulé p. 56). Das Gewicht beträgt 3,26 Gr. (= 50,3). Das
Stück ist mit Leake jedenfalls als Pentobolon anzusehen. Ein anderes,
welches 3,45 Gr. (= 65) wiegt, wird von Prokesch S. 19 aufgeführt (abgebildet Inedita 1854 Taf. II Fig. 75). Beulé (p. 57) kennt überhaupt sechs
Pentobolen. Der Zeit nach bilden diese Münzen den Uebergang von der
ersten zur folgenden Periode, was am deutlichsten aus dem Erscheinen der
Diota hervorgeht. Vergl. Prokesch S. 19 und Ined. S. 260 f., Beulé p. 58.
Dafs das Nominal von Aristophanes genannt wird, ist schon oben (Anm. 5)
bemerkt worden.
    31) Beulé p. 85. Leake Suppl. p. 116 und Europ. Gr. p. 25 führt zwei
Triobolen mit Magistratsnamen auf. Das erstere wiegt 2,074 (= 32), das
andere 2,009 (= 31).
    32) Beulé p. 86. Vergl. unt. § 28, 4.

präge nach unverkennbar der zweiten Abtheilung der ersten Klasse
angehört, vor den Perserkriegen geprägt zu sein scheint [33]).
Damit stimmt vollkommen, dafs zusammen mit den 300 Golddareiken, die vor mehreren Jahren am Berge Athos gefunden
wurden, auch 100 Tetradrachmen sich befanden, welche sämmtlich der zweiten Abtheilung und zwar dem ältesten Theile derselben angehören [34]). Das hohe Gewicht der Dareiken und andere
Umstände weisen darauf hin, dafs der Schatz zur Zeit der Perserkriege vergraben sein mufs; wir haben also einen Beweis mehr,
dafs die Prägung Athens schon damals auf der Stufe angelangt
war, welche die Münzen der zweiten Abtheilung darstellen. Weiter
folgt daraus, dafs die früheste Prägung der Pallasmünzen, wie
wir sie in der ersten Abtheilung finden, noch um ein merkliches
früher anzusetzen ist. Da nun andrerseits für die Epoche der
Wappenmünzen, deren Prägung nicht vor Solon begonnen haben
kann, einige Zeit gelassen werden mufs, so ergiebt sich als der
wahrscheinlichste Anfangspunkt der Prägung der Pallasmünzen
die Regierung des Peisistratos, also die Zeit von 560 an. Nicht
lange darauf, vielleicht mit der Vertreibung der Peisistratiden,
spätestens um 500 mufs dann die kunstvollere Prägung, welche
nach der obigen Darstellung die Münzen der zweiten Abtheilung
zeigen, begonnen haben [35]). Bei dieser Ausprägung ist der Staat,
dessen Gemeinwesen sich seitdem stetig und geordnet entwickelte,
lange Zeit stehen geblieben. Das Gewicht war zwar nicht mehr
das volle und normale von 17,46 Gr. für das Tetradrachmon, aber
es hielt sich ohne grofse Schwankungen auf dem Fufse von
17,2 Gr. Einmal, wahrscheinlich unter der Regierung des Perikles, stofsen wir auf eine merkliche Aenderung der Prägung, die
aber nur als eine vorübergehende zu betrachten ist. Es sind dies
die Münzen der dritten Abtheilung [36]), wo Hand in Hand mit der
höchsten Vollendung des Stils eine merkliche Verminderung
des Gewichtes geht. Indefs wurde dadurch die gewöhnliche
Prägung nur zeitweilig unterbrochen; im wesentlichen mufs
die zweite Epoche bis auf die makedonische Zeit gedauert

---

33) S. oben 2 Anm. 11 und 5 Anm. 24.
34) Der Fund ist angezeigt von Borrell Numism. chronicle VI p. 153.
Vergl. auch Prokesch S. 17 Anm.
35) Ein wenig später, nicht vor, sondern in die Zeit der Perserkriege, setzen den Anfang der zweiten Münzepoche Prokesch S. 14 und
Beulé p. 36. Letzterer denkt sie gleichzeitig mit Themistokles und Kimon.
36) Auch Prokesch S. 15 und Beulé p. 38 f. setzen die Münzen dieser
Klasse in das Zeitalter des Perikles.

haben [37]). Dafür sprechen folgende Gründe. Alexander führte, wie
später (§ 31, 3) gezeigt werden wird, den attischen Fuß in der Silberprägung seines Reiches ein. Nun ist es zwar nicht ungewöhnlich, daß mit der Aufnahme einer neuen Prägung auch eine kleine
Erhöhung des Münzgewichtes eintritt; aber es wäre doch kaum
glaublich, daß Alexander seine Tetradrachmen auf 17,2 Gr. und
darüber ausgemünzt hätte, wenn die Mehrzahl der cursirenden attischen Drachmen schon das niedrige Gewicht von 16,8 bis 16,5 Gr.
gehabt hätte, wie wir es in der zweiten Hauptperiode finden. Dagegen zeigt sich dieselbe Abminderung des Gewichts auf 16,8 Gr.
und darunter in den Münzen der Reiche, die nach Alexander's
Tod aus der Gesammtmonarchie sich bildeten und den attischen
Münzfuß beibehielten. Wichtig ist ferner der Umstand, daß der
Stil des späteren Gepräges, die Aufnahme von accessorischen
Typen auf der Rückseite, die mehr abgerundete und plattere Form
der Stücke sich deutlich als Nachahmung der Münzen Alexander's
zu erkennen geben [38]). Auch das ist beachtenswerth, daß die
Buchstaben auf der Diota, welche die Zahlzeichen von 1 bis 12
darstellen und die nur in wenigen Serien fehlen, offenbar den
zwölf Phylen entsprechen, die seit 307 in Athen bestanden. Also
auch das weist auf die Zeit nach Alexander hin. Freilich wird
dadurch nicht ausgeschlossen, daß die ältesten Tetradrachmen
der neuen Prägung noch gleichzeitig mit Alexander geschlagen
sein können, wahrscheinlich ist auch die Aenderung nicht mit
einemmale und plötzlich vor sich gegangen; jedenfalls aber
werden wir der Wahrheit am nächsten kommen, wenn wir die
Zeit nach Alexander's Tod als den Anfang der jüngern Prägung
ansetzen [39]). In dieser Periode erscheinen die Namen der die
Münze beaufsichtigenden Magistrate, über deren Benennung
und Geschäftskreis uns leider jede Nachricht fehlt [40]), zuerst

---

37) Prokesch S. 15, womit auch Beulé p. 41 übereinstimmt, nur daß
er außer der zweiten Abtheilung (Zeit vor Perikles) und der dritten (Zeitalter des Perikles) noch eine vierte, die Zeit nach Perikles bis auf Demosthenes und Alexander's Tod unterscheidet. Diese vierte fällt mit der
zweiten bei Prokesch zusammen.
    38) O. Müller Handbuch der Kunstgesch. S. 169 (Ausg. v. Welcker),
Beulé p. 99 f.
    39) Beulé p. 93—100. Ganz irrthümlich läßt Prokesch S. 15 die
jüngere Prägung erst zur Zeit der Eroberung Korinths mit Beginn der
römischen Oberherrschaft anfangen und sie bis in die Hadrianische und
nächste Kaiserzeit bestehen.
    40) Nach Beulé's Darstellung (p. 109—116) bezeichnet der zuoberst

in Monogrammen auf der Rückseite; man blieb aber dabei vermuthlich nicht lange Zeit stehen [11]), sondern schrieb sie sehr
bald theils abbrevirt theils vollständig mit den gewöhnlichen
Buchstaben. In dieser Weise prägte Athen noch zwei Jahrhunderte lang seine Tetradrachmen fort. Aber in der Kaiserzeit mufs
es das Münzrecht für Silber, welches der römische Staat überhaupt nur mit seltenen Ausnahmen damals noch bestehen liefs,
verloren haben. Die Beweise dafür sind zwar nur negativer Art,
aber nichts destoweniger sicher [12]). Es ist demnach sehr wahrscheinlich, dafs Athen schon seit der Erstürmung der Stadt
durch Sulla i. J. 86 aufgehört hat Silber zu schlagen [13]).

§ 28. Die Gold- und Kupferprägung.

1. Aus der vorhergehenden Darstellung ergiebt sich, wie
mannichfaltig und ausgedehnt die Silberprägung in Athen gewesen
ist; auch wird später (§ 29, 1) noch besonders darauf hingewiesen
werden, dafs das Silber daselbst stets das eigentliche Courant
des Staates gebildet hat. Dagegen ist das Gold so sparsam ausgeprägt worden, dafs man lange daran gezweifelt hat, ob es überhaupt attische Goldmünzen gebe [1]). Freilich mifsachtete man
dabei das Zeugnifs des Pollux [2]), der ausdrücklich attische Gold-

stehende Name den Magistrat, welcher die oberste Aufsicht über die
Münze gewissermafsen als Ehrenamt hatte, daher hier auch einigemal bekannte Persönlichkeiten, wie der König Mithridates, Antiochos, bevor er
König war, der Tyrann Aristion u. a. erscheinen. Den zweiten Platz
nimmt der Name des eigentlichen Vorstehers der Münze ein, der jährlich
wechselte. Unter ihm erscheinen auf mehreren vollständig erhaltenen Serien zwölf wechselnde Namen, die offenbar eine Behörde von zwölf aus je
einer Phyle gewählten Männern anzeigen, welche wahrscheinlich monats-
weise wechselnd die Controle über die Ausmünzung führten. Darauf weisen auch die Zahlzeichen auf der Diota hin. Welchen Namen diese Behörde
geführt hat, wissen wir nicht. Dafs es die μετρονόμοι (§ 16, 1 Anm. 2)
gewesen seien, scheint mir sehr fraglich. Auch die Bedeutung des ersten
Magistrates ist noch nicht hinreichend aufgeklärt.
　41) Beulé p. 143 setzt für die Epoche der Monogrammen nur die
kurze Zeit von 30 bis 35 Jahren nach dem lamischen Kriege (323) an.
　42) Beulé p. 100 f.
　43) Mommsen S. 692.
　1) Eckhel Doctr. num. vol. I p. XLI f. II p. 206 f. und nach ihm andere. Vergl. Beulé p. 59.
　2) 9, 53 wird das kleine Goldtalent auf τρεῖς χρυσοῦς Ἀττικούς
bestimmt. Auch in den Citaten aus Aristophanes und Eupolis, die er § 58
anführt, denkt er sich offenbar attische Goldstatere, wie die spätere Erwähnung der Δαρεικοί u. s. w. zeigt. Sonst ist wohl an den meisten Stel-

statere erwähnt. Neuerdings ist jeder Zweifel dadurch gehoben
worden, dafs verschiedene Goldmünzen von ächtem attischen
Gepräge bekannt gemacht worden sind [3]). Wie dadurch einerseits das Factum der Goldprägung selbst festgestellt ist, so weist
andrerseits die grofse Seltenheit dieser Münzen gegenüber den so
zahlreichen uns noch erhaltenen Silbermünzen darauf hin, dafs die
Ausmünzung im Gold immer nur in sehr beschränktem Mafsstabe
stattgefunden hat. Eine Ausnahme davon machte die Nothprägung
i. J. 407, über welche uns Aristophanes [4]) einige Andeutungen
giebt. Grofse Rüstungen erforderten damals aufserordentliche
Summen Geldes, die, nachdem der Krieg schon so viel verschlun-
gen hatte, auf gewöhnlichem Wege nicht beschafft werden konnten. Es wurden daher anstatt der alten gut justirten Silbermünzen Goldstücke ausgeprägt, die freilich so stark legirt waren,
dafs sie Aristophanes geradezu kupfern nennt. Sie müssen sehr
bald beträchtlich unter ihren Nominalwerth gesunken und später
wieder aus dem Verkehr verschwunden sein.

2. Das Gold wurde auf dasselbe Gewicht und im ganzen
auch auf dieselben Nominale wie das Silber ausgeprägt. Nur
war das Ganzstück kein Tetradrachmon sondern ein Didrachmon,
welches dem persischen Dareikos nachgemünzt war und, sowie
dieser, Goldstater oder auch schlechthin Stater hiefs [5]). Aufserdem gab es wie beim Silber Drachmen und weiter abwärts die
früher (§ 27, 1) angegebenen Theile derselben; nur wurde beim
Gold auch der Viertelobolos noch einmal halbirt [6]). So wurden

___

len, wo Attiker von Goldstateren reden, persisches oder später makedonisches Gold gemeint.

3) Zusammengestellt von Beulé p. 60 ff. Ueber die Gewichte s. unten
Anm. 6 und 11.

4) Ran. 720 ff. und dazu der Scholiast. Vergl. Böckh Staatsh. I S. 33
Anm. g, Beulé p. 70.

5) Poll. 4, 173: ὁ χρυσοῦς στατὴρ δύο ἦγε δραχμὰς Ἀττικάς, wonach die Stelle des Polemarch bei Hesych. unt. χρυσοῦς zu erklären ist.
Die verschiedenen Ausdrücke für den Goldstater sind: χρυσοῦς στατήρ
Ar. Plut. 816, Poll. 4,173. 9,57; στατὴρ χρυσίου Eupolis bei Poll. 9,58;
στατὴρ χρυσοῦ Plat. Euthyd. p. 299E; häufig στατήρ ohne Zusatz wie
bei Arist. Nub. 1041, [Plat.] Eryx. p. 400 A, Isokr. 17,35 u. 41. 15, 156. Die
Benennung χρυσοῦς, die nach Harpokration unt. Δαρεικός die Attiker
ebenfalls gebrauchten, ist besonders bei Späteren üblich, so bei Polyb.
1, 66, 6. 4, 46, 3, Plut. Per. 25 u. ö. Vergl. Poll. 9, 59, Hesych. unt.
χρυσοῦς, Suid. unt. Δαρεικός.

6) Die Nominale, welche sich aus der Zusammenstellung bei Beulé p. 62
ergeben, sind aufser dem Stater die Drachme 4,32 und 4,29 Gr. schwer,
das Triobolon 2,12 Gr., Diobolon 1,44 und 1,36 Gr., Obolos 0,76 Gr.,

auch die gewöhnlich nur für das Silber gebräuchlichen Gewichts-
ausdrücke auf das Gold übertragen; man rechnete nach Drachmen
und Obolen Goldes [7]), und ebenso begegnen uns Minen und häufiger noch Talente Goldes [8]). Welchen Werth die athenische Goldmünze gesetzlich dem Silber gegenüber hatte, und ob überhaupt
ein solches gesetzliches Werthverhältnifs bestand, mufs unentschieden bleiben; nur so viel wissen wir, dafs der attische Stater
ebenso wie der Dareikos im gewöhnlichen Verkehr gleich zwanzig
Silberdrachmen gerechnet wurde [9]). Was endlich die Chrono-
logie der attischen Goldprägung betrifft, so genüge die kurze Be-

Tritemorion 0,55 Gr., Hemiobolion 0,35 Gr., Tetartemorion 0,17
und der Achtelobolos 0,10 und 0,5 Gr. Die vier letzteren Nominale,
die Theile des Obolos, sind Bracteaten und blos mit der Eule gezeichnet.
Auch eine noch kleinere Münze von 0,02 Gr. hat sich gefunden.

7) C. I. Gr. 150 § 43: Ἄνδρων Ἐλαιούσιος ἀπήρξατο χρυσᾶς: Ϝ Ϝ :
Θράσυλλο[ς Εὔω]ρυμεὺς χρυσοῦν : C d. h. 2 Drachmen und ¼ Obolos
Goldes. S. Böckh Staatsh. II S. 261. Mommsen S. 57 A. 172. Auch Hesy-
chios erwähnt eine δραχμὴ χρυσίου.

8) Polyb. 22, 15, 5: τῶν δέκα μνῶν ἀργυρίου χρυσίου μνᾶν διδόν-
τες, Herod. 3, 94 τάλαντα ψήγματος (= χρυσοῦ), Meuander bei Poll.
9, 76: ὁλκὴν ταλάντου χρυσίου. Nach Thuk. 2, 13 waren auf der Burg
zu Athen 500 Talente ungeprägten Goldes und Silbers, und nach derselben Stelle wog das Gold an der Bildsäule der Göttin 40 Talente, nach
Philochoros bei Schol. zu Arist. Pax 605 sogar 44 Talente. Dafs hier die
τάλαντα χρυσίου nichts anders als das Gewicht in Gold, nicht etwa das
Aequivalent des Silbertalentes bezeichnen, lehrt der Wortlaut bei Thukydides. Vergl. Böckh Staatsh. I S. 592. Ueberhaupt ist mir keine Stelle bekannt, aus der sich nachweisen liefse, dafs je der Ausdruck Goldtalent
die einem Talente Silbers entsprechende Summe Goldes bezeichnet habe.
Wohl kommt es vor, dafs ein Talent (nämlich Silberwerth) in 300 Goldstateren gezahlt wird; aber mit τάλαντον χρυσοῦ oder χρυσίου hat man
nie etwas anders als das Gewicht eines Talentes gemeint.

9) Vergl. unten § 30,1. Mommsen S. 57 f. stellt die Ansicht auf, dafs
das Gold in der attischen Münze auf den sechzehnfachen Werth des Silbers
ausgebracht worden sei, also ein Stater den Münzwerth von 32 Drachmen,
der halbe Stater von 16 Drachmen u. s. w. gehabt habe. Diese Hypothese
stützt sich lediglich auf das Vorkommen eines ἡμίεκτον χρυσοῦ beim Komiker Krates (Poll. 9, 62), welches daselbst acht Obolen gleich gesetzt
wird. Dieses ἡμίεκτον soll als Zwölftel der Drachme angesehen werden.
Meiner Ansicht nach aber kann nach festem griechischem Sprachgebrauch
das ἡμίεκτον nichts anders als das Zwölftel des Ganzstückes oder Staters
sein; auch ist es mir zweifelhaft, ob die Benennung je auf attische Goldmünzen angewendet worden ist. Ich sehe in dem ἡμίεκτον bei Krates,
welches nach dem Wortlaut der Stelle offenbar als eine wenig bekannte
Münze erscheint (ἡμίεκτόν ἐστι χρυσοῦ, μανθάνεις, ὀκτὼ ὀβολοί), das
Zwölftel eines kleinasiatischen Staters (Anh. § 7, 2), welches wegen seiner starken Legirung den allerdings sehr niedrigen aber nichts desto weniger wahrscheinlichen Cours von nur 8 Obolen in Athen hatte.

merkung, dafs sich sowohl Goldmünzen aus der ältesten Zeit, der Epoche der Wappenmünzen (27, 2), als aus dem Zeitalter der Peisistratiden und des Perikles finden; ja es scheinen auch noch nach Alexander Theilmünzen des Staters geschlagen worden zu sein [10]). Das Effectivgewicht des Goldes entspricht genau dem des gleichzeitigen Silbergeldes [11]).

3. Der sicherste Beweis dafür, dafs das Kupfer dem Münzsysteme Athens von vornherein fremd war, liegt in der bis zu den kleinsten Nominalen herabgehenden Theilung der Silbermünze. Ein Obolos war gleich 16 Pfennigen (preufsisch), ein Tritemorion gleich 12, ein Hemiobolion gleich 8, ein Tetartemorion gleich 4 Pf.; es waren also die möglichst kleinen Beträge noch in Silber dargestellt. Indefs mufste sich frühzeitig das Bedürfnifs fühlbar machen auch noch geringere Werthe durch Münzen auszudrücken. So kam man auf die kupferne Scheidemünze, den $\chi\alpha\lambda\varkappa o\tilde{\iota}\varsigma$, der zum halben Werthe der kleinsten Silbermünze, also gleich $\frac{1}{8}$ Obolos ausgebracht wurde [12]). Die erste Erwähnung desselben fällt in die Zeit vor dem peloponnesischen Kriege. Der Staatsmann und Dichter Dionysios, der um das Jahr 444 lebte, erhielt den Beinamen der Eherne, weil er

---

10) Die Belege stellt Beulé p. 64 ff. und 86 f. zusammen.

11) Zwei Stücke aus der Epoche der Wappenmünzen wiegen 1,426 und 1,36 Gr. (Mommsen S. 54 f.); es sind Zwölftel, die auf Ganzstücke von 17,11 und 16,32 Gr. führen, wozu das älteste Silbertetradrachmon von ungefähr 17 Gr. (§ 27 Anm. 10) sehr wohl stimmt. Aus der Periode zwischen Peisistratos und Alexander wiegt der schwerste Stater 8,64 Gr. (= 162⅔ Prokesch S. 18), entspricht also ganz genau dem gleichzeitigen Tetradrachmon von 17,27 Gr. (§ 27, 4). Daran reihen sich Stücke von 8,61 Gr. (= 132,8 Thomas p. 202, Leake Suppl. p. 115), 8,60 (Beulé p. 62, Thomas p. 202, Leake p. 22), 8,58 (= 161¼ Mionnet p. 96) und einige leichtere. Die schwerste Drachme wiegt 4,32 Gr. (Beulé p. 62), stimmt also genau mit dem Stater von 8,64 und dem Tetradrachmon von 17,27 Gr. Auch die übrigen, oben Anm. 6 zusammengestellten Nominale sind sorgfältig auf dasselbe Gewicht geprägt, zum Theil etwas übermünzt. Selbst die drei kleineren Stücke, welche Beulé p. 86 als der jüngeren Prägung zugehörig aufführt, haben noch das volle Gewicht von 0,54, 0,18 und 0,09 Gr.

12) Als den achten Theil des Obolos bestimmen den Chalkus Poll. 9, 65 (mit Berufung auf eine Stelle des Komikers Philemon), der Metrolog Diodoros bei Suidas unt. τάλαντον (nach der von Böckh M. U. S. 33 berichtigten Lesart), der anonyme Alexandriner cap. 18 und die Galenischen Metrologen (§ 19 Anm. 13). Irrthümlich ist der Ansatz zu 6 χαλκοῖ, der sich bei Suid. und Phot. unt. ὀβολός und andern findet. Vergl. Böckh M. U. S. 32 f., Staatsh. I S. 17 Anm. a.

den Athenern zuerst den Gebrauch der Kupfermünze anrieth [13]).
Damit stimmt das Gepräge der ältesten attischen Kupferstücke,
welche sicher der zweiten Epoche des älteren Stiles (§ 27, 3)
und zwar theilweise dem Anfange derselben, also der Zeit vor
dem peloponnesischen Kriege angehören [14]). Unentschieden mufs
die Frage bleiben, ob schon damals aufser dem Chalkus noch
andere Nominale geprägt wurden. Ein $\delta i \chi \alpha \lambda x o \nu$, welches
Pollux erwähnt, war noch nicht nöthig, da für diesen Werth das
Tetartemorion in Silber da war. Wohl aber ist es möglich und
der Befund der Münzen führt darauf hin, dafs schon frühzeitig
Hälften des Chalkus oder Pfennigstücke, vielleicht auch Viertel
oder $x \acute{o} \lambda \lambda v \beta o \iota$ [15]) geschlagen worden sind. Zwar könnte dagegen
eingewendet werden, dafs in der Demosthenischen Rede gegen
Phänippos [16]) der Chalkus sich als die geringste Münze erwähnt
findet; allein es wird an dieser Stelle nur der Gegensatz zwischen
der silbernen Werthmünze und der werthlosen Scheidemünze
betont, an eine genaue Bestimmung der letzteren aber nicht gedacht. Eine zeitweilige Erweiterung der Kupferprägung hat im
J. 406 unter dem Archon Kallias stattgefunden [17]). Es war dies
ebenso wie die im Jahre vorher erfolgte Goldprägung eine Noth-
mafsregel, wonach das mangelnde Silber durch die weit über
ihren Werth ausgegebene Kupfermünze ersetzt werden sollte.
Bald darauf erklärte der Staat dies Kupfergeld für ungültig [18])
und kehrte damit zu dem Silbercourant zurück.

---

13) Athen. 15 p. 669 D, Plut. Nik. 5. Die Zeitbestimmung combinirt
Böckh Staatsh. I S. 770.

14) Vergl. die Abbildungen bei Beulé p. 74. Prokesch S. 16 geht zu
weit, wenn er die Kupfermünze bis auf Solon zurück versetzt, wogegen
die Stelle des Athenäos über Dionysios den Ehernen entschieden spricht.

15) Als kleinste Scheidemünze erscheint der $x \acute{o} \lambda \lambda v \beta o \varsigma$ bei Arist. Pax
1200, Eupolis bei Schol. zu Arist. Pax 1176, Kallimachos bei Poll. 9, 72.
Pollux selbst hat die Form $x \acute{o} \lambda \lambda v \beta o \nu$, doch ist $x \acute{o} \lambda \lambda v \beta o \varsigma$ besser beglau-
bigt. Gegen die Identificirung des Kollybos mit dem $\lambda \varepsilon \pi \tau \acute{o} \nu$ wird unten
noch das nöthige bemerkt werden. Die Erwähnung eines $\tau \rho \iota x \acute{o} \lambda \lambda v \beta o \nu$ bei
Poll. a. a. O. macht es wahrscheinlich, dafs der Kollybos das Viertel des
Chalkus war, denn einen noch kleineren Theil kann der Kollybos doch
schwerlich dargestellt haben.

16) § 22: $o \dot{v}$ $\tau o \acute{\iota} \nu v \nu$ $\delta \varepsilon \tilde{\iota} \xi o \nu$ $\chi \alpha \lambda x o \tilde{v} \nu$ $\tilde{\varepsilon} \nu \alpha$ $\mu \acute{o} \nu o \nu$ $\varepsilon i \varsigma$ $\tau \dot{\eta} \nu$ $\pi \acute{o} \lambda \iota \nu$
$\dot{\alpha} \nu \eta \lambda \omega x \acute{\omega} \varsigma$.

17) Schol. zu Arist. 725. Böckh Staatsh. I S. 770.

18) Dies geht aus dem Gespräche in Arist. Ekkl. 810 ff. hervor. Die
Aufführung der Ekklesiazusen fällt in das Jahr 393, die Verrufung der
Kupfermünze also noch vor diesen Zeitpunkt.

4. Erst in der Zeit nach Alexander, als die Prägung des jüngeren Stiles begann (§ 27, 6), wurde das Gebiet der Kupfermünze dauernd erweitert. Die Silberprägung ging damals nur noch bis zum Triobolon herab (§ 27, 5), die kleineren Nominale müssen also seitdem in Kupfer dargestellt worden sein, und dies bestätigen die zahlreichen Kupfermünzen von verschiedenster Größe und Schwere, die seit jener Zeit sich finden. Freilich ist eine genaue Bestimmung und Unterscheidung der Nominale ganz unmöglich. Auf das Gewicht ist wenig zu geben, da bei dem Kupfer als Scheidemünze mit nur nomineller Geltung der Metallwerth weniger in Frage kam. Selbst das relative Gewichtsverhältnifs giebt keine Auskunft, denn es lassen sich Reihen von 1 bis 4 und von 6 bis 10 Gr. bilden, die ununterbrochen in den kleinsten Abstufungen aufsteigen[19]), ohne dafs zu unterscheiden wäre, wo die Münze höheren Werthes beginnt. Auch die Größe, die ebenfalls in kleinen Nuancen stetig aufsteigt, bietet keinen sichern Anhalt. Das Gepräge endlich zeigt zwar Verschiedenheiten ähnlich wie bei den kleineren Silbermünzen, aber eine Unterscheidung läfst sich auch danach nicht durchführen[20]). Noch verwickelter ist die Frage dadurch geworden, dafs man die Theilung des Chalkus in 7 λεπτά, welche der Metrolog Diodoros[21]) erwähnt, ohne weiteres auf Athen übertragen und mit diesem λεπτόν den κόλλυβος identificirt hat. Aber es ist schlechterdings unglaublich, dafs die Athener ihren Chalkus, der den Werth von nur 2 Pfenn. hatte, noch so vielfach getheilt hätten; am allerwenigsten aber würden sie ihn gesiebentelt haben. Damit fallen die bisher aufgestellten Skalen athenischer Kupfermünzen, in denen Nominale von 1, 2, 3, 4, 5 Lepta u. s. w. fingirt wurden[22]), in nichts zusammen. Die einzige Möglichkeit eines rationellen Verfahrens ist die, dafs man die Reihe von oben herab zu construiren versucht. Welches war die größte Kupfermünze, seitdem man in Silber keine niedrigere als das Triobolon ausprägte? Dafs Diobolen und Trihemiobolien in Kupfer geschlagen wurden, ist nicht unmöglich, aber nicht gerade wahrscheinlich. Vermuthlich

---

19) Beulé p. 76.

20) Einige Stücke zeigen zwei Eulen in der Stellung wie auf dem Tetrobolon (§ 27 Anm. 29), andere zwei Eulen mit einem Kopfe wie auf dem Diobolon. Prokesch S. 16.

21) Bei Suid. unt. τάλαντον. Die übrigen Angaben darüber bei Suidas (unter ὀβολός und χαλκοῦς) und andere sind aus derselben Quelle geflossen.

22) Prokesch S. 15 f. Beulé p. 77.

stellte das gröfste Kupferstück den Obolos dar, wie denn auch
Lukian [23]) von kupfernen Obolen spricht. Es wären demnach
die schwersten Bronzen von 14 und 15 Gr. als Obolen, die leichteren als Theilmünzen des Obolos zu betrachten. So erwähnt
der Komiker Aristophon [24]), der gegen Ende des vierten Jahrhunderts lebte, ein πεντέχαλκον; jedenfalls hat es auch halbe
Obolen oder Stücke von vier Chalkus gegeben. Das Dichalkon
nennt Pollux ausdrücklich. Dann würde der einfache Chalkus
und als Theile von diesem vermuthlich das Trikollybon, der
doppelte und einfache Kollybos kommen. Auf eine nähere Ausführung der auf diese Voraussetzungen gegründeten Classificirung
kann hier nicht eingegangen werden.

§ 29. *Werthbestimmung des attischen Courantes.*

1. Es ist schon früher wiederholt darauf hingewiesen
worden, dafs das Courant in Griechenland stets das Silber gewesen ist. Den Beweis dafür liefern die griechischen Prägungen
überhaupt und die attische insbesondere [1]). Ueberall finden wir,
dafs die Prägung vom Silber ausgeht, dafs die verschiedenen
Nominale des Münzsystems soweit als möglich in Silber ausgedrückt, und Gold wie Kupfer nur nebenbei, fast ausnahmsweise
geschlagen werden. Der Bergbau auf Silber reichte soweit als
Menschengedenken zurück [2]); für Athen besonders gewährten
die Minen von Laurion eine reiche Ausbeute, sie waren in der
That eine Quelle des Silbers und ein Schatz des Landes, wie
Aeschylos [3]) treffend sagt. So befand sich auch im Schatze zu
Athen hauptsächlich Silber und verhältnifsmäfsig wenig Gold [4]).
Sehr belehrend ist eine längere Ausführung Xenophon's [5]), in
welcher er erst im allgemeinen über den Werth des Silbers
spricht, dann aber schliefst, dafs das Gold in keiner Weise seine
Stelle als Courantmünze ersetzen könne, weil sein Werth, wenn
es in grofser Menge zuströme, sinke, während der des Silbers
steige. Deshalb möge jeder Staat besondere Umsicht auf den
Silberbergbau verwenden und das Silber als das sicherste Werth-

---

23) Charon 11.
24) Bei Poll. 9, 70.
1) Vergl. im allgemeinen Hussey p. 78—87.
2) Xenoph. Vectig. 4, 2.
3) Pers. 238. Vgl. Böckh Staatsh. I S. 420.
4) Thukyd. 2, 13. Böckh Staatsh. I S. 591 f.
5) Vectig. 4.

metall ansehen, wie dies auch seine Vaterstadt Athen schon vor
ihm erkannt habe. Diese Stelle spricht deutlicher als irgend
ein Zeugnifs dafür, dafs das Silber das alleinige Courant Athens
bildete, und dafs daher bei der Werthbestimmung des attischen
Geldes von diesem Metalle ausgegangen werden mufs, während
das Gold einen schwankenden Courswerth hatte, und danach,
wie später geschehen wird, sein Werth relativ zum Silber ermittelt
werden mufs.

2. Ferner ist zu erinnern, dafs bei der Werthbestimmung
der Münze lediglich nur das Normalgewicht berücksichtigt werden und nicht etwa ein Durchschnitt aus den vorhandenen theils
zu leicht geprägten theils durch Abnutzung verringerten Münzen
gezogen werden darf. Denn auch die unterwichtigen Münzen
cursirten sowohl in Athen selbst als überall, wohin sein politischer
oder mercantiler Einflufs reichte, zu ihrem vollen Werthe. Und
wo ein auswärtiger Staat zu befürchten hatte, dafs er bei Zahlung
einer gröfseren Summe durch zu leichte Münze Nachtheil leiden
würde, da kehrte man eben wieder zum Normalgewicht zurück,
wie dies deutlich aus dem schon erwähnten Vertrage der Römer
mit Antiochos hervorgeht. Die Bestimmung, dafs das Talent
attischen Silbers nicht unter achtzig Pfund wiegen dürfe, drückt
die Forderung aus, dafs in vollwichtigen Münzen gezahlt, oder,
wenn solche nicht vorhanden, das fehlende als Aufgeld hinzuge-
legt werden müsse.

3. Schwieriger ist die Frage, inwieweit die Legirung in
den Münzen berücksichtigt werden müsse. Zum bessern Ver-
ständnifs möge zunächst ein Hinweis auf unser heutiges Münzwesen dienen. Die Aufschrift auf unsern Vereinsthalern: XXX
ein Pfund fein bedeutet, dafs in 30 Thalern ein Pfund
= 500 Gramm, also in einem Thaler 16⅔ Gr. enthalten sind.
Aufserdem aber enthält unsere Silbermünze noch 10 Procent
Legirung. Diese wird hinzugesetzt theils um die Ausprägung zu
erleichtern, theils um die Abnutzung der Münzen weniger
empfindlich zu machen; auf den Werth der Münze selbst aber
übt sie keinen Einflufs. Wäre also der Werth unseres Thalers
unbekannt, so müfste von dem Gewicht desselben, welches
18$\frac{1}{4}\frac{4}{9}$ Gr. beträgt, der zehnte Theil abgezogen werden und erst
die übrig bleibenden 16⅔ Gr. dürften als Silberwerth in Anschlag
kommen. Ganz anders war das Legirungsverhältnifs bei den
Alten. Die Staaten, welche am besten prägten, beabsichtigten
vollkommen reines Silber zu schlagen, und es ist anzunehmen,
dafs die geringe Beimischung, die sich trotzdem auch in den

besten Münzen findet, nur in Folge des unvollkommenen Scheide-
processes darin geblieben ist. Denn es findet sich ja nicht blos
unedles Metall, sondern auch Gold in den alten Silbermünzen.
Ueberall aber, wo schlechter und weniger sorgfältig geprägt
wurde, treffen wir auch auf stärker legirte Münzen. Hier ist das
unedle Metall absichtlich beigemischt, und es übt insofern der
prägende Staat einen Betrug, indem er das schlechte zugesetzte
Metall für Werthmetall ausgiebt. Wenden wir nun diese allgemeinen Gesichtspunkte auf die griechische Silberprägung an.
Nach einer Aeufserung Solon's, welche Demosthenes anführt,
war in fast allen griechischen Staaten auf Verfälschung der
Münze Todesstrafe gesetzt [6]). Dennoch aber, meinte Solon, hätten
viele Staaten Silbermünze im Umlauf, welche offenkundig mit
Kupfer oder Blei vermischt wäre. Athen selbst rühmte sich eine
Ausnahme davon zu machen. Unsere alten Silbermünzen, sagt
Aristophanes [7]), indem er über das schlechte damals in Umlauf
gesetzte Gold klagt, waren nicht durch Legirung gefälscht, sondern
die schönsten von allen und allein richtig gemünzt und allenthalben bei Hellenen wie bei Barbaren anerkannt. Daraus erklärt sich die Stelle bei Xenophon [8]), der als einen Vorzug Athens
anführt, dafs dort die Kaufleute nicht wie anderwärts genöthigt
sind für Waaren, die sie im Auslande kaufen, andere auszuführen,
sondern dafs sie, wenn sie sonst wollen, nur attisches Geld auszuführen brauchen und dabei gute Geschäfte machen; denn die
übrigen Staaten haben schlechtes Geld, und wenn jene daher ihr
attisches verkaufen, so erhalten sie überall mehr dafür, als sie
erst hatten. Dies kann nicht anders verstanden werden, als dafs
auf die attische Münze auswärts Aufgeld gezahlt wurde. Wenn ein
athenischer Kaufmann in Korinth Geschäfte hatte, wo der Silberstater an Gewicht gleich zwei attischen Drachmen war, erhielt er,
wenn er sein attisches Geld gegen korinthisches auswechselte,
eine gröfsere Summe, als er vorher gehabt hatte. Indem er nun
das korinthische Geld an Ort und Stelle, wo es als Landeswährung
Curs hatte, wieder in Waare umsetzte, machte er einen gröfseren
Gewinn als ein Kaufmann aus einer andern Stadt, der kein attisches Geld mitbrachte und an seinem heimathlichen Gelde ent-

---

6) Demosth. 24, 212.
7) Ran. 720 ff. Das ἀρχαῖον νόμισμα ist die alte gute Silbermünze;
mit dem καινὸν χρυσίον bezeichnet er die damals geprägten schlechten
Goldmünzen, die er nachher geradezu πονηρὰ χάλκια nennt. Vergl. oben
§ 28, 1.
8) Vectig. 3, 2.

weder bedeutend verlor, oder es gar nicht als Zahlung anbringen konnte, sondern anstatt dessen Waaren mitbringen mufste. Der Grund dieser von Xenophon so richtig aufgefafsten Erscheinung kann nicht allein der sein, dafs die attischen Münzen sorgfältiger im Gewicht geprägt waren als die auswärtigen, sondern es mufs auch die gröfsere Reinheit des Silbers zu der Wertherhöhung beigetragen haben. Diesen guten Ruf hatte das attische Silber noch zu der Zeit, als die Römer ihre Herrschaft nach dem Osten ausbreiteten. In dem Vertrage mit den Aetolern v. J. 189 bedingen sie sich die Kriegsentschädigung in Silber aus, das nicht schlechter sein dürfe als das attische [9]), und ähnlich bestimmen sie in dem Vertrage mit Antiochos, dafs derselbe die auferlegten 12000 Talente im besten attischen Gelde zahlen solle [10]).

4.   Seine volle Bestätigung erhält das eben bemerkte durch die Proben, welche in neuerer Zeit mit einigen attischen Münzen angestellt worden sind. Ein Tetradrachmon alter Prägung von ziemlich vollem Gewicht, welches auf Barthélemy's Veranlassung eingeschmolzen wurde, war beinahe ganz frei von Legirung, es ergab sich als Feingehalt 0,986 [11]). Zwei andere Tetradrachmen aus der Zeit nach Alexander zeigten sich stärker legirt, denn der Feingehalt betrug nur 0,958 und 0,948 [12]). Hussey theilt die Proben von drei Tetradrachmen mit. Das eine, der ältesten Zeit angehörig, enthielt 0,962 feines Silber einschliefslich einer geringen Quantität Gold; das andere, ebenfalls von alter aber weniger rohen Prägung, erreichte den Feingehalt von 0,983; ein drittes, der jüngsten Prägung angehörig, hielt nur 0,919 fein, darunter wieder etwas Gold [13]). Noch wichtiger sind die Proben, welche in neuester Zeit Beulé [14]) hat vornehmen lassen. Er besafs in seiner Sammlung 87 Tetradrachmen von neuerem Stil, sämmtlich sehr abgenutzt und durch langes Liegen im Erdboden angegriffen. Wenn man also Verdacht gegen die Reinheit der

---

9) Polyb. 22, 15, 8.
10) Polyb. 22, 26, 19.
11) Barthélemy Voyage VII p. LIV (3. Ausg. Paris 1790). Der Feingehalt ist daselbst nach Theilen der Mark des ältern französischen Gewichtes ausgedrückt. 11 *deniers* 20 *grains de fin.* sind $= \frac{71}{4} = 0,986$ fein.
12) Ebend. p. LVIf.
13) Bei Hussey p. 45 sind die Legirungsverhältnisse nach Unzen, Pennyweights und Grains des englischen Troypfundes (= 5760 *grains*) gegeben. Das Gold in dem ersten Tetradrachmon beträgt 0,0002, in dem dritten 0,0026.
14) Monnaies d'Athènes p. 103 f.

attischen Münze hegte, so mußte er gerade durch diese schlechten Stücke am ehesten bestätigt werden. Allein die Probe ergab im Durchschnitt bei sämmtlichen Tetradrachmen:

0,966 Silber
0,002 Gold
0,032 Legirung.

Allerdings ist hier der Silbergehalt etwas geringer als in den besten Stücken der älteren Zeit; bringt man aber die $\frac{2}{1000}$ Gold zu dem 15½fachen Werthe des Silbers in Anschlag, so decken sie gerade den Ausfall, den der Werth der Münze durch die $\frac{32}{1000}$ werthloser Legirung erleidet. Das ist allerdings nur zufällig, denn die Alten wußten nichts von dem Vorhandensein des Goldes; aber es folgt daraus, daß wir bei der Werthbestimmung der attischen Münze auf keinen Fall etwas für die Legirung abrechnen dürfen. Denn entweder folgen wir der Meinung der alten Athener, welche reines Silber auszuprägen beabsichtigten und die geringe Legirung nicht kannten oder nicht beachteten; oder wir betrachten das Münzmetall eines Tetradrachmon einfach seinem heutigen Werthe nach und dann müssen wir ebenso wie das Minus der Legirung so auch das Plus des Goldwerthes in Anschlag bringen, und da beides sich ausgleicht, so gelangen wir auch so zu dem Schluß, daß die attische Münze als vollkommen fein zu rechnen ist.

Wir vergleichen also das attische Tetradrachmon von 17,464 Gr. Normalgewicht (§ 26) mit userm Vereinssilbergelde. Ein Vereinsthaler enthält $\frac{1}{30}$ Pfund = 16⅔ Gr. feines Silber (§ 4, 4), demnach ist das Tetradrachmon = 1,0478 Thlr., woraus sich weiter die Werthe der attischen Münzen sowie der größeren Rechnungseinheiten folgendermaßen berechnen:

Tetartemorion	= ¼ Obolos	=	4 Pf. (preußisch)		
Hemiobolion	= ½ -	=	8 -	-	
Tritemorion	= ¾ -	=	1 Sgr. — Pf.		
Obolos	.	=	1 -	4	-
Trihemiobolion	= ¼ Drachme	=	2 -	—	-
Diobolon	= ⅓ -	=	2 -	7	-
Triobolon	= ½ -	=	3 -	11	-
Tetrobolon	= ⅔ -	=	5 -	3	-
Pentobolon	= ⅚ -	=	6 -	6	-
Drachme	.	=	7 -	10	-
Didrachmon	.	=	15 -	9	-

Tetradrachmon	=	1 Thlr. 1 Sgr. 5 Pf.
Dekadrachmon	=	2 - 18 - 7 -
Mine	=	26 - 6 - — -
Talent	=	1571$\frac{3}{4}$ -

Dazu kommt noch die kupferne Scheidemünze, der Chalkus
= 2 Pf.

Nach diesen Ansätzen sind in Tab. XIV und XV die Reductionen der Drachme, der Mine und des Talentes gegeben. Ueberall, wo es auf schärfere Bestimmung nicht ankommt, genügt es
das Talent = 1570 Thlr., die Mine = 26 Thlr., das Tetradrachmon = 1 Thlr., die Drachme = $\frac{1}{4}$ Thlr., den Obolos
= 1$\frac{1}{4}$ Sgr. zu rechnen.

Die früheren Bestimmungen des Talentes sind sämmtlich,
theils weil das Normalgewicht geringer angesetzt, theils weil auf
die Legirung ein Abzug gemacht wurde, niedriger ausgefallen.
Sie stehen meist auf 1500 Thlr. oder wenig darüber [15]). Auch
Böckh [16]) rechnet nur 1500 Thlr., obgleich er dasselbe Normalgewicht annimmt. Er zieht aber entschieden zu viel für die Legirung ab; denn selbst wenn wir diese in Anschlag bringen wollten, würde das Talent immer noch auf 1545 Thlr. anzusetzen
sein. Besser begründet sind diejenigen niederern Ansätze des
Talentes, welche von dem Effectivgewicht anstatt des Normal-
gewichtes ausgehen. In der Zeit von der Vertreibung der Peisistratiden bis auf Alexander ist das attische Tetradrachmon auf
17,27 Gr. (§ 27, 4) ausgeprägt worden, das Talent hatte also
damals den effectiven Werth von 1550 Thlr.; nach Alexander
sank das Gewicht des Tetradrachmons auf 16,8 Gr. und somit
der Werth des Talentes auf 1510 Thlr.

---

15) Barthélemy Voyage VII p. LIV berechnet 5700 *livres* (alter französischer Währung) oder im Dreifsigthalerfufs 1500 Thlr., Wurm p. 56
2171$\frac{1}{2}$ fl. des Conventionsfufses = 1520 Thlr., Hussey p. 48 u. 50 1529 Thlr.
(= 243 Pf.St. 15s., der Shilling zu 80,7 Troygrains fein gerechnet). Mommsen S. 900 setzt das Tetradrachmon zu 29,5 Sgr., mithin das Talent zu
1475 Thlr. an; das nicht unbeträchtliche Minus erklärt sich daraus, dafs
er den Thaler zu 17$\frac{3}{4}$ anstatt 16$\frac{3}{4}$ Gr. Feingehalt rechnet.

16) Staatsh. I S. 25. Als Feingehalt des attischen Silbers wird
mit Wurm 0,97 angenommen, was nach dem oben bemerkten sicher zu
wenig ist. Aufserdem wird noch der Kupferwerth in unserem Silber und
der sogenannte Prägeschatz in Abrechnung gebracht. Letzteres dürfte
kaum zu billigen sein. Die Frage ist doch nicht, wie hoch jetzt ein attisches Tetradrachmon seinem Metallwerthe nach bezahlt werden würde,
sondern vielmehr, in welchem Verhältnifs ein attisches der Absicht nach
vollkommen feines Tetradrachmon von 17,46 Gr. zu unserem Thaler von
16$\frac{3}{4}$ Gr. fein steht.

§ 30. *Der Curs des Goldes.*

1. Nachdem im vorhergehenden der Werth des attischen Silbercourantes ermittelt worden ist, knüpft sich nun daran die Frage über die Werthbestimmung des Goldes. Dabei darf indefs nicht allein die attische Goldmünze berücksichtigt werden, die, wie wir sahen, immer nur sparsam geschlagen worden ist. Das in Athen circulirende Gold war zum kleinsten Theile attisches, vielmehr meist ausländisches, anfangs persische Dareiken, später makedonische Statere. Beide Münzen standen dem attischen Stater an Werth gleich [1]), und so brauchen wir, wenn bei attischen Schriftstellern, wie so häufig geschieht, Goldstatere erwähnt werden, nicht danach zu fragen, ob damit attische oder ausländische gemeint sind, sondern wir müssen die Frage nach dem Werthe der attischen Goldmünze ausdehnen zu der Untersuchung, welchen Curs das Gold überhaupt in Athen hatte, wobei zugleich die übrigen Nachrichten über den Werth des Goldes in Griechenland zu berücksichtigen sind [2]). Im Orient hat vom Anfang herein das Gold gegen das Silber niedriger gestanden als im Abendlande. Während Griechenland, Makedonien und Spanien vorzüglich Silber producirten, war in Asien die Hauptausbeute das Gold, welches überdies leichter zu gewinnen war als das nur durch kunstmäfsigen Bergbau zu erlangende Silber. So kann der gewöhnliche Werth des Goldes im Orient auf keinen Fall höher als auf das zehnfache des Silbers angesetzt werden [3]), und ebenso wurde auch von den Griechen das Gold gewöhnlich geschätzt. Die Belege dafür sind zahlreich. Lysias rechnet 5000 Goldstatere gleich 100000 Drachmen [4]), also einen Stater gleich zwanzig oder

---

1) Nach § 25, 2. 3 ist der attische Münzfufs aus dem persischen Dareikenfufs hervorgegangen. Das Effectivgewicht des Dareikos (Anh. § 10, 3) ist allerdings etwas niedriger als das des attischen Staters, allein die geringe Differenz ist nicht beachtet worden. Der makedonische Stater Philipps und Alexanders ist dem attischen genau gleich (§ 31, 2).

2) Im allgemeinen sind darüber zu vergleichen Letronne Considér. p. 104 ff., Dureau de la Malle Écon. polit. I p. 47 ff., Lenormant sur les rapports de l'or à l'argent chez les anciens, in Revue numismatique 1855 p. 18 ff., Böckh Staatsh. I S. 42 ff. Die wichtigsten Stellen der Alten hat schon Gronov de sestert. II p. 233 ff. zusammengestellt und besprochen.

3) Wenig ist darauf zu geben, was Strabo von den Sabäern berichtet, dafs sie das Gold nur zum dreifachen Werthe gegen Kupfer und zum doppelten gegen Silber ausgetauscht hätten. Dureau de la Malle p. 54 setzt als ältestes Verhältnifs 6 : 1 bis 8 : 1.

4) Lys. 19, 39 giebt das Verhältnifs zwar nicht ausdrücklich an, doch

eine Golddrachme gleich zehn Silberdrachmen. Nach demselben
Verhältnifs werden von Xenophon 300 Dareiken auf das Talent,
von Polemarch und andern 5 Statere auf die Mine gerechnet[5]).
Auch Menander schätzte das Gold zum zehnfachen Werthe des
Silbers[6]). Am häufigsten findet sich die Bestimmung des Darei-
kos oder des attischen Staters auf zwanzig, oder der Drachme
Goldes auf zehn Silberdrachmen[7]). Dasselbe zehnfache Verhältnifs
legten endlich auch die Römer i. J. 189 in dem Vertrage mit den
Aetolern zu Grunde, indem sie diesen nachliefsen den dritten
Theil der auferlegten Contribution in Gold dergestalt zu zahlen,
dafs sie für zehn Minen Silbers eine Mine Gold lieferten[8]).

2. Alle diese Angaben mit Ausnahme der letzteren beweisen indefs nur, dafs im allgemeinen das Gold zum zehnfachen Werthe des Silbers geschätzt wurde; es darf aber nicht
etwa daraus gefolgert werden, dafs es im Handel genau und unabänderlich diesen Curs gehabt habe. Schon das wäre unmöglich, dafs das gegenseitige Werthverhältnifs beider Metalle Jahrhunderte hindurch constant geblieben; und noch viel weniger ist
es glaublich, dafs der Handel sich an die runde und für ober-
flächliche Schätzung allerdings bequeme Zahl gehalten habe.
Dann ist auch vorauszusetzen, dafs das Gold anfangs in Griechenland als das seltnere Metall der herrschenden Silberwährung
gegenüber höher gestanden hat, und erst nach und nach, je
reichlicher es aus Asien zuströmte, gesunken ist, bis es das im
Orient übliche Verhältnifs erreichte[9]). Für alles das fehlt es

---

läfst es sich aus der Gesammtsumme des Vermögens berechnen. Vergl.
Böckh Staatsh. I S. 33 Anm.

5) Xen. Anab. 1, 7, 18 bezeichnet dieselbe Summe erst durch Δαρει-
κοὺς τρισχιλίους, dann durch δέκα τάλαντα. Fünf χρυσοῖ oder Δαρεικοί
rechnen auf die Mine Polemarch bei Hesych. unt. χρυσοῦς, Harpokr. und
Suid. unt. Δαρεικός.

6) Poll. 9, 76 f.

7) Hesych. unt. χρυσοῦς: Πολέμαρχός φησι δύνασθαι τὸν χρυσοῦν παρὰ τοῖς Ἀττικοῖς δραχμὰς δύο, τὴν δὲ τοῦ χρυσοῦ δραχμὴν
νομίσματος ἀργυρίου δραχμὰς δέκα. Zonar. Annal. 10 p. 540 B: παρὰ
τοῖς Ἕλλησιν εἴκοσι δραχμῶν ὁ Δίων φησὶ τὸ χρυσοῦν ἀλλάσσεσθαι
νόμισμα. Harpokr. unt. Δαρεικός und daraus Suidas; Hesych. unt. δραχμὴ χρυσίου (nach Gronov's Emendation) und danach Suidas unt. δραχμή.

8) Polyb. 22, 15, 8. Liv. 38, 11.

9) Eine ähnliche Meinung spricht Letronne p. 106 aus, während Böckh
S. 42 ein allmähliches Steigen des Goldes zu erkennen glaubt. Lenormant
a. a. O. sucht nachzuweisen, dafs das Gold in Griechenland fast ganz unabänderlich den zehnfachen Werth des Silbers gehabt habe. Die Widerlegung seiner Ansicht ergiebt sich aus der obigen Darstellung.

nicht an positiven Beweisen. Für Herodot [10]) hat das Gold noch
den dreizehnfachen Werth des Silbers, und wenn er auch hierbei vielleicht zunächst das Verhältnifs, nach welchem die königliche persische Münze (Anh. § 10, 3) prägte, vor Augen hatte,
so würde er es doch schwerlich beibehalten haben, wenn in
Griechenland nicht dasselbe Verhältnifs wirklich im Handel vor-
gekommen wäre. Ein etwas niedrigeres Verhältnifs finden wir
in dem aus Plato's Zeitalter herrührenden Gespräche über die
Gewinnsucht [11]), wo dem Golde der zwölffache Werth zugeschrieben wird. Höchst werthvoll ist ein neuerdings aus einer
Inschrift entnommenes Cursverhältnifs [12]), weil es eine specielle
und genaue, nicht blos ungefähre Angabe enthält. Danach berichtet der Athener Lykurgos in der Rechenschaftsablage über
seine zwölfjährige Finanzverwaltung (338—326), dafs er unter
anderm eine beträchtliche Summe Goldes zu dem Curse von
22 Drachmen 5¼ Obolen für den Stater angekauft habe. Hieraus
ergiebt sich fast genau das Verhältnifs von 11½ : 1, und dies mag,
wenn auch ein wenig auf- und abschwankend, der Handelscurs
jener Zeit gewesen sein. Wieder etwas höher erscheint das Gold
in Aegypten in der Münze der Ptolemäer, wo es den 12½ fachen
Werth des Silbers hat (Anh. § 12); doch ist zu beachten, dafs
dies eben ein gesetzlich angeordnetes Verhältnifs war, welches
den Handelscurs eher überstieg als hinter ihm zurückblieb. Das
niedrigste Verhältnifs endlich ist das zehnfache, welches in dem
schon erwähnten Bündnifs der Römer mit den Aetolern erscheint.
Man sage nicht, dafs die Römer absichtlich ein zu ungünstiges
Verhältnifs bestimmt haben, denn es sollte ja eine Erleichterung
für die Aetoler sein; es ist also vorauszusetzen, dafs sie das
Gold zu diesem Curse immer noch leichter beschaffen konnten
als die entsprechende Summe in Silber.

3. So sehen wir also, wie das Gold bei den Griechen
zwischen dem dreizehnfachen und zehnfachen Verhältnifs zum
Silber geschwankt hat. Danach wird auch die Bestimmung der
Goldmünzen keine absolute sein können; sie läfst sich nur nach
den bezeichneten Grenzpunkten geben. Jedoch scheint es nicht
räthlich bis zu dem einen Extrem, dem dreizehnfachen Werthe,
zu gehen; besser nehmen wir für die gewöhnliche Schätzung als

---

10) 3, 95.
11) Hipparch. p. 231 D.
12) Zu der von Böckh im C. I. Gr. n. 157 und vollständiger in der
Staatshaushaltuog II S. 111 ff. veröffentlichten Inschrift über die Rechenschaftsablage des Lykurgos ist in der Ἐφημερὶς Ἀρχαιολογιχή n. 3452

äufserstes das zwölffache an. Aufserdem darf es aber auch nicht
unterlassen werden den Werth aufzuführen, den die Münzen
nach dem heutigen Goldcurse (§ 22, 3) haben würden. Demnach
ist der attische Goldstater von zwei Drachmen Gewicht und der
ihm gleich geachtete Dareikos und makedonische Stater nach
seinem Curswerthe im Alterthum auf 5 Thl. 7,2 Sgr. bis 6 Thl.
8,6 Sgr. anzusetzen. Dem heutigen Metallwerthe nach ist der
attische und makedonische Stater gleich 8 Thl. 3,6 Sgr., der Dareikos (Anh. § 10, 3) gleich 7 Thl. 16,9 Sgr. Die häufigen Angaben gröfserer Summen in Golde haben es räthlich erscheinen
lassen in Tab. XVI die hauptsächlichsten Werthe zusammenzu-
stellen. Für gewöhnlich genügt es, wenn man den Stater seinem
alten Curswerthe nach zu 5⅔ Thl., also gleich einem preufsischen
Friedrichsdor, nach seinem heutigen Werthe zu 8 Thl. rechnet.

§ 31. *Der attische Münzfufs im makedonischen Reiche.*

1. Es würde, auch wenn es an einem bestimmten Zeugnisse fehlte, mit Sicherheit anzunehmen sein, dafs das attische
Geld eine weite Verbreitung in Griechenland gehabt hat; wirkten
doch zwei wichtige Umstände zusammen es zu einem gesuchten
Courant zu machen. Einmal war das attische Silber anerkannter-
mafsen vom feinsten Schrot und der sorgfältigsten Ausprägung;
dann aber, was noch mehr in's Gewicht fällt, stand der athenische
Staat eine geraume Zeit an der Spitze Griechenlands und ein
guter Theil desselben war ihm verbündet oder tributpflichtig.
Ungeheure Massen von Silber strömten in Athen zusammen, wurden in seiner Münze zu Tetradrachmen ausgeprägt und ver-
theilten sich in den Kriegen wieder über Griechenland. So
läfst sich aus einer Erzählung bei Plutarch [1]) mit Sicherheit
schliefsen, dafs die bedeutenden Summen Silbergeldes, welche
Lysander im peloponnesischen Kriege nach Sparta schickte, meist

---

ein neues Bruchstück veröffentlicht worden, wonach Lykurgos mehr als
ein Talent Goldes zu dem oben angegebenen Curse gegen Silber einkaufte.
Vergl. S. 855.
    1) Nach Vit. Lysand. 16 bezeichnet der Sclave des Gylippos die Mün-
zen, welche sein Herr von der von Lysander nach Sparta geschickten Kriegsbeute entwendet hatte, als γλαῦκες d. h. als attische (§ 27 Anm. 9). Plutarch versteht die Stelle nicht ganz richtig, er scheint anzunehmen, dafs die
meisten Staaten Griechenlands damals mit attischem Gepräge gemünzt hätten. Vielmehr war es athenisches Geld, welches in ganz Griechenland cursirte. Vergl. Böckh Staatsh. I S. 45 Anm. *d.*

in Münzen von athenischem Gepräge bestanden. Das nicht
attische Geld wurde nun zwar dadurch nicht verdrängt, dazu war
die Masse des kleinasiatischen und äginäischen Silbers und die
Zahl der Münzstätten, die nach diesen Währungen prägten, zu
grofs; aber es sank überall, soweit Athens Einflufs auch nur
mittelbar reichte, zur secundären Münze herab, welche im
grofsen Verkehr ihren Curs nach dem attischen Gelde hatte.
Einen zuverlässigen Hinweis dafür geben die bereits oben
(§ 29, 3) besprochenen Stellen des Aristophanes und Xenophon,
welche beide eine weite Verbreitung des attischen Silbers aufserhalb Athens bezeugen. Es darf aber daraus nicht im entferntesten
gefolgert werden, dafs auch die attische Prägung in Griechenland
verbreitet gewesen sei. Im Gegentheil konnte es Athen nur erwünscht sein, wenn die von ihm abhängigen Staaten nicht nach
seinem Fufse münzten. Denn die betreffenden Münzen hätten
auf gleiche Geltung mit den attischen Anspruch gemacht, während sie in der Güte der Ausprägung wahrscheinlich hinter ihnen
zurückgestanden hätten, und sie würden schliefslich doch ebenfalls als ausländisches Geld mit niedrigerem Curs angesetzt worden sein. Auch Rom machte sein Geld allenthalben zum herrschenden Courant, liefs es sich aber nicht einfallen andere
Staaten zur Annahme seiner Prägung zu nöthigen; sondern
hob entweder die provinciale Prägung gänzlich auf, oder
liefs sie nach dem einheimischen Fufse fortbestehen, sodafs es
dann aufser der römischen Reichsmünze noch eine locale Landesmünze gab. Einen förmlichen Münzzwang hat nun zwar
Athen nicht ausgeübt, aber insofern lassen beide Staaten sich
recht gut vergleichen, als auch Athen die Ausmünzung seines
Geldes nach attischem Fufse sich allein vorbehielt und die Verbreitung einer nach gleichem Fufse geprägten Münze neben
der seinigen eher verhinderte als begünstigte. So treffen wir
denn in der Zeit vor Alexander im eigentlichen Griechenland
so gut wie nirgends aufserhalb Athens attische Prägung [2]).
Dagegen hat sich merkwürdiger Weise der attische Münzfufs
frühzeitig über Griechenland hinaus nach dem Westen verbreitet.
In dem gröfsten Theile Siciliens ist von Anfang an die Prägung
nach dem Muster der attischen geordnet worden, ebenso in
Tarent und Etrurien [3]).

---

2) Ueber die Münzen attischer Währung von Euböa s. im Anh. § 5.
Aufserdem finden sich Münzen von Megara. Mommsen S. 62.
3) S. im Anhang 15, Mommsen S. 68 ff. Ueber den attischen Münzfufs
in Kyrene ist Anhang § 13 zu vergleichen.

2. Mit der sinkenden Macht Athens und seiner schliefs-
lichen Unterwerfung unter die makedonische Herrschaft würde
wahrscheinlich auch der attische Münzfufs zu blos localer Geltung herabgedrückt worden sein, wenn nicht gerade die aufblü-
hende makedonische Macht denselben adoptirt hätte. Der Grund
dazu wurde von Philipp II gelegt. Makedonien folgte in der
Silberprägung dem kleinasiatischen Fufse mit dem Tridrachmon
von 11 Gr. und dem später an seine Stelle tretenden Tetradrachmon von 14,5 Gr. (Anh. § 6, 2). Hierin änderte Philipp nichts;
daneben aber führte er eine ausgedehnte Goldprägung ein, in
welcher fast ausschliefslich das Ganzstück oder der Stater erscheint, während die Theilmünzen, die Hälften, Viertel, Achtel
und Zwölftel, selten sind [4]). Das Effectivgewicht dieses Philippi-
schen Staters beträgt 8,6 Gr., worüber einzelne Stücke noch
hinausgehen [5]); das Normalgewicht ist ohne Zweifel kein anderes als das des attischen Staters von 8,73 Gr. Dennoch würde
man irren, wollte man die Goldprägung Philipps allein aus der
attischen erklären. Letztere war viel zu unbedeutend, als dafs sich
der makedonische König allein an sie hätte anschliefsen können;
als Vorbild diente ihm vielmehr die Goldmünze des persischen
Reiches, der Dareikos. Persisches Gold circulirte schon lange in
grofser Menge in Griechenland und war die häufigste Goldmünze,
die überhaupt vorkam. Aufserdem ging Philipps ganzes Stre-

---

4) Den nähern Nachweis giebt Müller Numismatique d'Alexandre le
Grand p. 335 *note* 3—5, wozu noch hinzuzufügen das Trihemiobolion von
1,069 Gr. (= 16,5) und der Obolos von 0,726 (= 11,2) bei Leake Suppl.
p. 1. Ueber die Drachmen und Triobolen von barbarischem Ursprung vergl.
Müller p. 336 *n.* 7. 375 *n.* 9, Mionnet Poids p. 56. Einen Doppelstater im
Thorvaldsen'schen Museum hält Müller für gefälscht.

5) Die Statere Philipps zeichnen sich ebenso wie die Alexanders durch
sorgfältige Justirung aus. Die Ungleichheit im Gewicht der uns erhaltenen
Münzen beträgt nur etwa 0,13 Gr. Die leichtesten Stücke stehen mit seltenen Ausnahmen noch über 8,5 Gr., wobei zu bedenken, dafs diese Goldmünzen viel circulirt haben, also selten frei von einem kleinen Verluste
sind, wie Burgon, der feine Kenner alter Münzen, in Betreff der goldnen
Tetradrachmen Alexanders in Erinnerung bringt (Catal. Thomas p. 138).
Sehen wir von den leichtesten Stücken ab, so finden wir in aufsteigender
Reihe der Gewichte von 8,55 bis 8,65 Gr. Die Maximalgewichte sind 8,65
(= 133,5 Thomas p.136), 8,64 (= 162⅔ Mionnet p. 56), 8,62 (= 133,1 und
133 Thomas p. 135, Northwick p. 59), 8,61 (= 132,9 Leake p. 3 = 132,8
Thomas p. 135. 136, Pembroke p. 144, Leake p. 3), 8,60 (= 162 Mionnet
p. 55 = 132,7 Thomas p. 136). Hussey p. 15 giebt als Durchschnittsgewicht
von 14 Stateren der Payne-Knight'schen Sammlung 8,563 Gr. (= 132,14),
Müller Numism. d'Alex. p. 336 als Durchschnitt der ihm bekannten Stücke
8,5 bis 8,6 Gr. Andre Bestimmungen s. bei Böckh S. 130 f.

ben auf die Eroberung des persischen Reiches, und die Einführung der Goldprägung nach dem Dareikenfufse war nur eine
der vorbereitenden Mafsregeln zu dem grofsen Unternehmen[6]).
Philipp prägte also die persische Königsmünze nach und übertrug
auf das neue Gold seinen Namen[7]), gerade so wie das ältere von
Dareios benannt worden war. Nur darin wich er ab, dafs er an
die Stelle des Dareikengewichts von 8,38 Gr. den etwas höheren
Werth setzte, nach welchem in Athen das Gold ausgeprägt wurde.
3. Alexander setzte die von Philipp begonnene Goldprägung in noch gröfserem Mafsstabe und mit gleicher Sorgfalt fort.
Seine Statere stehen weder an Gewicht noch an Feingehalt denen seines Vaters nach[8]). Die kleineren Nominale wurden ebenfalls selten geprägt[9]), aufserdem aber noch Doppelstatere oder
Tetradrachmen in Gold geschlagen[10]). Er ging aber noch einen
Schritt weiter, indem er folgerichtig das attische Gewicht, nachdem es einmal für die Goldmünze üblich geworden war, auch
in der Silberprägung einführte. Gerade wie Athen prägte auch
Alexander vorzugsweise Tetradrachmen und zwar auf das volle

---

6) Böckh S. 130. Mommsen S. 52.

7) Στατῆρες Φιλίππειοι nennt Poll. 9, 59 neben den Δαρεικοί und
Ἀλεξάνδρειοι, 9, 84 neben den Κροίσειοι und Δαρεικοί. Φιλίππειοι
χρυσοῖ erwähnt Plut. Tit. Flam. 14, νόμισμα χρυσοῦν Φιλίππειον
Diod. 16, 8. Bei den römischen Schriftstellern heifst die makedonische Goldmünze regelmäfsig *Philippeus*, so bei Liv. 34, 52. 37, 59. 39, 5 u. 7.
44, 14 und anderen.

8) Ueber die Feinheit des Metalls s. unten 4. Das Gewicht der Statere
Alexanders ist genau dasselbe wie derjenigen Philipps. Maximal erscheinen 8,64 (= 162¾ Mionnet p. 58), 8,63 (= 162½ Mionnet), 8,62 (= 133,1
und 133 Thomas p. 139. 155. 156), 8,60 (= 162 Mionnet = 132,7 Thomas
p. 165, Leake p. 5 = 132¾ Northwick p. 60). Müller Numism. p. 1 giebt
als Gewicht 8,5 bis 8,6 Gr. Unter 8,5 Gr. stehen nur wenige Stücke.

9) Hälften oder Drachmen sind selten. Im Pariser Cabinet finden sich
nach Mionnet Poids p. 57 ff. keine. Eine bei Thomas p. 166 von 3,46 Gr.
(= 53,4) ist von zweifelhafter Authenticität; ächt dagegen ist die aus der
Northwick'schen Sammlung von 4,29 Gr. (= 66,2 p. 60). Eine andere bei
Leake p. 5 wiegt 3,84 Gr. (= 54,6). Müller p. 1 vergl. mit 155 und 170
führt zwei aus dem Brit. Mus. an. Häufiger sind die Viertelstatere oder
Triobolen von 2,15 Gr. (= 40½ Mionnet p. 59, Queipo III p. 166), 2,14 (=
33 Pembroke p. 145), 2,125 (= 40 Mionnet p. 59 = 32,8 Thomas p. 166,
Leake p. 5) und darunter.

10) Die höchsten Gewichte sind 17,21 Gr. (= 324 Mionnet p. 57),
17,20 (= 265,5 Hussey p. 16, Thomas p. 139, Pembroke p. 144, Northwick
p. 60), 17,19 (Pinder S. 41), 17,18 (= 323½ Mionnet p. 57), 17,17 (= 265
Mus. Brit. p. 101). Ein etwas vernutztes Stück bei Thomas p. 138 wiegt
noch 17,165 Gr. (= 264,9).

attische Gewicht. Zwar wird dasselbe nur von wenigen der erhaltenen Münzen erreicht [11]); aber genau dieselbe Erscheinung
fanden wir auch bei den attischen Münzen, ja im Durchschnitt
stehen vielleicht die letzteren noch etwas niedriger als die Münzen Alexanders. Das Effectivgewicht des gut erhaltenen Tetradrachmon ist genau wie das des attischen aus der Blüthezeit
Athens (§ 27, 4) auf 17,27 Gr. anzusetzen [12]). Aufser dem Tetradrachmon sind am zahlreichsten die Drachmen [13]). Didrachmen sind nicht häufig, Tridrachmen ebenso wenig wie in Athen
geschlagen worden [14]). Das höchste Nominal in Silber war wie

---

11) Die höchsten Gewichte von Tetradrachmen Alexanders sind
17,92 Gr. (= 276,5 Hussey p. 16), 17,61 (= 271,8 Leake p. 6). Beide
Stücke sind übermünzt. Demnächst folgen ein vollkommen gut erhaltenes
Stück von 17,44 Gr. (= 328¼ Mionnet p. 61) und ein zweites von 17,41 Gr.
(= 327⅔ Mionnet p. 68), beide nur unmerklich hinter dem Normalgewicht
zurückstehend. Häufig erreichen dasselbe die Drachmen. Ein Stück von
4,60 Gr. (= 71 Leake p. 9) ist durch Feuer geschwärzt und hat dadurch
wahrscheinlich an Gewicht zugenommen. Demnächst folgen zwei Drachmen
aus der Madrider Sammlung von 4,52 und 4,42 Gr. (Queipo p. 154) und
zwei aus dem Pariser Cabinet von 4,395 Gr. (= 82⅔ Mionnet p. 65), sämmtlich das Normalgewicht noch übersteigend. Ferner 4,36 Gr. (= 82 Mionnet p. 71 = 67,3 Pembroke p. 143, Leake p. 7 = 67,2 Hussey p. 16), 4,34
(= 81⅘ Mionnet p. 65. 66 = 67 Hussey p. 16), 4,32 (= 81¼ Mionnet p. 62),
4,31 (= 66,5 und 66,6 Thomas p. 152. 153, Leake p. 8).
12) An die in der vorigen Anm. aufgeführten Tetradrachmen schliefsen
sich Stücke von 17,29 Gr. (= 325¼ Mionnet p. 64), 17,28 (= 266,7 Leake
Suppl. p. 1), 17,27 (= 266,5 Thomas p. 149), 17,26 (= 266,4 Leake p. 5),
17,25 (= 266,2 Thomas p. 150), 17,24 (= 324¼ Mionnet p. 59. 60. 67. 69.
70 = 266 Leake p. 6), 17,22 (= 265,7 Thomas p. 150), 17,21 (= 324
Mionnet p. 61. 64. 70), 17,20 (= 323¾ Mionnet p. 67 = 265,5 Northwick
p. 63 = 265,4 Leake p. 6). Danach darf das Effectivgewicht der besten
Stücke nicht unter 17,27 Gr. angesetzt werden. Von 17,20 Gr. sinken die
Tetradrachmen stufenweise bis auf 16,65 Gr.; verhältnifsmäfsig wenige
stehen noch darunter. Eine genauere Bestimmung ist unmöglich, weil bei
den meisten Alexandermünzen sich nicht ausmachen läfst, ob sie zu Alexanders Lebzeiten oder erst nach seinem Tode geschlagen worden sind. Nach
Müller p. 8 vergl. mit p. 102 wiegen die gut erhaltenen Tetradrachmen
aus der Zeit Alexanders und seiner Nachfolger (bis z. J. 306 und kurz danach) durchschnittlich 17 Gr., häufig steigen sie bis 17,3 Gr., einige sinken
bis 16,5 Gr.
13) Die erhaltenen Drachmen sind ziemlich halb so zahlreich als die
Tetradrachmen. Die Maximalgewichte sind bereits Anm. 11 aufgeführt.
Die meisten Stücke stehen von 4,3 bis 4,2 Gr. Hussey p. 16 giebt aus 18
Drachmen der Payne-Knight'schen Sammlung den Durchschnitt von 4,26
Gr.; 55 stehen ein wenig unter 4,21 Gr. Auffallend niedrige Gewichte
sind selten.
14) Die Didrachmen wiegen 8,55 Gr. (= 161 Mionnet p. 65), 8,38
(= 129,3 Thomas p. 152), 8,36 (= 129,1 und 129 Leake p. 7, Northw. p. 65),

in Athen das Dekadrachmon [15]). Von Kleingeld finden sich Triobolen, Diobolen und Obolen, wahrscheinlich auch Trihemiobolien [16]). Die Kupfermünzen, welche zahlreich erhalten sind, lassen sich nicht mit Sicherheit bestimmen [17]).

Auch Alexanders Münzen wurden nach seinem Namen benannt, und zwar nicht blos die Goldstatere sondern auch das Silbergeld, denn die einigemal erwähnten Ἀλεξάνδρειοι δραχμαί sind Alexanderdrachmen, nicht etwa ägyptische alexandrinische [18]).

4. Die Werthbestimmung des makedonischen Geldes kann von der des attischen nicht abweichen. Denn nicht nur das Gewicht ist das gleiche, sondern es steht auch der Feingehalt der Gold- und Silbermünzen hinter den attischen nicht zurück. Eine Drachme von Alexander ergab allerdings 0,029 Legirung, also etwas mehr als die feinsten attischen Tetradrachmen (§ 29, 4), aber aufserdem enthielt sie 0,0036 Gold [19]), sodafs

---

8,29 (= 127,7 Leake Suppl. p. 2). Ein Tridrachmon von 13,6 Gr. im Kopenhagener Cabinet ist nach Müller p. 257f. zu Alabanda in Kleinasien in der Mitte des dritten Jahrhunderts v. Chr. geschlagen, ein anderes (p. 400 n. 1375a) von 12,69 Gr. in Arados. Demnach kann auch das Exemplar in der Madrider Sammlung von 12,55 Gr., welches Queipo p. 154 aufführt, nicht von Alexander herrühren.

15) Eine grofse Anzahl von Dekadrachmen Alexanders wurde in den Ruinen von Babylon gefunden. Die meisten wurden in Bagdad eingeschmolzen, einige kamen nach Indien. Ein Stück erhielt Leake durch Rawlinson, es wiegt 41,29 Gr. (= 637,2 Leake p. 5). — Eine Erwähnung des Dekadrachmon findet Bealé Monnaies d'Athènes p. 49 in der Stelle des Aristot. Oecon. 34: τοῦ σίτου πωλουμένου ἐν τῇ χώρᾳ δεκαδράχμου; allein δεκαδράχμου ist hier als Adjectiv zu fassen: 'da das Getraide 10 Drachmen hoch verkauft wurde'.

16) Triobolen: 2,11 Gr. (= 32,5 Northwick p. 65), 2,10 (Queipo p. 152), 2,04 (= 31,5 Thomas p. 153), 2,02 (= 31,2 Leake p. 8) u. s. w. — Diobolen: 1,34 (= 20,7 Leake Suppl. p. 2), 1,195 (= 22½ Mionnet p. 69) — Obolen: 0,68 (= 12¾ Mionnet p. 67), 0,65 (= 12¼ Mionnet), 0,635 (= 9,8 Brit. Mus. p. 104) und mehrere andere. Erwähnt wird der makedonische Obolos von Lukian περὶ πένθους 10. — Eine wohl erhaltene Münze von 0,92 Gr. in der Madrider Sammlung (Queipo p. 152) mufs ein Trihemiobolion sein.

17) Die Stücke haben meist die Gröfse 4, 3½ und 3 und geben selten darüber bis zur fünften oder darunter bis zur zweiten Gröfse. Eine annähernde Bestimmung könnte nur im Zusammenhang mit der athenischen Kupfermünze getroffen werden, über die wir eben auch im ungewissen sind.

18) App. Sic. 2 vergl. mit Poll. 9, 85. Nach ὀβολοὶ Ἀλεξανδρινοί rechnet Polyb. 34, 8, 7. Vergl. Mommsen S. 26 Anm. 68.

19) Hussey p. 71: Silber   11 oz. 12 dwts. 3 grs.
　　　　　　　　　　　Gold   — - — - 21 -
　　　　　　　　　　　Legirung — - 7 - — -

der Metallwerth des probirten Stückes sogar noch etwas höher
anzusetzen ist, als wenn es von reinem Silber wäre. Nicht weniger fein ist das Gold. Ein Stater von Alexander enthielt nur
0,003 Beimischung von Silber, sonst reines Gold; ähnliche Resultate ergaben sich aus Proben Philippischer Goldmünzen [20]).
Es ist also der Werth der makedonischen Gold- und Silbermünze auf dieselben Beträge wie oben der attischen (§ 29, 4.
30, 3) festzusetzen.

5. Die makedonische Prägung hatte das eigenthümliche,
dafs sie nicht auf eine Münzstätte beschränkt war, sondern von
zahlreichen Orten theils in Makedonien theils im weiteren Umkreise des Reiches ausging [21]). Die bedeutendste Münzstätte
in Makedonien selbst war nicht die Residenz Pella [22]), sondern
Amphipolis, die reichste Stadt des Landes, vermöge ihrer Lage
der natürliche Sammelpunkt für die Erträgnisse aus den Silberminen des Pangäon und der angrenzenden Metalldistricte [23]).
Auch in anderen Städten Makedoniens sowie der angrenzenden
europäischen Länder, die unmittelbar oder mittelbar unter ma-
kedonischer Herrschaft standen, sind königliche Münzen geschlagen worden [24]). Nächstdem erscheinen makedonische Münzstätten im südöstlichen Kleinasien, Syrien, Phönikien und Aegypten [25]); aufserdem ist in Asien noch an anderen Orten, wo makedonische Heere längere Zeit standen, Reichsmünze geschlagen
worden [26]). Diese Prägung wurde unverändert auch nach Alexanders Tode fortgesetzt, indem man auf den Namen seines
rechtmäfsigen Nachfolgers, des von Roxane nachgeborenen Alexander, weiter münzte [27]). Aber auch nach der Ermordung des

20) Hussey p. 109.
21) Der Untersuchung über die Prägstätten der makedonischen Münzen ist der gröfsere Theil des schon mehrmals erwähnten Werkes von
L. Müller Numismatique d'Alexandre le Grand gewidmet.
22) Münzen von Pella bei Müller p. 124 ff. n. 1—22.
23) Strab. 7 fr. 34 (Meineke). Die Minen des Bertiskos, welche Müller p. 128 mit erwähnt, durften aus leicht ersichtlichen Gründen in diesem
Zusammenhange nicht genannt werden.
24) Müller p. 97 ff. 102. 134 ff.
25) Derselbe p. 99. 102. 233 ff.
26) Derselbe p. 60. Auch Babylon scheint makedonische Münzstätte
gewesen zu sein. Leake Numism. Hell. Kings p. 5.
27) Der sichere Beweis dafür liegt darin, dafs die Münzen des neben
dem jungen Alexander zum König ausgerufenen Philipp Arrhidäos sich
nur durch die Namensaufschrift von denen Alexanders des Grofsen unterscheiden, während sie im Gepräge ganz identisch sind. Also können die des
jüngern Alexander, auf dessen Namen unzweifelhaft auch geprägt worden
ist, gar keinen Unterschied zeigen. Müller p. 50 f.

Scheinkönigs durch Kassander i. J. 310 müssen die Feldherrn auf Alexanders Namen fortgeprägt haben, bis sie (vom J. 306 an) den Königstitel annahmen. Das Gepräge ist bis zu dieser Zeit so wenig geändert worden, dafs von den meisten Münzen nicht bestimmt werden kann, ob sie schon zu Alexanders Lebzeiten oder erst unter den Diadochen bis 306 geschlagen worden sind [28]). Aber auch nach dieser Zeit, als sich aus den Trümmern des makedonischen Reiches neue Staaten gebildet hatten, deren Könige nun auf ihren eigenen Namen münzten, sind von Städten Kleinasiens und Phönikiens, aufserdem auch in Thrakien die alten Alexandermünzen ohne wesentliche Abänderung vielleicht bis in's zweite Jahrhundert v. C. fortgemünzt worden [29]), ein deutlicher Hinweis darauf, dafs die Münze Alexanders auch nach dem Zerfall des Reiches in vielen Theilen desselben die herrschende blieb. Uebrigens wurde auch in den Diadochenstaaten, namentlich in Makedonien, Pergamos und Syrien, wo die neuen Dynastien eine eigene königliche Prägung einführten, der Münzfufs selbst nicht geändert. Nur in Aegypten, das auch hier seine Ausnahmestellung behauptete, blieb der alte Landesfufs auch in der königlichen Münze der Ptolemäer (Anh. § 12). Anderwärts wie in Tyros in Syrien bestand der ältere Fufs neben der neu eingeführten königlichen Münze fort (Anh. § 8, 2). Zahlreich sind aufserdem die Staaten, in welche ebenfalls durch makedonischen Einflufs die attische Währung gelangte. So finden wir sie in Epeiros seit Pyrrhos (312), in Pontos seit Mithridates III (302), in Bithynien, Kappadokien und Parthien.

§ 32. *Die attische Währung in der Römerzeit.*

1. Der römische Denar stand seit seiner ersten Ausmünzung (268 v. C.) in naher Verwandtschaft mit der attischen Drachme von 4,37 Gr. Normalgewicht. Sein Gewicht war zwar ursprünglich etwas höher auf 4,55 Gr. angesetzt (§ 35, 2), ging aber sehr bald noch gegen Ausgang des dritten Jahrhunderts (§ 36, 1) auf 3,90 Gr. herab und entsprach seitdem sehr nahe dem Effectivgewicht von ungefähr 4 Gr., welches die attische Drachme nach Alexander hatte. Daher kommt es, dafs beide Münzen von grie-

---

28) Müller p. 55. 99. 100. 102.
29) Derselbe p. 101 f. Leake Numism. Hellen. Kings p. 7 geht wohl zu weit, wenn er ein zu Askalon geprägtes Tetradrachmon in das J. 80 v.C. versetzt.

chischen wie römischen Schriftstellern durchgängig gleich gerechnet werden. Varro, Plinius und Festus taxiren das attische Ta-
ent auf 6000 Denare[1]), und nach demselben Verhältnifs reduciren Cicero, Livius und Athenäos gröfsere Summen von Talenten auf römisches Geld[2]). Dafs die attische Drachme dem Denar an Gewicht gleich sei, wird noch besonders von Plinius und
den Aerzten und Metrologen der Kaiserzeit angegeben[3]). So
wurde auch von den Römern in den Provinzen Makedonien und
Achaia die attische oder Alexanderdrachme dem Denar an Werth
gesetzlich gleich gestellt, und ebenso später von Pompejus in
Syrien das königliche Tetradrachmon, welches dem attischen
Fufse folgte, zu 4 Denaren tarifirt[4]). Das Tetradrachmon, welches trotz der damals schon sehr herabgegangenen Prägung
noch immer um 16,5 Gr. stand, verlor dadurch allerdings gegen
die römische Münze, denn 4 Denare vertreten nur einen Silberwerth von 15,6 Gr.; aber es war Grundsatz der Römer ihrer
Reichsmünze dem ausländischen Courant gegenüber einen den
Silberwerth übersteigenden günstigen Curs zu geben, oder, was
auf dasselbe hinauskommt, die Provincialmünze nur nach einem
niedrigeren Ansatz circuliren zu lassen. Hiernach ist es selbst
möglich, dafs das Tetradrachmon der Provinz Asia zu nur 3 Denaren angesetzt und somit dem Cistophor (Anh. § 7, 3) gleichgestellt worden ist. Wenigstens erklärt sich nur unter dieser
Voraussetzung die Angabe des Livius, der das attische Tetradrachmon 3 Denaren an Gewicht — er wollte sagen, an Werth —
gleich setzt[5]). Allein im allgemeinen galt die Gleichstellung von

1) Plin. 35, 11 § 136: talentum Atticum $X\overline{VI}$ (sex milibus denarium)
taxat M. Varro. Festus p.359: Atticum (talentum) est sex milium denarium.
2) Cic. p. Rabir. 8, 21 berechnet 10000 Talente auf 240 Millionen Sesterzen = 60 Millionen Denare. Livius 34, 50, 6 setzt für 500 Drachmen,
die an der von ihm citirten Stelle des Polybios gestanden haben müssen,
500 Denare und rechnet die 100 Talente bei Polybios zu je 6000 Denaren.
Athen. 4 p. 146 C reducirt 400 Talente auf Ἰταλικοῦ νομίσματος ἐν
μυριάσι διακοσίαις τεσσαράκοντα d. h. 2400000 Denare, und gleich
darauf setzt er 160 Denare gleich dem 60sten Theile von 100 attischen
Minen = 166 Drachmen.
3) Die Stellen des Plinius und Scribonius Largus s. § 20 Anm. 14.
Galen. de compos. med. p. gen. 5 p. 813 rechnet 8 Drachmen d. h. 8 Neronische Denare auf die Uncia des römischen Pfundes. Kleopatra in den
Galenischen Tafeln p. 768 sagt ausdrücklich: τὸ Ἰταλικὸν δηνάριον ἔχει
δραχμὴν α', und dem entsprechend wird überall in den Tafeln, die das
römische Gewichtsystem behandeln, der achte Theil der Uncia nicht Denar,
sondern Drachme genannt.
4) Mommsen S. 690f. 71f.
5) 34, 52, 6: signati argenti octoginta quattuor milia fuere Atticorum:

Drachme und Denar, ja es wurde sogar in den östlichen Provinzen der Name der attischen oder Alexanderdrachme der regelmäfsige und legale Ausdruck für den römischen Denar, was sich auch dann nicht änderte, als seit Nero das Gewicht des Denar weiter auf $\frac{1}{96}$ Pfund = 3,41 Gr. herabsank. Die Belege dafür bei griechischen Schriftstellern sind zahlreich [6].

So wird also das attische Talent zur römischen Rechnungsmünze, eine Summe von 6000 Denaren bezeichnend, und entspricht als solches nicht mehr einem Silbergewicht von 80 römischen Pfund, sondern bis Nero von nur $71\frac{3}{7}$, nach diesem von nur $62\frac{1}{2}$ Pfund. Die Werthansätze bestimmen sich nach dem gleichzeitigen römischen Courant. Es betrug das Talent

1403¼ Thl. nach der römischen Silberwährung zur Zeit der Republik.

1740 Thl. nach der Goldwährung von Augustus an.

Wir nennen dieses Talent das römische Rechnungstalent oder kürzer und einfacher Denartalent und die entsprechende Drachme Denardrachme.

2. Durch die Gleichstellung von Drachme und Denar erklärt sich auch Polybios' Angabe, dafs der Sold des römischen Fufssoldaten 2 Obolen für den Tag betragen habe [7]. Diese 2 Obolen sind lediglich der griechische Ausdruck für $\frac{1}{3}$ Denar, welches in der That der tägliche Sold zur Zeit der Republik war [8]. Es ist daher falsch aus der Stelle, wie vielfach versucht

---

tetradrachma vocant: t r i u m fere denariorum in singulis argenti est pondus. Die handschriftliche Lesart *trium* wird durch Priscian. de ponder. v. 30 ff. bestätigt, der die attische Mine gleich 75 *drachmae* d. h. Denaren setzt; daher ist die vielfach angenommene Aenderung in *quattuor* nicht wahrscheinlich. Allerdings läfst sich Livius immerhin einen Irrthum zu Schulden kommen, indem er vom Gewichte, anstatt vom Curse spricht.

6) Dionys. 4, 16 f. reducirt die Servianischen Censussätze in der Weise, dafs er für 10 Asse einen Denar setzt und nun nach Drachmen und Minen rechnet. Plut. Fab. Max. 4 berechnet die Summe von 333000 Sesterzen + 333⅓ Denare auf zusammen 83583⅓ Drachmen d. h. Denare, und Auton. 4 übersetzt er *decies sestertium* durch μυριάδας πέντε καὶ εἴκοσι = 250000 Drachmen oder Denare. Appian. Sic. 2 versteht unter Ἀλεξάνδρειοι δραχμαί wahrscheinlich Denare. Luk. Pseudol. 30 gleicht 30 χρυσοῖ mit πεντήκοντα καὶ ἑπτακόσιαι, nämlich δραχμαί d. h. 30 römische *aurei* mit 750 Denaren, denn der Aureus war gleich 25 Denaren. Ebenso Zonaras 10, 36 p. 540 B. Weitere Belege dafür lassen sich noch in grofser Zahl aufstellen.

7) 6, 39, 12.

8) Niebuhr R. G. II S. 497. Böckh M. U. S. 426. Marquardt III, 2 S. 76.

worden ist, eine Werthgleichung zwischen dem attischen Obol und dem römischen As abzuleiten. Noch weniger kann eine andere Stelle des Polybios dazu benutzt werden, wo er den halben römischen As gleich $\frac{1}{4}$ Obolos rechnet[9]. Er vergleicht hier römische und griechische Scheidemünze, den römischen Kupfersemissis mit dem griechischen Dichalkon. Das ist allerdings ungenau, indem er dabei $\frac{1}{24}$ Drachme $= \frac{1}{32}$ Denar setzt, aber bei dem kleinen Betrage ist der Fehler verschwindend klein.

---

9) 2, 15, 6.

Zweiter Abschnitt.

Das Münzwesen der römischen Republik.

§ 33. *Die älteste Kupfermünze* [1]).

1. Viel deutlicher als bei den Griechen lassen sich bei den Römern die Spuren davon verfolgen, wie von dem ältesten einfachen Tauschverkehr allmählich der Uebergang zum Gebrauch der Münze stattfand. Gerade wie den Griechen im Zeitalter Homers so diente auch den Römern bis in noch spätere Zeit das Rind und daneben das Schaf als Tauschmittel. Es war in Wirklichkeit ihr ältestes Geld, weshalb sie auch diesen Begriff in ihrer Sprache nicht besser als durch eine Ableitung von *pecus* auszudrücken wufsten [2]). Die ältesten gesetzlichen Bufsen waren, wie uns sicher bezeugt wird, in Rindern und Schafen angesetzt und wurden erst viel später in gemünztem Gelde ausgedrückt [3]).

---

1) Eine Zusammenstellung der älteren meist antiquirten Literatur über das römische Kupfergeld zu geben ist hier nicht der Ort. Was davon noch jetzt brauchbar ist, wird bei den einzelnen Punkten erwähnt werden. Die folgende Darstellung folgt im ganzen Mommsen's Geschichte des römischen Münzwesens, weicht jedoch in der Auffassung des ältesten As und einigen anderen Punkten von demselben ab. Die Aufstellungen Niebuhr's und Böckh's sind, wo es die Sache erforderte, nicht unberücksichtigt geblieben.

2) Varro de l. L. 5,19: pecus — a quo pecunia universa, quod in pecore pecunia tum consistebat pastoribus. Colum. de r. r. 6 praef. Festus p. 213. Paulus p. 23 unt. abgregare u. a. Vergl. Marquardt Handb. der röm. Alterth. III, 2 S. 3 Anm. 3.

3) Die Hauptstelle ist bei Festus p. 202; aufserdem bezeugen die Sache Cic. de rep. 2, 9, 16, Varro de r. r. 2, 1, Plin. 33, 1 § 7. Das nähere bei Marquardt S. 3 Anm. 2. Noch in der *lex Aternia Tarpeia* v. J. 454 wur-

Aber das Bedürfnifs des Verkehrs und das Beispiel anderer bereits mehr vorgeschrittener Völker führte frühzeitig dazu neben dem Vieh noch andere Werthmesser anzuwenden. Dazu ist in Italien allgemein das **Kupfer** gebraucht worden. Das älteste Zeugnifs dafür liefert wiederum die Sprache in dem von *aes* gebildeten Worte *aestimare*; aufserdem beweisen es verschiedene Münzfunde [4]. Das Metall wurde zugewogen, der rechtliche Kauf geschah *per aes et libram*, eine Form, die sich symbolisch bis in die späteste Zeit hinab bei der Mancipation und in der solennen Zahlungs- und Rückzahlungsform des Darlehns erhalten hat [5]. So hat auch die Sprache die Begriffe für zahlen und mehrere damit zusammenhängende durch Ableitungen von *pendere* gebildet [6]. Das Stück Erz, womit bei der Mancipation der Käufer an die Wage schlug, hiefs *raudus* oder *rudusculum*, was mit dem Ausdrucke, womit man das älteste formlose Kupfergeld bezeichnete, *aes rude* [7]), in nahem Zusammenhange steht.

2. Diese rohen Kupferstücke circulirten als Werthmetall, ohne dafs dabei zunächst eine Theilnahme oder Controle des Staates nöthig gewesen wäre. Eine solche konnte sich nur auf die Richtigkeit von Wage und Gewicht beziehen, da der Werth des Kupfers erst durch diese bestimmt wurde; das Metall selbst mochte jeder einzelne nach Bedürfnifs sich giefsen und in den Verkehr bringen. Aber auf die Dauer konnte der Staat sich nicht indifferent gegen das Werthmetall verhalten. Er sorgte für eine annähernd regelmäfsige Form der in Barren gegossenen Kupferstücke und versah sie dabei mit einer Marke zum Zeichen, dafs die so kenntlich gemachten Stücke allgemeines gesetzliches Tauschmittel sein sollten. Zugleich verbürgte er sich dadurch für die Feinheit des Metalls [8]. Die Tradition schreibt diese Einführung von gemarktem Kupfer, *aes signatum*, dem Könige S e r v i u s zu [9]), wie sie

den die Bufsen in Schafen und Rindern festgesetzt, und dafür erst 24 Jahre später Geldsätze eingeführt. Vergl. Lange Röm. Alterth. I S. 455 ff.

4) Mommsen S. 170 ff.

5) Derselbe S. 170. Die Stellen bei Marquardt S. 5 Anm. 8.

6) Varro de l. L. 5, 182 f. leitet *ab aere pendendo* ab *stipendium, dispensator, expensum, pensio, dispendium, compendium, impendium.* Vergl. Plin. 33, 3 § 42 f.

7) Plin. 33, 3 § 43: Servius rex primus signavit aes; antea rudi usos Romae Timaeus tradit.

8) Ein rohes Kupferstück der ältesten Zeit enthielt als Beimischung nur 0,063 Zinn. Mommsen S. 170. Das spätere Kupfer ist weit weniger fein und hat aufser Zinn bedeutenden Zusatz von Blei.

9) Plin. 18, 3 § 12. 33, 3 § 43, Festus p. 246 u. a. Marquardt S. 4 Anm. 5.

ihm auch die Feststellung von Mafs und Gewicht beilegte (§ 21, 1). Als Marken dienten nach den übereinstimmenden Zeugnissen der Alten das Rind, das Schaf oder das Schwein [10]). Zunächst sind diese Nachrichten mit einigem Mifstrauen aufzunehmen, einmal weil bei den Griechen eine ähnliche Angabe sich als sehr unsicher erwiesen hat (§ 25, 4), dann aber auch, weil mehrere mit jener Servianischen Marke die Ableitung von *pecunia* in Verbindung bringen, indem sie meinen, man habe das Wort wegen der Thierbilder auf den ältesten Barren gebildet. Das ist nicht richtig. Die Römer bildeten das Wort *pecunia*, weil ihr hauptsächlicher Besitz und das älteste Tauschmittel das Heerdenvieh war, also noch ehe das *aes signatum* entstand. So wird auch die Nachricht in ihrer Allgemeinheit, als sei sämmtliches ältestes Barrengeld mit den angegebenen Thierbildern versehen gewesen,· nicht angenommen werden können, und in der That zeigen die aufgefundenen Barren noch manche andere Bezeichnung; aber ganz unbegründet ist sie nicht, da das Rind auf mehreren Stücken ältester Zeit wirklich angetroffen worden ist [11]).

Auf ein bestimmtes Gewicht sind diese Barren, da sie den jedesmaligen Gebrauch der Wage voraussetzten, nicht gegossen worden; jedoch zeigt sich selbst bei der geringen Zahl der Stücke, von denen Wägungen bekannt sind, eine gewisse Uebereinstimmung in den Gewichten, die sich leicht aus der Anwendung gleicher oder ähnlicher Gufsformen erklärt. Die schwersten Stücke stehen um 5 römische Pfund (= 3⅓ Vereinspfund), andere sinken bis auf 4¼ Pfund. Dazu kommen Bruchstücke von verschiedener Schwere [12]).

Ueberdies darf man nicht annehmen, dafs das *aes rude* durch das gemarkte Kupfer sofort verdrängt worden sei. Beide bestanden vielmehr, wie ein bei Volci gefundener Schatz von altem Kupfer beweist, neben einander. Hier erscheinen die Thierbilder nur auf den gröfseren barrenförmigen Stücken; dagegen fehlt den kleineren, die theils Würfelform theils gedrückt elliptische

---

10) Varro de r. r. 2, 1: **aes antiquissimum, quod est flatum, pecore est notatum**. Plin. 18, 3 § 12: Servius rex ovium boumque effigie primus aes signavit. Plut. Poplic. 11: τῶν νομισμάτων τοῖς παλαιοτάτοις βοῦν ἐπεχάραττον ἢ πρόβατον ἢ σῦν. Die übrigen Stellen bei Marquardt S. 4 Anm. 6.
11) Mommsen S. 173. 229 f. (auch das Schwein ist S. 230 als Marke nachgewiesen). Böckh S. 388 gegen Niebuhr Römische Geschichte I S. 506 f. der 3. Ausgabe.
12) Mommsen S. 172 Anm. 10 und die Beilage S. 229 f.

ÄLTESTE RÖMISCHE KUPFERMÜNZE. 191

Gestalt haben und die von einem Pfund bis zu einer Unze wiegen, jede Bezeichnung [13]).

3. Diese nach dem Gewicht genommenen Kupferbarren und Kupferstücke haben lange Zeit als allgemeines Tauschmittel gedient. Erst zur Zeit der Decemviralgesetzgebung (451) ist man darauf gekommen, das Kupfer mit Werthzeichen zu versehen, es somit unabhängig von der Wage zu machen und ihm dadurch die Geltung der Münze zu verleihen. Ehe wir über das Wesen dieser Münze, deren Ganzstück bekanntlich den Namen *as* führt, sprechen, muſs zuerst die eben gegebene Zeitbestimmung begründet werden. An directen Nachrichten fehlt es uns. Was die Tradition über das Alter des gemünzten Geldes sagt, ist theils erwiesener Maſsen falsch, theils sind die Ausdrücke der späteren Zeit auf die älteste Periode übertragen. Die Sage von Numa's Kupfer- und Eisengeld oder gar von den an Geldes statt gebrauchten Scherben oder Lederstücken bedarf kaum der Erwähnung, da sie längst zurückgewiesen ist [14]). Die Servianischen Censussätze sind ursprünglich nicht nach gemünzten Assen, sondern nach dem Grundbesitz in Morgen Landes bestimmt worden [15]); und was auſserdem noch von Assen oder Theilmünzen des As aus älterer Zeit berichtet wird, ist ebenfalls entweder irrthümlich, oder es sind die Namen der späteren Münzen auf das älteste Rohkupfer übertragen worden [16]). Erst in den Gesetzen der zwölf Tafeln erscheinen überall bestimmte Geldsätze, und nicht lange darauf (430) wurden auch die bisher in Rindern und Schafen normirten Buſsen durch das Julisch-Papirische Gesetz in Geld ungewandelt [17]). Rechnet man dazu, daſs die annalistische Ueberlieferung die jüngste gesetzliche Bestimmung über Regulirung der Viehbuſsen unmittelbar in die Zeit vor den Decemvirn versetzt, so muſs der Schluſs als ein wohlberechtigter

---

13) Mommsen S. 171. 172.
14) Die Quelle dieser von Späteren, wie Epiphanios und Isidor nachgeschriebenen, zum Theil noch ausgeschmückten Nachricht ist Sueton bei Suidas unt. ἀσσάρια. Die Widerlegung giebt Böckh S. 162.
15) Huschke, Verfassung des Königs Servius, weist mehrmals (S. 111. 164. 644. 672) darauf hin, daſs im Servianischen Census ein *iugerum agri* zu 5000 Assen angenommen wurde. Vergl. denselben in Richter's und Schneider's Krit. Jahrbüchern für deutsche Rechtswissenschaft Jahrg. IX, 1845 S. 617, Becker Handbuch der röm. Alterth. II Abth. 3 S. 44f.
16) Mommsen S. 174f.
17) Cic. de rep. 2, 35, Liv. 4, 30, 3. Vergl. Lange Röm. Alterth. I S. 457.

erscheinen, dafs gerade die Gesetzgebung der Decemvirn es gewesen sei, welche anstatt des gewogenen Barrenkupfers die mit
dem Wappen der Stadt und Werthbezeichnung versehene Kupfermünze einführte und damit an die Stelle der Werthbezeichnung
nach Pfunden Kupfers diejenige nach der Zahl der neuen Ganzstücke oder *asses* setzte [18]).

4. Nach der einstimmigen Erklärung der Alten wog der
Kupferas ursprünglich ein Pfund, seit der Reduction vor dem
ersten punischen Kriege nur $\frac{1}{6}$ Pfund. Gleich als wollte er jedes
Mifsverständnifs beseitigen, sagt Varro ausdrücklich, dafs der alte
As vor dem punischen Kriege 288 Scrupel, also ein volles Pfund,
gewogen habe [19]), und in gleicher Weise behaupten Plinius, Vo-
lusius Maecianus und andere, dafs der As bis zu dem angegebenen
Zeitpunkte pfündig (*as libralis* oder *librarius*) gewesen sei [20]).
So wurde auch später der doppelte As *dupondius*, der zweipfün-
dige, genannt (§ 35, 6). Befragen wir dagegen den Befund der
Münzen, so zeigt sich ein auffallend abweichendes Ergebnifs.
Zwar giebt es einen römischen As, der den Betrag des Pfundes
noch übersteigt; aber was besagt diese eine Ausnahme gegen die
zahlreichen übrigen Stücke, welche sämmtlich nur zwischen 11
und 9 römischen Unzen stehen [21])? Wie erklärt sich dieses auf-
fällige Zurückbleiben hinter dem Normalgewicht, welches in einem
solchen Grade bei Silbermünzen ohne Beispiel ist? Und doch

---

18) Die Beweisführung giebt Mommsen S. 175 f.
19) De re rust. 1, 10: id (iugerum) habet scripula CCLXXXVIII,
quantum as antiquus noster ante bellum Punicum pendebat. Vergl. denselben de l. Lat. 5, 170: as erat libra pondus (Mommsen *pondo*), ebend. 174:
libram pondo as valebat.
20) Die Stellen s. unten § 35, 4 Anm. 22.
21) Der im Museum Olivieri in Pesaro befindliche As wiegt nach
Borghesi's Wägung (bei Mommsen S. 192 Anm. 70) 390,30 Gr. oder über
14 römische Unzen. Die zunächst folgenden Stücke wiegen nur etwas
über 11 Unzen; auch diese sind selten. Die meisten stehen auf 10 bis
9 Unzen. Dies Resultat ergeben übereinstimmend die Zusammenstellungen von Arigoni Numism. Mus. Arigon. I Tab. 1 n. 1. 2, Tab. 2 n. 6, Tab. 5
n. 19. 20, Tab. 6 n. 22. 23; III Tab. 2 n. 2, Tab. 4 n. 7, Tab. 5 n. 8 (rechnet,
wie Mommsen Vorr. S. XXII nachweist, nach Unzen = 25,1025 Gr. und
Karats = 0,1743 Gr.), Passeri Paralipom. in Th. Dempsteri libros p. 195 ff.,
Barth das römische As und seine Theile S. 12 f., Böckh S. 401 f., Gennarelli
Moneta primitiva p. 68, Mommsen S. 192. Von einem nähern Eingehen
auf die Wägungen und einer Zusammenstellung derselben kann also hier
füglich abgesehen und das Mommsen'sche Ergebnifs, dafs das Effectivgewicht des ältesten As auf 10 Unzen des altrömischen Pfundes = 273 Gr.
anzusetzen sei, unbedenklich angenommen werden.

kann schlechterdings kein anderes Gewicht als das römische
Pfund die ursprüngliche Norm für den ältesten As gebildet haben.
Jeder Versuch eine andere Vermuthung aufzustellen würde auf
unlösbare Schwierigkeiten stofsen. Das Normalgewicht selbst ist
also nicht zweifelhaft, es handelt sich nur darum eine Erklärung
für die Differenz zwischen dem normalen und effectiven Gewicht
zu finden. Mommsen, dem hier wie überall, wo es sich um römisches Münzwesen handelt, unbestritten die erste Stimme ge-
bührt, sucht die Erklärung des niedrigeren Fufses in einer der
alten Kupferwährung correlaten Silberwährung, wonach der
Münzas zwar der Absicht nach pfündig, in Wirklichkeit aber das
Kupferäquivalent eines Silbergewichtes von 1 Scrupel gewesen
sein soll. Dieses Gewicht sei dem sicilischen $\nu \acute{o} \mu o \varsigma$, woher das
lateinische *nummus*, nachgebildet worden und habe seit sehr frü-
her Zeit die Einheit für die Rechnung in Silber gebildet; der
Kupferas sei nach dem in Sicilien bestehenden Verhältnisse zum
250fachen Gewichte des Silbers ausgebracht worden und so der
As von 10 Unzen entstanden[22]). Es kann hier nicht auf eine
nähere Erörterung dieser Hypothese eingegangen werden, die
ebensosehr durch ihre Neuheit als durch den Scharfsinn, mit
dem sie durchgeführt ist, überrascht; aber das darf nicht ver-
schwiegen werden, dafs sie erhebliche Bedenken gegen sich hat.
Die Rechnung nach *nummi* und deren Zehnteln, den *libellae argenti*, ist allerdings aus Sicilien entlehnt und in dem eigenthümlichen Münzsystem der Insel, wodurch die griechische Silber- und
die italische Kupferwährung vereinigt wurde (Anh. § 15), begründet; sie hat aber schwerlich in Rom zur Zeit der ältesten Kupferprägung schon bestanden, sondern ist erst mit Einführung der
Silbermünze daselbst heimisch geworden[23]). Ueberhaupt widerspricht es aller Wahrscheinlichkeit, dafs die Römer fast 200
Jahre lang in Silber gerechnet oder wenigstens ihr Kupfer nach
dem Silber ausgemünzt hätten, während sie ausschliefslich Kupfermünze und kein einziges Silberstück besafsen. Auch kann wäh-

---

22) S. 196—207.
23) Die römische Rechnung beruht auf den sicilischen Münzverhältnissen zur Zeit des Aristoteles (Mommsen S. 84. 203), sie ist also wenigstens 100 Jahre jünger als die älteste Kupferprägung; und dafs sie in anderer Gestalt schon früher bestanden habe, ist doch kaum anzunehmen.
Nach dem ursprünglichen sicilischen System zerfiel das silberne Ganzstück in 10 Nummen oder Litren; in der römischen Rechnung sind *libella*
und *nummus* durchaus verschiedene Ausdrücke. Wie dies kam, kann erst
später (§ 35, 4) dargestellt werden.

rend dieser ganzen Zeit das Werthverhältnifs zwischen Silber und
Kupfer unmöglich so constant gewesen sein, dafs der Kupferas,
der das Aequivalent von 1 Scrupel Silber gewesen sein soll, unabänderlich auf 10 bis 9 Unzen ausgebracht worden wäre. Im
Gegentheil sehen wir sowohl in Sicilien als in den spätern römischen Münzverhältnissen, dafs das Kupfer, sowie es in ein festes
Münzverhältnifs zum Silber tritt, unaufhaltsam niedriger und
niedriger herabgeht, bis es zur blofsen Scheidemünze wird. Es
kann also der Betrag der alten römischen kupfernen Werthmünze unmöglich aus einer Gleichung mit einem Silberquantum
hergeleitet werden. Versuchen wir einen anderen Weg um das
Effectivgewicht des libralen Asses zu erklären. Der Kupferas ist
nicht eine eigenthümliche Schöpfung der römischen Gemeinde,
er steht im engen Zusammenhange mit dem in Latium und noch
weiter in Mittelitalien verbreiteten Schwerkupfer, welches zum
Theil älter sein mufs als das römische [24]). Diese Münzen lehnten
sich an ein Pfund an, das wir als das latinische oder italische
bezeichnen können, und von welchem das spätere römische Münz-
pfund nur der genaue nach dem griechischen Gewicht fixirte Betrag ist. Auf dieses Pfund wurde in Mittelitalien in den verschiedensten Abstufungen gemünzt. Es findet sich Schwerkupfer nach
einem das römische Pfund übersteigenden Fufse; meistens aber
ist die Münze unter dem Betrage des römischen Pfundes ausgebracht. In dem sicilischen System, dessen Grundlage ebenfalls
das italische Pfund war, ist das Pfund Kupfer gleich einer halben
attischen Mine oder ⅔ römischen Pfund angesetzt worden (Anh.
§ 15, 3). So gofs man auch in Latium die Asse pfündig, aber
eben ungenau auf ein selbst noch nicht fest normirtes Pfund, und
zählte im Verkehr diese Asse anstatt sie zu wägen. Der Römer
blieb möglichst lange bei dem Abwägen stehen, da er diesen ungleich sicherern Werthausdruck nicht gern aufgeben mochte; allein
als er sich der Einführung der Münze nicht mehr verschliefsen
konnte, gofs er seine Asse zwar auch der Absicht nach auf das
latinische oder römische Pfund, aber effectiv schlofs er sich an
die schon im Umlauf befindlichen Asse an und liefs vom Normal-

---

24) Die ausführliche Darstellang dieser latinischen, mit der römischen
in nahem Zusammenhange stehenden Kupferwährung giebt Mommsen
S. 176—184, die Uebersicht der Gewichte S. 231—244. Der Satz, dafs
Rom unter allen latinischen Städten zuerst gemünzt habe, ist, wie Mommsen S. 184 selbst bemerkt, nicht zu erweisen, also auch die Annahme des
Gegentheils berechtigt, sobald dadurch eine anderweitige, sonst nicht zu
lösende Schwierigkeit beseitigt wird.

gewicht einen Abzug von $\frac{1}{12}$ und noch gewöhnlicher von $\frac{1}{6}$ ein-
treten.

Nachdem nun aber einmal diese neue Münze eingeführt war,
wurde auch vollständig mit der alten Praxis des Wägens gebro-
chen. Die Werthzeichen, welche auf der Kupfermünze niemals
fehlen, haben gesetzliche Geltung und schliefsen den Gebrauch
der Wage aus. Ob noch im Privatverkehr nach wirklichen Pfunden Kupfers gerechnet wurde, mufs dahin gestellt bleiben; der
Staat kannte ein für allemal nur den Münzas, der unabhängig von
dem Gewicht der alleinige Werthmesser und das ausschliefsliche
Zahlmittel war. Die Vorstellung der Alten, dafs auch die gemünzten Asse noch gewogen worden seien, ist unbedingt zu verwerfen[25]). Veranlassung gab dazu die Benennung *aes grave*[26]),
welche später, nachdem die Silberprägung eingeführt war, dem
alten schweren Libralas im Gegensatz zu dem neuen reducirten As
beigelegt wurde. Wie sich später zeigen wird, war der Sesterz, an
Werth gleich $2\frac{1}{2}$ reducirten Assen, das Silberäquivalent des alten
As; es erhielt sich also auch später noch die Rechnung nach *aes
grave*, weil sie mit derjenigen nach Sesterzen identisch war. Aber
falsch war der Schlufs der Gelehrten der Kaiserzeit, dafs der alte
librale As deshalb der schwere genannt worden, weil er gewogen
worden sei.

5. Es mufs nun noch das nöthige über die Ausmünzung
des ältesten Kupfergeldes bemerkt werden. Die Münzeinheit hiefs
wie jede zu theilende Einheit bei den Römern *as*. Eine Beziehung
auf *aes* oder gar *libra aeris* liegt darin nicht im entferntesten, und
wenn die *libra* ihrerseits *as* genannt wird, so führt sie diesen

---

25) Plin. 33, 3 § 42: libralis, unde etiam nunc libella dicitur et dupondius, adpendebatur assis. quare aeris gravis poena dicta. Gai. 1 § 122:
ideo autem aes et libra adhibetur, quia olim aereis tantum nummis uteban-
tur et erant asses, dupondii, semisses et quadrantes —: eorumque nummorum vis et potestas non in numero erat, sed in pondere nummorum. Paulus
p. 98: grave aes dictum a pondere. Ihnen folgen die Neueren. So Gronov
de sestert. 3, 15 p. 534, Perizonius de aere gravi (dissert. VII ed. Heinec-
cius 1740) p. 419ff., neuerdings Böckh M. U. S. 363f. Die Widerlegung
s. bei Mommsen S. 194f.

26) Aufser Plinius und Paulus an den in voriger Anm. citirten Stellen
bei Liv. 4, 60 (aus dem Jahre 403 v. C.): et quia nondum argentum signatum erat, aes grave plaustris quidam ad aerarium convehentes speciosam
etiam consolationem faciebant. Summen in *aes grave* giebt derselbe
4, 41, 10 aus dem Jahre 420; 4, 45, 2 v. J. 417; 5, 12, 1 v. J. 398;
5, 29, 7 v. J. 390; 5, 32, 9 v. J. 364; 10, 46, 5 u. 14 v. J. 293. Ueber die
Rechnung nach *aes grave* in der spätern Zeit nach Einführung des Silbergeldes s. unt. § 35, 3 Anm. 17.

Namen wie jede andere beliebige Einheit (§ 20). Dieser As war
zugleich das höchste Nominal. Dafs er effectiv ungefähr 10 römische Unzen = 273 Gr. wog, ist bereits (Anm. 21) bemerkt
worden. Um das Einschmelzen und damit den Verlust der
Prägekosten für den Staat zu verhüten, war er mit Zinn und noch
stärker mit dem um die Hälfte werthloseren Blei legirt; von ersterem finden sich reichlich 7, von letzterem 20 bis 30, im Durchschnitt 23,6 Procent[27]). Von Theilmünzen wurden ausgebracht
der *semis, triens, quadrans, sextans, uncia*, an Gewicht den Ganzstücken verhältnifsmäfsig entsprechend. Die Werthbezeichnungen
sind für den As das Zeichen der Einheit |, für den Semis das der
Hälfte S, für die übrigen Theile Punkte oder vielmehr Kügelchen
nach der Zahl der Unzen, vier für den Triens, drei für den Quadrans, zwei für den Sextans, eines für die Uncia. Sämmtliche
Nominale sind gegossen worden, weil ihre Gröfse die Prägung
schwierig machte; nur die kleinsten Stücke, die Uncia und der
Sextans finden sich auch geprägt[28]). Uebrigens folgten die gegossenen Münzen ganz der damals schon hoch ausgebildeten
Technik der griechischen Prägung. Beide Seiten wurden durch
Bilder von edlem Stil bezeichnet, die eine Seite regelmäfsig durch
das Vordertheil eines Schiffes, welches hier als das alte Wappen
der Stadt erscheint, die andere Seite durch verschiedene Götter-
köpfe. Auf dem As erscheint der doppelköpfige Janus, auf dem
Semis Juppiter, auf dem Triens Minerva, auf dem Quadrans
Hercules, auf dem Sextans Mercurius, endlich auf der Uncia
wieder Minerva, oder vielleicht die als Göttin personificirte
Roma[29]).

---

27) Wöhler Annalen der Chemie und Pharm. Bd. 81 S. 206 ff. theilt
nach der Analyse von Phillipps (in dem Londoner Chem. Soc. Quaterly
Journal IV p. 252) Proben von drei römischen Libralmünzen, einem As,
Semis und Quadrans mit (abgedruckt bei Mommsen S. 191 Anm. 69).
Der Zinngehalt beträgt 7,16. 7,66. 7,17 Procent; an Blei fanden sich im
As 21,82, im Semis 29,32, im Quadrans 19,56, also im Durchschnitt
23,6 Procent.
  28) Mommsen S. 186 f.
  29) Eckhel D. N. V p. 11 f. Mommsen S. 184, der zugleich die Bedeutung der Typen erklärt. Die Deutung des Kopfes auf der Unze ist
schwankend; er unterscheidet sich nicht wesentlich von dem Minervahaupt
auf dem Triens. Doch hat die Ansicht Pinder's (Antik. des Königl. Mus.
S. 96) und anderer, dafs es der Kopf der Roma sei, viel für sich. — Das
Gepräge des As beschreiben von Alten Plin. 33, 3 § 45 und Plut. Quaest.
Rom. cap. 41: Janus auf der einen Seite, auf der anderen nach ersterem
rostrum navis, nach letzterem πρύμνα ἢ πρώρα. Den Schiffstheil auf dem
Triens und Quadrans nennt Plinius *ratis*. Vergl. auch Festus p. 274.

§ 34. *Werthbestimmung der libralen Kupfermünze.*

1. Die soeben beschriebenen Münzen waren das gesetzliche und ausschliefsliche Courant des römischen Staates von den Decemvirn (451) an bis kurz vor den Anfang des ersten punischen Krieges, also fast 200 Jahre lang. Es kann demnach nicht umgangen werden eine wenn auch nur annähernde Werthbestimmung dieser ältesten römischen Münze zu geben. Folgerichtig kann dieselbe von nichts anderem als dem heutigen Werthe des der Währung zu Grunde liegenden Metalls, des Kupfers, ausgehen. Das Silber darf hier nicht herbeigezogen werden, denn Silbermünze gab es eben damals noch nicht, und es ist auch nicht statthaft, die Gültigkeit der Gleichung zwischen Silber und Kupfer, die mit Einführung der Silberprägung festgesetzt wurde (§ 35, 4), auf Jahrhunderte zurück auszudehnen, und das Kupfer des fünften Jahrhunderts nach dem im dritten Jahrhundert dafür angesetzten Silberäquivalent bestimmen zu wollen. Vielmehr kann jede Courantmünze nur nach dem Werthe des zu Grunde liegenden Primärmetalls beurtheilt werden. Wir haben die griechische Silberwährung rein nach unserer heutigen Silberwährung bestimmt, wir werden bei der Goldwährung der römischen Kaiserzeit den heutigen Werth des Goldes im Verhältnifs zum Silber zu Grunde legen und danach sowohl das römische Gold als das Silber, und zwar letzteres merklich über seinen heutigen Metallwerth ansetzen (§ 38, 6); wir können also auch hier, wo wir so deutlich ausgesprochen als nur möglich das Kupfer als das alleinige Courant haben, nicht anders als das heutige Werthverhältnifs zwischen Silber und Kupfer aufsuchen und danach den Werth des alten römischen Kupfergeldes in unserer heutigen Silberwährung ausdrücken.

Wie das Werthverhältnifs zwischen Gold und Silber kein ganz festes und stetiges ist, so schwankt auch der Werth des Kupfers zum Silber. Ja die Differenzen müssen hier um so gröfser sein, je weiter der Abstand zwischen den Werthen beider Metalle, je verschiedenartiger ihre Verwendung ist. So hat das Kupfer zum Silber in den Jahren 1851 — 1858 zwischen den Extremen von 1 : 100,9 bis 1 : 70,5 gestanden; das durchschnittliche Verhältnifs in den Jahren 1821 — 1858 war, dafs das Silber 92,8 mal soviel werth war als ein gleiches Gewicht Kupfer [1]).

---

1) Die angegebenen Bestimmungen sind berechnet aus der im Aus-

Danach ist ein Kilogramm Kupfer = 0,64655 Thl. = 19,4 Sgr. anzusetzen.

Als Effectivgewicht des römischen Libralasses waren 10 Unzen = 272,88 Gr. anzunehmen; die noch weiter bis zum Neununzenfufs herabgehenden Asse müssen als zu gering ausgebracht gelten. Aufserdem ist noch die Legirung zu berücksichtigen, die, wie bereits bemerkt, durchschnittlich über $7\frac{0}{0}$ Zinn und $23,6\frac{0}{0}$ Blei betrug. Das Zinn steht an Werthe dem Kupfer ungefähr gleich, braucht also nicht besonders in Anschlag gebracht zu werden. Das Blei hat ziemlich genau den halben Werth des Kupfers. Also sind die $23,6\frac{0}{0}$ = 64,40 Gr. Blei, die sich durchschnittlich in dem römischen Kupferas finden, = 32, 20 Gr. Kupfer zu setzen und danach das Effectivgewicht des Libralasses noch um ebenso viele Gramm zu vermindern. So erhalten wir als das Gewicht reinen Kupfers, welches an Werth einem römischen Libralasse gleich stehen würde, 240,68 Gr., wonach sich der Werth des Asses auf 0,1556 Thl. = 4,668 Sgr. ergiebt. Danach sind anzusetzen:

1 Uncia	=	—	Sgr.	5	Pf. (preufsisch)
1 Sextans	=	—	-	9	-
1 Quadrans	=	1	-	2	-
1 Triens	=	1	-	7	-
1 Semis	=	2	-	4	-
1 As	=	4	-	8	-
1000 As	=	155 $\frac{3}{5}$ Thlr.			

Die weitere Reduction ist in Tab. XVII zusammengestellt.

2. Es darf keinen Anstofs erregen, dafs hiernach der Kupferas einen reichlich doppelt so hohen Werth hat, als das seit 268 dafür eingeführte Silberäquivalent, der Sesterz, von nur 2 Sgr. Silberwerthe (§ 35, 3. 7). Das Silber wurde damals als das seltenere, neu eingeführte Metall unverhältnifsmäfsig hoch, zum 240fachen Werthe des Kupfers angesetzt, und wenn man einen Vergleich mit unserer Münze geben will, so ist für den Anfangspunkt der Silberprägung vielmehr der Sesterz gleich

___

land 1859 n. 40 S. 960 aus dem Bremer Handelsblatt mitgetheilten Zusammenstellung. Böckh M. U. S. 342 nimmt nach dem gewöhnlichen Preise des Kupfers am Harz das Silber zum 96fachen Werthe des Kupfers an. Hoffmann Lehre vom Gelde S. 4 giebt als das vor dem J. 1838 im mittleren Europa bestehende Preisverhältnifs von Silber zu Kupfer $1611\frac{1}{18}$: $15\frac{9}{13}$ = 102,6 : 1 an.

1 Libralas oder 4⅔ Sgr., als der Libralas gleich 1 Silbersesterz zu
rechnen. Aber das übermäfsig gesteigerte Werthverhältnifs des
Silbers glich sich sehr bald dadurch wieder aus, dafs die neue
Kupfermünze immer niedriger geprägt wurde. In der Epoche des
Sextantarfufses stand Silber zu Kupfer wie 140 : 1, in der Zeit
des Uncialfufses wie 112 : 1. Hiermit hatte sich nun der Werthausdruck selbst verschoben. Ein Sesterz des zweiten Jahrhunderts
hatte absolut einen geringeren Werth als der librale Kupferas des
fünften bis dritten Jahrhunderts, dessen Aequivalent er sein
sollte; aber diese Differenz verschwindet ganz gegen die weit gröfsere Aenderung, welche inzwischen der Werth des Geldes überhaupt erfahren hatte. Selbst wenn man Libralas und Sesterz
gleichsetzt, so ist doch ein As des fünften Jahrhunderts ein ungleich höherer Werth als ein Sesterz des zweiten Jahrhunderts;
gerade wie bei uns ein Gulden vor 300 Jahren ein ganz anderer
Werthausdruck war als jetzt. Diese Aenderung des Werthes der
als Geld circulirenden Metalle zu ermitteln ist Aufgabe der Cul-
turgeschichte, nicht der Metrologie; die letztere kann nur für
das jedesmalige Courant einer früheren Zeit den entsprechenden
Werthausdruck in unserer heutigen Silberwährung, Metall gegen
Metall nach dem heutigen Werthverhältnifs geglichen, aufstellen.
Dafs dabei, wo ein Staat des Alterthums von einer Metallwährung
zur andern übergeht, der Ausdruck im heutigen Gelde auffallende
Sprünge zeigt, ist unvermeidlich, aber von den Uebeln, zwischen
denen man zu wählen hat, immer noch das kleinste. So bestimmen wir den römischen Denar bis zum Ende der Republik,
so lange die reine Silberwährung in Rom herrschte, nach seinem
Silberwerthe zu 7 Sgr. (§ 36, 5); mit der Einführung der Goldwährung aber reduciren wir das römische Courant nach dem Aureus
und der Denar erhält, obgleich sein Gewicht dasselbe bleibt, später
sogar noch verringert wird, den Werthausdruck von 8, 7 Sgr.
(§ 38, 6). Dies mag auffällig, ja auf den ersten Blick irratio-
nell erscheinen, es ist aber für die Metrologie der einzig mögliche
Weg. So darf es also auch nicht verwundern, wenn im vorste-
henden der Libralas auf 4⅔ Sgr. angesetzt worden ist, und doch
im folgenden nachgewiesen werden wird, dafs bei der Einführung
der Silberprägung der Sesterz von nur 2 Sgr. Werth als sein
Aequivalent betrachtet worden sei.

Demnach glauben wir, dafs die gegebene Bestimmung des
Libralasses auf alle Angaben aus den Jahren 451 — 269 anzuwenden ist. In den Jahren 268 — 217 bestanden Silber- und Kupferwährung neben einander, letztere in immer sinkendem Fufse. In

dieser Periode können die in *aes grave* d. h. nach dem alten Libralasse angeführten Summen entweder nach seinem Silberäquivalent, dem Sesterz, oder nach seinem Kupferäquivalent, den 2⅓
trientalen, später sextantaren Assen reducirt werden (§ 35, 7).
Seit 217 aber, wo die reine Silberwährung in's Leben trat, mufs
für jede Summe in *aes grave* die gleiche Zahl von Sesterzen gerechnet werden.

§ 35. *Die Einführung der Silberprägung und die erste Reduction des As.*

1. Bei der Kupferwährung und dem libralen Asse blieb der
römische Staat stehen, so lange der Gesichtskreis seiner Politik
auf Italien allein beschränkt war. Silber gab es nur in Barren,
nicht als Münze [1]. Aber als durch die nahe Berührung mit den
reichen Städten Grofsgriechenlands und besonders durch den
Krieg mit dem Könige Pyrrhos die griechische Silberwährung den
Römern immer näher gerückt wurde, da säumten sie nicht ihr
altes Schwerkupfer aufzugeben und ein neues Münzsystem, welches der im Entstehen begriffenen Grofsmacht besser entsprach,
einzuführen. Denn ähnlich wie die Goldprägung Philipps von
Makedonien nicht blos zufällig der Eroberung des Perserreiches
voranging, so fällt auch die erste Silberprägung Roms bedeu-
tungsvoll in die Zeit unmittelbar vor dem ersten punischen Kriege,
in welchem der Staat zuerst die Grenzen Italiens überschritt.
Ueber den Zeitpunkt dieser wichtigen Neuerung haben wir zwei
bestimmte Angaben. Plinius [2] versetzt sie in das Jahr 485 der
Stadt (= 269), die annalistische Ueberlieferung bei Livius und
anderen [3] in das folgende Jahr. Die Abweichung ist wahrscheinlich damit zu erklären, dafs in das erste Jahr das Gesetz über die
Silberprägung, in das letztere die thatsächliche Einführung der-

---

1) Varro bei Nonius unt. *lateres* p. 356 (Gerlach und Roth): nam lateres argentei atque aurei primum conflati atque in aerarium conditi. Im
Triumphe des Jahres 293 wurden nach Liv. 10, 46 aufser Schwerkupfer
auch 1830 Pfunde Silbers aufgeführt und dann in das Aerarium niedergelegt. Die Notiz Varro's (bei Charis. p. 105 Keil), dafs die älteste Silbermünze von Servius Tullius gegossen und 4 Scrupel schwerer als der Denar
seiner Zeit gewesen sei, ist irrthümlich.
2) 33, 3 § 44: argentum signatum anno urbis CCCCLXXXV. Q. Ogulnio
C. Fabio consulibus, quinque annis ante primum Punicum bellum.
3) Liv. Epit. 15: tunc primum populus Romanus argento uti coepit.
Dafs die Notiz in das Jahr 486 = 268 gehört, weist Mommsen S. 300 Anm.
33 nach. Derselbe ist auch über die Zeugnisse des Zonaras und der Chro-
nisten zu vergleichen.

selben zu setzen ist [4]). Gleichzeitig damit wurde eine Münzstätte
in dem Tempel der Juno Moneta errichtet und zur Aufsicht die
Behörde der *triumviri monetales aere (aeri) argento auro flando
feriundo* eingesetzt [5]). Die neuen Silbermünzen waren Ganzstücke nebst Hälften und Vierteln, die Namen den darauf ange-
brachten Werthzeichen X, V, IIS entsprechend *denarius, quinarius* und *sestertius*. Das Gepräge war in allen Nominalen auf der
einen Seite ein weiblicher Kopf mit einem Helm, dessen Kamm
ausgezackt ist und in einen Vogelkopf endet und an dessen
Schläfen Flügel angebracht sind, auf der andern Seite die beiden
Dioskuren zu Pferde mit eingelegten Lanzen und wehenden Män-
teln, auf dem Haupt den runden Schifferhut, neben einander
sprengend, über dem Haupte eines jeden ihr bekanntes Emblem,
der Stern des Morgens und des Abends [6]). Der weibliche Kopf
bezeichnet wahrscheinlich nicht, wie früher gedeutet wurde,
die Minerva, sondern die Göttin Roma [7]); die Dioskuren sind
dargestellt als die reisigen Götter, wie sie in der Schlacht am See
Regillus den Römern Beistand und Sieg brachten. Neben den
Dioskuren kam sehr bald ein andres Gepräge auf, die geflügelte
Victoria auf dem Zweigespann, wovon der Denar auch den Namen
bigatus erhielt [8]).

2. Das Normalgewicht dieser ältesten Silbermünze ist erst
in neuester Zeit ermittelt worden. Nach mehreren Zeugnissen
der Alten, welche unten (§ 36, 1) noch anzuführen sind, wurde

---

4) Mommsen S. 300.

5) Suidas unt. *Μονήτα* berichtet, dafs die Römer zum Andenken an
den Bescheid, den ihnen die Juno Ratherin im Kriege gegen Pyrrhos gegeben hatte, nach Beendigung des Krieges die Göttin dadurch ehrten, dafs sie
die Münze in ihrem Tempel schlugen: *ἐτίμησαν Ἥραν Μονήταν, τουτέστι
σύμβουλον, τὸ νόμισμα ἐν τῷ ἱερῷ αὐτῆς ὁρίσαντες χαράττεσθαι.* Das
Jahr giebt Suidas nicht an, es kann aber kein anderes sein als das dritte
oder vierte nach Beendigung des Krieges, in welchem die Silberprägung
begann. Auch die Einsetzung der *triumviri monetales* (Becker Handb. II,
2 S. 365, Lange Röm. Alterth. I S. 653) ist in denselben Zeitpunkt zu
setzen.

6) Die Beschreibung ganz nach Mommsen S. 294.

7) Kenner Die Roma-Typen in den Ber. der Wiener Akad. 1857 Phil.
Hist. Kl. S. 261 ff., Mommsen S. 297 Anm. 12, wo zugleich die frühere Literatur über diese Frage zusammengestellt ist.

8) Dafs das Aufkommen des Victoriagepräges bereits in die älteste
Epoche der römischen Silbermünzen, in die Zeit vor 217 fällt, bemerkt
Mommsen S. 294 u. 462. Erwähnt wird die *biga* als Gepräge des römischen
Silbers von Plin. 33, 3 § 46, daher *bigati* bei demselben sowie bei Liv. 23,
15, 15, Tacit. Germ. 5, und *argentum bigatum* bei Liv. 33, 23, 9.

der Denar in der republikanischen Zeit und weiter bis auf Nero
zu $\frac{1}{84}$ des Pfundes $= 3\frac{1}{3}$ Scrupel $= 3,90$ Gr. ausgeprägt. Allein
die ältesten uns erhaltenen Denare stehen merklich höher, sie
wiegen von 4,45 bis 4,57 Gr.; ein anderes, relativ vielleicht jün-
geres, aber immer noch der primitiven Prägung angehöriges Stück
steigt bis 4,63 Gr., die übrigen derselben Klasse wiegen 4,48 Gr.
und darunter [9]). Daraus ergiebt sich, dafs das Normalgewicht
des ältesten Denar 4 Scrupel oder $\frac{1}{72}$ Pfund $= 4,55$ Gr. gewesen sein müsse und demnach der Quinar auf 2, der Sesterz auf
1 Scrupel anzusetzen sei. Dieses zuerst von Borghesi [10]) gefundene und durch Mommsen's Untersuchungen bestätigte Ergebnifs
ist so wenig zweifelhaft, dafs fortan jede Untersuchung über das
römische Silbergeld hiervon wird ausgehen müssen. Allerdings
blieb der Staat nicht lange bei diesem vollen Gewichte stehen. Die
Ausmünzung ging sehr bald, zum Theil vielleicht schon im ersten
punischen Kriege, etwas herab und kam zu dem Effectivgewicht
von $\frac{1}{84}$ anstatt $\frac{1}{72}$ Pfund, welches dann als das gesetzliche bestimmt wurde (§ 36, 1) und so bis Nero unverändert sich
erhielt.

Eine andere wichtige Frage ist, welche fremde Münze den
Römern als Vorbild für ihren Denar gedient habe. Denn da sie
nicht selbständig, sondern erst durch die enge Berührung mit
den Silberwährungen der griechischen Staaten auf die Einführung des Silbergeldes kamen, und im Gepräge sich ganz an die
schon längst zur Vollkommenheit entwickelte Technik der Griechen anschlossen, so ist vorauszusetzen, dafs auch das Gewicht
des neuen Silbergeldes nicht ohne Rücksicht auf eine schon bestehende griechische Währung festgesetzt worden ist. In dem
ganzen griechischen Osten war damals infolge der makedonischen
Herrschaft der attische Münzfufs verbreitet (§ 31,5), die Römer hatten ihn durch Pyrrhos und schon früher durch den Verkehr mit Sicilien, wo er ebenfalls herrschte, kennen gelernt. Das
römische Gewicht und Hohlmafs war wahrscheinlich schon damals nach dem attischen Gewichte normirt. Endlich stimmt das
Normalgewicht der attischen Drachme von 4,37 Gr. so nahe mit
dem des Denar von 4,55 Gr., dafs die nahe Verwandtschaft beider

---

9) Die Wägungen giebt Mommsen S. 297 Anm. 26. 27.
10) Osservazioni numismatiche decade XVII im Giornale Arcadico
tom. 84, besonders abgedruckt Rom 1840 p. 9. Zu bemerken ist überdies,
dafs auch der Metrolog der Benedictiner, wie Böckh S. 24 nachweist, einen
Denar von $\frac{1}{72}$ Pfund kannte.

nicht wohl bezweifelt werden kann. Die Römer bildeten also ihren
Denar der attischen Drachme nach, nur dafs sie das Normalgewicht auf den nächstliegenden Betrag in ganzen Scrupeln, nämlich auf 4 Scrupel oder $\frac{1}{72}$ Pfund festsetzten, während die
Drachme, selbst voll ausgemünzt, nur $\frac{1}{75}$ Pfund wog. Diese Differenz schwand sehr bald, als kurz darauf der Denar auf $\frac{1}{84}$ Pfund
=3,90 Gr. ausgemünzt wurde, ein Gewicht, das dem Effectivgewicht der meisten damals circulirenden Drachmen nahezu gleich-
kam. So erklärt es sich, dafs die Römer später die Drachme
dem Denar an Werth gesetzlich gleichstellten, und daraus leitet
sich dann weiter die Identificirung von Drachme und Denar bei
griechischen und römischen Schriftstellern, sowie die Entstehung
des römischen Rechnungstalentes ab, worüber bereits früher
(§ 32) gesprochen worden ist.

3. Es ist nun zu untersuchen, welche Bedeutung die Werthzeichen auf der Silbermünze haben. Die Silberprägung mufs sich
selbstverständlich an die bisher allein gültige Kupferwährung an-
geschlossen haben, und es würde keinem Zweifel unterliegen,
dafs die Zahlen X, V und IIS Asse bedeuten, selbst wenn das
nicht ausdrücklich von den Alten bezeugt würde [11]). Aber was
für Asse waren dies? Nichts liegt näher als daran zu denken, es
müssen die ältesten bis dahin als Courant circulirenden libralen
Asse gewesen sein, und so finden wir denn auch von den Gelehrten der Kaiserzeit, zuerst von Varro, dann von Verrius Flaccus,
Plinius und andern diese Meinung einstimmig ausgesprochen [12]).
Und doch ist das entschieden falsch. Der Werth des Silbers zum
Kupfer, den Denar zu 4 Scrupel, den libralen As zu 10 Unzen
gesetzt, würde sich demnach wie 600 : 1 verhalten, was ganz unmöglich ist. Böckh [13]) versucht einen gröfseren ältesten Denar
nachzuweisen; aber weder gab es einen solchen, noch kann das
von ihm angenommene Verhältnifs von Silber zu Kupfer gebilligt

---

11) Festus in den Exc. p. 98: deni asses —efficiebant denarium, ab hoc
ipso numero dictum; derselbe p. 347 B: apud antiquos denarii denorum
assium erant et valebant decussem. Plin. 33, 3 § 44: placuit denarium pro
decem libris aeris (= assibus) valere, quinarium pro quinque, sestertium
pro dupondio ac semisse. Volus. Maec. § 46: denarius primo asses decem
valebat, unde et nomen traxit. Apuleius bei Prisc. Inst. 6, 12, 66: tum
sestertius dipondium semissem, quinarius quinquessis, denarius decussis
valebat.

12) Die Stellen sind unten Anm. 22 zusammengestellt.

13) M. U. S. 452 ff. Aehnlich Queipo Essai II p. 18 f. 27 ff. Die Widerlegung bei Mommsen S. 305.

werden. Es mufs also ein kleinerer As gewesen sein, welcher die Einheit für die neue Silbermünze abgegeben hat. Hiermit kommen wir zuerst auf die Reduction des Asses, deren weiterer Verlauf eine so wichtige Rolle in der Geschichte des römischen Münzwesens spielt. Die Gelehrten der Kaiserzeit, welche über die ganze Frage sehr unzureichend unterrichtet waren, setzten die erste Reduction verschiedenartig an [14]); auf die richtige Erklärung würden sie gekommen sein, wenn sie die Urkunden, die ihnen in den alten Münzen selbst vorlagen, zu deuten verstanden hätten. So aber finden sie weder die richtige Erklärung des Werthes der Silbermünze im Verhältnifs zum Kupfergeld, noch sind sie über den Betrag der ersten Reduction unterrichtet. Wir müssen also zunächst die Irrthümer Varro's und seiner Nachfolger auf sich beruhen lassen und von dem Münzbefunde als der einzigen sicheren Grundlage ausgehen. In sämmtlichen Cabineten, welche gröfsere Sammlungen von römischem Kupfergeld enthalten, folgt auf den Fufs des libralen Asses, welcher effectiv um 10 Unzen steht und bis auf 9 Unzen herabsinkt, ohne jede Vermittelung ein um die Hälfte leichterer Fufs, der als Vierunzenfufs oder trientaler zu bezeichnen ist [15]). Zwar sind einzelne Asse noch etwas höher, auf $5\frac{1}{2}$ Unzen ausgebracht, wozu auch ein entsprechender Semis sich findet; doch sind das nur Ausnahmen, die meisten Stücke stehen ziemlich genau auf Vierunzenfufs und sinken von da an in stetiger Reihe abwärts [16]). Es ist also einmal durch eine plötzliche Aenderung der As von 10 bis 9 auf 4 Unzen herabgesetzt worden, sodafs 1 alter As an Gewicht gleich $2\frac{1}{2}$ neuen war. Dieses Verhältnifs wird noch auf einem anderen Weg unzweifelhaft bestätigt. Das alte schwere Kupfergeld verschwand mit der Reduction des Asses nicht sofort aus dem Verkehr; es cursirte anfangs noch als *aes grave* neben dem Silber und leichten Kupfer, und der schwere As blieb später noch als Rechnungsmünze. Nun wissen wir durch Vergleichung mehrerer gesetzlicher Be-

---

14) Die Stellen unten Anm. 22.

15) Mommsen S. 253 f.

16) Bei Arigoni III Tab. 2 folgt auf einen As nach dem Neununzenfufse als nächst schwerer ein solcher von 125,13 Gr. (= 6 unc. 26 car.) oder reichlich $5\frac{1}{2}$ röm. Unzen. Im Kircher'schen Museum folgt auf einen Semis von 113 Gr. (leichter Neununzenfufs) ein solcher von nur 74 Gr. (= 2 unc. 5 dr. Gennarelli p. 69), was ebenfalls $5\frac{1}{2}$ Unzenfufs ist. Böckh, der ein allmähliches Sinken der Kupfermünze annimmt (S. 392), kann keinen As zwischen $8\frac{1}{2}$ und $3\frac{1}{2}$ Unzen nachweisen (S. 402). Den weiteren Nachweis giebt Mommsen S. 348.

stimmungen auf das sicherste, dafs bis in die Kaiserzeit die Rechnung nach *aes grave*, sowie die nach Sesterzen ohne Unterschied neben einander gebraucht wurden [17]). Es war also der Sesterz der Werthausdruck in Silber für den libralen Kupferas, und da ferner derselbe Sesterz das Aequivalent für $2\frac{1}{2}$ neue reducirte Asse darstellt, so folgt daraus mit Nothwendigkeit, dafs der neue As kein anderer als der trientale gewesen sein kann, da $2\frac{1}{2}$ As nach diesem Fufse eben gleich 10 Unzen, dem Betrag des libralen Asses sind. Ferner liegt darin ausgesprochen, dafs die erste Reduction des Asses im engen Zusammenhange mit der Einführung der Silberprägung stattgefunden hat, wie dies auch nicht blos die sogleich zu besprechenden Stellen der Alten, sondern auch die Prägungen der lateinischen Colonien beweisen. Die ältesten Colonien folgten dem libralen Fufse. Noch Ariminum, welches im Jahre 268 gegründet wurde, und in beschränktem Mafse selbst das vier Jahre später gegründete Firmum haben auf diesen Fufs gemünzt; aber Brundisium, wohin erst 244 eine Colonie geführt wurde, kennt denselben nicht mehr, sondern folgt von vornherein dem Vierunzenfufse [18]). Es hat also in Rom, nach welchem die Colonien sich richteten, die Reduction des Asses zwischen 268 und 244 stattgefunden. Die genauere Bestimmung des Zeitpunktes wird im folgenden gegeben werden.

4. Nicht geringe Schwierigkeit bietet die Frage danach, wie man auf die Reduction des Asses gekommen sei, da doch der librale As als Aequivalent des Sesterz recht gut hätte fortbeste-

---

17) Die Stellen über die Rechnung nach *aes grave* s. bei Böckh S. 397. 414, Marquardt III, 2 S. 7 Anm. 17 (vergl. oben § 33 Anm. 26). Dafs die Summen von *aes grave* zur Zeit der Silberwährung nichts anderes als die gleichen Zahlen von Sesterzen bedeuten, erkannte zuerst Huschke Verf. des Königs Servius S. 167 Anm.; den bestimmten Nachweis führte Mommsen Röm. Münzw. S. 326 f. und Gesch. des röm. Münzw. S. 302 (danach Marquardt S. 13 Anm. 42). Die Hauptbeweise sind: Die Injurienstrafen der zwölf Tafeln von 300, 150 und 25 As (Dirksen Uebersicht u. s. w. Tab. VIII fr. 3. 4. 11) werden von Paulus Collat. Mos. et Rom. l. tit. 2 (p. 619 der Auct. Iuriscons. von Leewius Lugd. Bat. 1671) in ebenso vielen Sesterzen angegeben; die im Jahre 217 zu Spielen gelobte Summe betrug nach Liv. 22, 10 333333⅓ *aeris*, nach Plut. Fab. 4 ebenso viele Sesterze (nur setzt der letztere irrthümlich anstatt 333⅓ *numi* d. i. *sestertii*, die er in seiner Quelle gefunden haben mufs, die gleiche Zahl Denare); die 100000 Asse des Voconischen Gesetzes bei Gai. 2, 274 sind bei Dio Cass. 57,10 25000 Denare = 100000 Sesterzen; für die 10 Asse des Fannischen Gesetzes, das Maximum für eine gewöhnliche Mittagsmahlzeit, bei Gell. 2, 24, 3 setzt Athen. 6 p. 274 C $2\frac{1}{4}$ Denare.

18) Mommsen S. 291.

hen können. Die Lösung ist nicht anders möglich als durch Her-
anziehung des sicilischen Münzsystems, welches hier unverkennbar seinen Einflufs geäufsert hat[19]). Nach der weiter unten
(Anh. § 15) zu gebenden Darstellung sind die beiden Hauptfac-
toren dieses Systems die, dafs das Pfund Kupfer, die Litra, ein
Silberäquivalent, den Nummus, erhält, und dafs das Ganzstück
der Silbermünze, der Stater von 2 attischen Drachmen, gleich 10
Litren ist. Beide Sätze finden wir im römischen System angewendet, freilich mit e i n e r wichtigen Abweichung. Zunächst war
das Silberäquivalent für die bisherige Kupfereinheit, den libralen
As, aufzustellen. Wie man darauf kam dafür das Gewicht von 1
Scrupel zu bestimmen, d. h. das Silber zum 240 fachen Werthe
des Kupfers anzusetzen, läfst sich nicht mehr ganz deutlich verfolgen. Möglich, dafs das Silber in Rom im Verkehr zeitweilig
wirklich so hohen Curs hatte, obgleich alle späteren Vergleichun-
gen zwischen Silber und Kupfer einen weit niedrigeren Betrag
ergeben (§ 35, 5). Oder es schwebte die Gleichung zwischen
Silber und Kupfer vor, die im sicilischen System ursprünglich
bestanden hatte. Die Ordner des neuen Münzwesens in Rom
mufsten wissen, dafs der sicilische Stater im Gewicht von 2
Drachmen oder $\frac{1}{3000}$ Talent gleich 10 Litren Kupfer, die Litra
aber gleich $\frac{1}{1200}$ Talent angesetzt, mithin das Silber zum 250fachen
Werthe des Kupfers geschätzt war. Uebertrugen sie nun diese
Gleichung auf den libralen As im Effectivgewicht von 10 Unzen,
so ergab sich als nächstliegender runder Betrag der von 1 Scrupel
Silber. Dies wurde also der römische Nummus[20]). Conse-
quenter Weise hätte nun ein Silberstück von 10 Scrupel geschaffen werden müssen. Allein hier entschieden andere Rück-
sichten. Das Ganzstück in Silber sollte sich an die attische
Drachme anschliefsen, es wurde daher auf den vierfachen Betrag
des Nummus = 4 Scrupel ausgebracht. Nun kommt die Haupt-

---

19) Diesen Weg zeigt Mommsen S. 196—203. 304—308. Auf ihn
fufst die oben gegebene Darstellung, doch enthält sie merkliche Abweichungen, die freilich einzeln zu begründen der Raum nicht gestattet. Eine
Hauptdifferenz ist, dafs ich Mommsen's Annahme, die sicilische Silberrechnung habe schon die älteste Kupferprägung beherrscht, nicht beitreten
kann (§ 33, 4).

20) Dafs der *nummus* von Sicilien entlehnt ist, sagen ausdrücklich
Varro de l. L. 5, 173, Festus unt. d. W. p. 193, Poll. 9, 79. In dem älteren
Sprachgebrauche kommt das Wort von verschiedenen Münzen vor (vergl.
die Stellen bei Mommsen S. 195 Anm. 83). Doch wurde schon zu Cato's
Zeit vorzugsweise der Sesterz, eigentlich *nummus sestertius*, damit be-
zeichnet.

eigenthümlichkeit des neuen Systems. Das Ganzstück der Silberwährung wurde ganz wie in Sicilien decimal getheilt. Das Zehntel
hiefs *libella* [21]), offenbar eine Uebersetzung von λίτρα, wobei
die Diminutivform gebraucht ist um einer Verwechslung mit *libra*
vorzubeugen. Diese Libelle jedoch war keine Silbermünze, sondern nur Rechnungsbegriff, sie erhielt aber ihr eigenes Kupferäquivalent. Dies ist kein anderes als der neue, auf den Trientalfufs reducirte As. Hiernach erklärt sich alles übrige überraschend
leicht. Das Ganzstück erhielt den Namen *denarius* und war gleich
10 reducirten Assen, der Quinar gleich 5, der Sesterz gleich 2$\frac{1}{2}$.
Ferner 2$\frac{1}{2}$ reducirte Asse mufsten gleich einem libralen, also der
neue As triental sein, weil für beide Werthe der Ausdruck in Silber der Sesterz war. Endlich wird es nun erst recht deutlich,
warum der Sesterz die allgemeine Rechnungsmünze wurde; er
ist von Anfang an der Vertreter der alten Münzeinheit, des
libralen Asses, also die Rechnung nach Nummen oder Sesterzen
nur die Uebertragung der Kupferrechnung (*aeris gravis*) auf das
Silber.

5. Wir haben also gefunden, dafs kurz vor Beginn des ersten punischen Krieges die Silberprägung in Rom eingeführt
wurde, dafs wahrscheinlich gleichzeitig damit der librale Fufs auf
den trientalen herabgesetzt wurde, und dafs zur Vermittelung
zwischen beiden Währungen der Sesterz diente. Sehen wir nun,
wie mit diesem Resultate die Nachrichten der Alten stimmen.

21) Varro de l. L. 5, 174: nummi denarii decuma libella, quod libram
pondo as valebat et erat ex argento parva. Hier begeht Varro den doppelten Irrthum, dafs er den Denar gleich zehn pfündigen Assen setzt und die
Libelle zu einer Münze macht. Aber die Bestimmung der Libelle selbst ist
richtig. Wie sehr die Bezeichnung auch in den gewöhnlichen Sprachgebrauch
überging, beweist der Ausdruck *heres ex libella* für den Zehntelerben (Cic.
ad Att. 7, 2, 3). Dazu kommt als Hälfte der Libelle die *sembella* (Varro 5,
174. 10, 38) oder *singula* (Volus. Maec. § 67), als Viertel der *teruncius*,
Uebersetzung des sicilischen τριᾶς (Anh. § 15, 3). Gewöhnlich findet sich
diese Rechnung nicht auf den Denar, sondern auf den Sesterz angewendet
(vergl. die Darstellung bei Maec. § 65 ff.). Dies erklärt sich aus der späteren Reduction des Litrensystems in Sicilien. Seit Dionysios dem älteren
war die Litra, die ursprünglich gleich 1 Nummus war, auf $\frac{1}{10}$ desselben
herabgesetzt, also die Zehntheilung von dem Dekaliтron auf den Nummus
übergegangen. Deshalb haftete sie auch in der römischen Rechnung vorzugsweise am Sesterz. Aber nach der ursprünglichen Münzordnung bei
Einführung der Silberprägung war offenbar der Denar das Ganzstück, das
in 10 Libellen, jede gleich 1 reducirten As, zerfiel und eben daher seinen
Namen erhielt. Ausführlicher über die römische Silberrechnung spricht
Mommsen S. 197—203.

Nach der allgemeinen schon oft berührten Tradition soll der As
bis zur Zeit vor dem ersten punischen Kriege pfündig gewesen
sein; der einige Jahre vor demselben Kriege zuerst geprägte Denar habe 10 solchen pfündigen Assen entsprochen, endlich sei
um dieselbe Zeit der librale As durch Volksbeschlufs auf den
Zweiunzen- oder Sextantarfufs herabgesetzt worden. Dies lehren
Varro, Verrius Flaccus und Plinius²²). In den Hauptpunkten
ist diese Tradition bereits berichtigt worden. Der alte As war
zwar der Absicht nach libral, aber stand effectiv um 2 Unzen niedriger, der Denar war nicht gleich 10 libralen, sondern gleich 10
reducirten Assen und dieser reducirte As war triental. Also irren
sich Verrius und Plinius auch darin, dafs sie angeben, durch die
erste Reduction sei der As sofort sextantar geworden. Indefs ist
der Fehler verzeihlich, denn der trientale Fufs sank sehr bald

---

22) Die Belege giebt in übersichtlicher Zusammenstellung Mommsen
S. 258f., vergl. auch Marquardt S. 7 Anm. 18. 19. Die Hauptstellen sind:
Varro de r. r. 1, 10, 2: id (iugerum) habet scripula CCLXXXVIII, quantum
as antiquus noster ante bellum Punicum pendebat; de l. L. 5, 169: as erat
libra pondus; § 174: libram pondo as valebat; § 182: asses librales pondo
erant; § 173: denarii, quod denos aeris valebant, quinarii, quod quinos, sestertius, quod duobus semis additur (duponbius enim et semis antiquus sestertius est). Verrius Flaccus bei Paulus p. 98: grave aes dictum a pondere,
quia deni asses, singuli pondo libras, efficiebant denarium ab hoc ipso numero dictum. Sed bello Punico populus Romanus pressus aere alieno ex
singulis assibus librariis senos fecit, qui tantundem ut illi valerent. Derselbe bei Festus p. 347: sextantari asses in usu esse coeperunt ex eo tem-
pore, quo propter bellum Punicum secundum, quod cum Hannibale gestum
est, decreverunt patres, ut ex assibus, qui tum erant librari, fierent sextantari, per quos cum solvi coeptum esset, et populus aere alieno liberaretur,
et privati, quibus debitum publice solvi oportebat, non magno detrimento
adficerentur. Vergl. p. 347 unt. sesterti, p. 334 unt. sestertius. Plin. 33,
3 § 44: argentum signatum anno orbis CCCCLXXXV. Q. Ogulnio et C.
Fabio consulibus, quinque annis ante primum Punicum bellum. et placuit
denarium pro decem libris aeris valere, quinarium pro quinque, sestertium
pro dupondio ac semisse. librale autem pondus aeris imminutum est bello
Punico primo, cum impensis res publica non sufficeret, constitutumque, ut
asses sextantario pondere ferirentur. ita quinque partes lucri factae disso-
lutumque aes alienum. Dafs auch dieser Bericht des Plinius aus Verrius
geschöpft ist, weist Mommsen a. a. O. nach. Aufserdem sind noch zu vergleichen Gellius 20, 1, 13: librariis assibus populus ea tempestate (zur Zeit
der Decemviralgesetzgebung) usus est. Volus. Maec. § 46: denarius primo
asses decem valebat, unde et nomen traxit; § 74: cum olim asses librales
essent et denarii decem asses valeret et decima pars denarii libram, quae
eadem as erat etc. (es folgt die hierher nicht gehörige Auseinandersetzung
über Denar- und Sesterzbrüche). Apulei. bei Priscian. 6, 12, 66: tum
sestertius dipondium semissem, quinarius quinquessis, denarius decussis
valebat.

und in stetiger Verminderung auf den sextantaren herab, sodafs
der Gewährsmann des Verrius und Plinius den Sextantarfufs, der
schon im ersten punischen Kriege der effective war, recht wohl
als den gleich ursprünglich vor Anfang des Krieges eingeführten
betrachten konnte. Endlich was die Zeit anbetrifft, so versetzt
Plinius die erste Reduction in die Zeit des ersten punischen Krieges und erklärt sie durch den damals eingetretenen Nothstand,
Verrius Flaccus in den Hannibalischen Krieg. Letzteres ist sicher
ein Irrthum, da zu Anfang dieses Krieges bereits die zweite Reduction des Asses, die auf den Uncialfufs, erfolgte. Aber auch
Plinius' Angabe ist nicht ganz genau; Varro hatte unstreitig eine
bessere Quelle, indem er vorsichtig sagt, der librale As habe in
der Zeit vor dem ersten punischen Kriege [23]), also nicht mehr
in demselben bestanden. Den Ausschlag giebt die Bezeichnung
und Benennung der Silbermünzen. Der Sesterz war von vorn
herein auf 2½ As, der Quinar und Denar verhältnifsmäfsig dazu
ausgebracht; diese Asse können, wie bereits nachgewiesen, nicht
die libralen gewesen sein, also folgt, dafs die Reduction des Asses
nicht erst nach der Einführung der Silberprägung im J. 268
stattgefunden haben kann. Aber sie darf auch nicht wesentlich
früher angesetzt werden, da der Sesterz, wie ebenfalls nachgewiesen, sich ja an den libralen As anschlofs. Es bleibt also allein
übrig, dafs wir die Einführung der Silberprägung und die Reduction des Asses auf den Trientalfufs gleichzeitig, beide in das
Jahr 268 (oder 269) setzen. Damit fällt zugleich die Ansicht des
Verrius und Plinius, dafs die Asreduction einen grofsen Staatsbankerott, wodurch die Münze plötzlich auf den sechsten Theil
herabgesetzt, also der Gläubiger um ⅚ seiner Forderung benachtheiligt wurde, bezeichnet habe. Eine solche Gewaltmafsregel
glaubte man ohne Schwierigkeit in die bedrängte Zeit des ersten
punischen Krieges, oder, wie Verrius Flaccus, noch besser in
diejenige des zweiten verlegen zu können; aber für den eben ermittelten Zeitpunkt ist die Annahme ganz unstatthaft. In der
Zeit kurz nach Beendigung des Krieges mit Pyrrhos, wo Rom
siegreich über alle seine Feinde dastand, wo zugleich der reich-
liche Zuflufs von Silber zur Einführung der Prägung in diesem
Metalle führte, in einer solchen Zeit kann am allerwenigsten der

---

23) Dafs Varro mit den Worten *ante bellum Punicum* den ersten
punischen Krieg meint, ist nicht zu bezweifeln. *Bello Punico* mag ungenau
für den zweiten punischen Krieg gesagt werden, aber doch unmöglich *ante
bellum Punicum*.

Staat einen Bankerott gemacht haben, wobei die Gläubiger, selbst
wenn wir statt der Angaben der Alten nur das Verhältnifs vom
Zehnunzen- bis zum Trientalfufs setzen, doch noch um 60 Procent betrogen worden wären. Vielmehr war die Reduction des
Asses nur eine Veränderung der Währung und des Werthaus-
druckes, nicht des Werthes selbst. Anstatt der bisherigen allein
herrschenden Kupferwährung wurde eine gemischte Silber- und
Kupferwährung eingeführt. Das Aequivalent des alten libralen
Asses wurde der Sesterz, dem libralen Asse aber sowohl als dem
Sesterz wurden 2½ neue Asse gleichgesetzt. Verbindlichkeiten,
die in altem Gelde eingegangen waren, blieben ungeändert. Wer
auf alte Asse contrahirt hatte, erhielt die volle Summe entweder
noch in alten Assen, so lange dieselben noch circulirten, oder
in der gleichen Zahl von Sesterzen wieder²⁴). Die neuen Verträge mochten in Sesterzen oder in neuen Assen abgeschlossen
werden; aber auf keinen Fall ist rechtlich der alte As dem neuen
gleichgesetzt worden, vielmehr unterschied man den alten fortwährend durch die Benennung *aes grave*. Eine ganz andere Bewandtnifs hat es mit den weiteren Reductionen des Asses vom trientalen bis auf den sextantaren Fufs und weiter abwärts. Mit der
Einführung des Silbers wurde dieses in ein festes Verhältnifs
zum Kupfer gesetzt. Ein Sesterz von $\frac{1}{216}$ Pfund sollte gleich
sein 2½ trientalen Assen, die zusammen $\frac{5}{6}$ Pfund wogen, das Silber war demnach zum 240fachen Werthe des Kupfers gerechnet.
Nachgebildet war dieses Verhältnifs demjenigen des sicilischen
Litrensystems, und die Schöpfer der neuen Münzordnung mögen
geglaubt haben, dafs es auch für Rom das richtige sei und dafs
es dauernd so bleiben werde. Allein in Sicilien war das rohe
einheimische Schwerkupfer dem griechischen Silbercourant gegenüber ungewöhnlich ungünstig angesetzt; in Rom war es anfangs nicht sowohl eine Herabsetzung des Kupfers, welches noch
den ganzen Verkehr beherrschte, sondern vielmehr eine unverhältnifsmäfsig hohe Ansetzung des Silbers, dem man als dem
neueingeführten Metalle einen höhern Werth beilegte, als es ihn
in Wirklichkeit hatte. Denn es ist unmöglich anzunehmen, dafs
das Werthverhältnifs zwischen Silber und Kupfer von dem heutigen so bedeutend abgewichen habe, dafs letzteres fast dreimal so
wenig werth gewesen sei als jetzt. Auch haben wir Angaben aus
der spätern Kaiserzeit, wonach das Silber nur zum 125fachen bis
100fachen Werthe des Kupfers angesetzt wurde (§ 40,3). Also das

---

24) Mommsen S. 293.

Silber war damals zu hoch geschätzt und eine Ausgleichung un-
umgänglich. Diese erfolgte unbewufst und äufserte sich nothwendig am Kupfer[25]. So ging der Trientalfufs stetig bis auf
den Sextantarfufs herab. Die Anstrengungen, die der erste puni-
sche Krieg erforderte, mögen mit Ursache gewesen sein; ohne
denselben wäre die Ausgleichung vielleicht langsamer erfolgt, aber
stattgefunden hätte sie doch. Im Sextantarfufs stand das Silber
zu Kupfer wie 120 : 1 oder 140 : 1, jenachdem wir den Denar
noch zu dem vollen Betrage von $\frac{1}{72}$ oder zu dem herabgegangenen von $\frac{1}{84}$ Pfund ansetzen, und um diesen Betrag hat sicher
damals das factische Werthverhältnifs beider Metalle gestanden.
Aber als auch von da an der As immer weiter herabging, verschob
sich das Werthverhältnifs von neuem, und zwar nun zu Gunsten
des Kupfers, indem sein Münzwerth den factischen merklich
überstieg. Deshalb stellte sich das Bedürfnifs einer neuen gesetzlichen Bestimmung heraus, die wir gleich hier vorläufig erwähnen
müssen. Im J. 217 wurde der As, der sich nun schon dem Uncialfufs näherte, gesetzlich auf diesen Betrag festgesetzt, dafür
aber nun 16 anstatt wie bisher 10 Asse auf den Denar gerechnet.
Dadurch war zwischen Silber und Kupfer das Verhältnifs 112 : 1
festgestellt und hiermit das letztemal der Versuch gemacht das
Werthverhältnifs zwischen beiden Metallen zu fixiren. Denn als
nun von neuem der As weiter herabging, wurde das Kupfer zur
Scheidemünze und der römische Staat hatte von da an factisch
reine Silberwährung.

6. Es ist nun noch das nöthige über die Ausmünzung des
Kupfers seit der Einführung des Trientalfufses zu bemerken. Die
höhern Nominale vom As bis zum Quadrans wurden anfangs wie
im libralen Fufse noch gegossen, die Uncia und der Sextans gewöhnlich geprägt[26]. Als der As auf drei Unzen gesunken war,
prägte man auch Quadrans und Triens[27]; als er sextantar und
noch niedriger geworden war, erstreckte sich die Prägung auch
auf den Semis und As, doch kommen daneben überall noch ge-
gossene Stücke vor[28]. Die Bilder auf Vorder- und Rückseite

25) Aehnlich Niebuhr Röm. Gesch. I S. 514 f.; nur kann ihm darin
nicht beigestimmt werden, dafs der Werth des Kupfers allmählich so ge-
stiegen sei, dafs sowohl der librale als der sextantare As einem gleichen
Silberquantum entsprochen habe.
26) Mommsen S. 285.
27) L'aes grave del Museo Kircheriano p. 40.
28) Mommsen a. a. O. Anm. 8 und 9.

sowie die Werthzeichen blieben unverändert wie zur Zeit des libralen Fußes (§ 35, 5). Neu dazu aber kamen in dieser Epoche drei höhere Nominale mit den Werthzeichen II, III und X, der *dupondius, tressis* und *decussis* [29]). Die Benennung *dupondius* erinnerte noch an das ursprüngliche Verhältnifs, wo der As pfündig gewesen war. Das Gepräge war auf der einen Seite wie auf den übrigen Nominalen das Schiff, auf der andern Seite ganz so wie auf der Silbermünze ein weiblicher behelmter Götterkopf, der wahrscheinlich die Göttin Roma darstellt (§ 35, 1). Auf einem Decussis erscheint statt dessen die geflügelte Victoria im Zweigespann [30]). Indefs ist die Ausmünzung der genannten Nominale sehr bald, schon in der Epoche des Sextantarfufses, wieder abgekommen, was sich von selbst daraus erklärt, dafs die Silbermünze immer mehr die herrschende wurde und das unbequeme Schwerkupfer mehr und mehr verdrängte.

Der Münzfufs sinkt, wie schon öfters bemerkt, stetig von dem trientalen bis zum sextantaren und uncialen. Nachweise im einzelnen sind hier nicht nöthig, es genügt auf die anderwärts aufgestellten Uebersichten hinzuweisen [31]). Ueber das weitere Herabgehen des Kupfers noch unter den uncialen Fufs wird später gesprochen werden.

7. Endlich ist noch in Kürze die Werthbestimmung der römischen Münze seit Einführung der Silberprägung zu geben. Für den Silberdenar ist das Gewicht von 4 Scrupel = 4,548 Gr. (§ 35, 2) zu Grunde zu legen, und das Silber, wie später (§ 36, 5) gezeigt werden wird, vollkommen fein zu rechnen. Danach ist der

$$\text{Denar} \;= 8 \;\text{Sgr.} \; 2 \;\text{Pf.}$$
$$\text{Quinar} = 4 \;\; - \quad 1 \; -$$
$$\text{Sesterz} = 2 \;\; - \quad 0 \; -$$

anzusetzen. Die weitere Berechnung giebt Tab. XVIII B. Gleich hier mag noch bemerkt werden, was wegen einiger Angaben des

---

29) S. die Abbildungen im *Aes grave* cl. I tav. 1. 2, die Gewichte bei Mommsen S. 347 f.

30) Arigoni III Tab. 23.

31) Alles was früher in dieser Beziehung zusammengestellt worden ist, wie von Böckh S. 401 ff., Gennarelli p. 68 f., wird durch Mommsen's erschöpfende Behandlung der sinkenden Kupferwährung überboten. Die Wägungen von Assen und Semissen des Trientalfufses sind S. 348 zusammengestellt, die allmähliche Verminderung des Gewichts wird S. 421 bis 428 eingehend besprochen, und dann S. 429—451 eine Uebersicht der Gewichte des römischen Consularkupfers gegeben.

Livius und anderer zu wissen nöthig ist, dafs das römische Pfund Silber, das Metall fein gerechnet, auf 19,65 Thlr. = 19 Thlr. 19½ Sgr. anzusetzen ist. Der Victoriatus, über den weiter unten (§ 36, 2) gesprochen werden wird, hatte in dieser ersten Epoche der Silberprägung den Werth von 6 Sgr. 2 Pf.

Die Kupfermünze mufs in dieser Epoche, wo Silber- und Kupferwährung neben einander bestanden und erst allmählich die reine Silberwährung zur Geltung kam, in doppelter Weise, sowohl nach ihrem Metallwerthe als nach ihrem Münzwerthe bestimmt werden. Letzterer richtet sich nach dem Silber und ist deshalb eine feste Gröfse. Der Kupferas = ⅔ Sesterz genommen hat den Werth von 0,82 Sgr. = 10 Pf. Der Metallwerth dagegen ist im Verhältnifs zu dem libralen As (§ 34, 1) anzusetzen und geht vom trientalen Fufse an stetig abwärts. Der trientale As = ⅖ des libralen stellte einen Kupferwerth von 1 Sgr. 10 Pf. dar, der As von drei Unzen war auf den Werth von 1 Sgr. 2 Pf. gesunken, der sextantare As ist auf nur 11 Pf. anzusetzen, und es kommen hiermit Metall- und Münzwerth zusammen. In Tab. XVIII A sind diese Werthe übersichtlich aufgestellt. In der Regel dürfte der Reduction nach dem Münzwerthe der Vorzug zu geben sein.

Auch die Summen in *aes grave*, wenn damit nämlich wirkliches Kupfergeld, nicht blos die Rechnungsmünze gemeint wird, lassen in dieser Epoche keine sichere Reduction zu. Der librale As mufste aus dem Verkehr verschwinden, seitdem der reducirte As unter den trientalen Fufs herabging. Man gab also eine Summe reducirten Kupfers in der Weise in *aes grave* an, dafs man 2½ Asse gleich einem *aeris gravis* rechnete. Im trientalen Fufs hatte diese Rechnungseinheit ganz denselben Werth wie der librale As = 4 Sgr. 8 Pf., im sextantaren Fufs ist sie auf die Hälfte herabgegangen und entspricht nur noch 2 Sgr. 4 Pf. unseres Geldes. Am sichersten geht man also, wenn man auch hier das Kupfer nach seinem Münzwerthe rechnet, indem man für die Summe in *aes grave* die gleiche Zahl Sesterzen nimmt.

§ 36. *Die römische Silberwährung von dem Hannibalischen Kriege bis zum Ende der Republik.*

1. Das volle Gewicht von $\frac{1}{72}$ Pfund = 4,55 Gr., auf welches der Denar anfänglich ausgeprägt wurde, ist sehr bald herabgegangen. Denn schon in den älteren Serien macht sich ein Schwanken des Gewichts nach abwärts bemerkbar; einzelne Stücke

sind noch voll gemünzt, andere sinken bis auf 4 Gr. und darunter [1]). Die Zeit läfst sich hier nicht genau bestimmen, da die ältere einfache Prägung in einzelnen Fällen auch später noch beibehalten worden ist; allein seitdem die Monogramme der Münzmeister neben dem Stadtnamen erscheinen, zeigt sich entschieden schon das herabgegangene Gewicht der spätern Prägung [2]). Nun führt alles darauf hin, dafs die Münzmeister ihre Namen nicht vor, aber bald nach dem J. 217 auf die Münzen gesetzt haben [3]); wir gelangen also zu dem Schlusse, dafs seit 217 das herabgegangene Gewicht dauernd eingetreten war, während es vor dieser Zeit zwar auch schon vorkam, daneben aber noch schwankend das volle Gewicht bestand. Betrachten wir nun zunächst, auf welchen Betrag das verminderte Gewicht zu fixiren ist. Die Aerzte Cornelius Celsus und Scribonius Largus, die unter Tiberius lebten, geben an, dafs das Gewicht des Denar $\frac{1}{84}$ Pfund betrage [4]). Dasselbe sagt Plinius [5]), zu dessen Zeit zwar dieses Gewicht in der Prägung schon nicht mehr bestand, der aber hier die ältere gesetzliche Bestimmung vor Augen hatte. Der um ein Jahrhundert später lebende Galen rechnet zwar selbst den Denar zu dem seit Nero eingeführten Gewicht von $\frac{1}{96}$ Pfund, aber er fand in seinen Quellen daneben noch die Bestimmung zu $\frac{1}{84}$ Pfund [6]), dieselbe, die auch der Metrolog der Benedictiner angiebt [7]). Es betrug

---

1) Schon die Dioskurendenare ältester Prägung, kenntlich an der Abwesenheit des Wappens und der Magistratsnamen, zeigen ein auffallendes Schwanken des Gewichts bis unter 3,50 Gr. (s. die Zusammenstellung bei Mommsen S. 297 Anm. 27). Unter den Denaren mit Wappen folgen mehrere Serien noch dem vollen Fufse oder kommen ihm wenigstens nahe, andere gehören entschieden dem verringerten Gewicht an. Vergl. Mommsen S. 483—486 unter den S. 421 angeführten Wappenbezeichnungen: Anker, Caduceus, Halbmond u. s. w.

2) Mommsen S. 299 mit Anm. 31: 'Im Borghesi'schen wie im Berliner Cabinet ist kein einziger dieser Gattung, der 4 Gr. überstiege'.

3) Derselbe S. 455.

4) Celsus 5, 17, 1: sciri volo in uncia pondus denariorum septem esse. Scribonius Larg. am Ende der Vorrede: erit autem nota denarii unius pro Graeca drachma, aeque enim in libra denarii octoginta quatuor apud nos, quot drachmae apud Graecos incurrunt.

5) 33, 3 § 132: cum sit iustum LXXXIIII (denarios) e libris signari. Uebereinstimmend damit 12, 14 § 62: tertiam partem minae, hoc est XXVIII denariorum pondus, wo er, wie Letronne p. 41 nachweist, die Mine mit dem Pfund verwechselt.

6) De compos. medic. p. gen. 5 p. 789: τὴν οὐγγίαν οἱ πλεῖστοι μὲν ἑπτὰ καὶ ἡμίσεος δραχμῶν εἶναί φασιν, ἔνιοι δὲ ζ' μόνον, ἕτεροι δὲ η'.

7) Anal. p. 394: ἔχει ἡ μνᾶ ὁλκὰς ἑκατόν, πρὸς δὲ τὸ Ἰταλικὸν

also das Normalgewicht des Denar in der ersten Kaiserzeit
$\frac{1}{84}$ Pfund = 3,90 Gr.; dasselbe Gewicht aber mufs schon lange
vorher bestanden haben, denn schon die im zweiten punischen
Kriege geprägten, sowie überhaupt die consularischen Denare
entsprechen demselben genau ebenso gut als diejenigen, welche
bis auf die Kaiserzeit herabgehen [8]). Nun ist zu Anfang des
zweiten punischen Krieges im J. 217 der Kupferas durch ein
eigenes Gesetz auf den Uncialfufs reducirt worden, es liegt also
sehr nahe anzunehmen, dafs gleichzeitig auch der Denar von dem
ursprünglichen normalen Betrage auf das Gewicht von $\frac{1}{84}$ Pfund,
zu welchem die Prägung factisch damals schon hinneigte, herabgesetzt worden ist [9]).

2. Das Gepräge des reducirten Denar blieb im wesentlichen dasselbe wie früher. Der weibliche Götterkopf mit Flügel-
helm, das Bild der Göttin Roma (§ 35, 1), erhielt sich auf der
Vorderseite unverändert bis weit in das siebente Jahrhundert der Stadt hinein; erst um diese Zeit treten daneben andere
Köpfe, entweder von Göttern oder von berühmten Vorfahren
der Münzmeister auf [10]). Auf der Rückseite war schon vor
dem J. 217 dem ursprünglichen Dioskurengepräge die Victoria
(später auch Diana) im Zweigespann zur Seite getreten. Gegen
Ende des sechsten Jahrhunderts der Stadt kommt dazu die Qua-
driga mit Juppiter oder einer anderen Gottheit, und seitdem erscheinen auch in der Biga noch andere Gottheiten als die eben
genannten [11]). Wie bereits erwähnt, hiefs der Denar nach dem

---

ριβ´. ἡ οὐγγία δὲ ὁλκὰς ζ´, Ἀττικὰς δὲ ϛ´ καὶ ὀβολὸν α´ καὶ χαλκοῦς δ´.
Die italischen Drachmen, von denen 7 auf die Unze, 112 auf die attische
Mine gehen, sind römische Denare von $\frac{1}{84}$ Pfund.

8) Es dürfte hier der Ort sein auf die umfassende Durchschnittsrechnung hinzuweisen, welche Letronne Consid. gén. p. 42 ff. mit den consularischen Denaren angestellt hat. Er wählte von 1900 Denaren des Pariser
Cabinets 1350 vollkommen gut erhaltene aus, ordnete sie nach der alpha-
betischen Reihenfolge der Familiennamen und zog die Durchschnitte nach
Decaden und Centurien, und daraus wieder den gesammten Durchschnitt.
Dieser ergab 73,0597 Par. Gran = 3,880 Gramm, bleibt also kaum merklich hinter dem Normalgewicht von $\frac{1}{84}$ Pfund = 3,898 Gr. zurück. Wurm
p. 27 zieht aus Letronne's Angaben den Durchschnitt um einen verschwindend kleinen Betrag geringer auf 72,9836 Par. Gran = 3,876 Gramm.
Hussey p. 134 setzt das Durchschnittsgewicht auf 60 engl. Gran = 3,888
Gramm. Die älteren Bestimmungen des Denar finden sich bei demselben
p. 135 f. zusammengestellt.

9) Dies ist die Ansicht von Mommsen S. 385 vergl. mit S. 299. 420 f.
482 n. 6.

10) Mommsen S. 461 f.

11) Derselbe S. 462.

Zweigespann *bigatus*, wozu nun die Benennung *quadrigatus* kam [12]). Die Werthzeichen blieben unverändert; seit dem siebenten Jahrhundert findet sich für X auch die durchstrichene Form ✳; das Zahlzeichen XVI, der Asreduction seit 217 entsprechend, kommt nur ganz vereinzelt im siebenten Jahrhundert vor [13]). Bis etwa zum J. 114 fehlte das Werthzeichen niemals, dagegen vom J. 86 an blieb es regelmäfsig weg, in der Zwischenzeit wurde es bald gesetzt bald weggelassen [14]). Auch der Gemeindename ROMA, der ursprünglich niemals fehlt, wird um dieselbe Zeit, erst schwankend, später regelmäfsig ausgelassen [15]). Wappen von Münzbeamten finden sich vereinzelt schon in der ersten Epoche; bald nach 217 erscheinen auch die Namen der Münzbeamten, zuerst in Monogrammen oder Anfangsbuchstaben, nicht lange vor Ende des sechsten Jahrhunderts aber voll ausgeschrieben; seit der Mitte des siebenten Jahrhunderts verdrängen sie, wie eben bemerkt, den Stadtnamen [16]). Der Rand der Münze wurde wahrscheinlich zuerst im J. 93 ausgezahnt, ein Gebrauch, der sich bis gegen Ende der Republik erhielt [17]). Daher bezeichnet Tacitus [18]) die republicanischen Denare zum Unterschied von den leichteren Neronischen als *serrati bigatique*.

Der Denar ist von Anfang an die herrschende Münze in der Silberprägung gewesen, während die kleineren Nominale gleich von vorn herein selten geprägt wurden und bald ganz verschwanden. Der Quinar wurde von Einführung der Silberprägung an bis nach 217 geschlagen, bald darauf aber erscheint er nicht mehr. Die Ausmünzung des Sesterz nahm höchst wahrscheinlich schon vor 217 ein Ende, und wurde noch einmal im J. 89 oder 88

---

12) Plin. 33, 3 § 46: notae argenti fuere bigae atque quadrigae, inde bigati quadrigatique dicti. Liv. 22, 52, 2: trecenis nummis quadrigatis.
13) Mommsen S. 468f. Volus. Maec. § 45 giebt auch für die Werthzeichen des Quinar und Sesterz die durchstrichene Form an, die sich auf Münzen nicht findet. Diese Durchstreichung war überhaupt in späterer Zeit bei Zahlen üblich (Marquardt S. 10 Anm. 31). Daher also das gewöhnliche ℍ𝕊 als Bezeichnung des Sesterz für II S. Wegen des Zahlzeichens XVI s. Mommsen S. 379.
14) Mommsen S. 451.
15) Derselbe S. 452.
16) Derselbe S. 454 f.
17) Derselbe S. 472.
18) Germ. 5: (Germanorum) proximi ob usum commerciorum aurum et argentum in pretio habent formasque quasdam nostrae pecuniae agnoscunt atque eligunt —. pecuniam probant veterem et diu notam, serratos bigatosque. Vergl. Mommsen S. 771.

wieder aufgenommen ohne sich jedoch zu halten. Erst gegen Ende der Republik vom J. 49 an wurde in Folge der Reorganisation, welche Cäsar dem Münzwesen gab, der Quinar und Sesterz von neuem geschlagen [19]).

Aufser dem Denar mit seinem Halb- und Viertelstück gab es noch eine andere römische Silbermünze, die hier kurz besprochen werden mufs, den *victoriatus* [20]). Nach den Untersuchungen Borghesi's und Mommsen's ist als feststehend zu betrachten, dafs diese Münze, die ihren Namen von der auf der Rückseite dargestellten Siegesgöttin hatte, ursprünglich auf $\frac{3}{4}$ des Denar, also anfangs auf 3 Scrupel $= 3,41$ Gr., später nach Reduction des Denar auf 2,92 Gr. und darunter ausgebracht worden ist. Sie ist im Gegensatz zu allem übrigen römischen Gelde durchaus ohne Werthzeichen; auf dem dazu gehörigen Halbstücke erscheint eben nur das Zeichen der Hälfte S. Schon das führt darauf, dafs der Victoriatus von der römischen Werthmünze verschieden gewesen sein müsse, und dies bestätigen die Angaben des Plinius und Maecianus, wonach diese Münzsorte blos als Waare mit veränderlichem Curse in Rom genommen wurde [21]). Verschiedene Nachrichten bringen den Victoriatus in Verbindung mit Illyricum [22]). Im Anschlufs an den dort bestehenden Münzfufs wurde wahrscheinlich im J. 228 bei Organisirung der Provinz die neue Münze im Gewicht von $\frac{3}{4}$ Denar geschaffen, und zwar hauptsächlich mit der Bestimmung dem Verkehre mit Griechenland zu dienen, wozu sie sich insofern gut eignete, als sie der Drachme von Massilia und Rhodos, sowie der ägyptischen und syrischen Währung sehr nahe stand. Mit der Reduction des De-

---

19) Mommsen S. 389. 418f. 650—653. 756. Vergl. unten § 38, 4.

20) Nach der früheren Meinung, welcher noch Böckh M. U. S. 456 folgt, war der Victoriatus von Anfang an dem halben Denar gleich gewesen. Dagegen wies Borghesi in seinen Osservazioni numismatiche decade XVII oss. 1—5 nach, dafs derselbe ursprünglich $\frac{3}{4}$ Denar betrag und erst später auf den Werth des Quinar reducirt wurde. Dieses Ergebnifs ist neuerdings von Mommsen S. 389—400 bestätigt und weiter ausgeführt worden.

21) Plin. 33, 3 § 46: is qui nunc victoriatus appellatur lege Clodia percussus est. antea enim hic nummus ex Illyrico advectus mercis loco habebatur. Volus. Maec. 45: victoriatus nunc tantundem valet, quantum quinarius olim, ac peregrinus nummus loco mercis, ut nunc tetradrachmum et drachma, habebatur.

22) Liv. 41, 13, 7 berichtet von C. Claudius, der im J. 177 über die Istrer und Ligurer triumphirte: tulit in eo triumpho denarium trecenta septem milia et victoriatum octoginta quinque milia septingentos duos. Vergl. denselben 45, 43, 5: denarium tria milia et centum viginti milia Illyrii argenti; Plin. a. a. O.

nar sank entsprechend auch das Gewicht des Victoriatus. Die
Prägung dauerte noch fort bis in das sechste Jahrhundert, wo
sie in's Stocken gerathen sein mufs. Nicht lange darauf, etwa um
das J. 104 [23]), erfolgte das Clodische Gesetz, durch welches der
Victoriatus als besondere Münzgattung abgeschafft und dem Quinar gleichgestellt wurde. So als die Hälfte des Denar kennen
den Victoriatus Varro, Cicero und die Schriftsteller der Kaiserzeit [24]).

3. Doch kehren wir zur Betrachtung des Münzfufses zu-
rück. In demselben Jahre, wo wahrscheinlich der Denar auf $\frac{1}{84}$
Pfund reducirt wurde, erlitt das Kupfergeld eine noch bedeuten-
dere Veränderung. Es ist bereits bemerkt worden, dafs der sextantare As stetig auf noch niedrigeren Betrag herabging und sich
schon vor dem zweiten punischen Kriege dem uncialen Fufse
näherte. Damit hatte das Kupfer im Verhältnifs zum Silber einen
Münzwerth erhalten, der das wirkliche Werthverhältnifs weit
überstieg, denn während es im sextantaren Fufse nur $\frac{1}{120}$ bis $\frac{1}{140}$
des Silberwerthes gehabt hatte, stand es jetzt in der Münze auf
$\frac{1}{70}$. Dieses Mifsverhältnifs stellte, wie Verrius und Plinius bezeugen [25]), das Flaminische Gesetz vom J. 217 in der Weise ab,
dafs der unciale Fufs nun gesetzlich sein, fortan aber 16 anstatt
10 Asse auf den Denar, 4 auf den Sesterz gerechnet werden sollten. Hierdurch wurde zwischen Silber und Kupfer das Werthverhältnifs 112 : 1, also nahezu das des sextantaren Fufses wieder hergestellt, welches wir aller Wahrscheinlichkeit nach als das
effective Werthverhältnifs jener Zeit anzusehen haben [26]). Die

23) Borghesi a. a. O. p. 34 ff. Mommsen S. 399.

24) Varro de l. Lat. 10, 41: quam rationem duo ad unum habeat,
eundem habent viginti ad decem —, sic est ad unum victoriatum denarius,
sicut ad alterum victoriatum alter denarius. Cic. pro Font. 5, 9 giebt das
Verhältnifs zwar nicht an, mufs aber dasselbe meinen. Als Gewicht hat
den Victoriatus zu ½ Denar Scribon. Larg. compos. med.; vergl. Io. Rhodius
zu 14. 37.

25) Festus p. 347 nach einer Lücke: [auctor] est numerum aeris per-
duc[tum esse ad XVI asses lege Fla]minia minus solvendi, cu[m Hannibalis
bello premere]tur populus Romanus. Plin. 33, 3 § 45: postea Hannibale
urgente Q. Fabio Maximo dictatore asses unciales facti, placuitque denarium sedecim assibus permutari, quinarium octonis, sestertium quaternis.
ita res publica dimidium lucrata est. Flaminius ist der Consul des J. 217,
nach dessen Tode bis in den Herbst desselben Jahres Fabius die Dictatur
führte. Daher die Zeitangabe bei Plinius, die nur dann auffällig sein würde,
wenn er Flaminius als den Urheber des Gesetzes erwähnt hätte.

26) Böckh S. 472 und Mommsen S. 379 f. sind abweichender Meinung,
indem sie das übermäfsig hohe Verhältnifs zwischen Silber und Kupfer von

weiteren Consequenzen des Gesetzes lassen sich in doppelter
Weise denken. Entweder devalvirte das Gesetz nur die bisherige
Kupfermünze, sodafs jetzt erst 4, anstatt wie früher $2\frac{1}{2}$ Asse
einen Sesterz machten, und es blieben dann alle auf die allgemeine Rechnungsmünze, den Sesterz, lautenden Verbindlichkeiten unangetastet; oder alle früheren Verbindlichkeiten wurden
auf ihren Betrag in Assen reducirt und nach dem neu angesetzten Verhältnifs zwischen Sesterz und As gelöst. Es zahlte also
der Schuldner mit jedem Denar, der ihm nach der alten Währung
zu 10 Assen angerechnet war, 16 Asse seiner Schuld ab und der
Gläubiger erlitt eine Einbufse von $37\frac{1}{2}$ Procent. Dafs wir das
letztere annehmen, dazu nöthigt die Bezeichnung des Flaminischen Gesetzes bei Verrius als *lex minus solvendi*, sowie die
Erklärung bei Plinius, nur dafs dieser einen falschen Procent-
satz angiebt [27]). Ferner stimmt damit vollkommen überein, dafs
die Kriegslöhnung der Soldaten ausdrücklich ausgeschlossen
wurde. Der Soldat, dem sein Sold in Assen angesetzt war, durfte
keine Einbufse erleiden; daher wurde hier der Denar wie früher
zu 10 Assen gerechnet, also der alte Soldsatz ungeschmälert erhalten [28]).

Mit dem Flaminischen Gesetz ging der Staat noch nicht sofort zur reinen Silberwährung über. Das Kupfer konnte trotz des
nur uncialen Fufses nach dem neu angesetzten Verhältnifs des
Asses zum Denar noch als Werthgeld gelten, besonders da das
Silber immer noch verhältnifsmäfsig selten gewesen zu sein

250 : 1, wie es bei der Einführung der Silberprägung angesetzt wurde,
für das noch im J. 217 gültige Werthverhältnifs, das des Flaminischen Gesetzes aber für ein Münzverhältnifs halten, wodurch das Kupfer zum doppelten seines wirklichen Werthes angesetzt wurde. Allein wenn jenes Verhältnifs 250 : 1 wirklich das Handelsverhältnifs war, so wäre der As schon im
sextantaren Fufse, also bereits vor 217, kein Werthgeld mehr, sondern
Scheidemünze mit unverhältnifsmäfsigem Münzwerth gewesen. Das ist aber
entschieden nicht der Fall. Auch hätte nach jener Annahme das Flaminische Gesetz keinen rechten Sinn. Denn wenn der As einmal mit einem
Münzwerthe, der den wirklichen weit überstieg, circuliren sollte, so hätte
ja recht gut auch der unciale As ein Zehntel des Denar bleiben können.
Das Flaminische Gesetz mufs vielmehr als ein Versuch, und zwar als der
letzte der Art betrachtet werden, das Münzverhältnifs zwischen Silber und
Kupfer dem wirklichen damals bestehenden Werthverhältnifs anzunähern.

27) A. a. O.: ita res publica dimidium lucrata est. Er denkt hierbei
nur an das Verhältnifs zwischen dem sextantaren und uncialen As. Vergl.
Böckh S. 472.

28) Plin. a. a. O.: in militari tamen stipendio semper denarius pro
decem assibus datus est.

scheint[29]). Aber seit dem Ende des zweiten punischen Krieges gelangte das Silber in Folge der reichen Kriegsbeute, die von da an in Rom zusammenströmte, zur alleinigen Herrschaft und drückte das Kupfer zur Scheidemünze herab. Wenigstens vom J. 194 an wurde auch vom Staat das Silber als das alleinige Courant anerkannt[30]). Seitdem war auch das weitere Sinken des Fufses der Kupfermünze gleichgültig. Der As ging nach und nach bis auf die Hälfte des uncialen Betrags herab, und dieser Fufs, der semunciale, wurde durch das Papirische Gesetz vom J. 89 definitiv festgestellt[31]). Bald darauf, zwischen 84 und 74, hörte die Kupferprägung in Rom ganz auf und wurde erst nach einem halben Jahrhundert wieder aufgenommen (§ 38, 5).

Das Gepräge des Kupfers blieb mit seltenen Ausnahmen unverändert das der früheren Zeit (§ 33, 5). Die höchsten Nominale, der Decussis, Tressis und Dupondius, kommen nicht mehr vor (§ 35, 6); die kleinsten, Sextans und Uncia, werden selten. Im Semuncialfufs herrschen As, Semis und Quadrans vor[32]).

Die alte Rechnungsweise nach dem libralen As oder dem As *aeris gravis* blieb auch nach dem Flaminischen Gesetze unverändert, nur dafs fortan 4 Münzasse auf den Rechnungsas gingen. Hieran knüpfte der Consul Valerius Flaccus an, als er im J. 86 unter Cinna's Gewaltherrschaft ein Gesetz einbrachte, wonach alle Schulden auf den vierten Theil reducirt, mithin die Gläubiger um 75 Procent ihrer Forderungen betrogen wurden[33]). Es sollte nämlich anstatt jedes Rechnungsasses oder Sesterzes nur ein Münzas = ¼ Sesterz gezahlt, oder, wie es bei Sallust heifst, das Silber durch Kupfer getilgt werden. Das Gesetz betraf also nicht

---

29) Dies schliefst Mommsen S. 380 aus den Münzfunden.
30) Die Beweise, welche Mommsen S. 381 f. dafür aufstellt, sind: 1. Noch in den Triumphen vom J. 207 (Liv. 28, 9, 16), 197 (Liv. 33, 23, 7) und 196 (33, 37, 11) werden ansehnliche Summen von Kupfer aufgeführt; dagegen erscheint in dem Triumph vom J. 201 (Liv. 30, 45, 3) und allen späteren kein Kupfer mehr; 2. Das Triumphalgeschenk ist vor dem J. 189 ohne Ausnahme in Kupfer; seitdem aber in Silber gezahlt worden; 3. In dem Bestand der Staatskasse vom J. 157 (Plin. 33, 3 § 55) ist nur von Gold und Silber die Rede.
31) Plin. 33, 3 § 46: lege Papiria semunciarii asses facti. Vergl. Mommsen S. 338. 383. 423.
32) Mommsen S. 384. 418.
33) Vellei. 2, 23: in huius (Marii cos. VII) locum suffectus Valerius Flaccus turpissimae legis auctor, qua creditoribus quadrantem solvi ius erat (Mommsen für *iusserat*). Sal. Catil. 33, 2: novissume memoria nostra propter magnitudinem aeris alieni — argentum aere solutum est. Vergl. Mommsen S. 383 f.

sowohl die Münzwährung, welche unverändert fortbestand, sondern es bezeichnete nur die willkürliche Herabsetzung der Schulden durch Gleichstellung der höheren geschuldeten Münzsorte
mit der niedrigeren zurückzuzahlenden. Uebrigens war diese
Gewaltmaſsregel nicht von langer Dauer, da Sulla bei seiner Re-
stauration das Gesetz wieder aufhob.

4. Ehe wir zur Werthbestimmung des Courants der römischen Republik übergehen, muſs noch in Kürze die Art, wie
die Römer ihr Geld zählten, dargestellt werden. Der Denar, die
fast allein cursirende Silbermünze, wird in der Rechnung nur
selten gebraucht [34]). Die gewöhnliche Rechnungsmünze war, wie
schon wiederholt bemerkt worden, der alte librale As (*aeris gravis*) oder dessen Aequivalent in Silber, der Sesterz, vollständig
sestertius nummus, oft auch schlechthin *nummus* genannt [35]).
Da der Sesterz nur einen sehr geringen Werthbetrag darstellte,
so führte das Bedürfniſs ganz von selbst darauf gewisse conventionelle Abkürzungen einzuführen, durch welche gröſsere
Summen einfacher als durch die vollen Zahlen sich ausdrücken
lieſsen.

Bis tausend werden die Sesterze einfach gezählt [36]). Bei den
mehrfachen von tausend wird *sestertius* (*sestertius nummus* oder
blos *nummus*) entweder im Genitiv hinzugesetzt, oder dasselbe
tritt nach einem auch sonst vorkommenden Sprachgebrauche
appositiv zu *milia* [37]), und *milia* selbst wird dann bisweilen aus-

---

34) Varro de l. Lat. 8, 71 führt den Ausdruck *mille denarium* an. Cic.
Verr. II, 2, 45, 137 hat *denarii trecenti* und *denarium XXXIX milia*.
Vergl. Suet. Aug. 67, Liv. 23, 15, 15. Häufig rührt die Rechnung nach
Denaren daher, daſs griechische Quellen zu Grunde liegen, *denarius* also
die Uebersetzung von δραχμή ist (vergl. § 32, 1). So bei Plin. 12 § 28.
36. 41. 43 und anderwärts.

35) *Sestertius nummus* z. B. bei Colum. 3, 3, 9, Varro de r. r. 3,6,1;
sehr häufig *sestertio nummo:* Cic. Rabir. 17, 45, Vitr. 1, 4, 12, Liv. Epit.
55 u. ö. Das einfache *nummus* bei Cic. Verr. II, 3, 60, 140, mehrmals bei
Colum. 3, 3 u. a.

36) Z. B. bei Colum. a. a. O.: mille nongentos quinquaginta sestertios
nummos — sestertiis sexcentis nummis.

37) Gewöhnlich wird der Plural *sestertia* so erklärt, daſs aus der
Formel *mille sestertium*, wo *sestertium* Genitiv ist, ein neutrales Substantiv gebildet und dieses in den Plural gesetzt worden sei. Allein es ist zu
beachten, daſs *sestertius* ursprünglich Adjectiv ist. Nun kann zu *milia*
ein adjectivischer Begriff auch appositiv, anstatt im Genitiv, treten. Wie
Cäsar *sedecim milia expedita* und *armata milia centum* schreibt (Kraner
zu B. Gall. 1, 49, 3), so sagen Varro und Columella *duodena milia sestertia*,
sestertiis octo milibus (s. Anm. 42), worauf dann weiter *milia* auch aus-

gelassen. Wohl nur dichterisch steht auch *milia* allein ohne *sestertia*. Also finden sich folgende Ausdrucksweisen:

duo milia sestertiorum[38])
sestertium sexagena milia[39])
sestertium sexagena milia nummum[40])
quinque milia nummum[41])
duodena milia sestertia[42])
sexcenta sestertia[43])
sex milibus[44]).

Die Verbindung von mehreren tausenden mit kleineren Beträgen mögen folgende Beispiele zeigen:

sestertia tria milia et quadringenti octoginta nummi,
XXXII milium quadringentorum LXXX nummorum[45]).

In dieser Weise wurde bis 900000 Sesterze fortgezählt. Die darüber hinausgehenden Zahlen werden im lateinischen bekanntlich mit Hülfe der Zahladverbien gebildet[46]). Demnach heifst eine Million Sesterze vollständig *decies centena milia sestertium*[47]). Dafür wird aber in der Regel kürzer blos *decies sestertium* gesprochen und geschrieben, und so fort *vicies, tricies* bis *milies* und darüber gezählt. Die Genitivbedeutung von *sestertium* ging dabei ganz verloren, das Wort wurde als ein säch-

---

gelassen wird. Dafs sich dann *sestertia* der substantivischen Bedeutung nähert (man vergl. besonders Juven. 4, 16), mag gern zugegeben werden.
38) Colum. 3, 3, 13. Nach Cic. Or. 46, 156 soll die Genitivform immer *sestertium* lauten; doch es hatte der Sprachgebrauch wohl noch bisweilen die volle Form.
39) Plin. 10, 20 § 45.
40) Varro de r. r. 3, 6, 1. Quintil. 7, 6, 11: sestertium nummum quinque milia.
41) Cic. Verr. II, 3, 60, 140; ebend. 50, 118f. Colum. 3, 3: totidem milibus nummorum. Suet. Aug. 101: singula milia nummorum.
42) Varro de r. r. 3, 17, 3; ebend. 6a. E.: quadragena milia sestertia. Colum. 3, 3: sestertiis octo milibus u. ö.
43) Cic. Parad. 6, 3. Häufiger im silbernen Zeitalter. Horat. Epist. 1, 7, 80: septem sestertia; ebend. 2, 2, 33: bis dena sestertia nummum; Martial. 6, 20, 1: centum sestertia; Gell. 5, 2: sestertia trecenta duodecim.
44) Juven. 4, 15.
45) Colum. 3, 3, der daselbst noch andere Beispiele der Art bietet.
46) Plin. 33, 10 § 133: non erat apud antiquos numerus ultra centum milia, itaque et hodie multiplicantur haec, ut deciens centena aut saepius dicantur.
47) Cic. Verr. II,1,10, 28: HS deciens centena milia. Dichterisch steht dafür auch deciens centena (Hor. Sat. 1, 3, 15, Juven. 10, 335) oder decies milia centum (Martial. 1, 103, 1).

liches Substantiv betrachtet und demgemäfs im Singular durch-
declinirt [48]). So bildeten sich die Römer, ähnlich wie die Griechen in ihrem Talent, eine grofse Rechnungsmünze, deren Betrag, wie später noch zu zeigen, während der Republik auf 5850,
in der Kaiserzeit auf 7250 Thlr. anzusetzen ist. Darauf mufs
schon jetzt hingewiesen werden, weil wir bei der Lectüre der
Alten von derartigen Summen uns keine rechte Vorstellung machen können, wenn wir nur an die kleine Scheidemünze, den Sesterz, denken, während wir, sobald wir den Betrag des Sestertium
gegenwärtig haben, sie leicht verstehen.

Beträge über *milies sestertium* werden durch davorgesetzte
Zahladverbien ausgedrückt, z. B. *quaterdecies milies* = 14000 mal
ein Sestertium, während *milies et quingenties* [49]) nur 1500 mal
bedeutet. Wie Beträge von einer oder mehreren Millionen mit
kleineren Zahlen zusammengestellt werden, zeigen zwei Beispiele
bei Cicero [50]): IIS *deciens et octingenta milia* und *viciens ducenta
triginta quinque milia quadringentos decem et septem nummos* =
2235417 Sesterzen. In diesem Falle kann selbst *mille* für *decies*
stehen: IIS *mille sexcenta triginta quinque milia quadringentos
decem et septem nummos* = 1635417 Sesterzen.

In den meisten Fällen wird das Wort Sesterz nicht ausgeschrieben, sondern mit dem alten Münzzeichen IIS (§ 35, 1), in
den Handschriften gewöhnlich mit der durchstrichenen Form HS
bezeichnet. Wenn dabei die Zahlen ausgeschrieben wurden, so
war eine Verwechselung nicht möglich, denn die Ausdrücke HS
decem, IIS *decem milia* und IIS *decies* unterscheiden sich vollkommen deutlich. Diese genaue Bezeichnung sollte überall, wo
etwas darauf ankam, z. B. in Testamenten, angewendet werden [51]).
Allein in der Rechnung bediente man sich der Zahlzeichen in der
auch sonst ganz üblichen Weise, dafs man die tausende durch
einen darüber gezogenen Strich, die hunderttausende aufserdem noch durch zwei Striche an der Seite bezeichnete [52]). Es
sind also

---

48) Beispiele bei Zumpt Lat. Gramm. § 873. Bisweilen bleibt *sestertium* ganz weg wie bei Hor. Sat. 2, 3, 237. 240.

49) Beide Beispiele bei Suet. Aug. 101.

50) Verr. II, 1, 39, 100 und 14, 36.

51) Nach Suet. Galb. 5 hatte Livia Augusta dem Galba *sestertium
quingenties* vermacht, Tiberius aber diese Summe *ad quingenta (sestertia)*
reducirt: *quia notata non perscripta erat summa.* Er las also IISD̅ für
HS[D̅].

52) Vergl. Marquardt III, 2 S. 31 f.

HS X == decem sestertii
HS $\overline{X}$ = decem milia sestertium [53])
HS [$\overline{X}$] == decies sestertium [54]).

5. Die Werthbestimmung des Courants der römischen Republik macht, da das Normalgewicht des Denar sicher ermittelt ist, keine weitere Schwierigkeit. Denn die Legirung in dem römischen Silber ist ebenso verschwindend klein, wie in der attischen Münze, und darf deshalb ebenso wenig hier wie dort in Rechnung gebracht werden. Der Absicht nach sollten auch die römischen Münzen vollkommen fein sein. Sulla setzte durch ein eigenes Gesetz Strafe auf Verfälschung der Münze [55]); dasselbe Verbot wurde in der Kaiserzeit von Augustus in dem Julischen Gesetze über Peculatus von neuem eingeschärft [56]), und später von Tacitus und den oströmischen Kaisern wiederholt [57]). Dafs die Münzbeamten der Republik gewissenhaft prägten, haben die angestellten Proben von Silbermützen bestätigt. Die Denare vom feinsten Korn haben nur 2 bis 7 Tausendtheil Legirung, die meisten andern stehen noch auf dem Feingehalt von 0,99 und 0,98. Freilich finden sich auch weniger feine Stücke, doch sinkt der Feingehalt nur ausnahmsweise unter 0,96 [58]). Ueberdies enthält auch das römische Silber wie das attische etwas Gold, welches den Minderwerth der Legirung reichlich deckt [59]). Wir bringen

---

53) So z. B. bei Cic. Verr II, 3, 58, 135: HS$\overline{V}$ = sestertium quinque milibus; Plin 33, 2 § 32: HS$\overline{CCCC}$ == sestertium quadringentis milibus; ebend. 10, 50 § 141: HS$\overline{VI}$.

54) Vergl. Plin. 36, 15 § 103 HS[$\overline{\mathcal{D}}$] = sestertio milies; HS[$\overline{CXLVIII}$] = sestertio centies duodequinquagies; und über die Zusammenstellung grösserer und kleinerer Beträge denselben 33, 3 § 55: [$\overline{LXII}$] · xxxv · CCCC == 6135400 qnd [$\overline{XVI}$] · xx · DCCCXXXI == 1620831 Sesterzen.

55) Dig. 48, 10, 9: lege Cornelia cavetur, ut qui in aurum vitii quid addiderit, qui argenteos nummos adulterinos flaverit, falsi crimine teneri.

56) Ulpian. Dig. 48, 13, 1: lege Iulia peculatus cavetur, — neve quis in aurum argentum aes publicum quid indat neve immisceat. Dafs das Gesetz dem Augustus zugeschrieben werden mufs, zeigt Mommsen S. 763.

57) Script. Hist. Aug. Vita Tacit. 9. Dig. a. a. O.

58) Dorcet (bei Letronne Consid. p. 84) fand den Feingehalt in den Silbermünzen der Republik zwischen 0,993 und 0,965. Der höchste Feingehalt ist der von Thomson gefundene von 0,998 (bei Schiassi del ritrovamento di medaglic — fatto a Codriano, Bologna 1820 p. 33). Vier Proben bei Rouch (Mittheil. der numism. Gesellsch. in Berlin, Heft 3 S. 295) ergaben 0,990. Die meisten Stücke stehen von da an bis 0,98 oder ein wenig darunter, seltener gehen sie his 0,96, nur ausnahmsweise stehen sie noch niedriger. Vergl. die Zusammenstellung bei Mommsen S. 385 Anm. 59.

59) Ein für Hussey (p. 141) analysirter Quinar der Republik ergab in Theilen des Troypfundes (vergl. § 29 Anm. 13):

also das Metall als vollkommen fein in Rechnung und bestimmen danach den republicanischen Denar von $\frac{1}{84}$ Pfund = 3,898 Gr. Normalgewicht zu 0,23388 Thlr. = 7 Sgr. [60]), woraus sich weiter folgende Uebersicht der Werthe des römischen Silbercourants ergiebt:

$$
\begin{array}{lll}
\text{Sesterz} & = 1 \text{ Sgr. } 9 \text{ Pf.} & \text{(preufsisch)} \\
\text{Quinar} & = 3 \quad - \quad 6 \quad - \\
\text{Victoriatus} & = 5 \quad - \quad 3 \quad - \\
\text{Denar} & = 7 \quad - \quad — \quad -
\end{array}
$$

Ferner beträgt die grofse Rechnungssumme, das Sestertium, $5846\frac{2}{3}$ Thlr., wofür man in runder Zahl ohne merklichen Fehler 5850 Thlr. sagen kann.

Das Kupfergeld richtet sich als Scheidemünze nach dem Werthe des Silbercourants, also kommt der As zum Werthe von $\frac{1}{16}$ Denar zum Ansatz. Somit gilt ein

$$
\begin{array}{lll}
\text{As} & = 5\frac{1}{4} & \text{Pf.} \\
\text{Semis} & = 2\frac{5}{8} & - \\
\text{Triens} & = 1\frac{3}{4} & - \\
\text{Quadrans} & = 1\frac{5}{16} & - \\
\text{Sextans} & = \frac{7}{8} & - \\
\text{Uncia} & = \frac{7}{16} & -
\end{array}
$$

Die weitere Reduction giebt Tab. XIX A.

$$
\begin{array}{llll}
\text{Silber} & 11 \text{ oz. } 11 \text{ dwts. } 15 \text{ grs.} \\
\text{Gold} & — \quad - \quad — \quad - \quad 21 \quad - \\
\text{Legirung} & — \quad - \quad 7 \quad - \quad 12 \quad -
\end{array}
$$

Die 21 Grains Gold auf Silberwerth reducirt entsprechen 13 *dwts*.$13\frac{1}{4}$ *grs.* Silber, haben also gerade den doppelten Werth des Silberquantums, welches wegen der Legirung in Abzug zu bringen wäre.

60) Die Berechnung beruht auf den § 29 angegebenen Voraussetzungen, wonach 1 Gramm Silber = 0,06 Thlr. ist. Von den früheren Bestimmungen des republicanischen Denar mögen hier erwähnt werden die von

$$
\begin{array}{lll}
\text{Letronne (Consid. gén. p. 85)} & . . 6,64 \text{ Sgr.} & (= 0,82 \text{ Francs}) \\
\text{Wurm (p. 32)} & . . . . 6,68 \quad - & (= 19,099 \text{ Kreuzer Conv.)} \\
\text{Hussey (p. 141)} & . . . . 7,19 \quad - & (= \frac{589}{807} \text{ Shilling, das Pf. St.} \\
& & \text{zu } 6\frac{2}{3} \text{ Thlr. gerechnet)} \\
\text{Dureau de la Malle (Écon. I p. 46)} & 6,29 \quad - & (= 0,7763 \text{ Francs}) \\
\text{Mommsen (S. 900)} & . . . . 6,6 \quad -
\end{array}
$$

Die Abweichungen von unserm Ansatz erklären sich aus verschiedenen Gründen. Mommsen setzt, wie bereits § 29 Anm. 15 bemerkt, den Thaler zu niedrig an. Die übrigen machen einen Abzug auf die Legirung und nehmen zum Theil das Gewicht etwas niedriger. Der hohe Ansatz Hussey's kommt auf Rechnung der heutigen englischen Goldwährung; Silber gegen Silber geglichen wäre der Denar seinem Ansatze gemäfs nur = 6,76 Sgr. Am unzuverlässigsten ist der Ansatz von Dureau de la Malle, da dieser den Silberwerth indirect aus dem Goldwerthe des J. 547 der Stadt ableitet.

§ 37. Die Goldprägung der römischen Republik.

1. Schon lange vorher, ehe im römischen Staate das Gold
als Münze ausgeprägt wurde, circulirte dasselbe in der Form von
Barren, welche nach dem Gewicht genommen wurden. Der Staat
hatte hier nur die Feinheit des Metalls zu controliren, und in der
That war Legirung der Barren gesetzlich ebenso wie Fälschung
der Silbermünze verpönt[1]). Solche Barren befanden sich bereits
vor Beginn der Silberprägung im römischen Staatsschatz. Es
war nämlich seit dem J. 357 eine Steuer von fünf Procent des
Werthes der freigelassenen Sclaven eingeführt, welche in Gold
(aurum vicesimarium) aufgesammelt wurde. Als man im J. 209
diesen Reservefond angriff, bestand er aus 4000 Pfund Goldes[2]).
Später wurde vorzugsweise Gold im Aerar niedergelegt[3]). Der
gesetzliche Werth des Barrengoldes war während der beiden letzten Jahrhunderte der Republik wahrscheinlich der zwölffache
(genau 11$\frac{1}{3}\frac{0}{7}$fache) des Silbers, indem das Goldpfund gleich 1000
Denaren oder 4000 Sesterzen gerechnet wurde[4]). Der Handels-
werth freilich war zeitweise infolge besonderer Umstände bedeutend niedriger. So sank, als gegen Mitte des zweiten Jahrhunderts v. Chr. die reichen norischen Goldlager entdeckt wurden, der
Goldpreis in ganz Italien plötzlich auf kurze Zeit um ein Drittel[5]);
und ein Jahrhundert später brachte Cäsar von der gallischen
Beute so viel Gold auf den Markt, dafs das Pfund nur zu 3000
Sesterzen oder nicht ganz zum neunfachen Werthe des Silbers in
Italien und den Provinzen verkauft wurde[6]).

2. Ausgeprägt wurde das Gold in der republicanischen
Zeit nur vorübergehend und ausnahmsweise. Die erste Goldprägung fällt nach Plinius 51 Jahre nach Einführung der Silber-

---

1) S. die § 36 Anm. 55 angeführte Bestimmung aus dem Münzgesetze
Sulla's.
2) Liv. 7, 16, 7. 27, 10, 11. Vergl. Marquardt III, 2 S. 124, Mommsen S. 401.
3) Plin. 33, 5 § 55. 56. Das nähere s. bei Mommsen a. a. O.
4) Dies combinirt Mommsen S. 402 nach Glareanus' Vorgang in höchst
scharfsinniger Weise aus Liv. 38, 55, wo derselbe offenbar 6000 Pfund
Goldes gleich 24 Millionen Sesterzen, also 1 Pfund gleich 4000 Sesterzen
rechnet. Letronne p. 60—62 folgert aus Plin. 19, 4 § 20 ein Werthverhältnifs des Goldes zu Silber von 13,7 : 1; doch beruht dies, wie Mommsen
nachweist, lediglich auf einem Mifsverständnifs der betreffenden Stelle.
5) Polyb. bei Strabo 4 p. 208.
6) Suet. Jul. 54.

münze, also in das Jahr 217 oder gleichzeitig mit der Reduction des Denar auf $\frac{1}{84}$ Pfund (§ 36, 1). Der Scrupel Goldes wurde damals, wie Plinius ausdrücklich angiebt, zu 20 Sesterzen, mithin das Gold zu einem sehr hohen Münzwerthe, dem $17\frac{1}{7}$ fachen des Silbers ausgebracht [7]). Damit stimmen die wenigen aus dieser Epoche erhaltenen Münzen überein, Stücke von 1, 2 und 3 Scrupel mit den Werthzeichen von 20, 40 und 60 Sesterzen [8]). Einen langen Bestand kann diese Goldprägung, die in die bedrängten Zeiten des zweiten punischen Krieges fällt, nicht gehabt haben. Erst gegen Ende der Republik begegnen wir wieder Goldmünzen. Die siegreichen Feldherrn, deren heimgeführte Beute hauptsächlich in Gold bestand, fanden es bequemer die Triumphgeschenke an ihre Soldaten, anstatt wie früher in Silber, in Gold zu zahlen, und schlugen zu diesem Zwecke eigene Münzen auf Bruchtheile des Goldpfundes, Sulla auf $\frac{1}{30}$, seltener auf $\frac{1}{36}$, Pompejus auf $\frac{1}{36}$, Cäsar auf $\frac{1}{40}$ des Pfundes [9]). Der Münzwerth dieser Stücke entsprach der alten Schätzung des Goldpfundes zu 4000 Sesterzen. So galt Cäsar's Aureus 100 Sesterze, und die 20000 Sesterze, die er bei seinem Triumph vom J. 46 jedem seiner Soldaten gab, wurden mit je 200 Goldstücken ausgezahlt. Drei Goldstücke von $\frac{1}{40}$ Pfund waren gleich 400, neun von $\frac{1}{36}$ Pfund gleich 1000 Sesterzen.

3. Eine besondere Beachtung verdient Cäsar's Goldmünze noch deshalb, weil sie als Vorbild für die darauf folgende kaiserliche Prägung diente. Zur Zeit des Freistaates stand das Münzrecht in der Stadt nur dem Senate zu, der dazu die *triumviri monetales* beauftragte. Aufserhalb der Stadt hatten auch die Beamten mit vollem militärischen Imperium, die Dictatoren, Consuln, Prätoren, Proconsuln und Proprätoren das Recht im Bereiche ihrer Provinz zu münzen [10]). Daher schlug Cäsar seine Goldmünzen, wie Sulla und Pompejus, zunächst als Feldherr kraft seines militärischen Imperium; allein wie er überhaupt bei der neuen Ordnung des Staates die Ausübung der vollen imperatorischen Gewalt von dem Feldlager auf das Stadtregiment übertrug, so liefs

---

7) Plin. 33, 3 § 47: aureus nummus post annos LI percussus est quam argenteus, ita ut scripulum valeret sestertios vicenos, quod effecit in librali ratione sestertiorum qui tunc erant ꝟDCCLX. Die Stelle ist nach der Bamberger Handschrift und Mommsen's Emendationen (S. 404 Anm. 123) gegeben. ▪

8) Letronne p. 72 f., Mommsen S. 405.

9) Den näheren Nachweis s. bei Mommsen S. 406 ff.

10) Mommsen S. 373—377.

er fortan auch seine Münzen in der Stadt selbst prägen. Der zweite wesentliche Unterschied von der frühern Zeit liegt in der Massenhaftigkeit der von ihm herrührenden Prägung. Vorher war Gold nur ausnahmsweise und in kaum merklichen Beträgen gemünzt worden; jetzt strömte es so reichlich aus der Münze des neuen Machthabers, dafs es bald darauf zum allgemeinen Courant wurde. Der Fufs des Cäsarischen Aureus war offenbar mit Rücksicht auf die häufigste damals circulirende Goldmünze, den makedonischen Philippeus (§ 31, 2), gewählt; das Normalgewicht betrug, wie bereits bemerkt, $\frac{1}{40}$ Pfund $= 8,186$ Gramm, wozu das Effectivgewicht von 8,16 bis 8,03 Gramm sehr wohl stimmt[11]). Auch die Stücke aus der Zeit unmittelbar nach Cäsar's Tode, die theils von Feldherrn, theils im Auftrage des Senats geschlagen worden sind, folgen diesem Fufse[12]); doch verringert sich das Gewicht allmählich, bis es zu Anfang der Kaiserzeit den im nächsten Abschnitte (§ 38, 3) angegebenen Betrag von $\frac{1}{45}$ Pfund erreicht.

11) Die besterhaltenen der von de la Nauze in den Mém. de l'Acad. des Inscr. t. 30 p. 376f. zusammengestellten Goldstücke Cäsar's aus den Jahren 46—44 wiegen 8,16 Gr. (= 153$\frac{5}{8}$ Par. Gran), 8,11 (= 152$\frac{5}{8}$), 8,10 (= 152$\frac{1}{8}$), 8,07 (= 151$\frac{7}{8}$). Der Durchschnitt beträgt 8,11 Gramm. Mommsen S. 751 zieht aus diesen und einigen andern Stücken den Durchschnitt von 8,07 Gr.

12) S. die Zusammenstellung bei Mommsen S. 751f. Anm. 38. 39.

Dritter Abschnitt.

Das Münzwesen der Kaiserzeit.

§ 38. *Die Goldwährung von Augustus bis auf Septimius Severus.*

1. Der Senat und die Beamten mit Imperium, die beiden Staatsgewalten, welche in der republicanischen Zeit dergestalt in das Münzrecht sich getheilt hatten, dafs ersterer in der Stadt, letztere nur aufserhalb derselben im Bezirk ihrer militärischen Obergewalt prägten, übten seit Cäsar dieses Recht in der Stadt neben einander aus. Der Senat münzte nach wie vor in Silber; Cäsar aufser in Silber auch in Gold (§ 37, 3). Nach dem Tode des Dictators bemächtigten sich nicht nur die Feldherrn der Senatspartei, sondern auch der Senat selbst der Goldprägung. Daran änderte Octavian, als er die monarchische Gewalt von neuem begründete, zunächst nichts, er liefs die Senatsprägung noch eine Zeit lang neben der kaiserlichen einhergehen. Allein mit dem J. 16 v. Chr. hören die senatorischen Gold- und Silbermünzen auf und an ihrer Stelle erscheint vom J. 15 an das seit einem halben Jahrhundert (§ 36, 3) aus der Münze verschwundene Kupfergeld. Damals mufs also der Imperator das Recht der Ausmünzung der edlen Metalle dem Senate entzogen und sich allein vorbehalten, zu einiger Entschädigung aber jenem die ausschliefsliche Prägung des Kupfers übertragen haben. Dies ist die Münzordnung der Kaiserzeit, wie sie von da an bis auf Aurelian, also fast drei Jahrhunderte lang, Bestand hatte [1]).

Eine wichtige Neuerung der monarchischen Zeit war der

---

1) Die ausführliche Entwickelung s. bei Mommsen S. 739—747.

Gebrauch das Bildnifs des Herrschers auf die Vorderseite der Münze, die bisher ein Götterkopf eingenommen hatte, zu setzen. Dies that zuerst der Senat im J. 44 mit dem Bildnisse Cäsar's kurz vor dessen Tode [2]); indem er hiermit wie mit andern Dingen dem Dictator göttliche Ehre beilegte. Cäsar selbst enthielt sich auf seinen eigenen Münzen noch dieser Auszeichnung; aber sofort nach seinem Tode und zwar aus der Mitte der republicanischen Partei wurde jener weitere Schritt gethan. M. Brutus scheint der erste gewesen zu sein, der sein Bildnifs auf eigene Münzen setzte [3]), ihm folgten Antonius und Octavian, und so blieb es in der Kaiserzeit. Die seit dem J. 15 v. Chr. vom Senat geprägte Kupfermünze trägt zum Unterschied von der kaiserlichen die Aufschrift S · C (*senatus consulto*).

2. Nicht blos durch die neue Münzordnung scheidet sich das Münzwesen der Kaiserzeit scharf von dem der Republik ab, sondern auch durch die Aenderung der Metallwährung. Der Freistaat hatte in seiner Prägung mit dem Kupfer begonnen und fast 200 Jahre lang ausschliefslich Kupferwährung gehabt. Dann war die Silbermünze neben das Schwerkupfer getreten und bald darauf, im Verlaufe des zweiten punischen Krieges, die reine Silberwährung zur Geltung gekommen. Mit der Kaiserzeit tritt die Goldwährung ein; doch war auch hier, ähnlich wie früher beim Aufgeben der Kupferwährung, der Uebergang kein plötzlicher. Als Cäsar die massenhafte Goldprägung begann, dachte er nicht daran etwas an der bestehenden Silberwährung zu ändern. Sein Goldstück sollte lediglich zum Ausdruck des Silberwerthes von 25 Denaren dienen. Allein factisch änderte sich das Verhältnifs bald dadurch, dafs die neue Goldmünze den Grofsverkehr immer mehr beherrschte, mithin das Silber zum Secundärmetall herabdrückte, wenn es ihm auch die Eigenschaft des Werthmetalls noch nicht sofort benahm. So gehen noch in der ersten Kaiserzeit Gold- und Silberwährung neben einander. Die unumgängliche Bedingung für eine solche gemischte Währung ist, dafs der gegenseitige Münzwerth der beiden Metalle dem wirklichen Werthverhältnisse möglichst nahe entspreche. Cäsar hatte in seinem Aureus von $\frac{1}{40}$ Pfund Gewicht und 25 Denaren Münzwerth das Gold zum 11,90fachen Werthe des Silbers ausgebracht. Dieses Verhältnifs mufs dem damaligen durchschnittlichen Handelswerthe des Gol-

---

2) Dio 44, 4.
3) Mommsen S. 740.

des entsprochen haben; wenigstens kann dasselbe nicht höher, eher noch etwas niedriger gestanden haben. Aber als nun das Gold zur allgemeinen Reichsmünze wurde und somit eine viel weitere Verwendung fand als früher in der schwerfälligen Barrenform, da stieg auch sein Werth dem Silber gegenüber noch um ein merkliches, sodafs das Verhältnifs 11,90 : 1 eher zu niedrig als zu hoch wurde. Daraus erklärt sich ganz natürlich die Verminderung, die das Gewicht des Aureus bald nach Cäsar erfuhr. Dasselbe geht nämlich seit Octavian's Alleinherrschaft auf $\frac{1}{42}$ Pfund herab und bleibt so in der ersten Kaiserzeit; das Gold kommt also zum Silber in das Verhältnifs von 12, 5 : 1. Unter Nero trat eine weitere wichtige Veränderung ein, indem dieser nicht nur das Gewicht des Denar von $\frac{1}{84}$ auf $\frac{1}{96}$ Pfund verminderte, sondern denselben auch stärker legirt ausbrachte. Damit sinkt der Silberwerth von 6,8 auf 5,1 Sgr., und das Silber wird dem Golde gegenüber, gerade so wie früher das Kupfer gegen das Silber, factisch zur Scheidemünze. Wenn früher 25 Silberdenare vollauf denselben wirklichen Werth wie ein Aureus dargestellt hatten, so erreichten sie jetzt denselben noch bei weitem nicht, und alle gröfseren Zahlungen mufsten streng genommen, wenn der Empfänger nicht benachtheiligt werden sollte, von nun an in Gold geleistet werden. Eine gesetzliche Bestimmung darüber, wie heutigen Tages in England, hat es zwar nicht gegeben; aber da das Gold ohnedies im Grofsverkehr allgemein war, so hat das Silber ganz von selbst sich mehr auf den Kleinverkehr beschränkt, wo das Zurückstehen des Metallwerthes hinter dem Münzwerthe nicht empfunden wurde.

Wir haben also seit Nero die reine Goldwährung im römischen Reiche, und müssen demgemäfs, wenn wir für das Courant dieser Zeit den entsprechenden Ausdruck in unserer Münze suchen, vom Golde und nicht vom Silber ausgehen. Aber auch in der vorhergehenden Kaiserzeit können wir, wie später noch zu zeigen ist (§ 38, 6), keine andere Vergleichung ziehen.

3. Die neue von Cäsar eingeführte G o l d m ü n z e führte den Namen *aureus*. Hierbei ist jedenfalls, gerade wie bei den Bezeichnungen für die Silbermünze, das bisweilen auch ausdrücklich hinzugesetzte *nummus* zu ergänzen; doch findet sich daneben noch der eigentlich mifsbräuchliche Ausdruck *denarius aureus*[4]). Aufser dem Ganzstück kommen, freilich ungleich selte-

---

4) *Aureus nummus* hat Cic. Phil. 12, 8, 20, Plin. 33, 3 § 47. An letzterer Stelle ist der Ausdruck offenbar die technische Bezeichnung so-

ner, Hälften vor; Augustus liefs auch vierfache Stücke, *quaternio-*
nes, schlagen [5]).   Zu dem bisherigen Silbercourant stand der
Aureus in dem einfachen Verhältnisse, dafs 25 Denare oder 100
Sesterze darauf gerechnet wurden, wie vielfach von den Schriftstellern der Kaiserzeit bezeugt wird [6]). Das Gewicht ist seit Augustus' Alleinherrschaft nicht mehr das volle von $\frac{1}{40}$ Pfund oder
8,18 Gramm, sondern es geht unter 8 bis auf 7,80 Gr.
herab [7]). Genau dieser letztere Betrag ist wiederum das Maximalgewicht für die Goldstücke des Tiberius, Caligula, Claudius
und Nero [8]). In der Regierungszeit des letzteren, vom J. 60 an,
macht sich eine auffallende Verminderung des Gewichts auf etwa

---

wohl für die ältern Goldmünzen als für das Goldstück Cäsar's. Für gewöhnlich findet sich allerdings das einfache *aureus*, ähnlich wie für das
ursprüngliche *denarius nummus* in der Regel blos *denarius* gesagt wurde.
Die Uebertragung des Namens *denarius* auf die Goldmünze ist streng genommen ein Mifsbrauch, da das Wort deutlich genug die Silbermünze
von zehn Assen Werth bezeichnet (§ 35, 3). Indefs hielt man sich in der
spätern Zeit nicht so streng daran und trug die Benennung der Hauptmünze
in Silber auf die in Gold über. So sagt Plin. 33, 3 § 42: ex auro denarium
signavit, womit 34, 7 § 37 zu vergleichen, wo *denarius aureus* von frem-
der Goldmünze steht. Letztern Ausdruck haben auch Petron. Sat. 33 und
Spätere. Nur dürfte derselbe schwerlich, wie Mommsen S. 750 Anm. 35
annimmt, für die eigentliche technische Bezeichnung zu halten sein.
   5) Eckhel D. N. I p. L; VI p. 116. Mommsen S. 750.
   6) Sueton. Otho 4: aureos excubanti cohorti viritim dividebat, vergl. mit
Tac. Hist. 1, 24: cohorti excubias agenti viritim centenos nummos divideret.
Luk. Pseudol. 30 setzt 30 χρυσοῖ (*aurei*) gleich πεντήκοντα καὶ ἑπτακόσιαι
(δραχμαί oder *denarii*), also den Aureus gleich 25 Denaren (vergl. § 32, 1).
Ferner bezeugen dasselbe Dio 55, 12: χρυσοῦν καὶ ἐγὼ τὸ νόμισμα τὸ
τὰς πέντε καὶ εἴκοσι δραχμὰς δυνάμενον κατὰ τὸ ἐπιχώριον ὀνομάζω;
Didymos, der Verfasser der Schrift περὶ τῆς παρὰ τοῖς Ῥωμαίοις ἀναλο-
γίας, bei Priscian. de fig. num. (p. 1351 Pu.): τὰ χίλια σηστέρτια ποιεῖ
διακόσια πεντήκοντα δηνάρια ἀργυρᾶ, δέκα δὲ χρυσᾶ; Zonar. 10, 36
p. 540 B: δύνανται παρὰ Ῥωμαίοις αἱ εἴκοσι καὶ πέντε δραχμαὶ χρυσοῦν νόμισμα ἕν.
   7) Die von Mommsen S. 752 Anm. 41 nach de la Nauze und dem
Pembroke'schen und Pinder'schen Kataloge zusammengestellten Maximalgewichte betragen aus der ersten Regierungszeit des Augustus 7,95. 7,9.
7,85 Gr., aus der Zeit vom J. 27 v. C. an 7,90. 7,89. 7,87. 7,84. 7,83. 7,82.
7,80. Noch höhere Gewichte (8,18. 8,09. 8,06 u. s. w.) führt Queipo III
p. 426 aus der Londoner Sammlung an; doch sind sie nicht zu brauchen, da
die Zeitangaben fehlen. Der von ihm gezogene Durchschnitt giebt noch
7,79 Gr.
   8) Die Maximalgewichte sind nach dem Pembroke'schen Katalog, Pinder und Queipo: Tiberius: Halbstücke von 3,96. 3,93. 3,92, Ganzstücken
von 7,92 bis 7,84 Gr. entsprechend; ferner Ganzstücke von 7,78. 7,75.
7,74. — Caligula: 7,83. 7,78. 7,74. — Claudius: 7,93. 7,85. 7,83. 7,8.
7,77. — Nero: 7,81. 7,72. 7,70.

7,4 Gr. bemerklich [9]). Auf diesen Betrag haben die folgenden Kaiser bis auf Titus gemünzt [10]). Domitian versuchte zu dem vollen Gewichte von 7,8 Gr. zurückzukehren; näherte sich aber, vielleicht in den spätern Jahren, doch wieder dem minderen [11]). Auch Nerva und Trajan in seinen zwei ersten Regierungsjahren haben noch etwas höher als auf 7,4 Gr. gemünzt [12]); allein die spätern Münzen Trajan's sowie die von Hadrian und Pius erheben sich in der Regel nicht mehr über diesen Betrag [13]). Unter Marcus Aurelius sinkt das Gewicht, einzelne Stücke abgerechnet, weiter auf 7,3 Gr. und bleibt so bis auf Caracalla, der eine Zeit lang noch nach diesem Fuße gemünzt hat, gegen Ende seiner Regierung aber auf den geringeren Betrag von $\frac{1}{50}$ Pfund = 6,55 Gr. herabgegangen ist [14]). Damit beginnt die wirkliche Verschlechterung der Goldmünze, über die weiter unten (§ 39, 1) zu spre-

---

9) Ein Aureus v. J. 60 bei Pinder wiegt noch 7,65 Gr., dann folgen aus den spätern Jahren Stücke von 7,3 (zwei). 7,297. 7,39; dazu 7,36 bei Pembroke.

10) Galba hat nach Queipo p. 428f. noch Stücke von vollem Fuße ausgegeben: 7,71. 7,68. 7,64; doch stehen die meisten unter 7,4. Die der folgenden Kaiser erheben sich kaum mehr über letzteren Betrag: Otho: 7,42. 7,4. 7,36; Vitellius: 7,40. 7,36. 7,35. Von Vespasian stehen bei Queipo die vier höchsten Stücke auf 7,65. 7,59. 7,43. 7,41, die meisten (32) zwischen 7,365 bis 7,20, sechs noch darunter; von Titus die höchsten auf 7,44. 7,41 (zwei). 7,40 (zwei), zwanzig darunter bis 7,20, vier noch niedriger.

11) Die höchsten Stücke von Domitian stehen (bei Queipo) auf 7,80. 7,76. 7,72, elf darunter bis 7,50, vier bis 7,40, siebzehn darunter bis 6,95. Der Durchschnitt ist 7,43, während er von Vespasian und Titus nur 7,30 und 7,29 beträgt.

12) De la Nauze in den Mém. de l'Acad. des Inscr. t. 30 p. 391. Bei Queipo stehen sieben Stücke von Nerva zwischen 7,65 bis 7,40, nur zwei darunter.

13) Von Hadrian stehen (bei Queipo) nur vier Stücke über 7,40 (7,42 bis 7,455), die meisten darunter, nämlich neununddreißig von 7,37 bis 7,20, dreiundzwanzig bis 7,06. Ein ganz ähnliches Resultat geben die Münzen von Pius.

14) Von Marcus Aurelius wiegen in der Londoner Sammlung (bei Queipo) zwölf Stücke von 7,46 bis 7,31, sechsundzwanzig von 7,30 bis 7,21, neun darunter. Ein ähnliches Verhältniß ergiebt sich für die Prägungen des Verus und Commodus. Unter Septimius Severus ist ungleichmäßiger als früher gemünzt worden; es kommen ziemlich viel Stücke von 7,4 und darüber, dafür aber auch zahlreiche unter 7,2 vor, sodaß der Durchschnitt um 0,02 Gr. niedriger ausfällt als bei den vorhergehenden. Von Caracalla stehen (ebenfalls bei Queipo) noch sechs Stücke über 7,3, elf darunter bis 7,115, endlich zehn von 6,91 bis 6,26. Letzteres ist das verminderte Gewicht, welches von da an das regelmäßige wird, und das am besten auf $\frac{1}{50}$ Pfund = 6,55 Gr. anzusetzen ist. Vergl. § 39, 1.

chen ist. Ueberblicken wir die eben aufgeführte Scala der Gewichts-
beträge, deren Richtigkeit auch durch die Durchschnittsgewichte
bestätigt wird [15]), so zeigt sich, dafs von Augustus bis Caracalla
wohl ein allmähliches Abknappen des Gewichts, aber noch nicht
eine Aenderung des Münzfufses stattfand. So ist auch Plinius zu
verstehen, wenn er an der bekannten Stelle [16]) sagt: 'postea placuit XL (aureos nummos) signari ex auri libris, paulatimque
principes imminuere pondus, et novissime Nero ad XLV'. Der
ursprüngliche Aureus ist der des Cäsar von $\frac{1}{10}$ Pfund; von da an
tritt eine allmähliche Verminderung ein, die zuerst merklich unter
Nero wird, dessen Münzen sich allerdings dem Betrage von $\frac{1}{45}$
Pfund (= 7,28 Gr.) nähern. Aber man darf nicht ohne weiteres
diesen Betrag als den von da an normalen hinstellen, wie deutlich aus der höhern Prägung sowohl Nero's selbst als der darauf-
folgenden Kaiser hervorgeht. Es fragt sich also, welches als das
Normalgewicht für die ersten beiden Jahrhunderte der Kaiserzeit
hinzustellen ist. Auf den vollen von Cäsar bestimmten Betrag
von $\frac{1}{40}$ Pfund oder 8,18 Gr. zurückzugehen erscheint aus mehreren Gründen nicht räthlich. Der Abstand des Effectivgewichts
der kaiserlichen Prägung wird dann zu grofs; ferner erklärte sich
das Sinken des Gewichts unter Augustus aus dem steigenden
Werth des Goldes, es war also kein zufälliges; endlich ist zu
beachten, dafs die Schätzung des Courants der Kaiserzeit infolge
des Uebergangs von der Silber- zur Goldwährung ohnedies im
Vergleich zum republicanischen Courant höher ausfällt. Wir
nehmen also das Effectivgewicht von Augustus' späteren Regierungsjahren zum Normalgewichte für die folgende Zeit und setzen
danach den Aureus gleich $\frac{1}{42}$ Pfund oder 7,80 Gramm.

4. Neben dem neuen Goldstück blieb die Hauptmünze in

---

15) Durchschnittsgewichte geben, wie Mommsen S. 753 Anm. 41 mit
Recht bemerkt, niemals den Betrag des Normalgewichts, welches vielmehr
in den maximalen Gewichten gesucht werden mufs. Doch sind sie höchst
brauchbar, wenn relativ das Verhältnifs verschiedener Prägungen darzustellen ist. So wird die folgende Uebersicht, welche nach Letronne p. 83,
Dureau de la Malle (Econ. I p. 43), Pinder und Friedländer (Beitr. I S. 12),
Cohen (Descript. I p. XVf.) und Queipo p. 426 ff. zusammengestellt ist, ein
deutliches Bild der verschiedenen Phasen der kaiserlichen Goldprägung geben. Es wiegt im Durchschnitt der Aureus unter Augustus 7,90 bis 7,78 Gr.,
Tiberius 7,78 bis 7,74, Claudius 7,70 bis 7,68, Nero 7,45; von Galba bis
Vespasian 7,30; unter Titus 7,29, Domitian und Nerva 7,45, Trajan und
Hadrian 7,21, Antonin 7,27 bis 7,21; von Aurelius bis Septimius Severus 7,25; unter Caracalla anfangs 7,23, später bis 6,43.
16) 33, 3 § 47.

S i l b e r fortwährend der Denar, der in der ersten Kaiserzeit ebenso vollwichtig und fein wie unter der Republik fortgemünzt wurde [17]). Allein unter Nero tritt eine Aenderung in doppelter Beziehung ein. Einmal vermindert sich das Gewicht, welches bis dahin gleich $\frac{1}{84}$ Pfund oder 3,90 Gr. gewesen war, um ein merkliches [18]), sodafs der Betrag von $\frac{1}{96}$ Pfund ($= 3,41$ Gr.), zu welchem Galen und die Metrologen der Kaiserzeit den Denar ansetzen [19]), in Nero's mittlere Regierungszeit, wahrscheinlich gleichzeitig mit der Verringerung der Goldmünze (nach dem J. 60), zu versetzen ist. Auf diesem Fufs hält sich der Denar stetig bis auf Marcus Aurelius [20]). Unter Commodus tritt eine merkliche Verminderung des Gewichts ein, während Septimius Severus wieder dem frühern Fufs sich nähert [21]). Indefs steht die Frage nach dem Gewichte ganz zurück gegen die zweite wichtige Aenderung, welche Nero mit der Silbermünze vornahm. Das Silber war bisher wie in der republicanischen Zeit möglichst rein ausgeprägt worden; jetzt wurde

---

17) Das Normalgewicht des republicanischen Denar ist (nach § 36, 1) 3,90 Gramm, das effective Gewicht 3,88 Gr. (ebend. Anm. 8). Nach Akerman Catalogue of Roman coins vol. I pref. p. XV steht der Denar Cäsar's maximal auf 4,05 Gr., acht Stücke im Durchschnitt auf 3,66; ferner der Denar des Augustus maximal auf 4,08, dreizehn Stücke im Durchschnitt auf 3,82, was noch vollkommen der republicanischen Prägung entspricht. Unter Tiberius, Caligula und Claudius sinkt das Gewicht durchschnittlich auf 3,70 bis 3,56 Gr. und bleibt noch so in Nero's ersten Regierungsjahren. Das Korn des Denar ist während dieser Zeit, wie die Proben bei Schiassi p. 35 und Rauch S. 296 beweisen, nicht weniger fein als unter der Republik (vergl. oben § 36 Anm. 58).

18) Bei Akerman a. a. O. wiegen vier Denare mit dem jugendlichen Haupte Nero's 3,69 bis 3,43, im Durchschnitt 3,56 Gr.; dagegen fünf mit dem alten Haupte 3,40 bis 3,04, im Durchschnitt 3,21 Gr.

19) Galen. de compos. med. p. gen. 5 p. 813: ($\frac{\dot{\epsilon}\pi\tau\grave{\alpha}}{} \varkappa\alpha\grave{\iota} \;\ddot{\eta}\mu\iota\sigma\upsilon$ οὐγγίαι) ϛ´ δραχμαὶ γίνονται τῆς μιᾶς οὐγγίας η´ δραχμὰς δεχομένης, welche Rechnung für das Pfund 96 Drachmen d. h. Denare ergiebt. Ebenso bestimmen den Denar die anonyme Alexandriner cap. 18, die Galenischen Fragmente p. 752. 765 (ἡ οὐγγία ἄγει παρὰ μὲν τοῖς Ἀττικοῖς δρ. ζ´, παρὰ δὲ τοῖς Ἰταλικοῖς δρ. η´), Kleopatra p. 767, Dioskorides p. 775, endlich auch Isidor. Orig. 16, 25, 13.

20) Die von Akerman zusammengestellten Wägungen von 229 Denaren von Galba bis Marcus Aurelius zeigen für diese ganze Epoche Maximalgewichte von 3,5 bis 3,3 Gramm. Die Durchschnittsgewichte sind durchgehends noch höher als das von Nero's jüngerer Prägung; sie betragen für Galba 3,30, Otho 3,34, Vitellius 3,30, Vespasian 3,27, Titus und Domitian 3,30, Nerva 3,39, Trajan 3,37, Hadrian 3,34, Pius 3,37, Marcus Aurelius 3,30 Gr.

21) Siebzehn Stücke von Commodus wogen im Durchschnitt nur 3,14 Gr., vierzehn von Septimius Severus steigen wieder auf 3,22 Gr.

zuerst absichtlich Legirung von unedlem Metall beigemischt, die anfangs 5 bis 10 Procent betrug, später aber in immer steigendem Verhältnifs zunahm. Schon unter Trajan um das Jahr 100 erreicht sie die Höhe von 15 Procent, steigt dann im Laufe des folgenden Jahrhunderts unter Hadrian auf nahe an 20, unter Marcus Aurelius auf 25, unter Commodus auf 30, endlich unter Septimius Severus auf 50 bis 60 Procent [22]). Damit sinkt der Silberwerth des Denar, der in der republicanischen Zeit $6\frac{3}{4}$, und in der ersten Kaiserzeit 6,8 Sgr. betragen hatte, unter Nero auf 5,1, unter Trajan auf 4,6, unter Severus auf 3,5 bis 3 Sgr. [23]), woran sich die weiteren Verschlechterungen der Silbermünze in der folgenden Epoche reihen (§ 39, 2). Trotz dieser auffallenden Verminderung des Metallwerthes bleibt der Münzwerth durchaus der frühere; der Denar gilt nach wie vor als $\frac{1}{25}$ des Aureus, nur wird er zu einer nicht mehr vollwerthigen Scheidemünze, bei deren Ausgabe der Staat auf seinen Credit das unedle Metall in immer höhern Beträgen beimischte.

Aufser dem Denar ist auch der Quinar, dessen Prägung bald nach 217 v. Chr. aufgehört hatte (§ 36, 2), zuerst von Cäsar und dann in der ganzen Periode, wenn auch stets nur sparsam, ausgemünzt worden [24]). Die ebenfalls früher aufgegebene Prägung des Sesterz wurde zwar gleichfalls von Cäsar wieder aufgenommen, aber, wie sogleich zu zeigen ist, nicht lange fortgesetzt.

5.   Die Kupferprägung hatte der Staat in den Jahren zwischen 84 und 74 v. Chr. ganz aufgegeben (§ 36, 3). Nur einigemal während der Bürgerkriege münzten Feldherrn wie Anto-

---

22) Diese allmähliche Verschlechterung des Korns läfst sich deutlich an den Analysen von Kaiserdenaren verfolgen, welche Akerman p. XIV und Rauch in den Mittheil. der numism. Gesellschaft in Berlin Heft 3 S. 296 ff. zusammenstellen. Daraus sind die oben gegebenen Procentsätze abgeleitet, welche nur als runde Beträge gelten sollen, denn in den einzelnen Abtheilungen schwankt das Legirungsverhältnifs wieder bedeutend.

23) Es hat hier, um die Vergleichung zu ermöglichen, auch bei dem republicanischen Denar der reine Silberwerth (abweichend von der Schätzung § 36, 5) zu Grunde gelegt werden müssen. Eine vollständige Uebersicht des sinkenden Silbergehalts des Denar giebt Rauch a. a. O. Nach ihm ist oben der Silberwerth des republicanischen Denar aus einem Durchschnitt von sechs Stücken, der des Neronischen aus zwei, des Trajanischen aus vier, des Severischen aus neun Stücken bestimmt worden. Bei dem Ansatze von 3,5 Sgr. für Severus sind noch ausnahmsweise gut gemünzte Stücke in Rechnung gekommen; ohne diese sinkt der Silberwerth auf nur 3 Sgr.

24) Mommsen S. 650—653. 756.

nius Kupfer auf ihren Namen [25]). Erst im J. 15 v. Chr. begann die städtische Münze, freilich unter ganz neuen Verhältnissen, wieder Kupfer zu liefern. Da die Monarchie inzwischen fest begründet war, so sollte der Senat nicht mehr wie bisher concurrirend mit dem Kaiser das Münzrecht für die edlen Metalle haben, aber zu einigem Ersatz dafür wurde die Kupferprägung wieder ins Leben gerufen und diese ihm ausschliefslich zugetheilt. Doch traten dabei mehrere wesentliche Abweichungen von der republicanischen Münze ein, mit welchen bereits Antonius vorangegangen war. Das auffallendste ist, dafs der Sesterz nun nicht mehr in Silber ausgeprägt wurde, sondern als Vierasstück ($\tau\varepsilon\tau\varrho\alpha\sigma\sigma\dot\alpha\varrho\iota\upsilon\nu$) unter die kupferne Scheidemünze kam. Aufserdem erscheint jetzt auch der lange nicht mehr geprägte Dupondius wieder, dann der As und der Semis. Doch hat letzteres Nominal nach Pius wahrscheinlich wieder aufgehört. Auch Quadranten scheinen, jedoch nicht über Trajan hinaus, geschlagen worden zu sein [26]). Eine weitere Neuerung war, dafs die Werthzeichen, die früher niemals fehlten und die auch Antonius noch gesetzt hatte, in Wegfall kamen. Die Unterscheidung der einzelnen Nominale beruhte nur auf Gewicht und Gröfse und noch einem neu dazutretenden Momente, der Verschiedenheit des Metalls. Es wurden nämlich, wie Plinius angiebt, der Sesterz und Dupondius aus Messing, der As und Semis aus Kupfer, beide Arten übrigens ohne Beimischung von werthloserem Metall geprägt [27]). Der Sesterz hatte das Gewicht von 8 Denaren = 1 Unze oder 27,29 Gr., der Dupondius von 4 Denaren [28]). Der As war höchst wahrscheinlich dem Dupon-

---

25) Borghesi bei Cavedoni Numismatica biblica p. 118 ff., Mommsen S. 760. Die Nominale dieser früher räthselbaften Prägung sind Stücke von 4, 3, 2, 1, $\frac{1}{3}$ und $\frac{1}{6}$ (vielleicht vielmehr $\frac{1}{4}$) As, theils mit römischen, theils mit griechischen Werthzeichen. Das Vierasstück oder der Sesterz erscheint hier das erstemal in Kupfer.

26) Diese Darstellung beruht auf den in voriger Anm. angeführten Untersuchungen Borghesi's, denen sich auch Mommsen in allen Hauptpunkten anschliefst.

27) Plin. 34, 2 § 4: hoc (aes Cordubense) — cadmean maxume sorbet et aurichalci bonitatem imitatur in sestertiis dupondiariisque, Cyprio suo assibus contentis. Ueber das Gesetz des Augustus, welches auch beim Kupfer Legirung ausdrücklich untersagte, s. § 36 Anm. 56. Das Mischungsverhältnifs für die Sesterze und Dupondien des ersten Jahrhunderts ist, wie Mommsen Anm. 82 nachweist, nicht ganz $\frac{1}{4}$ Zink auf reichlich $\frac{4}{5}$ Kupfer. Die Asse sind von reinem Kupfer.

28) Die Bestimmung des Gewichts des kaiserlichen Sesterz geben der alexandrinische Metrolog bei Letronne Recherches sur Héron p. 51 (vergl. Mommsen S. 764): ὁ νοῦμμος οὑγγίαν τῷ σταθμῷ, und Kleopa-

dius an Gewicht gleich, unterschied sich also von diesem nur
durch die geringere Qualität des Metalls und die dunklere
Farbe [29]). Semis und Quadrans scheinen auf $\frac{1}{8}$ und $\frac{1}{16}$ Unze ausgebracht zu sein [30]). Nur vorübergehend unter Nero ist ein Anlauf
genommen worden, Dupondius, As und Semis durch die alten
Werthzeichen II, I, S zu unterscheiden. Dies hatte keinen Bestand; dagegen blieb ein anderer ebenfalls seit Nero eingeführter
Unterschied, indem fortan auf dem Dupondius der Kopf des
Fürsten mit Strahlenkrone, auf dem As mit Lorbeerkranz oder
ohne allen Schmuck erscheint [31]).

6. Es ist nun noch das Werthverhältnifs des Courants
der ersten Kaiserzeit zu unserm Gelde zu bestimmen. Die hier
zuerst auftretende Frage nach der Währung ist bereits oben dahin
entschieden worden, dafs von Augustus bis Nero gemischte Gold-
und Silberwährung, von Nero an die reine Goldwährung herrschte.
In neuerer Zeit stehen bekanntlich die beiden Werthmetalle in
einem andern Verhältnifs zu einander als im Alterthum. Das
Gold ging selbst in der Kaiserzeit, wo es einen höhern Stand als
je früher erreichte, nicht viel über den zwölffachen Werth des
Silbers hinaus; jetzt gilt es reichlich fünfzehnmal soviel (§ 22, 3).
Es müssen also die Beträge sehr verschieden ausfallen, je nachdem das Courant der Kaiserzeit nach der Silber- oder nach der
Goldmünze bestimmt wird. Setzen wir den Denar des Augustus
gleich dem republicanischen (§ 36, 5) zu 7 Sgr., so erhält danach
der zu 25 Denaren ausgeprägte Aureus den Werth von 5⅘ Thlr.
Allein das Quantum Gold, welches der Aureus darstellt, hat heutigen Tages einen weit höheren Werth, wir würden mithin alle
gröfseren aus jener Zeit angeführten Geldsummen, welche regelmäfsig in Gold gezahlt wurden, zu einem zu niedrigen Betrage
schätzen. Es mufs demnach das Gold des alten Aureus nach dem
Werthe, den es heute bei uns haben würde, angesetzt werden,
und danach richtet sich wieder die Bestimmung des Denar als
des fünfundzwanzigsten Theiles des Goldstückes. Für die Zeit seit

---

tra p. 767: καλεῖται ἡ οὐγγία τετρασσάριον Ἰταλικόν. Den Dupondius
bestimmt ebenfalls Kleopatra p. 769: καὶ τὸ διπούντιον ὁμοίως ἄγει
δραχμὰς δ'. Die Wägungen s. bei Mommsen S. 764 f.
29) Zu diesem Schlusse gelangt Pinkerton Essay on medals I p. 146 ff.
Vergl. besonders p. 147: in the imperial times it (the dupondius) did not
mean a coin of double the weight of the as, but of double the value. Ihm
schliefst sich Mommsen gegen Borghesi (a. a. O p. 129 ff.) an.
30) Mommsen S. 765 f.
31) Derselbe S. 762.

Nero unterliegt dies keinem Zweifel, da von da an das Silber
Scheidemünze war; aber auch bei der gemischten Währung,
welche in der kurzen Zeit zwischen Augustus und Nero herrschte,
kann das Silber nicht anders als nach dem Golde bestimmt werden. Das Gold war schon damals factisch die Hauptreichsmünze,
und, was das wichtigste ist, die neue Epoche des Münzwesens
beginnt nicht mit Nero, sondern mit Augustus; es wäre also wi-
dersinnig den Aureus Nero's nach seinem heutigen Goldwerthe,
den des Augustus dagegen nach seinem damaligen Silberwerthe,
mithin bedeutend niedriger, anzusetzen.

Die römische Goldmünze sollte ebenso wie das Silber vollkommen fein sein [32]). Die angestellten Proben ergaben zwar
einige Legirung, aber in ebenso geringen Beträgen wie beim
Silber [33]). Es erscheint also, da der Normalbetrag der römischen Goldwährung gesucht werden soll, als das räthlichste im
Sinne der römischen Gesetzgeber das Gold als ganz ungemischt
in Rechnung zu bringen.

Das römische Pfund Gold fein, zu dem 15½fachen Werthe
des Silbers gerechnet, ist anzusetzen zu

$$304,531 \text{ Thlr.};$$

das Gewicht des Aureus beträgt, wie bereits erörtert, $\frac{1}{45}$ Pfund,
also bestimmt sich sein Werth zu

$$7\tfrac{1}{4} \text{ (genau 7,2507) Thlr.} = 7 \text{ Thlr. } 7\tfrac{1}{2} \text{ Sgr. } [34]).$$

Danach erhält der Denar als $\frac{1}{25}$ des Aureus den Werth von

$$0,2900 \text{ Thlr.} = 8,7 \text{ Sgr. oder 8 Sgr. 8 Pf.}$$

Weiter berechnet sich der Quinar auf 4 Sgr. 4 Pf. und in

---

32) S. das § 36 Anm. 56 angeführte Gesetz des Augustus.

33) Nach Darcet bei Letronne p. 84 bleibt sich der Feingehalt der
Goldmünze zwischen Augustus und Vespasian gleich; er schwankt zwischen
0,998 und 0,991. Weniger brauchbar ist die Angabe von Gay-Lussac bei
Dureau de la Malle Écon. I p. 17 (vergl. mit p. 41 f.), wonach die Goldmünzen der Republik und der Kaiser nach Vespasian mindestens einen Feingehalt von $\frac{23}{24} = 0,958$ haben. Die Bestimmung nach Vierundzwanzigsteln
ist bei weitem nicht hinreichend genau.

34) Der angegebene Betrag ist fast genau gleich dem von Dureau de
la Malle p. 44 festgesetzten von 26,59 Francs = 7,2603 Thlr., wobei das
Gewicht des Aureus etwas höher genommen, dafür aber ein Abzug auf die
Legirung gemacht worden ist. Diese Uebereinstimmung ist um so willkom-
mener, da Dureau's Rechnungsweise nach dem Vorgange Becker's (Handbuch III, 2 S. 35 f.) bereits bei uns sich einzubürgern angefangen hat.
Mommsen Röm. Gesch. I S. IX und Gesch. des Röm. Münzw. S. 900 rechnet aus dem § 29 Anm. 15 angegebenen Grunde das Goldpfund und den
Aureus etwas niedriger, ersteres zu 286, letzteren zu $6\tfrac{4}{5}$ Thlr.

der Kupferscheidemünze der Sesterz auf 2 Sgr. 2 Pf., der Dupondius auf 1 Sgr. 1 Pf., der As auf 6¼ Pf., der Semis auf 3, der Quadrans auf 1½ Pf. Die grofse Rechnungssumme, das Sestertium (§ 36, 4), ist jetzt auf 7250 Thlr. anzusetzen. Die Rechnungsweise blieb dieselbe wie zur Zeit der Silberwährung. Es werden zwar bisweilen die in Gold gezahlten Summen auch nach Aurei angegeben; gewöhnlich aber wird ganz so wie früher nach Sesterzen gerechnet, nur dafs jetzt je 100 Sesterze der Ausdruck für einen Aureus sind. Es ist daher die Reduction des Courants der Kaiserzeit in eine Tabelle (XIX) mit dem republicanischen vereinigt worden; die Beträge für das erstere sind in der zweiten Columne (B) zu suchen.

Das Gewicht von $\frac{1}{42}$ Pfund $= 7,80$ Gr. ist als der normale Betrag des Aureus von Augustus bis Septimius Severus festgesetzt worden (§ 38, 3). Das effective Gewicht und somit auch der Werth sinken allmählich. Der verringerte Aureus Nero's von 7,4 Gr. hat nur noch den Werth von 6 Thlr. 26¼ Sgr.; der des Marcus Aurelius von 7,3 Gr. sinkt auf 6 Thlr. 23¾ Sgr., endlich das zu $\frac{1}{50}$ Pfund ausgebrachte Goldstück Caracalla's auf 6 Thlr. 2¾ Sgr.

§ 39. *Der Verfall des Münzwesens im dritten Jahrhundert* [1]).

Das dritte Jahrhundert des römischen Kaiserreichs bietet ein trauriges Bild des Verfalls auch in dem Münzwesen. Das Primärmetall, das Gold, wurde nach immer niedrigerem Fufse und immer unregelmäfsiger ausgemünzt. Die Silbermünze, die schon früher stark legirt ausgebracht worden war, verlor mehr und mehr an Gehalt, bis sie zu werthlosem Weifskupfer herabsank.

---

1) Diese und die folgende letzte Epoche des römischen Münzwesens hat in gedrängtester Kürze behandelt werden müssen. Eine ausführliche Darstellung würde die Grenzen dieses Handbuchs überschritten, und überdies doch nur eine fast durchgehende Bestätigung von Mommsen's glänzenden Untersuchungen gezeigt haben. Auf diese möge hier lieber ein für allemal verwiesen sein, denn der folgende Abrifs hat nicht anders als hauptsächlich auf ihnen fufsen können. Abweichend ist nur die Werthbestimmung des Antoninian und des Follis, sowie einiges andere weniger bedeutende. Auch die Darstellungen von Finlay in dessen Griechenland unter den Römern (deutsch Leipzig 1861) S. 415 ff. und Soetbeer in dessen Beiträgen zur Gesch. des Geld- und Münzwesens in Deutschland S. 263 ff. beruhen fast ganz auf Mommsen. Pétigny's Études sur l'histoire monétaire du V au VII siècle in der Revue numism., nouv. série II (1857) p. 115 ff. lieferten nichts zweckdienliches. Von Queipo's Arbeit sind auch hier nur die Münztabellen zu brauchen.

So wurde dem ganzen Münzwesen seine naturgemäfse Basis entzogen, und es brach ein allgemeiner fortdauernder Staatsbankerott ein, dem erst Diocletian und durchgreifender Constantin der Grofse ein Ende machten.

1. Das Gewicht der Goldmünze sank, wie bereits bemerkt, gegen das Ende der Regierung Caracalla's auf $\frac{1}{50}$ Pfund = 6,55 Gr.[2]). So blieb es, nachdem Macrinus vorübergehend zu dem frühern Fufse zurückzukehren versucht hatte, unter Elagabal und Severus Alexander[3]). Unter den folgenden sinkt das Gewicht weiter, läfst sich aber nicht mehr auch nur annähernd bestimmen, da von da an die gröfste Verwirrung eintritt. Es war nämlich seit Elagabal Sitte geworden aufser dem Ganzstück noch zahlreiche andere Nominale, theils vielfache, theils Theile auszuprägen. Elagabal selbst soll Stücke von 2, 3, 4, ja 10 und 100 Aurei ausgebracht haben; von Gallien giebt es Binionen und Ternionen. Unter Valerian erscheinen Drittel (*trientes* oder *tremisses*). Nun aber zeigen die erhaltenen Münzen seit Gordian III eine so stetig fortlaufende Reihe von Gewichten, dafs selbst, wenn man Zweidrittel- und Vierdrittelstücke annimmt, eine sichere Einordnung nicht möglich ist. Hier liegt die einzige Erklärung eben in der Regellosigkeit der Prägung jener heillosen Zeit. Diese Stücke, die stetig von 8 bis unter 2 Gramm herabsteigen, können im Verkehr nicht nach dem äufsern unterschieden, sondern müssen lediglich nach dem Gewicht genommen worden sein. Unter solchen Umständen half auch der Anlauf zum bessern nicht, den Diocletian vornahm, indem er ein Goldstück von nahezu 6 Gramm, welches den alten Aureus darstellen sollte, wieder zur Hauptmünze zu machen versuchte; auch seine Prägung verfiel wieder in die frühere Verwirrung, indem die Gewichte seiner Münze in stetiger Folge zwischen 5,9 und 4,4 Gr. schwanken. Der einzig richtige Weg war der, den Constantin einschlug, indem er die Münze gänzlich wieder zur Wage zurückführte.

---

2) De la Nauze in Mém. de l'Acad. des Inscr. t. 30 p. 392 bemerkt, dafs die Münzen Caracalla's vom 18. Jahre seiner tribunicischen Gewalt an (= 215) bei weitem niedriger ausgebracht sind als diejenigen aus der frühern Regierungszeit, die noch dem Fufse der vorhergehenden Kaiser folgen (§ 38, 3). Die Bestätigung des oben aufgestellten Normalgewichts geben drei Stücke des Pembroke'schen Katalogs vom J. 217, welche 6,60. 6,38. 6,325 Gr. wiegen, woran sich ein Stück bei Pinder vom J. 215 im Gewicht von 6,225 Gr. reiht. Der Durchschnitt von sechs Stücken mit dem bärtigen Haupt Caracalla's, also aus dessen späterer Regierungszeit, gab 6,66 Gr. (Cohen descr. I p. XVI).

3) Den Nachweis s. bei Mommsen in der Tabelle S. 848 f.

2. Im Silber trat zu dem Denar und Quinar, die fortdauernd, wenn auch immer seltener, weiter gemünzt wurden,
unter Caracalla seit dem J. 215 ein neues Nominal hinzu, welches
das Bild des Kaisers mit der Strahlenkrone oder das der Kaiserin
auf dem Halbmonde zeigt [4]). Nach dem officiellen Namen seines
Urhebers M. Aurelius Antoninus wurde es *argenteus Aurelianus*
oder *Antoninianus* genannt, und der Denar seitdem als *argenteus
minutulus* davon unterschieden [5]). Das Gewicht schwankt von
5,3 bis 4,7 Gr.; durchschnittlich steht es auf 5 Gr., normal vielleicht auf $\frac{1}{60}$ Pfund = 5,46 Gr. [6]). Der Münzwerth läfst sich nur
vermuthungsweise bestimmen. Mommsen ist der Ansicht, dafs
der Antoninianus das doppelte des Denar gegolten habe; allein
mehrere Anzeichen sprechen dafür, dafs derselbe vielmehr nur
zu 1¼ Denar oder $\frac{1}{20}$ des Aureus ausgebracht worden sei [7]). Damit

---

4) Eckhel VII p. 220f., wo auch das Jahr bestimmt wird.

5) Der *argenteus Antoninianus* erscheint in einem Erlafs Aurelian's
in der Vita Bonos. 15, der *argenteus Aurelianus* in einem von Valerian in
der Vita Prob. 4; endlich der *argenteus minutulus* ebenfalls in Erlassen
Valerian's in der Vita Aurel. 9. 12. Der Zusatz *Philippeus*, den der letztere
an den zuletzt angegebenen Stellen führt, ist in dieser Zeit allgemeine Bezeichnung der Courantmünze im Gegensatz zur Schaumünze (Mommsen
S. 782).

6) Die Gewichte sind bei Akerman p. XVII: 5,31. 5,25. 5,12. 4,86;
bei Rauch S. 300: 5,11. 4,93. 4,73 Gramm. Den Betrag von $\frac{1}{60}$ Pfund als
Normalgewicht stellen Pinder und Friedländer Beiträge I S. 24 auf;
Mommsen S. 783 ist der Meinung, dafs das Normalgewicht möglicherweise
auch auf $\frac{1}{64}$ Pfund = 5,12 Gr. anzusetzen sei.

7) Mommsen S. 829 stützt seinen Ansatz des Antoninianus auf die
Prägung im bosporanischen Reiche, wo diese Münze an die Stelle des früh-
her geschlagenen Doppeldenar tritt, sowie auf eine Angabe über den tribunicischen Gehalt in der Vita Prob. 4. Allein gerade diese Stelle führt auf
das oben angenommene Werthverhältnifs. Der gewöhnliche tribunicische
Gehalt wird auf 25000 Sesterze oder 250 Goldstücke angegeben (Mommsen Anm. 335. 333); an der angeführten Stelle stehen dafür 100 *aurei Antoniniani*, 1000 *argentei Aureliani*, 10000 *aerei Philippei*. Unter der Voraussetzung, dafs die gleiche Summe damit bezeichnet sei, entsprechen
1000 Antoniniane 5000 Sesterzen, also 1 Antoninian 1¼ Denar. Damit
stimmt das Werthzeichen XX, welches auf Antoninianen Aurelian's erscheint. Dasselbe findet sich nach Friedländer bei Mommsen S. 829 zwar
nur auf Münzen der Trierer Officin, während auf andern XXI oder KA
steht; aber präsumtiv enthält die 20 die ursprüngliche Werthangabe, da
21 zu jeder bekannten Münzgattung jener Zeit incongruent ist. Zur Erklärung der Ziffer stehen zwei Wege offen; man kann darin entweder das
Multiplum einer kleinern Münze oder das Bruchzeichen einer gröfsern Einheit erkennen. Die letztere Art der Bezeichnung findet sich seit Diocletian
und Constantin bei dem restituirten Silberdenar und dem Solidus, welche
durch XCVI und LXXII als die sovielten Theile des Pfundes bezeichnet

stimmt zwar das Gewicht nicht, welches zu dem damaligen Denar in einem höhern Verhältnifs als 5 : 4 steht; doch kann dies kaum in Frage kommen, da sowohl der Antoninianus als der Denar bei ihrer starken Legirung weit über den Metallwerth ausgebracht sind, also bei dem neuen Silberstück nur ein Minder des Münzbetruges anzunehmen ist. Uebrigens wurde dies sehr bald ausgeglichen durch die weitere Verschlechterung des Feingehaltes, die, während sie bisher am Denar sich geäufsert hatte (§ 38, 4), von nun an in reifsender Progression am Antoninianus sich vollzieht[8]. Unter Caracalla beträgt der Feingehalt der Münze noch etwas über die Hälfte; schon unter Elagabal sinkt er theilweise, später regelmäfsig darunter. Seit Gordian finden sich Stücke, die wenig über $\frac{1}{4}$ feines Silber enthalten. Gallien hat wieder besser zu prägen angefangen, ist dann aber in das andere Extrem verfallen, wie der plötzlich auf $\frac{1}{4}$ und weiter bis auf $\frac{1}{20}$ sinkende Feingehalt seiner Münze zeigt. Das letztere Mischungsverhältnifs blieb auch unter den nächstfolgenden Kaisern, trotzdem dafs Aurelian durch kräftige Mafsregeln die bisherigen Mifsbräuche beim Münzwesen abzuschaffen versuchte und sein Nachfolger Tacitus die frühern Verbote gegen Legirung des Münzmetalls wiederholte. Erst Diocletian nahm, wie im folgenden zu zeigen ist, die reine Silberprägung wieder auf.

3. Durch diese mafslose Legirung wurde das Silber that-

---

werden. So könnte man auch die Zahl auf dem Antoninian als $\frac{1}{20}$ des Aureus erklären. Allein die eben angeführten Ziffern beziehen sich nur auf das Gewicht; ohne Beispiel aber würde es sein, dafs das Münzzeichen den Werth der Silbermünze nach der Goldmünze angäbe. Es bleibt also nur der andere Weg offen. Alle Werthzeichen auf früheren römischen Münzen (mit Ausnahme der ersten Goldstücke) bezeichnen Theile oder Multipla der ursprünglichen Münzeinheit, des As. Sie hatten sich auf dem Kupfer theilweise bis in die Kaiserzeit erhalten (§ 38, 5). Bei der Silbermünze waren sie allerdings längst verschwunden; sie waren auch nicht nöthig, so lange diese ihren vollen Werth in sich trug. Doch ist es wahrscheinlich, dafs sie wieder hervorgesucht wurden um der Creditmünze ihren Nominalwerth zu erhalten. Aurelian gerade versuchte in verschiedener Weise die Münze zu reformiren; es läfst sich also um so eher auch ein derartiges Anknüpfen an eine alte Form bei ihm vermuthen. So mag also die XX den Nominalwerth des Antoninian in Assen = $1\frac{1}{4}$ Denar bezeichnet haben. Dafs daneben auch XXI sich findet, ist eine Schwierigkeit mehr in der ohnedies verwickelten Frage — es mufs angenommen werden, dafs der Curs des Antoninian auch auf 21 Asse gesteigert worden ist —; aber der eben angegebene Erklärungsversuch kann dadurch nicht entkräftet werden.

8) Die folgenden Angaben beruhen auf den Analysen bei Rauch S. 300—306.

16*

sächlich zur Kupfermünze und unterschied sich von jener nur durch einen flüchtigen Silberglanz, der durch Weifssieden hervorgebracht war, sowie durch das Gepräge und das fehlende S·C, denn die eigentliche Kupferprägung wurde wie früher vom Senate ausgeübt. Doch wird sie nach und nach beschränkter, bis sie kurz vor Diocletian ganz aufhört[9]).

Je mehr sich die Silbermünze verschlechterte, in desto gröfseren Massen wurde sie, da sie der Regierung so billig zu stehen kam, ausgebracht. In dem Schatze von Veillon fanden sich unter 30000 Münzen ungefähr 20000 Antoniniane von Postumus, in dem Funde von Mâcon 18500 von Tetricus unter 26000 Stücken[10]). Doch konnte dieses Geld, als es zuletzt zum weifsgesottenen Kupfer geworden war, unmöglich auf seinem Nominalwerth sich halten. Wahrscheinlich schon seit Elagabal mufsten die Steuern an die Staatskasse in Gold gezahlt werden[11]), der Staat nahm also sein eigenes Creditgeld nicht mehr für voll an. In welcher Weise die weitere Entwerthung vor sich ging, ist, da jede directe Nachricht fehlt, eine der schwierigsten Fragen. Vermuthlich ging die Benennung Denar im Verlaufe der Münzwirren auf den Antoninian über; dieser selbst aber war am Ende des dritten Jahrhunderts bereits soweit devalvirt, dafs unter Diocletian der Denar als ein sehr niedriger Werthausdruck erscheint (§ 40, 3).

4. Die Geldrechnung dieser Zeit ist ebenso verwickelt als das Münzwesen selbst. Nominell blieb die Rechnung nach Sesterzen, deren 4 auf den Denar, 100 auf den Aureus gingen. Da es aber nicht gleichgültig sein konnte, ob die Summe in dem werthhaften Golde oder in pseudosilberner Creditmünze ausgezahlt wurde, so pflegte man die Münzsorten ausdrücklich anzugeben. So erhält Probus als tribunicischen Gehalt von Valerian 100 *aurei Antoniniani*, 1000 *argentei Aureliani*, 10000 *aerei Philippei*, ferner ein Consul von demselben zur Bestreitung der Spiele 300 *aurei Antoniniani*, 3000 *argentei Philippei minutuli, in aere sestertium quinquagies*[12]).

---

9) Mommsen S. 797 f.
10) Derselbe S. 830.
11) Dies ist zu schliefsen aus Lamprid. Alex. Sev. 39, wo von den hohen Steuersätzen unter Elagabal und der durch Alexander Severus eingetretenen Herabsetzung derselben berichtet wird, überall aber nur von Goldmünzen die Rede ist. Auch Dio 72,16 erwähnt eine von Elagabal eingeführte Steuer von zwei Goldstücken.
12) Vita Probi 4, Vit. Aurel. 12. Andere Belege stellt Mommsen S. 827 Anm. 335 zusammen.

Der Werth des Aureus nach der unter Caracalla eingetrete-
nen Reduction auf $\frac{1}{50}$ Pfund ist auf 6 Thlr. 2,7 Sgr. anzusetzen.
Der Denar erhält danach den Nominalwerth von 7,3 Sgr., der
Antoninian als $1\frac{1}{4}$ des Denar die Geltung von 9,1 Sgr. Dem Metallwerthe nach ist der letztere unter Caracalla auf 5,2, unter Elagabal auf 3,6 Sgr. anzusetzen. Letzterer Werth bleibt ungefähr
unter den nächsten Kaisern, bis er unter Gallien von 3 plötzlich
auf 1 Sgr. und darunter, unter Aurelian und Probus auf
$\frac{1}{3}$ Sgr. sinkt.

§ 40. Die Münzordnung Constantin's.

1. Die regellose Goldprägung des dritten Jahrhunderts
(§ 39, 1) führte von selbst zu der ersten Stufe, wovon das Münzwesen überhaupt ausgegangen war, zum Gebrauch der Wage zurück. Der Staat hatte das ihm ausschliefslich zustehende Recht
der Ausgabe der auf ein bestimmtes Gewicht und fein auszuprä-
genden Werthmünze (§ 22, 2) fortdauernd und in der gröblich-
sten Weise gemifsbraucht. Ein halbes Jahrhundert hindurch
hatte das daraus hervorgegangene trügerische Münzsystem noth-
dürftig sich gehalten; endlich aber mufste das hohle Gebäude in
sich zusammenstürzen. Das schlechte Creditgeld wurde, was es
schon längst factisch gewesen war, zur kupfernen Scheidemünze;
das Gold und in gröfseren Beträgen auch das Silber wurden nur
noch nach dem Gewichte und, wo nöthig, mit Prüfung des Feingehaltes genommen. Hieran mufste die Staatsregierung, wenn
sie es ehrlich mit einer Münzreform meinte und dem Uebel gründlich abhelfen wollte, nothwendig anknüpfen, mit der frühern
Münzordnung aber vollständig brechen. Das so lange gemifs-
brauchte Vertrauen der Unterthanen konnte sich einer neuen
Werthmünze nur dann und insoweit wieder zuwenden, als dieselbe die jedesmalige Controle durch die Wage nicht zu scheuen
brauchte; der einzige anerkannte Werthmesser blieb auf geraume
Zeit das Goldpfund. Diesen Forderungen trug Constantin in seiner Münzordnung Rechnung, nachdem die kurz vorhergegange-
nen Versuche Diocletian's eine Verbesserung der Währung an-
zubahnen zu keinem befriedigenden Resultate geführt hatten.

Das Goldpfund war die alleinige Norm für jede Werthschätzung; die Goldmünze sollte nur einen passenden kleineren
Theil jener für das praktische Bedürfnifs viel zu grofsen Werth-
einheit darstellen. Dieser Betrag mufste ein für die Rechnung
bequemer und zugleich von dem Fufse der bisherigen Goldmünze

deutlich zu unterscheidender sein. Beiden Anforderungen entsprach das Gewicht von $\frac{1}{72}$ Pfund = 4,55 Gr., auf welches Constantin, wie wir sowohl aus kaiserlichen Verordnungen als aus
den Werthzeichen LXXII oder OB ersehen, die neue von ihm
eingeführte Goldmünze ansetzte [1]). Auch durch den Namen sollte
dieselbe von dem bisherigen in Mifscredit gekommenen Aureus
sich unterscheiden; sie wurde *solidus* d. i. das Ganzstück genannt.
Die gewöhnliche Theilmünze war der Triens oder Tremissis von
1,52 Gr., seltener der Semis von 2,27 Gr. Als vielfache erscheinen nur unter Constantin Stücke von $1\frac{1}{2}$ Solidi oder 6,82 Gr.,
aufserdem als Gelegenheitsmünzen verschiedene Multipla bis zu
90 Solidi [2]). Die Ausprägung war von Anfang herein, da der Solidus nur insofern galt, als er vollwichtig war, eine durchaus
gewissenhafte und erhielt sich so bis in die spätere byzantinische
Zeit. Die Stücke Constantin's sind zum Theil etwas übermünzt
(§ 21 Anm. 14); viele zeigen genau das Normalgewicht; der
Durchschnitt stellt sich noch mit Einschlufs solcher Stücke, die
wahrscheinlich durch Abnutzung gelitten haben, auf 4,435 Gr.,
also günstiger als bei irgend einer früheren Prägung [3]). So bleibt
die Ausmünzung etwa bis auf Theodosius, von welchem an der
Solidus das Gewicht von 4,50 Gr. nicht mehr überschreitet, wie
auch das Pfund selbst in dieser Zeit eine geringe Herabsetzung
erfahren zu haben scheint (§ 21, 1). In der Zeit nach Justinian,

---

1) Eine Verordnung Constantin's vom J. 325 (Cod. Theod. 12, 7, 1)
bestimmt den Solidus ausdrücklich zu 4 Scrupel, rechnet aber keineswegs,
wie man fälschlich herausinterpretirt hat, 84 Solidi auf das Pfund (vergl.
Pétigny p. 139 ff., Soetbeer S. 292 ff.). Dieselbe Bestimmung wiederholt
Valentinian I in einem Erlafs vom J. 367 (Cod. Theod. 12, 6, 13): in septuaginta duos solidos libra feratur. Auch Isidor. Orig. 16, 25, 14 rechnet
den Solidus so. Ueber die Werthzeichen geben Pinder und Friedländer
Beiträge I S. 1—20 Aufschlufs. Das Zeichen LXXII findet sich einigemal
auf Constantinischen Münzen; seit Valentinian I und Valens kommt die
kürzere griechische Bezeichnung OB in Gebrauch und erscheint auch auf
occidentalischen Münzen. Die abweichende, neuerdings von Pétigny p. 142 ff.,
wieder aufgestellte Ansicht, dafs OB *obryza* bedeute, also das Zeichen der
verbürgten Reinheit des Metalles sei, ist schwerlich zu billigen.
2) Den Nachweis s. bei Mommsen S. 779, Queipo III p. 484 ff.,
Eckhel VIII p. 153 ff. Letzterer beschreibt mehrere grofse Goldstücke
des Kaisers Valens im Gewicht von 413,56 Gr. (= 118½ ung. Ducaten),
219,87 (= 63), 179,7 (= 51¼), 68,9 (= 19¾). Sie scheinen auf die Gewichte von 90, 48, 40 und 15 Solidi geschlagen zu sein.
3) Dieses wie auch das folgende zusammengestellt nach der Tabelle
Queipo's. Vergl. auch die Durchschnittsrechnung bei Mommsen S. 780
Anm. 126.

etwa von Constans II (654) an, macht sich eine weitere Gewicht-
abnahme auf etwa 4,4 Gr. bemerkbar; doch erhält sich abgesehen davon der Münzfufs unverändert bis zum Untergange des
Reiches. Mit gleicher Sorgfalt wie das Gewicht wurde auch der
Feingehalt der Goldmünze behandelt. Das alte Verbot gegen Legirung wurde in den Gesetzbüchern des oströmischen Reiches
aufs neue eingeschärft. Insbesondere wurden von Valentinian I
und späteren Kaisern eingehende Verordnungen erlassen, dafs
alles Gold von verdächtiger Feinheit bei Zahlungen an die Staatskasse durch Einschmelzen geprüft werden solle. Die durch das
Schmelzen hergestellte feine Goldmasse hiefs *obryza auri* (*aurum
obryziatum*, χϱυσίον ὄβϱυζον), die wiederum daraus geprägten
Münzen *solidi obryziati* [4]). Auf nicht ganz vollwichtige oder
feine Solidi mufste bei Steuerzahlungen Aufgeld (*incrementum*)
gegeben werden.

Der Solidus wurde durch Constantin nicht blos zur allgemeinen Reichsmünze, er erlangte bald auch weitere Geltung über
die ganze damals bekannte Welt. 'In der römischen Goldmünze',
sagt ein Schriftsteller aus der Zeit Justinian's [5]), 'treiben
alle Völker den Handel und an jedem Orte von einem Ende der
Erde zum andern ist sie gangbar; von jedermann und in allen
Reichen wird sie bewundert, weil kein anderes Reich solche
hat'. So kam es, dafs die oströmischen Kaiser sich das ausschliefsliche Recht der Ausprägung des Goldes zuschrieben und
dieses Privileg lange Zeit auch factisch genossen. Nur die Sas-
sanidendynastie wagte eine eigene, freilich vom byzantinischen
Hofe nicht anerkannte Goldprägung; die Germanen dagegen füg-
ten sich lange der hergebrachten Observanz, bis zuerst der Fran-
kenkönig Theodebert I unter Justinian Gold auf seinen eigenen
Namen schlug [6]).

2. Das Silber [7]) wurde in gröfseren Beträgen ebenso wie
das Gold nach dem Gewichte genommen und sein Werth im Verhältnifs zum Goldcourant nach dem jeweiligen Handelscurs festgesetzt. Die Aufstellung eines festen Werthverhältnisses zwischen
beiden Metallen scheint Diocletian, der zuerst die reine Silberprägung wieder aufnahm [8]), absichtlich vermieden zu haben.

---

4) Die betreffenden Stellen giebt im Zusammenhang Soetbeer S. 297 f.
5) Kosmas Indikopleustes in der Collectio nova Patrum ed. Mont-
faucon II p. 148 A.
6) Mommsen S. 749f.
7) Derselbe S. 784—792. 836—838.
8) Drei Silbermünzen Diocletian's und seines Mitregenten Maximian

Unter ihm erscheinen Stücke sehr verschiedenen Gewichts, von $\frac{1}{1}$, $\frac{1}{10}$, $\frac{1}{24}$, $\frac{1}{40}$, $\frac{1}{60}$ Pfund, welche namentlich zur Vertheilung bei öffentlichen Festen geschlagen wurden. Aufserdem wird die Hauptsilbermünze, freilich unter einem andern nicht mehr zu ermittelnden Namen, wieder der Neronische Denar von $\frac{1}{96}$ Pfund, bisweilen durch die Werthziffer XCVI bezeichnet; auch der Quinar kommt, wenn gleich selten, wieder vor. Aber die Ausmünzung aller dieser Stücke ist eine so ungleichmäfsige gewesen — der Denar z. B. schwankt zwischen 4 und 2,4 Gr. —, ferner ist das Goldstück dieser Zeit ebenfalls so regellos geprägt, dafs ein festes Münzverhältnifs zwischen Gold- und Silbermünze schwerlich bestanden haben, sondern nur das Gewicht für beide der Werthmesser gewesen sein kann; wobei immerhin nicht ausgeschlossen bleibt, dafs man bei kleineren Beträgen gewissen conventionellen Werthansätzen folgte. Constantin behielt von den mannichfaltigen Nominalen Diocletian's zunächst nur den restituirten Denar bei, der sich auch unter seinen nächsten Nachfolgern erhält, aber seit dem Jahre 360 verschwindet. Zugleich versuchte er wahrscheinlich die Silbermünze in ein festes Verhältnifs zum Goldpfunde zu setzen, indem er $18\frac{1}{2}$ Denare auf den Solidus, 1333 auf das Pfund rechnen liefs [9]). Doch war dies Verhältnifs kein bequemes; daher trat, jedenfalls schon unter Constantin, eine andere Weise der Silberausmünzung in's Leben, die der neuen Goldwährung besser entsprach. In gleichem Gewichte nämlich mit dem Solidus wurde ein Silberstück ausgebracht, welches als $\frac{1}{1000}$ des Goldpfundes gelten sollte und daher den Namen *miliarense* (μιλιαρήσιον) führte [10]). Es stand also ein Solidus genau

---

bei Rauch S. 306 haben den Feingehalt von 0,900 bis 0,943. Von Constantin bis auf Justinian steht das Korn auf 0,990 bis 0,980, selten darunter.

9) Diese Gleichung ist nach dem Münzwerthe des Miliarense berechnet. Wenn das Miliarense von $\frac{1}{72}$ Pfund gleich $\frac{1}{1000}$ Goldpfund ist, so gehen von Sechsundneunzigsteln $1333\frac{1}{3}$ auf das Goldpfund, $18\frac{1}{2}\frac{1}{4}$ auf den Solidus. Das Gold ist dabei zum 14fachen (genau $13\frac{8}{9}$fachen) Werthe des Silbers genommen. Dasselbe Verhältnifs (genau das 14,4fache) geht aus der im Cod. Theod. 13, 2, 1 befindlichen Verordnung vom J. 397 hervor, wonach gestattet wird das Pfund Silber mit fünf Solidi abzulösen.

10) Die Gründe, welche darauf führen in dem Silberstück von $\frac{1}{72}$ Pfund das *miliarense* zu erkennen, sind überzeugend von Mommsen S. 790 entwickelt worden. Die nachweislich älteste Erwähnung der Münze findet sich in der im J. 392 abgefafsten Schrift des Epiphanios über Mafse und Gewichte (§ 2 S. 12), wo (t. II p. 184 Petav.) μιλιαρήσιον als die römische Benennung für Silbermünze angegeben wird: τὸ ἀργύριον, τοῦτό ἐστιν ὃ οἱ Ῥωμαῖοι μιλιαρήσιον καλοῦσιν. Ferner nennt der um 400 re-

gleich 13$\frac{8}{9}$ Miliarensien, wofür im Verkehr gewifs in runder Summe 14 gerechnet wurden [11]). Damit war zugleich von neuem die Unterordnung der Silbermünze unter das Goldcourant ausgesprochen, und wieder daraus folgte die weitere Aenderung der Münzordnung, die unter Julian eintrat. Bei dem Fufs des Miliarense war für das Gold der vierzehnfache Werth des Silbers, mithin ein höherer als zu irgend einer frühern Zeit festgestellt; wenn nun zeitweilig, wie sehr wahrscheinlich, das Silber etwas höher als nach jenem Münzverhältnifs stand, so litt der Staat bei der Ausgabe der Silbermünze Einbufse. Letztere mufste daher nothwendig zur Scheidemünze gemacht d. h. nach einem niedrigeren Fufse und mit einem höheren Münzwerth ausgebracht werden. So geschah es seit Julian. Das schwere Silberstück von $\frac{1}{72}$ Pfund wurde seltener ausgeprägt, dafür aber die schon früher geschlagene Hälfte zur Hauptmünze gemacht und dazu wieder ein Halbstück eingeführt. Von der neuen Münze stellten aber nicht, wie nach dem frühern Verhältnifs zu erwarten, 28, sondern bereits 24 Stücke den Werth eines Solidus dar, sodafs nun ein Verlust bei der Silberprägung nicht mehr zu befürchten war. Uebrigens sollte das Silberstück durchaus nur der Vertreter des entsprechenden, wegen seiner Kleinheit nicht mehr darzustellenden Goldquantums sein, und erhielt davon auch seinen Namen *siliqua auri*, griechisch $\varkappa\varepsilon\varrho\acute{\alpha}\tau\iota\upsilon\nu$, denn der Solidus ist $\frac{1}{72}$ des Pfundes und $\frac{1}{24}$ davon, d. i. $\frac{1}{1728}$ des Pfundes, heifst im römischen Gewichtsystem (§ 20, 4) *siliqua* [12]). Damit ist die Münz-

---

digirte Staatskalender (Not. dign. or. c. 12, occ. c. 10) die Abtheilung für gemünztes Silber das *scrinium a miliarensibus*. Auch Dardanos (§ 2 S. 7) bei Lydos de mens. 4, 9 kennt das $\mu\iota\lambda\iota\alpha\varrho\acute{\eta}\sigma\iota\upsilon\nu$, weifs die Benennung aber freilich ebenso wenig wie Epiphanios genügend zu erklären. Den richtigen Aufschlufs geben die *Glossae nomicae* unter $\mu\iota\lambda\iota\alpha\varrho\acute{\iota}\sigma\iota\upsilon\nu$ (Otto Thes. III p. 1764): $\tau\grave{\upsilon}$ $\chi\iota\lambda\iota\upsilon\sigma\tau\grave{\upsilon}\nu$ $\tau\tilde{\eta}\varsigma$ $\tau\upsilon\tilde{\upsilon}$ $\chi\varrho\upsilon\sigma\upsilon\tilde{\upsilon}$ $\lambda\acute{\iota}\tau\varrho\alpha\varsigma$. Mit Recht versetzt Mommsen die Entstehung der eigenthümlichen Benennung zurück in die Zeit Constantin's, unter welchem, wie S. 787 Anm. 157 nachgewiesen wird, das Silberstück von $\frac{1}{72}$ Pfund = 4,55 Gr. zuerst erscheint.

11) Die letztere Angabe hat die in voriger Anm. angeführte Glosse unter $\mu\iota\lambda\iota\alpha\varrho\acute{\iota}\sigma\iota\upsilon\nu$. Sehr nahe übereinstimmend damit ist ebend. unter $\varphi\acute{\upsilon}\lambda\lambda\iota\varsigma$ (p. 1817) das Miliarense mit $1\frac{3}{4}$ der spätern Siliqua von $\frac{1}{24}$ Solidus, also indirect der Solidus mit 13$\frac{1}{2}$ Miliarensien geglichen.

12) Die *siliqua auri* oder schlechthin *siliqua* ist, wie die Zusammenstellung bei Mommsen S. 791 Anm. 171 zeigt, neben dem Solidus die stehende Rechnungsmünze des fünften und sechsten Jahrhunderts. Der Münzwerth von $\frac{1}{24}$ Solidus ergiebt sich nicht blos aus dem Namen selbst, sondern auch aus der Berechnung in den Glossen unter $\varphi\acute{\upsilon}\lambda\lambda\iota\varsigma$, wo 218 Siliquae = 9 Solidi gesetzt werden. Das Normalgewicht wird ohne Zweifel

ordnung ausgesprochen, die bis in das siebente Jahrhundert beibehalten wurde: die Siliqua nebst ihrer Hälfte, beide allerdings in
stetig sinkendem Gewicht ausgeprägt[13]), bleiben das hauptsäch-
liche Silbergeld des Reichs, dienen aber, wie ihr verhältnifsmäfsig seltenes Vorkommen zeigt, nur als Scheidemünze um
kleinere Beträge in Zahlungen darzustellen.

3. Es ist nun noch in kurzem über die Kupfermünze
zu sprechen. Als Diocletian nach der langen Zeit der mafslose-
sten Münzverschlechterung die reine Silberprägung wieder her-
stellte, trat er die Erbschaft einer endlosen Masse pseudosilberner Münze an. Dieselbe war zu seiner Zeit bereits auf den Grad
entwerthet, dafs sie auch fernerhin als Scheidemünze mit einem
mäfsig erhöhten Nominalwerthe im Umlauf gelassen werden
konnte[14]). Ein Theil davon aber mufs aufgerufen und als Münzmetall, vielleicht mit einem weiteren Zusatz von Kupfer zu der
neuen Prägung verwendet worden sein; denn nur so erklärt es
sich, dafs auch in der Diocletianischen Kupfermünze Silber sich
findet[15]). Dieselbe erschien in zwei Nominalen, einem gröfseren
von ungefähr 10 Gr., und einem kleineren von 2,5 bis 2 Gr.:
sie wurde wie das frühere Billon weifsgesotten, und auf der
gröfseren Sorte erscheint bisweilen noch das eigenthümliche

---

richtig von Mommsen S. 787 auf $\frac{1}{144}$ Pfund = 2,27 Gr. bestimmt, wogegen
Queipo's Ansatz auf $\frac{1}{140}$ Pfund nicht bestehen kann. Das Effectivgewicht
schwankt, wie die Uebersicht des Münzfundes von Holwel bei Mommsen
S. 789 zeigt, zwischen etwa 2,5 bis 1,7 Gr., was bei der durchgängigen
Unregelmäfsigkeit der damaligen Silberprägung nicht auffallen darf. In
Queipo's Tafeln ist die Siliqua von den höheren und niedrigeren Nominalen
schwer zu unterscheiden.

13) Soetbeer S. 274 schlägt nach den Tabellen Queipo's das durchschnittliche Gewicht der Siliqua unter Valentinian I auf 2,0, unter Honorius
auf 1,7, unter Justinus und Justinian auf 1,3 Gr. an.

14) Der Antoninianus hat sich bis in die Constantinische Zeit im Verkehr behauptet. Mommsen S. 820.

15) Diese Annahme liegt sehr nahe. Es konnte nicht die Absicht Diocletian's sein, während er so entschieden auf Wiederherstellung der reinen
Silberprägung bedacht war, das Unwesen des alten Creditgeldes in der
Weise fortzusetzen, dafs er auch fernerhin von neuem dem Kupfer Silber
beimischen und als Pseudosilber ausgeben liefs. Vielmehr benutzte er nur
die Masse des umlaufenden, bereits entwertheten Billons, vielleicht mit
weiterer Beimischung von Kupfer (vergl. die Analyse bei Mommsen S. 800
Anm. 219), als Münzmetall und gab der neu daraus geprägten Münze einen
Nominalwerth, der zwar den effectiven noch überstieg — wie dies auch bei
unserer Kupferscheidemünze der Fall ist —, der aber mit dem hoch über-
triebenen Münzwerthe des früheren Antoninianus nicht im entferntesten
zu vergleichen ist.

Werthzeichen des Aurelianischen Antoninian, XXI (§ 39,2). Unter Constantin erlitt das gröfsere Nominal eine auffallende Gewichtsverminderung auf 8, später sogar auf 3 bis 2 Gr.; aber bald nach dem Tode dieses Kaisers wurde die anfängliche Prägung wieder hergestellt und erhielt sich so bis zur Theilung des Reiches. Leider fehlt uns jeder Anhalt die Währung dieser Münze zu bestimmen. Nur soviel wissen wir, dafs das Kupfer auch zu Grofszahlungen verwendet und zu diesem Zwecke in Beutel, *folles*, verpackt wurde. Dadurch wurde der *follis* unter Constantin zu einer Rechnungsmünze, die in verschiedener Weise, auch auf Gold und Silber, angewendet wurde [16]). In Bezug auf das Kupfer sind zu unterscheiden der Beutel als Kupfergewicht, welcher 312½ Pfund Kupfer gewogen und einem Silberquantum von 250 Gewichtsdenaren = $2\frac{29}{48}$ Pfund entsprochen haben soll [17]), und der Beutel Kupfermünze, welcher, wie es scheint, überall zu verstehen ist, wo der *follis* schlechthin als Rechnungsmünze erscheint. Derselbe scheint das Kupferäquivalent eines Solidus bezeichnet zu haben und ist vermuthlich zwischen 25 und 20 Pfund Kupfer angesetzt worden [18]). Endlich ging die

---

16) Der Beutel Gold kommt nur in Beziehung auf die Senatorensteuer vor, welche nach Hesychios von Milet (in der Glosse φόλλις) 8,4 oder 2 Pfund Gold betrug. Φόλλις bedeutet hier entweder collectiv die ganze Steuer (ἔστι καὶ ἕτερος φόλλις διαφόρους ἔχων ποσότητας, ἀπὸ γὰρ δύο χρυσοῦ λιτρῶν ἀρχόμενος εἰς ὀκτὼ προήει); oder es bezeichnet, wenn von *quattuor* und *duo folles* die Rede ist (Cod. Theod. 6, 2, 8. 6, 4, 21), wahrscheinlich den untersten Steuersatz von 2 Pfund als Einheit. Mommsen S. 839 Anm. 354 nimmt *follis* in diesem Falle als Ausdruck für das Goldpfund. Der Beutel Silber wird in derselben Glosse auf 725 Miliarensien = ⅛ Goldpfund = 9 Solidi bestimmt.

17) Die angeführte Glosse: φόλλις σταθμός ἐστι λεγόμενος καὶ βαλάντιον, ἔλκει δὲ δηναρίους διακοσίους πεντήκοντα, τουτέστι λίτρας τιβ' καὶ οὐγγίας ἕξ, ὡς ἔχοντος ἑκάστου δηναρίου λίτραν α' καὶ οὐγγίας γ' (Gronov für ιγ'). Der Denar ist hier nicht die Rechnungsmünze jener Zeit, sondern, wie auch aus ἔλκει hervorgeht, das Gewichtstück = $\frac{1}{96}$ Pfund. Nur insofern ist der Ausdruck nicht ganz genau, als das Kupfer- und Silbergewicht vermengt werden. Wenn es heifst, ein Denar = $\frac{1}{96}$ Pfund enthalte (ἔχει) 1¼ Pfund, so ist damit das entsprechende Kupfergewicht gemeint, und in diesem Sinne wird auch vorher gesagt, der Follis wiege (ἔλκει) 250 Denare oder 312½ Pfund. Ueber das hier zu Grunde liegende Verhältnifs des Silbers zum Kupfer von 120 : 1 vergl. Anm. 21.

18) Mommsen S. 839 vermuthet, dafs der Rechnungsfollis $\frac{1}{10}$ des Gewichtsfollis betragen, also einem Silberquantum von $\frac{29}{48}$ Pfund entsprochen habe. Die Gründe, welche für die oben aufgestellte Annahme sprechen,

Benennung *follis* auch auf das gröfsere der seit Diocletian eingeführten Kupferstücke über. Gewöhnlich wurde nach tausenden
solcher Folles gerechnet [19]). Zum Unterschied von dem kleineren Kupfernominale heifst das Grofsstück *pecunia maior* oder
maiorina, während jenes unter dem Namen *nummus centenionalis*,
auch mit dem Zusatze *communis* erscheint [20]). Wie viele Kupferstücke auf den Rechnungsfollis oder den Solidus gingen, darüber fehlt uns, wie schon gesagt, jede Angabe; wir wissen nur,
dafs das Kupfer in Grofszahlungen nach dem Gewichte gegeben
wurde. Dazu bedurfte es einer festen Bestimmung des Werthverhältnisses zwischen Gold und Kupfer. Das Gold hatte damals
etwa den vierzehnfachen Werth des Silbers; in Bezug auf das
Kupfer sind uns drei Gleichungen überliefert, welche darauf führen, dafs dasselbe zum Silber wie 1 : 100 bis 1 : 125, zum Gold
wie 1 : 1440 bis 1 : 1800 stand [21]).

Der Denar hatte durch die Münzverschlechterung des drit-
ten Jahrhunderts seine Geltung als $\frac{1}{25}$ des Aureus verloren und
war zu einer kleinen Rechnungsmünze herabgesunken. So erscheint er zuerst in dem aus dem J. 301 rührenden Edict Diocletian's *de pretiis rerum venalium*, wo freilich sein Werth nicht
mit Sicherheit bestimmt werden kann [22]). Indefs ist soviel ersichtlich, dafs er schon damals einen sehr geringen Betrag gehabt

---

können bei der eigenthümlichen Schwierigkeit der Frage hier in Kürze
nicht entwickelt werden.

19) Vergl. die Verordnungen der Jahre 320, 340, 356 im Cod. Theod.
7, 20, 3. 6, 4, 5. 9, 23, 1 u. a. Doch finden sich auch kleinere Beträge, wie
6 *folles* in dem Erlafs 14, 4, 3 vom J. 363.

20) Die *pecunia maiorina* wird ebendaselbst 9, 21, 6, und zugleich
mit dem *nummus centenionalis* oder *centenionalis communis* 9, 23, 1 f. erwähnt. Den Nachweis, dafs unter diesen Benennungen das Kupfergeld der
damaligen Zeit zu verstehen sei, führt Mommsen S. 805 f.

21) Die Anm. 17 angeführte Glosse *γόλλις* setzt $\frac{1}{96}$ Pfund Silber
$= 1\frac{1}{4}$ Pfund Kupfer, also das Silber zum Kupfer in das Verhältnifs von 120 : 1.
Nach der Verordnung vom J. 396 im Cod. Theod. 11, 21, 2 soll das an
die Staatskasse zu zahlende Kupfer dergestalt mit Gold abgelöst werden
können, dafs für 25 Pfund 1 Solidus gegeben wird. Dies giebt ein Verhältnifs von 1800 : 1. Bringen wir damit die Verordnung vom J. 397 (Cod. 13,
2, 1) in Verbindung, wo die Ablösung von 1 Pfund Silber mit 5 Solidi gestattet wird, so stellt sich das Silber zum Kupfer wie 125 : 1. Im Cod.
Iustin. 10, 29, 1, wo die Verordnung über die Kupferablösung wiederholt
ist, werden anstatt der 25 Pfund 20 auf den Solidus gerechnet. Danach
verhält sich das Gold zum Kupfer wie 1440 : 1, das Silber zum Kupfer
wie 100 : 1.

22) Mommsen über das Edict Diocletian's de pretiis rerum venalium,
in den Berichten der Sächs. Gesellsch. III S. 55 ff.

haben mufs, da als niedrigster Satz der von 2 Denaren vorkommt. Ferner läfst sich aus den Ansätzen für Arbeitslohn schliefsen, dafs er, mit unserm Gelde verglichen, nicht über ein $\frac{1}{4}$ Groschen, wahrscheinlich aber auch nicht viel darunter angesetzt werden darf[23]). Bestimmteres wissen wir erst aus einer viel späteren Epoche, der Zeit des fünften und sechsten Jahrhunderts, wo der Denar weiter auf $\frac{1}{6000}$ des Solidus gesunken war, ja im Curse gewöhnlich noch niedriger auf $\frac{1}{7200}$ bis $\frac{1}{8750}$ des Goldstückes stand[24]).

4. Es ist nun noch in Kürze der Werth der Münzen dieser Periode anzugeben. Dabei ist auszugehen vom Goldpfunde, welches bereits oben (§ 38, 6) auf 304,531 Thlr. angesetzt worden ist. Danach beträgt

der Solidus als $\frac{1}{72}$ des Goldpfundes 4 Thlr. 6,9 Sgr.

das Miliarense als $\frac{1}{1000}$ - - - - — - 9,1 -

die Siliqua als $\frac{1}{24}$ des Solidus   — - 5,3 -

Der Denar, der für die Zeit Diocletian's annäherungsweise auf $\frac{1}{4}$ Sgr. angesetzt worden ist, stellt seit dem fünften Jahrhundert nur noch einen Werth von $\frac{1}{18}$ Sgr. oder $\frac{1}{4}$ Pfennig dar.

---

23) Das Diocletianische Edict giebt einen Maximaltarif (Mommsen S. 57); die Preise der Lebensmittel bieten also keinen Anhalt, da sie möglicherweise für den Fall grofser Theuerung berechnet sind. Der Arbeitslohn aber steigt bei der Theuerung nicht. Nun erhält ein Feldarbeiter aufser der Kost 25 Denare für den Tag, die meisten Handwerker 50, ein Kamel- und Eseltreiber sowie ein Hirt 20 Denare. Hier lehrt der Augenschein, dafs der Denar schwerlich über $\frac{1}{4}$ Groschen angesetzt werden darf. Aber er kann auch nicht um vieles niedriger |gerechnet werden, da die Sätze sonst keine maximalen mehr sind.

24) Den nähern Nachweis über diese hier nur des Zusammenhanges wegen erwähnten Münzverhältnisse giebt Mommsen S. 840 ff.

ANHANG.

I. Griechenland und der Osten.

§ 1. *Böotien.*

1. **Hohlmafs.** Der ϰόφινος, welcher bei flüssigen wie bei trockenen Gegenständen gebraucht wurde, fafste nach Strattis (bei Poll. 4, 169) 3 Choen, war also gleich ¼ des attischen Metretes (§ 16, 1) = 36 Kotylen. Als Mafs für trockenes betrug er $\frac{3}{16}$ Medimnos = 9 Choeniken (§ 16, 2) [1]). Die Notiz bei Theophrast (Hist. pl. 8, 4, 5), dafs ein Athlet in Böotien kaum 1½ Choeniken Weizen täglich verzehre, in Athen aber ohne Mühe täglich 2½ Choeniken, bezieht sich wohl nicht auf verschiedenes Mafs, sondern lediglich auf die verschiedene Güte des attischen und böotischen Weizens; ersterer ist um so viel leichter, dafs 5 Choeniken kaum so viel Nahrungsstoff enthalten als 3 Choeniken böotischen Weizens [2]).

Die ἀχάνη nennt als böotisches Mafs Hesychios und sagt, dafs sie einen Medimnos fasse. Dies scheint einigermafsen verdächtig, da mit demselben Namen ein grofses persisches Mafs, welches 45 Medimnen hielt (Anh. § 10, 2) bezeichnet wird. Das ἀπόρρυμα, welches Epiphanios (II p. 182 Petav.) als thebanisches Hohlmafs nennt und zu 11 Sextarien bestimmt, scheint erst der späteren Zeit anzugehören.

2. Der **Münzfufs** in Böotien war der äginäische [3]), über welchen der folgende Paragraph zu vergleichen ist.

---

1) Vergl. Böckh Staatsh. I S. 130.
2) Böckh Staatsh. I S. 129. Von verschiedenem Mafs erklärt die Stelle Wurm p. 133.
3) Hussey p. 64. Böckh M. U. S. 84.

§ 2. *Aegina.*

1. **Hohlmafs.** Dafs das äginäische Körpermafs gröfser
gewesen sei als das attische (§ 16), macht Böckh [1]) wahrscheinlich; indefs läfst sich keineswegs sicher nachweisen, dafs es zu
dem attischen in dem Verhältnifs von 5 : 3 gestanden habe. Auch
das mufs dahingestellt bleiben, ob das äginäische Mafs dem lake-
dämonischen (Anh. § 4, 1) gleichgewesen ist, wie Böckh annimmt.
2. **Münzfufs.** Ueber den Ursprung der äginäischen
Währung und ihre Verbreitung über fast ganz Griechenland ist
bereits oben (§ 24) gesprochen worden. Auch das wurde daselbst bemerkt, dafs das grofse Silberstück dieses Fufses ein
Stater oder Didrachmon war, dessen Normalgewicht auf 12,40 Gr.
angesetzt werden kann. Die äginäische Drachme stand demnach
zu der attischen von 4,366 Gr. in dem Verhältnifs von 7 : 5.
Der Werth des Didrachmon ist auf 21,74 Sgr. anzusetzen [2]).
Hierauf beruht folgende Uebersicht des äginäischen Systems:

	Gewicht		Werth	
Talent	37,2	Kilogr.	2174	Thlr.
Mine	6,2	-	36¼	-
Stater	12,40	Gramm —	-	21,7 Sgr.
Drachme	6,20	-	—	- 10,9 -
Triobolon	3,10	-	—	- 5,4 -
Obolos	1,03	-	—	- 1,8 -
Hemiobolion	0,52	-	—	- 0,9 -

§ 3. *Korinth.*

Die Erwähnung einer korinthischen Drachme bei Thukydides [1]) läfst darauf schliefsen, dafs der korinthische Münzfufs von
dem damals in Griechenland am weitesten verbreiteten, dem äginäischen (§ 24, 2), abwich. In der That zeigen die Münzen,
welche das Wappen der Stadt, den Pegasos [2]), und den Anfangs-

---

1) M. U. S. 275 f.
2) Hierbei ist die in der Probe bei Hussey p. 60 angegebene Legirung
in Abzug gebracht worden, um dem Nachtheil im Curs, den das nichtattische
Silber gegen attisches hatte (§ 29, 3), einigen Ausdruck zu geben.
1) 1, 27 in einem öffentlichen Erlafs des korinthischen Staates. Aufserdem erscheint korinthisches Geld noch in der Inschrift von Kerkyra C. I.
Gr. n. 1845: ἀογυρίου Κορινθίου μναῖ § 1 und 2, Κορίνθιαι μναῖ § 1.
2) Den Pegasos als korinthisches Gepräge erwähnt auch Poll. 9, 76.

buchstaben ♀ führen, dafs Korinth einem eigenthümlichen Fufse
folgte. Das Ganzstück steht in der ältesten Zeit um 8,40 Gr. [3]),
und steigt später auf 8,66 bis 8,50 Gr. [4]), kommt also dem attischen Didrachmon von 8,73 Gr. Normalgewicht so nahe, dafs
ein nothwendiger Zusammenhang zwischen beiden bestehen
mufs. Doch würde man irren, wenn man den korinthischen
Fufs ohne weiteres als attisch bezeichnen wollte [5]); vielmehr ist
derselbe direct aus dem Orient und zwar wahrscheinlich schon
vor Einführung des attischen Fufses durch Solon entlehnt worden. Der korinthische Stater knüpft unmittelbar an an das grofse
kleinasiatische Goldstück von reichlich 16 Gr. (Anh. § 7, 2), als
dessen Hälfte er zu betrachten ist. Wir haben hier also das erste
Beispiel einer Uebertragung der Goldwährung auf die Silberprägung, worin später Athen nachfolgte, indem es die mit der kleinasiatischen nahe verwandte euboische d. i. persische Goldwährung
für sein Silbercourant einführte. Ferner wurde, ebenso wie in
Athen in der Zeit bald nach Solon, auch in Korinth das Gewicht
später noch etwas erhöht, sodafs als Normalgewicht des korinthischen Stater unbedenklich das des attischen Didrachmon angesetzt werden kann. Allein wesentlich unterschied sich die korinthische Währung von der attischen durch die Theilung der
Münzeinheit. Nach dem attischen System müfste der korinthische Stater gleich zwei Drachmen sein; er ist aber sicher
in drei Drachmen getheilt worden [6]). Während die äginäische
und nach ihr die attische Währung bis zum Triobolon herab
halbirte und erst von da an drittelte, so wurde in Korinth
gleich bei dem Ganzstück die Dreitheilung angewendet. Wir
setzen demnach die korinthische Drachme $= \frac{1}{3}$ Stater $= 2{,}91$ Gr.,
die Hälfte dazu oder das korinthische Triobolon $= 1{,}45$ Gr., das
Sechstel oder den Obolos $= 0{,}48$ Gr.

Eine ganz abweichende Eintheilung erfuhr der korinthische

---

3) **Prokesch Denkschr.** der Wiener Akad. 1854 S. 267 giebt dieser
Klasse 158 Por. Gran $= 8{,}39$ Gr., Mommsen S. 59 8,40 Gr. Doch finden
sich auch schwerere Stücke.

4) Mommsen a. a. O.

5) Dies thut Hussey p. 55. Die von Böckh S. 94 vertretene Ansicht
Gronov's u. a., dafs der korinthische Münzfufs ursprünglich äginäisch sei,
widerlegt sich durch das oben bemerkte von selbst. Den vollständigen
Gegenbeweis führt Mommsen a. a. O., dessen Ausführung überhaupt der
obigen Darstellung zu Grunde liegt.

6) Mommsen S. 60f. Erst in späterer Zeit ist das Ganzstück auch
halbirt, also ein der attischen Drachme gleiches Stück geschlagen worden.

Stater in Sicilien, wo das dieser Insel eigenthümliche Litrensystem (Anh. § 15, 3) mit demselben in Verbindung gebracht wurde. Er wurde dort in zehn Litren Silbers eingetheilt, und hiefs davon, wie uns Aristoteles berichtet, στατὴρ δεκάλιτρος [7]). Bei der Werthbestimmung der korinthischen Münze ist in Anschlag zu bringen, dafs das Effectivgewicht dem der besten attischen Münzen nicht gleichkommt, aufserdem auch die Legirung stärker gewesen zu sein scheint [8]). Wir bringen demnach nach einem sehr wahrscheinlichen Ansatz von dem § 29, 4 ermittelten Werthe des attischen Didrachmon 5 Procent in Abrechnung und setzen demnach

den korinthischen Stater = 15 Sgr.
die Drachme   = 5 -

§ 4. *Sparta.*

1. **Hohlmafs.** Nach einer Notiz bei Plutarch [1]) trug jeder Spartiate monatlich einen Medimnos Gerste und acht Choen Wein zu den gemeinschaftlichen Mahlzeiten bei. Dies ist lakedämonisches Mafs, dessen Verhältnifs zum attischen aus der Angabe Dikaearch's [2]) hervorgeht, dafs der Beitrag ungefähr anderthalb attische Medimnen und elf bis zwölf Choen betragen habe. Es ist also der lakedämonische Medimnos = 1½ attischen, der lakedämonische Chus = 1¾ bis 1½ attischen anzusetzen. Aus der letztern Angabe geht deutlich hervor, dafs das einfache Verhältnifs von 3 : 2 nicht ganz genau ist; das lakedämonische Körpermafs betrug noch nicht ganz das anderthalbfache des attischen. Daher rechnet Böckh [3]) zu hoch, wenn er seiner Theorie der Mafs- und Gewichtsysteme zu Liebe das erstere zu dem letzteren in das Verhältnifs von 5 : 3 setzt.

2. **Münzen.** Nach einer dem Lykurg zugeschriebenen Bestimmung gab es in Sparta lediglich eisernes Geld als einhei-

---

7) Bei Poll. 4, 174; vergl. unten § 15, 3.
8) Die von Hussey p. 53 mitgetheilten Proben korinthischer Münzen geben einen Feingehalt von 0,961 und 0,936, stehen also beide hinter dem höchsten Feingehalt der attischen Münze = 0,953 (§ 29, 4) zurück. Rechnen wir dazu, dafs die korinthische Münze durchschnittlich etwas niedriger ausgeprägt wurde als die attische, so scheint der Abzug von 5 Procent, welchen Hussey annimmt, als ein vollkommen gesicherter Minimalsatz.
1) Lykurg. 12.
2) Bei Athen. 4 p. 141 C.
3) M. U. S. 276.

mische Münze [4]). Kein Bürger sollte sich Schätze anhäufen, deshalb wurde der Gebrauch der edlen Metalle als Tauschmittel gänzlich untersagt und das werthlose Eisengeld eingeführt, von dem ein Betrag im Werthe von 10 Silberminen schon eine Wagenladung ausmachte [5]). Ursprünglich sollen eiserne Stäbe, die ὀβελοί oder ὀβελίσκοι als Geld gedient haben [6]), später wurden rohe Münzen geprägt. Die Hauptmünze hiefs πέλανορ, sie soll eine äginäische Mine gewogen und den Werth von 4 Chalkus oder einem halben (äginäischen) Obolos gehabt haben [7]). Doch hat diese Nachricht viel bedenkliches. Vermuthlich war das Eisengeld in kleineren Beträgen ausgeprägt und circulirte weit über seinen Metallwerth. Seitdem aber der Staat seine Herrschaft aufserhalb der eigenen Landesgrenzen ausdehnte, brauchte er nothwendig Gold- und Silbergeld. Dies lieferten theils die auferlegten Tribute, theils persische Subsidien und Geschenke, theils die reiche Kriegsbeute. So wissen wir insbesondere von Lysander, dem Besieger Athens und seiner Bundesgenossen, dafs er grofse Massen von Gold und Silber nach Sparta sendete [8]). Gesetzlich sollte allein der Staat edles Metall besitzen und dieses nur zu auswärtigen Unternehmungen verausgabt werden; Privaten war die Ansammlung von Schätzen bei Todesstrafe untersagt. Begreiflicher Weise ist dieses Verbot nicht beachtet worden. Grofse Summen gelangten in den Besitz einzelner Bürger, wie verschiedene Zeugnisse ausdrücklich berichten [9]).

In späterer Zeit, wahrscheinlich erst nach Alexander, hat Sparta selbst in Silber gemünzt. Die vorhandenen Münzen sind theils Tetradrachmen nach dem jüngeren attischen System (§ 27, 4) theils, wie es scheint, Tetradrachmen und Drachmen kleinasiatischer Währung [10]). Sehr zahlreich ist die Kupfermünze.

---

4) Plut. Lys. 17, Poll. 9, 79. Vergl. Müller Dorier II S. 201 ff.
5) Xen. Rep. Laced. 7.
6) Plut. Lys. 17. Vergl. oben § 19, 2 Anm. 10, Böckh Staatsh. I S. 772.
7) Plut. Apophth. Lac. p. 903. Hesych. unt. πέλανορ. Müller a. a. O. S. 202.
8) Von den Summen, die Lysander nach Sparta sendete, spricht im allgemeinen Plut. Lys. 16 f.; auf 1000 Talente bestimmt sie ebenderselbe im Nik. 28, auf 1500 Diodor 13, 106. Vergl. Böckh Staatsh. I S. 44 f.
9) Die Stellen sind zusammengestellt von Böckh a. a. O. S. 44 und 772 f., Müller S. 202 f.
10) Die Grofsstücke wiegen 16,42 Gr. (= 253,4 Leake Eur. Gr. p. 55), 16,01 (= 247 Northwick p. 79), dazu ein Stück von Kleomenes 16,61 (= 309 Mionnet p. 115). Dies sind Tetradrachmen nach dem attischen System

§ 5. *Griechische Inseln.*

1. **Aegina.** S. § 2.

2. **Chios.** Die Münzen von Chios folgen dem kleinasiatischen Fuße (Anh. § 7, 2), wonach das Grofsstück von 11 Gr. als Tridrachmon betrachtet wurde, und daraus sich eine kleine Drachme von 3,7 Gr. und weiter ein Tetradrachmon von 15 Gr. entwickelte [1]). Die Benennungen, unter welchen chiische Münzen zweimal bei attischen Schriftstellern vorkommen, lassen vermuthen, dafs dieselben nach dem attischen Courante tarifirt wurden. Das Tridrachmon von 11 Gr. ist sehr nahe $= 2\frac{1}{2}$ attischen Drachmen. Da es aber für diesen Betrag weder eine Münze noch eine Benennung in Athen gab, so drückte man denselben als Bruchtheil der Mine aus. So sind höchst wahrscheinlich die τεσσαρακοσταὶ Χῖαι bei Thukyd. 8,101 zu erklären [2]). Ein anderer Ausdruck für chiisches Geld ist die bei Xen. Hell. 1,6,12 erwähnte πενταδραχμία. Es ist dies lediglich eine Rechnungsmünze, das doppelte des 2½ attische Drachmen geltenden Stückes.

Der Werth des Vierzigstels ist auf 19,3 Sgr., der Pentadrachmie auf 1 Thlr. 8,6 Sgr. anzusetzen.

3. **Euböa.** Ueber das sogenannte euboische Talent, welches ursprünglich das Goldgewicht im persischen Reiche war und später durch Solon der attischen Währung zu Grunde gelegt wurde, ist oben (§ 23, 2. 25, 3) gehandelt worden. Die euboischen Münzen hatten als ältestes Gepräge auf der Vorderseite einen Frauenkopf, auf der Rückseite den Stierkopf [3]). Ihre Währung war die ägi-

mit dem Münzgewicht aus der Zeit nach Alexander. Das chronologische Moment liegt aber nicht blos in diesem Gewichtsbetrage, sondern auch in der Thatsache an sich, dafs spartanische Münzen auf attischen Fufs geschlagen sind. Dies kann erst seit der makedonischen Herrschaft geschehen sein, wie aus § 31 hervorgeht. Die Stücke von niedrigerem Gewicht wie 15,19 bei Northwick p. 79, 14,59 im Mus. Hunt. p. 163, 13,32 bei Leake p. 55 müssen nach dem kleinasiatischen Fufse geschlagen sein. Die Theilmünzen, welche zwischen 2,68 (= 41,3 Mus. Br. p. 141) bis 2,12 (= 40 Mionnet p. 115) stehen, scheinen niedrig ausgeprägte Drachmen zu sein.

1) Unter den erhaltenen Münzen von Chios finden sich wohl nur zufällig keine Tridrachmen. Die Tetradrachmen stehen von 15,27 (= 235,6 Leake Insul. Gr. 8) und 15,23 (= 235,1 ebend.) bis 13,76 Gr. (Pinder S. 65). Die Drachmen wiegen 3,52 Gr. (= 59 u. 58,9 Leake), 3,77 (= 58,2 Mus. Brit. 176) u. s. w.

2) Als Vierzigstel der Mine erkannte sie Hussey p. 73; auf die attische Mine führt sie Mommsen S. 17 zurück.

3) Mionnet II p. 300. Mommsen S. 91 Anm. 32.

näische in etwas herabgegangener Gestalt, wie die erhaltenen
Münzen, unter denen der Stater sehr selten, häufiger die Drachme
und das Triobolon sind, zeigen. Daneben sind frühzeitig, als Athen
einen Theil Euböas beherrschte, vielleicht schon zur Zeit der
Peisistratiden, Tetradrachmen und kleinere Nominale nach attischem Fufse geschlagen worden. Später — zu welcher Zeit,
läfst sich nicht bestimmen — ist die Prägung auf attischen Fufs
allgemein geworden und hat die äginäische Währung verdrängt [4]). Das $Εὐβοικὸν νόμισμα$ wird im Etymol. M. fälschlich nach einem Orte Euböa in Argos verlegt, ein Irrthum, der
mit der Sage über Pheidon zusammenhängt (§ 25, 4).

4. Kreta. Nach einer Angabe des Dosiadas [5]) wurde in
Kreta nach äginäischem Gelde gerechnet. Dies bestätigen die
Münzen, welche in der ältesten Zeit vollwichtig, später in verrin-
gertem Gewichte geschlagen worden sind [6]).

5. Kypros. Nach Epiphanios (II p. 178 Petav.) gebrauchte
man zu Salamis, seinem Bischofssitze, einen Medimnos, der 5 römischen Modien gleich war, also hinter dem attischen Medimnos
von 6 Modien etwas zurückstand.

6. Lesbos. Bei dem Dichter Alkaeos von Mytilene findet
sich nach Pollux (4.169. 10,113) als Hohlmafs der $κύπρος$, bei
Hipponax nach demselben das $ἡμίκυπρον$. Die letztere Notiz
weist auf Kleinasien hin. Nach Epiphanios (II p. 184 B) war
der $κύπρος$ auch in Pontos gebräuchlich und daselbst gleich
2 Modien.

7. Rhodos. Die rhodische Münze folgte dem kleinasiatischen Fufse (§ 24, 1). Zu dem Ganzstück oder Tetradrachmon
im Gewicht von 14,7 bis 13 Gr. kommen Hälften, Drittel und
Viertel vor [7]). Das Viertel ist die rhodische Drachme, die
in einer Inschrift von Kibyra [8]) vom J. 71 n. Chr. auf $\frac{3}{8}$ Denar
bestimmt wird. Damit stimmt der Ansatz des anonymen Alexandriners, der die rhodische Mine auf 5 Ptolemäische Minen, mithin die Drachme auf $1\frac{1}{4}$ Denar setzt [9]). Die Abweichung liegt

---

4) Mommsen S. 62f. 91 Anm. 32.
5) Bei Athen. 4 p. 143 B.
6) Mommsen S. 46.
7) Mionnet Poids p. 154—157.
8) C. I. Gr. n. 4380 a (III p. 1167): $τοῦ$ '$Ρωμαϊκοῦ$ $δηναρίου$ $ἰσχύ-$
$οντος$ $ἀσσάρια$ $δεκαὲξ$ $ἡ$ '$Ροδία$ $δραχμὴ$ $τούτου$ $τοῦ$ $δηναρίου$ $ἰσχύει$
$ἐν$ $Κιβύρᾳ$ $ἀσσάρια$ $δέκα$.
9) Cap. 15 Mai (vergl. oben S. 11): $τὴν$ '$Ροδίαν$ $μνᾶν$ $τῆς$ $Πτολε-$
$μαϊκῆς$ $εἶναι$ $πενταπλάσιον$. Das Ptolemäische Talent ist vorher auf

nur in der Benennung, indem das Halbstück oder Didrachmon als Drachme aufgefafst wird. Festus (p. 359) tarifirt das rhodische Talent auf 4500 Denare, mithin die Drachme auf $\frac{3}{4}$ Denar, eine Gleichung, die vielleicht auf die frühere republicanische Zeit zu beziehen ist [10]).

8. Samos. Die samische Elle war nach Herodot (2,168) der ägyptischen gleich, also von der gemeinen griechischen (§ 8,2) verschieden. Herodot's ägyptische Elle ist die königliche von 525 Millimeter (Anh. § 11, 1), wonach auch die samische auf diesen Betrag anzusetzen ist.

Eine schwierige Frage knüpft sich an das neuerdings aus den Ueberresten des alten Heräon zu Samos ermittelte Fufsmafs. Dasselbe ist von Wittich [11]) auf 315 Millimeter bestimmt worden, und es scheint dadurch Böckh's und Oppert's Ansicht, die zu der persischen Elle ein Fufsmafs im Betrag von $\frac{3}{5}$ derselben aufstellen [12]), eine gewichtige Stütze zu erhalten. Indefs widerspricht diese Hypothese zu sehr aller Analogie der alten Mafse, als dafs sie anders als auf die zwingendsten Gründe hin angenommen werden könnte [13]). Die einfachste Erklärung des samischen Fufses scheint die zu sein, dafs er, allerdings in etwas reichlichem Betrage, der gemeinen griechischen Elle (§ 8, 2) zugehört. Im Handelsverkehr galt in Samos die persische oder ägyptische Elle; aber die Architekten entnahmen den Fufs davon nach griechischer Weise, indem sie von den 7 Handbreiten der orientalischen Elle eine entfernten und dann 2 Drittheil der übrig bleibenden 6 zum Fufse machten. Daher ist der samische Fufs nicht sowohl als $\frac{3}{5} = \frac{3}{3}\frac{1}{5}$, sondern als $\frac{4}{7} = \frac{2}{3}\frac{0}{5}$ der orientalischen Elle anzusehen.

Hiermit sind gleich die weiteren Resultate der Untersuchungen Wittich's über das griechische Fufsmafs zu verbinden [14]). In den Tempelbauten von Pästum erscheint ein mit dem samischen identischer Fufs, nur in dem etwas verringerten Betrage von 314, später 312 Millimeter. An den Tempeln von Selinus läfst sich nachweisen, dafs dasselbe Mafs weiter auf 310 Millim. herabgeht.

$\frac{1}{4}$ des attischen d. h. des römischen Rechnungstalentes (§ 32, 1), mithin die Ptolemäische Drachme auf $\frac{1}{4}$ Denar angesetzt worden.

10) Mommsen S. 39 f.

11) Denkmäler und Forschungen Jahrg. XV n. 106. 107.

12) Bericht der Berliner Akadem. 1854 S. 85 ff.

13) Einige treffende Einwendungen gegen den Dreifünftelfufs macht Fenneberg S. 127 f.

14) Denkmäler und Forschungen Jahrg. XVIII n. 151—153.

bis es zu Perikles Zeit den Betrag von 308 Millim. erreicht.
Dasselbe stellt sich, wie eine weitere Untersuchung gezeigt hat,
an den Tempelüberresten von Agrigent und den allerdings viel
selteneren in Griechenland selbst dar. Nun ist das Maſs von
308 Millim. kein anderes als das des attischen Fuſses (§ 10, 2);
es ergiebt sich also, daſs der griechische Fuſs allmählich von
315 Millim. bis auf den um 7 Millim. geringeren Betrag herabgegangen ist, den er zu Perikles Zeiten erreicht hatte. Vergl.
oben § 10, 3.

§ 6. *Makedonien.*

1. **Hohlmaſs.** Aristoteles (Hist. anim. 8, 11) giebt die
Quantitäten von Futter und Wasser, die ein Elephant zu sich
nimmt, nach makedonischen Medimnen und Metreten an.
Dabei erwähnt er auch ein eigenthümliches makedonisches Maſs
für flüssiges, den μάρις, den er zu 6 Kotylen, wahrscheinlich
attischen, bestimmt [1]. Leider giebt er nichts über den Betrag des
makedonischen Medimnos und Metretes an. Falsch ist die Ansicht von Wurm (p. 126), daſs das makedonische Maſs viel kleiner gewesen sein müsse als das attische, weil nach dem letzteren
die Angaben des Aristoteles auf zu groſse Quantitäten führen.
Wenn Aristoteles sagt, ein Elephant habe 14 Metreten Wasser
auf einmal getrunken und noch 8 dazu am Abend, was nach attischem Maſse zusammen etwa 12½ preuſs. Eimer beträgt, so ist
das keineswegs zu viel, denn nach Oken (Allg. Naturg. VII Abth.
2 S. 1152) tranken Elephanten im Sommer bis an 30 (preuſsi-
sche?) Eimer. Es ist also wohl möglich, wofür die sonstige weite
Verbreitung des attischen Hohlmaſses spricht, daſs das makedonische Maſs diesem gleich war. Auch das darf dagegen nicht angeführt werden, daſs Aristoteles an einer andern Stelle (bei dem
Schol. zu Ar. Ach. 108) ein persisches Maſs nach attischen
Medimnen bestimmt. Es können trotzdem beide Maſse sehr
wohl gleich gewesen sein, ähnlich wie Polybios (unt. § 15, 2) mit
dem attischen und sikelischen Medimnos dasselbe Maſs
bezeichnet.
2. **Münzfuſs.** Die älteste makedonische Silberprägung
unter Alexander I, der um 500 v. Chr. zur Herrschaft gelangte,
ging aus von einem Groſsstück von 29 Gr., zu welchem Hälften

---

1) Vergl. Poll. 4, 168. 10, 184. Ein ganz anderes Maſs ist der persische μάρις bei Polyaen. 4, 3, 32, der zehn Choen betrug. S. unt. § 10, 2.

und Sechstel geschlagen wurden[2]). Die folgenden Könige münzten nach dem weitverbreiteten System des kleinasiatischen Silberstater von 11 Gr. (Anh. § 7, 2). Aus diesem Ganzstück wurde
wie auch anderwärts eine kleinere Einheit, das Drittel von 3,6 Gr.,
als Drachme abgeleitet und nun aufser dem Tridrachmon auch
das Tetradrachmon von 14,5 Gr. geprägt[3]). Das letztere Nominal ist besonders reichlich von Philipp II, der das Tridrachmon
ganz aufgab, gemünzt worden[4]); es sticht deutlich ab von dem
Tetradrachmon attischer Währung von 17,46 Gr., welches durch
Alexander den Grofsen eingeführt wurde, darf aber auch nicht
mit dem äginäischen Didrachmon von 12,40 Gr. identificirt
werden[5]). Ueber die Goldprägung seit Philipp und die atti-

2) Die Grofsstücke wiegen 29,26 Gr. (= 7. 47 Mionnet p. 54), 29,15
(Queipo p. 150), 29,03 (= 449 Leake p. 1), 28,97 (= 7. 41½ Mionnet) und
weiter abwärts bis 28,45 (= 439,1 Northwick p. 62). Das Normalgewicht
darf nicht unter 29 Gr. angesetzt werden. Dazu findet sich eine leichter
geprägte Hälfte von 13,07 Gr. (= 3. 30 Mionnet) und Sechstel von 4,09 Gr.
(= 77 Mionnet), 4,04 (= 62,4 Leake p. 1), 3,89 (= 73½ Mionnet). Auch
Zwölftel von 1,83 Gr. (= 28,3 Leake), und eine noch kleinere Theilmünze
von 1,03 Gr. (= 15,9 Leake), vielleicht ein Vierundzwanzigstel, kommen vor.
Dieser eigenthümliche Münzfufs ist wahrscheinlich identisch mit der alten
von Mommsen S. 18 ff. besprochenen Goldwährung, welche durch ein Ganzstück von 14,076 Gr. und ein Drittel von 4,74 Gr. repräsentirt wird. Dieses Gewicht ist auch anderwärts auf die Silberprägung übergegangen, und
dabei in Makedonien das Ganzstück auf den doppelten Betrag ausgebracht
worden.

3) Diese Münze von 14,5 Gr. war identisch mit dem halben Grofsstück
Alexanders I, sie wird aber nicht mehr gedrittelt, sondern geviertelt, was
sich ungezwungen durch das Eindringen des kleinasiatischen Silberstater,
der als Tridrachmon betrachtet wurde, erklärt. Daher schlugen die Könige
zwischen Alexander und Philipp II meist Tridrachmen von 10,73 bis unter
10 Gr. und Drachmen von 2,5 Gr. und darunter. Seltener sind das Tetradrachmon von 13,23 Gr. (= 249 Mionnet p. 55), das Didrachmon von
7,04 Gr. (= 108,7 Leake p. 2), sowie Theilmünzen der Drachme.

4) Die erhaltenen Münzen zeigen, dafs Philipp II sorgfältiger prägte
als seine Vorgänger. Seine Tetradrachmen stehen maximal auf 14,46 Gr.
(= 223,2 Mus. Br. p. 101, Leake Suppl. p. 1), 14,44 (= 222,8 Leake
Kings p. 3), 14,43 (Pinder S. 41), 14,12 (= 271½ Mionnet p. 56) u. s. w.,
wonach das Normalgewicht nicht unter 14,5 Gr. angesetzt werden kann.
Tridrachmen kommen nicht vor, Didrachmen sind selten. Die Classification
der kleineren Nominale hat ihre grofse Schwierigkeit. Ich halte die zahlreichen Stücke, welche um 2,5 Gr. stehen, maximal aber bis 2,75 Gr. wiegen (Thomas p. 138, Leake p. 3), für leichter ausgebrachte Drachmen.
Müller p. 337 nimmt sie für Tetrobolen (s. folg. Anm.); dies ist aber wegen
des Effectivgewichts von 2,75 Gr., welches auf ein Grofsstück von 16,5 Gr.
führen würde, unmöglich.

5) L. Müller Numismatique d'Alexandre p. 336 ff. hält das Grofsstück
Philipps von 14,5 Gr. mit Böckh u. a. (§ 24 Anm. 30) für ein äginäisches

sche Silberwährung seit Alexander ist oben (§ 31) gesprochen
worden.

§ 7. *Kleinasien.*

1. Längenmafse. An vielen Orten Kleinasiens ist wahrscheinlich das persische Mafs oder ein demselben nahe verwandtes in Gebrauch gewesen. Aus der persischen Elle von 525 Millimeter (Anh. § 10,1) wurde nach griechischer Weise das entsprechende Zweidrittelmafs, ein Fufs von 350 Millimeter gebildet. Dieser Fufs, freilich bald in etwas gröfserem bald in kleine-
rem Betrage, liegt den Dimensionen einiger kleinasiatischen Stadien zu Grunde [1]) und erscheint auch in der spätern Reduction
der römischen Meile auf $7\frac{1}{2}$ oder 7 Stadien [2]).
Dafs der Ursprung des Philetärischen Fufses (Anh. § 11,
2) in Kleinasien zu suchen sei, wie Böckh [3]) annimmt, ist wenig
wahrscheinlich. Allerdings würde sich so die Benennung am
leichtesten erklären lassen, indem man sie auf Philetäros, den
Begründer des pergamenischen Reiches zurückführen könnte;
allein andrerseits spricht dagegen, dafs die ganze Darstellung des
Philetärischen Systems, wie sie die Heronischen Tafeln geben,
lediglich auf Aegypten hinweist.
2. Münzen. Die persisch-kleinasiatische Währung. Der ältesten kleinasiatischen Goldprägung liegt, wie
bereits oben (§ 23, 3) bemerkt worden ist, ein Stück im Gewicht
von etwas über 16 Gramm zu Grunde [4]). Nach diesem Fufse

Didrachmon, wogegen das abweichende Gewicht entschieden spricht. Auch
seine Classification der übrigen Nominale hat viel bedenkliches. Sein Diobolon, d. h. nach unserer Terminologie Tetrobolon, scheint vielmehr der
nächsthöheren Kategorie, dem Triobolon d. h. der Drachme, zuzuweisen zu
sein. Danach würde auch die übrige Eintheilung zu ändern sein.

1) Fenneberg Untersuch. S. 125 berechnet aus dem Stadion von
Laodikeia in Phrygien einen Fufs von 355 Millimeter, aus dem Stadion von
Aezani in Phrygien einen Fufs von 332, aus dem ephesischen einen von
335 Millimeter.

2) Das Stadion des äzanischen und ephesischen Fufses ist 7,4 mal,
das des laodikeiischen 7 mal in der römischen Meile enthalten. Beide Verhältnisse finden wir in den Angaben wieder, welche spätere Schriftsteller
über den Betrag des Stadion geben. Dio Cassius, der aus Bithynien stammt,
rechnet die Meile zu $7\frac{1}{2}$ Stadien, Epiphanios, Bischof auf Kypros, zu 7 Stadien (vergl. § 11).

3) Metrol. Unters. S. 215 ff.

4) Mommsen Gesch. des röm. Münzw. S. 3: 'Die grofse Masse der
kleinasiatischen Goldmünzen ursprünglicher und einseitiger Prägung beruht

waren die phokaischen und kyzikenischen Statere geprägt,
deren Thukydides, Xenophon und attische Redner gedenken[5]);
auch die Goldstatere, mit denen nach Herodot Krösos die Delphier
beschenkte, und die Pollux als *Κροίσειοι στατῆρες* anführt,
sind hierher zu rechnen[6]). Aufserdem werden noch Sechstel
und Zwölftel dieser Währung, *ἕκται* und *ἡμίεκτα*, erwähnt[7]).
Bei der Bestimmung des Werthes dieser Münzen ist zu beachten,
dafs sie fast durchgängig mit starker Legirung geprägt worden
sind[8]). Daraus erklärt sich die Angabe des Demosthenes (34,23),
wonach der kyzikenische Stater im Bosporos nur den Curs von
28 attischen Drachmen hatte, während er bei reiner Ausprägung
auf 37 bis 40 Drachmen hätte stehen müssen[9]). Ganz gut stimmt

auf einem grofsen Goldstück, das in seiner ältesten und vollwichtigsten
Ausmünzung auf höchstens 16,5 Gr. steigt, und nicht unter 15,9 Gr. herabsinkt'. Die schwersten Stücke sind zwei aus dem Münchener Cabinet von
16,57 und 16,5 Gr.; ein anderes aus der Thomas'schen Sammlung, welches
16,06 Gr. wiegt, hält Burgon Catalogue p. 300 für die älteste erhaltene
Münze.

5) Thukyd. 4, 52: *διαχιλίους στατῆρας Φωκαίτας*, Xenoph.
Anab. 5, 6, 23: *μισθοφοράν παρέξειν Κυζικηνὸν ἑκάστῳ τοῦ μηνός*,
Demosth. 40, 36: *τριακοσίους στατῆρας Φωκαίς*, 34, 23: *ἑκατὸν εἴκοσι
στατῆρας Κυζικηνούς*. Vergl. denselben 35, 36, Lys. 12, 11. 32, 6,
Poll. 9, 73, Hesych., Phot., Suidas. Phokaische Statere befanden sich auch
unter den Weibgeschenken auf der Burg von Athen, wie aus der Inschrift im
C.I.n.150 § 19 hervorgeht. Das nähere bei Böckh Metrol. Unters. S. 134ff.,
Staatshaush. I S. 35ff., Mommsen S. 7 f.

6) Herod. 1, 54. Poll. 3, 87: *εὐδόκιμος δὲ καὶ ὁ Γυγάδας χρυσὸς
καὶ οἱ Κροίσειοι στατῆρες*. Vergl. Böckh Metrol. Unters. S.129, Mommsen S. 8.

7) In der Inschrift C. I. n. 150, welche den Rechenschaftsbericht der
Schatzmeister des Parthenon enthält (Böckh Staatsb. II S. 240) werden erwähnt: § 19 *Φωκαϊκὼ στατῆρε* : ‖ : *ἕκται Φωκαΐδες*..., § 22 *ἕκτη
Φωκαΐς*; ebenso C. I. n. 152 § 5: *ἕκται Φωκαΐδες* nach der Vervollständigung von Rofs. Auch das *ἡμίεκτον χρυσοῦ* bei Poll. 9, 62 scheint dieser
Währung zuzuschreiben zu sein (§ 28 Anm. 9). Die uns erhaltenen Münzen zeigen noch mehrere andere Nominale. Mommsen S. 5.

8) Hesychios sagt: *Φωκαΐς, τὸ κάκιστον χρυσίον*. Unter den uns erhaltenen Münzen dieser Währung kommen einzelne Stücke von reinem
Golde vor (Burgon im Katalog der Thomas'schen Samml. S. 300. 315f.);
die meisten aber sind aus sogenanntem Elektron, einer Mischung von Gold
und Silber geprägt. In einem Sechstelstück (Mommsen S. 6) fand sich
kaum die Hälfte Gold, die gröfsere Hälfte Silber, aufserdem ein geringer
Zusatz von Kupfer.

9) Legen wir das in Athen gewöhnliche Verhältnifs des Silbers zum
Golde 1 : 10 zu Grunde, so entsprechen die 28 Silberdrachmen bei Demosthenes einem Goldgewicht von 12,2 Gr.; da nun der Kyzikener 16 Gr.
wog, so ergiebt sich daraus eine Legirung von 25 Procent, gerade soviel,

auch damit, dafs den Griechen unter Xenophon am Pontos ein
Kyzikener als monatlicher Sold anstatt des sonst üblichen Dareikos, also etwas mehr als die gewöhnlichen 20 Drachmen versprochen wird [10]. Es ist demnach der kyzikenische Stater der
Angabe des Demosthenes gemäfs auf $7\frac{1}{4}$ Thaler anzusetzen. Die
älteren Stücke dieser Währung von reinerem Goldgehalte würden nach dem heutigen Goldcurse etwa einen Werth von 15 Thlr.
haben, und so hoch dürften die Statere des Krösos bei Herodot
zu rechnen sein.

An diese Goldprägung schliefst sich eine ebenfalls alte Silberprägung an, welche von einem Stücke von 11 Gr. $= \frac{4}{5}$ der
grofsen Goldmünze ausgeht. Nach diesem Fufse haben im persischen Reich die Unterkönige der Satrapien Bithynien, Kilikien
und Phönikien gemünzt. In Milet wurden aufser dem Ganzstück
sämmtliche Sechstel vom ersten bis zum fünften in eigenen Nominalen ausgeprägt, woraus zu schliefsen ist, dafs die auf Inschriften erwähnte milesische Drachme eben das nach dem Obo-
lensystem getheilte Ganzstück gewesen sei. Ferner herrscht der
kleinasiatische Silberstater auf Kypros, in den Stadtmünzen Kili-
kiens, Pamphyliens, Pisidiens, Lykiens, in Paphlagonien und
Bithynien. Auch nach Europa hat er sich verbreitet; wir finden ihn in Thrakien, Makedonien, Illyrien, Epeiros, Aetolien [11].
Dafs in den meisten griechischen Städten Kleinasiens nach demselben Fufse geprägt wurde, nur dafs aufser dem Stück von
11 Gr. und dem dazugehörigen Drittel oder Drachme noch ein
Tetradrachmon von ungefähr 15 Gr. geschlagen wurde, ist bereits
oben (§ 24, 1) bemerkt worden.

3. Cistophorenwährung [12]. Zu der Währung des

als nach Servius zu Aen. 8, 402 und Isidor. Orig. 16, 24 das Elektron gewöhnlich als Beimischung enthält. Vergl. Burgon im Katalog der Thomas'-
schen Sammlung S. 245, Mommsen S. 8. Wenn, wie der letztere S. 855
annimmt, ein höherer Goldcurs (1 : 11,5) zu Grunde zu legen ist, so ist
die Legirung von den Alten noch stärker in Anrechnung gebracht worden.

10) Der gewöhnliche Sold war ein Dareikos = 20 attischen Silberdrachmen (§ 24 Anm. 24). Wären die Kyzikener, die bei Xenoph.
Anab. 5, 6, 23 den griechischen Soldaten als monatlicher Sold versprochen
werden, von reinem Goldgehalte gewesen, so wäre dies fast einer Verdop-
pelung der Löhnung gleichgekommen, was nicht wahrscheinlich ist. Legen
wir aber den Curswerth bei Demosthenes zu Grunde, so wurde noch
nicht ganz die Hälfte mehr versprochen, ganz ähnlich wie Kyros nach 1, 3, 21
anstatt 1 Dareikos später $1\frac{1}{2}$ zahlte.

11) Diese Uebersicht ist gegeben nach Mommsen S. 14 ff.

12) Pinder über die Cistophoren, in den Abhandl. der Berliner Akademie v. J. 1855 S. 533 ff., Mommsen S. 48 f. 703—705.

kleinasiatischen Silberstater und des davon abgeleiteten Tetradrachmon kam seit Alexander dem Grofsen der attische Münzfufs, der auch nach dem Zerfall des makedonischen Reiches sowohl in den Königsmünzen von Pergamos, Bithynien, Kappadokien, Pontos, als in der Prägung vieler Städte Kleinasiens sich
erhielt (§ 31, 5). Als nun i. J. 133 nach dem Tode des letzten
Attalos Kleinasien zur römischen Provinz wurde, fanden es die
Römer für gut anstatt dieser verschiedenen Währungen ein allgemeines Provincialcourant einzuführen. Das attische Tetradrachmon war zu ungleichmäfsig ausgeprägt und im ganzen zu
weit herabgegangen, als dafs es sich auf den vollen Betrag hätte
herstellen lassen; und da man einmal weiter abwärts gehen
mufste, so lag es näher ein kleineres Ganzstück zu wählen. So
kam man zu einer Münze, die die Mitte hält zwischen dem kleinasiatischen Tetradrachmon und Tridrachmon. Dies sind die Cistophoren, so benannt von der Bacchischen *cista mystica* mit
der sich daraus hervorwindenden Schlange, welche das regelmäfsige Gepräge der Vorderseite dieser Münzsorte ist [13]). Das
Gewicht steht maximal auf reichlich 12,6 Gr. und geht nicht
leicht unter 12,4 Gr. herab [14]). Eingetheilt wurde der Cisto-
phoros als Tetradrachmon; im Verhältnifs zur römischen Münze
hatte er nach einer Angabe des Festus den gesetzlichen Curs
von 3 Denaren [15]).

---

13) Pinder S. 534 f.
14) Ein Stück bei Mionnet p. 140 wiegt 12,71 (= 3. 23¼); dann folgen
Stücke von 12,68 (= 3. 22⅔ p. 139), 12,67 (= 3. 22¼ p. 167), dann mehrere
von 12,64 (= 3. 22 p. 139 f.) und weiter abwärts. Nach Pinder S. 549
wiegen die meisten Stücke der Berliner Sammlung zwischen 12,4 und 12,5 Gr.
15) Festus p. 359: talentorum non unum genus. Atticum est sex milium denarium, Rhodium et cistophorum quattuor milium et quingentorum
denarium. Das *talentum cistophorum* bedeutet 6000 Cistophorendrachmen, also 1500 ganze Cistophoren. Demnach war ein Cistophor = 3 Denaren, wobei, wie gewöhnlich, das ausländische Geld ungünstig gegen das
römische angesetzt war (Mommsen S. 50 oben). Die Angabe des Festus
wird bestätigt durch eine Inschrift von Kibyra (C. I. Gr. III p. 1167), wo
die rhodische Drachme, welche nach Festus der Cistophorendrachme gleich
ist, zu ⅞ Denar, also nur um ein unmerkliches niedriger angesetzt wird. Damit stimmt freilich nicht die Stelle in den Excerpten aus Festus p. 78:
Euboicum talentum nummo Graeco septem milium et quingentorum cistophorum est, nostro quattuor milium denarium, wonach der Cistophor auf
wenig mehr als 2 Denare anzusetzen wäre. Allein die Stelle ist unzweifelhaft verderbt und man hat sie auf verschiedene Weise zu verbessern gesucht. Vergl. Pinder S. 550 f., Mommsen S. 72. Auf keinen Fall kann durch
dieselbe weder die obige Angabe des Festus noch die früher besprochene
Bestimmung des euboischen Talentes (§ 25, 2. 3) alterirt werden.

Danach ist der Silberwerth dieser Münze auf ungefähr 22,3 Sgr., der römische Curswerth auf 21 Sgr. anzusetzen.

§ 8. *Syrien.*

1. **Hohlmafs.** Der syrische Metretes fafste 120 römische Sextarien und war mithin gleich 2½ römischen Amphoren = 1⅗ attischen Metreten. Er zerfiel, vorausgesetzt, dafs die Lesart richtig ist, in 6 ξέσται (Sechstel) von je 20 römischen Sextarien [1]. 2. **Münzen.** Durch die Seleukiden wurde in der königlichen Münze die attische Währung eingeführt. Das Tetradrachmon steht bis auf Antiochus IV maximal auf 17,20 Gr., kommt also der guten attischen und makedonischen Prägung (§ 27,6. 31,3) nahe. Jedoch sinkt es schon in dieser Periode oft unter 17 Gr. Von Antiochos V an geht das Gewicht, übereinstimmend mit der spätern attischen Prägung (§ 27, 6), nur mit seltenen Ausnahmen noch über 16,85 Gr. hinaus und sinkt häufig bis 16,5 Gr., zuletzt oft noch darunter [2]. Früher herrschte in Syrien die kleinasiatische Währung, die in der Prägung von Tyros, Sidon und Arados auch unter der Seleukidenherrschaft bestehen blieb. Das Ganzstück war ein Tetradrachmon, welches in Arados auf reichlich 15 bis unter 14 Gr., in Sidon und Tyros auf reichlich 14 bis 13,5 Gr. auskam [3]. Von den Römern wurde, wahrscheinlich nach der Anordnung des Pompejus, die tyrische Drachme dem Denar gleichgestellt, wie Josephus und der Alexandriner bezeugen [4]. In der Kaiserzeit prägte die Münze von Antiochia Tetradrachmen dieser Währung

---

1) Die Belege dafür geben Kleopatra p. 770: ὁ κατὰ Σύρους μετρητὴς (ἔχει) ξε. ς´ (andere Lesart ς´), Ἰταλικοὺς ρχ´; ferner die 7. Tafel der Galenischen Sammlung p. 762: ὁ μετρητὴς ξέστας ἑβδομήκοντα δύο· κατὰ δὲ Σύρους ἑκατὸν εἴκοσιν. Insbesondere für Antiochia giebt den Nachweis Didymos cap. 20 p. 155 Mai: ὁ δὲ Ἀντιοχικὸς μετρητὴς τοῦ Ἰταλικοῦ ἐστι διπλάσιος καὶ S´´. Vergl. Böckh S. 259.

2) Diese Angaben beruhen auf den Tafeln von Mionnet p. 172—184, Northwick p. 127—135, Queipo III p. 17—29.

3) Den Nachweis giebt Mommsen S. 35.

4) Joseph. Bell. Jud. 2, 21, 2: τοῦ Τυρίου νομίσματος, ὃ τέσσαρας Ἀττικὰς δύναται. Der Alexandriner cap. 18: τὸ Ἀττικὸν τάλαντον — δυνάμει — ἐπίτριτον τοῦ Ἀντιοχικοῦ, τῷ δὲ Τυρίῳ ἴσον. Bei beiden ist die attische Drachme und das attische Talent der römische Denar und das römische Rechnungstalent. Vergl. oben § 32, 1, Mommsen S. 31.

fort, die jedoch nach der Angabe des Pollux und des Alexandriners nur den Curs von 3 römischen Denaren hatten [5]).

§ 9. *Palästina.*

1. Die Längen- und Hohlmafse [1]) können nur soweit berücksichtigt werden, als sie in griechisch geschriebenen Quellen vorkommen und mit griechischen oder römischen Mafsen verglichen werden.

Das Stadion, welches dem hebräischen R i s entsprach, war das vierhundertfache der sogenannten mosaischen oder mittleren Elle, das hundertfache der entsprechenden Klafter, welche Julianus von Askalon die geometrische nennt [2]). Nach demselben gehen $7\frac{1}{2}$ Stadien auf die römische Meile. Angaben nach solchen Stadien finden sich u. a. bei Lucas 24, 13, Joseph. Bell. Jud. 7, 6, 6, Arch. 20, 8, 6.

Das gröfste Mafs des trockenen, das K o r, erwähnt Josephus Archaeol. 15, 9, 2. Indefs beruht seine Angabe, dafs es gleich 10 attischen Medimnen sei, auf einem Versehn; es betrug vielmehr, wie Böckh nachweist [3]), 45 römische Modien $= 7\frac{1}{2}$ attischen Medimnen $= 10$ attischen Metreten. Der zehnte Theil des Kor hiefs E p h a $= \frac{3}{4}$ des attischen Medimnos, das Zehntel des Epha A s s a r o n oder Gomor, von Josephus Arch. 3, 6, 6 irrthümlich auf 7 Kotylen anstatt auf 7 (genau $7\frac{1}{5}$) Sextarien bestimmt [4]). Der achtzehnte Theil des Epha war das K a b ; daher übersetzt Josephus 9, 4, 4 das Viertheil Kab aus 2. König. 6, 25 richtig durch ξέστης.

Dasselbe Mafs für das flüssige, wie das Epha für das trockene, war das B a t h $= 1$ attischem Metretes $= 72$ römischen Sextarien, wie Josephus Arch. 8, 2, 9 ausdrücklich angiebt [5]).

---

5) Poll. 9,86: τὸ Σύρων (τάλαντον) πεντακοσίας καὶ τετρακισχιλίας (ἐδύνατο δραχμὰς Ἀττικάς). Damit stimmt der Alexandriner an der in voriger Anm. angeführten Stelle, wo ἐπίτριτον $1\frac{1}{4}$ mal soviel bedeutet. Die richtige Deutung des syrischen oder antiochischen Talentes giebt Mommsen S. 37f. 715f.

1) Vergl. im allgemeinen Thenius Die althebräischen Längen- und Hohlmafse in den Theol. Studien und Kritiken von Ullmann und Umbreit 1846, I S. 73ff., Böckh M. U. S. 259ff., Queipo Essay I p. 71ff. 118ff.

2) Fenneberg S. 95ff.

3) M. U. S. 259.

4) Böckh S. 261, Queipo p. 121. Dagegen Thenius S. 108, der die Angaben des Josephus zu halten versucht.

5) Nach Thenius' Berechnung, die freilich keineswegs alle Widersprüche beseitigt, fällt das Bath fast um die Hälfte kleiner aus.

Der sechste Theil davon ist das Hin = 12 römischen Sextarien = 2 attischen Choen. Die letztere Bestimmung giebt ebenfalls Josephus Arch. 3, 8, 3. 9, 4. Das ἀλάβαστρον, ein Gefäfs für Salbe bei Marc. 14, 3, Luc. 7, 37 hielt nach Epiphanios p. 182 ½ Sextarius.

2. Gewicht und Münzen [6]). Das hebräische Talent hiefs כִּכָּר, wie Josephus [7]) ausdrücklich angiebt. Es zerfiel wie das griechische in 60 Minen, die Mine aber in 50 שֶׁקֶל, σίκλοι, welcher letztere der griechischen Eintheilung entsprechend von den Siebzig als δίδραχμον, im Neuen Testamente als στατήρ bezeichnet wird [8]).

Die Juden hatten in der Zeit vor der Unterwerfung unter die Könige von Assyrien, Persien, Syrien und Aegypten kein gemünztes Geld. Während der Unterwerfung durften sie nicht prägen, weil sie nicht autonom waren. Erst mit den Makkabäern vom J. 143 begann eine eigene jüdische Prägung. Die Hauptmünze war der שֶׁקֶל יִשְׂרָאֵל, ein Silberstück im Gewicht von 14,65 bis 13,5 Gr., welches dem tyrischen Tetradrachmon (Anh. § 8, 2) nachgeprägt war und demgemäfs auch von Josephus diesem gleichgestellt wird [9]). Als Theilmünzen kommen Dreiviertelstücke, Hälften und Viertel vor. Der Silberwerth des Siklos ist nach dem Maximalgewicht auf 26,4 Sgr., im Mittel auf 25 Sgr. anzusetzen.

Mit der Unterwerfung unter römische Herrschaft wurde das Münzrecht für Silber aufgehoben. Seit Herodes (38 v. Chr.) ist nur noch Kupfer geschlagen worden.

---

6) Vergl. Böckh M. U. S. 52—65, dem Winer im Biblischen Real-wörterbuch und Bunsen in der Vorrede seines Bibelwerkes I S. CCCLXXII ff. folgen. Die obige Darstellung beruht aufser auf Böckh vorzüglich auf Ca-vedoni's Numismatica biblica, Modena 1850, deutsch übersetzt von A. von Werlhof, Hannover 1855.

7) Archaeol. 3, 6, 7: Ἑβραῖοι μὲν καλοῦσι κίγχαρες (κίγχαρας?), εἰς δὲ τὴν Ἑλληνικὴν μεταβαλλόμενον γλῶσσαν σημαίνει τάλαντον.

8) Den Nachweis s. bei Böckh S. 53—56. Bei Matth. 17, 24. 27 heifst das Ganzstück στατήρ, die Hälfte δίδραχμον.

9) Die Wägungen sind am vollständigsten zusammengestellt von Queipo III p. 6. Die höchsten Gewichte theilt de Saulcy Rech. sur la num. Jud. p. 17 ff. mit. Die Stelle des Josephus Archaeol. 3, 8, 2: ὁ σίκλος νό-μισμα Ἑβραῖον ὢν Ἀττικὰς δέχεται δραχμὰς τέσσαρας ist in Verbin-dung mit der oben § 8 Anm. 4 angeführten Stelle zu erklären. Das tyrische wie das hebräische Silberstück wurden als Tetradrachmen ange-sehen und von den Römern anfangs auf 4 Denare tarifirt.

Von römischen Münzen werden im Neuen Testamente erwähnt der Denar, As und Quadrans [10]).

§ 10. *Persien.*

1. Längenmafs. Herodot (1, 178) giebt bei der Beschreibung der Mauern von Babylon die Höhe und Breite derselben in
königlichen, d. h. persischen Ellen an, und bemerkt dabei,
dafs diese Elle um 3 Daktylen gröfser sei als die gemeine griechische (§ 8, 2). Mit Zugrundelegung des attischen Mafses würden sich hiernach 520 Millimeter für die persische Elle ergeben.
Dieses Resultat haben neuere Messungen in überraschender Weise
bestätigt, nur dafs danach das genaue Mafs noch etwas höher auf
525 bis etwa 530 Millimeter anzusetzen ist [1]). Daraus folgt zugleich mit Evidenz die Gleichheit der persischen mit der ägyptischen Elle von 525 bis 527 Millimeter (Anh. § 11, 1).

Nach Herodot (7, 117) war der Perser Artachäes nur um
4 Daktylen kleiner als 5 persische Ellen, also reichlich 8 (genau
8,12) preufs. Fufs hoch. Die Mauern Babylons waren (nach
1,178) 50 Ellen dick und 200 Ellen hoch = 84 und 336
preufs. Fufs.

Das königliche Wegmafs war nach Herodot (6,42) der Parasanges (neupersisch *fersenk*). Er wird von ihm durchgehends
(2, 6. 5, 53. 6, 42) zu 30 Stadien bestimmt und ebenso von
Xenophon (Anab. 2, 2, 6. 5,5, 4) gerechnet. Der heutige Fersenk
der Perser beträgt nach Ideler [2]) nahezu 4 römische = $\frac{4}{5}$ geogr.
Meilen. Der altpersische Parasang mufs jedoch kleiner gewesen
sein. Die Angaben bei Herodot (5, 52 f.) führen nach Ideler
(S. 118) auf ungefähr 3,4 römische = $\frac{2}{3}$ geogr. Meilen. Noch
niedriger fällt der Parasang nach den Angaben Xenophon's aus.
Nach Anab. 1, 2, 23 und 4, 1 berechnet ihn Ideler zu 3, nach

---

10) *Δηνάριον* Matth. 18, 28, *ἀσσάριον* Matth. 10, 29, *κοδράντης*
Matth. 5, 26. Das *λεπτόν* erklärt Marc. 12, 42 als halben Quadrans.
1) Oppert, Mitglied der vor einigen Jahren von der französischen Regierung nach Mesopotamien geschickten Expedition, fand durch Messungen
von Steinplatten aus den Ruinen des alten Babylon die Länge der altpersi-
schen Elle = 525 Millimeter. Vergl. Böckh in dem Bericht der Berliner
Akad. 1854 S. 77. 108. Aus einer Nachmessung der Seite der Königsburg
bestimmt derselbe (bei Böckh S. 78) die Elle zu 527,78 Millim., endlich
nach einer freilich sehr unsichern Combination über den Birs Nimrud zu
533,33 Millim. (S. 79). Doch bedürfen alle diese Angaben noch genauerer
Begründung. Als genäherter Mittelwerth dürften 525 bis 530 Millim. anzunehmen sein.
2) Abhandl. 1827 S. 119 f.

2, 2, 6 zu nur 2,8 römischen Meilen. D'Anville[3]) entscheidet sich für die Bestimmung zu 3 römischen = $\frac{3}{5}$ geogr. Meilen, und diese hält auch Ideler für die wahrscheinlichste. Entschieden zu hoch sind die Ansätze, welche den Parasang dem ägyptischen Schoinos gleich stellen[4]).

2. **Hohlmafs.** Das Hauptmafs für trockenes war die Artabe, über welche Herodot (1,192) bemerkt: ἡ δὲ ἀρτάβη μέτρον ἐὸν Περσικὸν χωρέει μεδίμνου Ἀττικοῦ πλέον χοίνιξι τρισὶ Ἀττικῇσι. Sie war also = $1\frac{1}{10}$ Medimnos = 55,81 Liter = 1,0154 preufs. Scheffel[5]). Identisch mit der persischen ist jedenfalls die medische Artabe, welche Polyaen (4,3,32), Suidas und Hesychios weniger genau dem attischen Medimnos gleichsetzen. Ein kleineres Mafs war die καπίθη, nach Xenophon (Anab. 1, 5, 6) gleich 2 attischen Choeniken, vielleicht der 24ste Theil der Artabe, also genau = $2\frac{1}{8}$ Choeniken = 2,325 Liter = 2,03 preufs. Quart. Falsch ist die Bestimmung bei Hesychios, der 2 Kotylen auf die καπίθη rechnet, verdächtig auch die Angabe des Polyaen (4, 3, 32), der die καπέτις der attischen Choenix gleichsetzt. Das doppelte der καπίθη war nach Pollux (4, 168), Hesychios und dem Etymol. M. die ἄδδιξ oder ἄδδιξις = 4 (genau $4\frac{1}{4}$) Choeniken, erwähnt auch von Aristophanes bei Eustathios (zu Od. 19 p. 1854, 12) und Photios (unt. d. W.). Die ἀχάνη, als persisches Mafs bei Aristophanes (Ach. 108f.) genannt, betrug nach Aristoteles bei Suidas und dem Scholiasten zu Aristophanes 45 attische Medimnen. Demnach würden 42 Artaben auf die ἀχάνη gehen.

Als Mafs für flüssiges nennt Polyaen (4,3,32) den μάρις, den er zu 10 attischen Choen = $\frac{5}{6}$ Metretes = 32,829 Liter = 28,67 preufs. Quart bestimmt[6]).

---

3) Traité des mesures p. 95.

4) In der zweiten Heronischen Tafel wird der Parasang gleich dem Schoinos zu 30 Philetärischen Stadien = 4,26 röm. Meilen angesetzt. Dem widersprechen sowohl die eben angeführten Berechnungen aus Herodot und Xenophon, als auch der Umstand, dafs Herodot 2, 6 den Parasang als ein kleineres Mafs als den Schoinos betrachtet. Ganz willkürlich ist die Hypothese von Queipo I p. 271 ff., der aufser der von Herodot erwähnten eine gröfsere königliche Elle von 640 Millim. aufstellt und den Parasang als das 10000fache derselben = 4,32 röm. Meilen annimmt.

5) Ein ganz abweichendes System der persischen Hohlmafse stellt Queipo I p. 358 ff. auf, indem er (p. 368) in der angeführten Stelle Herodot's τριάκοντα für τρισὶ schreibt.

6) Mit dem persischen μάρις ist der makedonische nicht zu verwechseln, der nur 6 Kotylen fafst, also 20mal kleiner als jener ist. Vergl. Anh. § 6, 1.

3. **Gewicht und Münzfufs.** Die beiden Geldgewichte im persischen Reiche waren nach Herodot 3,89 ff. das babylonische Talent für Silber und das euboische für Gold. Leider ist der Bericht, den er an der genannten Stelle über die Tribute der Provinzen des persischen Reiches giebt, nicht unverfälscht überliefert. Die 360 Goldtalente, welche Indien steuerte, finden sich nach dem Ansatze, dafs das Gold den dreizehnfachen Werth des Silbers habe, richtig auf 4680 euboische Silbertalente reducirt. Dagegen stimmen die übrigen Zahlen nicht. Addirt man die einzelnen Beträge der neunzehn Satrapien, so erhält man 7600 babylonische Talente [7]); reducirt man diese nach dem Ansatze, welchen die handschriftliche Ueberlieferung giebt, dafs ein babylonisches Talent gleich 70 euboischen Minen sei, so erhält man nur 8866⅔ euboische Talente anstatt der von Herodot berechneten 9540. Endlich stimmt auch die Totalsumme, die nach Herodot 14560 Talente beträgt, nicht mit dem übrigen. Als sehr wahrscheinliche Verbesserung wird von Mommsen vorgeschlagen, dafs Herodot nicht 70, sondern 78 euboische Minen auf das babylonische Talent rechnete, und danach die Summe der Silbertribute, in euboischen Talenten ausgedrückt, 9880 statt 9540 betrug, worauf die von Herodot gegebene Totalsumme vollkommen stimmt [8]). Wie dem auch sei, soviel geht sicher aus der

----

7) Bei der vierten Satrapie Kilikien sind nicht, wie Böckh u. a. wollen, die vollen 500 Talente in Rechnung zu bringen, sondern nur die 360, welche dem König baar eingingen (Δαρείῳ ἐφοίτα).

8) Der wahrscheinliche Fehler findet sich am sichersten durch Zurückrechnen. Die Totalsumme ist nach Herodot 14560, die beiden Posten, durch deren Addition sie entstanden, 9540 und 4680. Die letzte Zahl ist sicher, da sie aus der richtigen Reduction der 360 Goldtalente entstanden ist; es ist also entweder die Totalsumme oder der erste Posten unrichtig. Nun ist oben gezeigt worden, dafs die Zahl 9540 schon anderweitig verdächtig ist; nehmen wir also an, die Hauptsumme sei richtig, so ergiebt sich 14560 — 4680 = 9880 statt der im Texte stehenden 9540, eine Aenderung, die auch paläographisch sehr wahrscheinlich ist. Setzen wir nun diese 9880 euboischen Silbertalente gleich den 7600 babylonischen Talenten, welches die Summe der einzelnen Steuerquoten war, so folgt, dafs das babylonische Talent 78 euboische Minen gehabt habe. Wenn also die Rechnung bei Herodot stimmen soll, so sind die Zahlen 70 und 9540 in der angegebenen Weise zu ändern. Diese Verbesserungen hat Mommsen Gesch. des röm. Münzw. S. 22 fl. vorgeschlagen, wobei er von dem aus den Münzgewichten gefundenen Satze ausgeht, dafs das babylonische Talent zu dem euboischen sich wie 4 : 3 verhält. Danach würden eigentlich 80 euboische Minen auf das babylonische Talent gehen, allein Herodot rechnet nur 78, weil die euboische d. h. attische Mine Silbers etwas größer war, als die euboische oder persische Mine Goldes.

Stelle hervor, dafs es im persischen Reiche ein eigenes Gewicht
für Gold wie für Silber gab, und dafs letzteres gröfser war als das
erstere. Zuverlässige Auskunft geben die Münzen. Die gewöhn-
lichste Goldmünze der persischen Könige, bei den Griechen unter dem Namen στατήρ Δαρεικός oder blos Δαρεικός[9]) gangbar, war ein Stück im Effectivgewicht von 8,385 Gr.[10]). Da nun
στατήρ nach allgemeinem Sprachgebrauch das Didrachmon
bezeichnet (§ 19, 2), so ist das euboische Goldtalent Herodot's
auf 3000 Dareiken anzusetzen[11]). Dem Golddareikos entspricht
als Silbermünze der medische Siglos[12]), von Späteren auch Sil-

---

9) Herod. 7, 28; Thukyd. 8, 24, 4; Xenoph. Anab. 1, 1, 9, eb. 3, 21. 5, 6,
18, Cyrop. 5, 2, 7; Lys. 12, 11; Demosth. 24, 129; Arist. Ekkl. 602; Poll.
9, 59; die Lexikographen unt. Δαρεικός. Vergl. Böckh Staatsb. I S. 32,
Mommsen S. 9. 51. Ueber die Ableitung der Benennung Δαρεικός sind die
Ansichten getheilt. Nach der gewöhnlichen Ansicht wird sie auf den König
Dareios zurückgeführt. Dem steht freilich entgegen, dafs die Münze sicher
schon vor Dareios bestanden hat, denn es ist diejenige, von welcher Solon
bei der Einführung des neuen Münzfufses ausging (§ 25, 2. 3). Dies führte
schon im Alterthume, wie Harpokration, Suidas u. a. berichten, auf die Vermuthung, das Goldstück habe von einem ältern Dareios den Namen gehabt. Doch ist diese Fiction durch nichts begründet. Eher ist anzunehmen,
dafs die Münze, obwohl sie schon früher bestand, bei den Griechen erst
von Dareios, des Hystaspes Sohn, den Namen erhalten hat, da sie unter
diesem zuerst in Griechenland häufiger in den Verkehr kam. Nach einer
andern Vermuthung soll Δαρεικός die gräcisirte Form des Wortes sein,
welches im hebräischen als *darkemon* oder *adarkon* erscheint und möglicher Weise mit δραχμή identisch ist. Vergl. Hussey p. 102f. 181 ff.
10) Mommsen S. 9 weist nach, dafs der Dareikos, das gangbarste königliche Goldstück, die Hälfte eines Grofsstückes von 16,70 bis 16,50 Gr.
war. Das Gewicht des Dareikos ist nach einem Goldfunde am Berge Athos
bestimmt worden. Von den dort ausgegrabenen 300 Dareiken wog Borrel
(Numism. Chron. VI p. 153) 125 Stücke und fand als Durchschnittsgewicht
8,385 Gr. (= 129,4 engl. Gran). Die späteren Dareiken stehen durchschnittlich eine Kleinigkeit (bis zu 8,26 Gr.) niedriger.
11) Damit ist zunächst noch nicht gesagt, dafs das Talent von 3000 Dareiken ein persisches Gewicht war, sondern nur, dafs Herodot das persische Goldgewicht nach griechischer Weise als Talent ausdrückte. Ein
solches Goldtalent ist in der häufig bei Schriftstellern vorkommenden
Summe von 3000 Dareiken zu erkennen, wie bei Xenoph. Anab. 5, 6, 18,
Eupolis bei Poll. 9, 58, Suid. unt. Δαρεικός. Dafs es aber auch wirklich
ein persisches Gewicht war, scheint aus dem königlichen Hofhaltungsbericht
bei Polyaen 4, 3, 32 hervorzugehen. Dort erscheint überall persisches
Mafs und Gewicht, und zwar als Gewicht das τάλαντον, ἡμιτάλαντον und
die μνᾶ. Nun werden die Hohlmafse sämmtlich auf attisches Mafs reducirt, die Gewichte aber nicht. Es war also wenigstens im Sinne Polyaen's
das Talent ein persisches Gewicht in gleichem Betrage mit dem attischen.
12) Den medischen Siglos erwähnen Xenoph. Anab. 1, 5, 6, Poll. 9,
82, Photios, Hesychios, C. I. Gr. 150, 20. Σίγλος ist das gräcisirte *shekel*,
welches im hebräisch-hellenistischen Dialekt durch σίκλος (Anh. § 9, 2), im

berdareikos [13]) genannt, welcher ⅔ von jenem = 5,56 Gr. wiegt und von Xenophon gleich 1¼ attischen Drachmen geschätzt wird [14]). Dieser Siglos ist als die Hälfte des weitverbreiteten persischen oder babylonischen Silberstater zu betrachten, der von den Satrapen des persischen Reiches sowie von den Städten Kleinasiens und anderwärts geschlagen wurde, und der in seinem Gewicht zwischen 11,5 bis 9,5 Gr. schwankt [15]). Es ist also zu erwarten, dafs, ebenso wie in den Dareiken das Goldgewicht, in dieser Münze das persische Silbergewicht vertreten sei. Das Silbertalent war nach Herodot gröfser als das Goldtalent; wir erkennen daher in dem medischen Siglos die Drachme und in dem gröfsern Stücke den Stater des persischen oder, wie Herodot es nennt, babylonischen Silbertalentes, und folgern weiter, dafs dasselbe zu dem Goldtalente in dem Verhältnifs von 4 : 3 stand.

Ueber das Verhältnifs, nach welchem von der königlichen persischen Münze das Silber zum Golde ausgebracht wurde, giebt die Angabe Herodot's, dafs das Gold den dreizehnfachen Werth von jenem habe, einen interessanten Aufschlufs. Nach diesem Verhältnifs ist nämlich ein Golddareikos von 8,38 Gr. gerade gleich 20 Silberdareiken von 5,56 Gr. [16]). Dies scheint also der legale Münzwerth zwischen beiden Metallen gewesen zu sein; es darf aber nicht daraus gefolgert werden, dafs es das wirkliche Cursverhältnifs gewesen sei. Im Verkehr stand das Gold im Orient niedriger, höchstens zum zehnfachen Werthe des Silbers, die persischen Könige brachten demnach das erstere mit einem bedeutend erhöhten Münzwerthe aus.

Es sind nun noch die Werthbestimmungen der persischen

griechischen selbst durch στατήρ gegeben wird (§ 19, 2). Nach der von Xenophon überlieferten Werthgleichung mit dem attischen Geld (Anm. 14) kann kein Zweifel sein, dafs der medische Siglos eben jene persische Silbermünze von 5,56 Gr. sei, obgleich eigentlich das doppelt so schwere Ganzstück mit diesem Namen hätte bezeichnet werden sollen.

13) Die Benennung Δαρεικός haftet ursprünglich allein an der Goldmünze; doch spricht schon Plut. Kim. 10 von Silberdareiken im Gegensatz zu goldenen.

14) Die dreiundzwanzig höchsten Stücke bei Mionnet Poids p. 193 bis 195 wiegen im Durchschnitt 5,556 Gr. (= 104,6 Gran). Mommsen S. 13 rechnet 5,57 Gr. Damit stimmt sehr wohl die Angabe bei Xenophon Anab. 1, 5, 6, dafs der Siglos den Werth von 7½ attischen Obolen, die ein Gewicht von 5,46 Gr. darstellen, gehabt habe. Weniger genau ist die Gleichung des Siglos mit 8 attischen Obolen bei Photios und Hesychios.

15) Die nähere Ausführung s. bei Mommsen S. 13f.

16) Darauf hat zuerst Queipo I p. 302 hingewiesen.

Münze zu geben, wobei das Gold nach seinem heutigen Curswerthe zum Silber (§ 22, 3) gerechnet, aufserdem aber auf die
Legirung ein geringer Abzug gemacht ist [17]). Danach ist
der Dareikos von 8,385 Gr.   = 7 Thlr. 16,9 Sgr.
der persische Silberstater
von 11,39 Gr.   = — - 20 -
der medische Siglos von 5,56 Gr. = — - 9,7 -
Ferner ist mit Zugrundelegung dieser Münzen das euboische
Goldtalent von 25,075 Kilogr. auf 22700 Thlr., das babylonische
Silbertalent von 33,42 Kilogr. auf 1940 Thlr. anzusetzen. Danach beträgt die Summe der von Herodot aufgeführten Tribute
in Gold etwa $8\frac{1}{4}$, in Silber $14\frac{1}{2}$, zusammen $22\frac{3}{4}$ Millionen
Thaler [18]).

§ 11. *Aegypten. Längen- Flächen- und Hohlmafse.*

1. Seitdem die erste altägyptische Elle, die in den Trümmern von Memphis aufgefunden wurde, von Jomard [1]) beschrieben worden ist, haben sich noch mehrere derartige Mafsstäbe
hinzugefunden [2]), sodafs jetzt folgendes als feststehend betrachtet
werden kann. Die ägyptische Elle, wahrscheinlich von Alters her
die königliche [3]) genannt, bestand aus 28 Fingerbreiten und hatte
die Länge von 525 bis 527 Millimeter [4]). Dieselbe liegt als Mafs
vielen ägyptischen Bauwerken zu Grunde; andere dagegen sind

17) Nach Letronne Considérations p. 108 haben die Dareiken den Feingehalt von 0,97, also nicht ganz so feines Korn als die Goldmünzen
Alexanders (§ 31, 4).
18) Genau 14564000 + 8169000 = 22733000 Thlr.
1) Description d'un étalon metrique orné d'hiéroglyphes, Paris 1822.
Diese Elle, von Dovretti nach Europa gebracht, ist von Meroeholz und
wie die meisten übrigen in 28 Daktylen getheilt. Die darauf befindlichen
Hieroglyphen hat Champollion - Figeac im Bulletin des sciences historiques
I p. 281 ff. II p. 21 ff. erklärt. Danach ist sie einem gewissen Amenemopht unter
der Regierung des Königs Horus von der 18. Dynastie um das Jahr 1600
v. Chr. in das Grab gelegt worden.
2) Eine Zusammenstellung dieser Mafsstäbe geben Saigey Traité de
métrologie p. 9 ff., Böckh Metrol. Unters. S. 223 ff. und neuerdings Queipo
Essai I p. 44 ff.
3) Auf drei Ellen hat man die Hieroglyphen STN d. i. *suten, König,*
königlich gelesen. Champollion a. a. O. p. 283. 287 und im 2 Bande p. 21,
Böckh S. 226.
4) Böckh S. 227 berechnet aus 6 Ellenmafsen den Durchschnitt von
524,587 Millim., Queipo p. 47 nimmt mit Girard als Durchschnitt 525 Millim.; etwas mehr, nämlich 527 Millim., giebt die Elle des Nilmessers von
Elephantine (Böckh S. 228). Letronne (vergl. Anm. 7) p. 116 setzt die
ägyptische Elle auf 527,5 Millim.

nach einer kürzeren Elle von 462 bis 463 Millim., welche nur
24 Daktylen enthielt, erbaut worden [5]). Es fragt sich nun, welche
von beiden Ellen Herodot unter der von ihm erwähnten ägyptischen Elle verstanden habe. Aus 2, 149 geht hervor, dafs er
keine andere Eintheilung der Elle als die in 6 Palästen oder 24
Daktylen kannte, und es liegt daher nahe zu vermuthen, dafs er
die kleinere ägyptische Elle gemeint habe. Allein er spricht an
jener Stelle im Grunde nur von dem griechischen Mafssystem,
und ebenso wenig, wie man aus derselben auf ein ägyptisches
Stadion schliefsen darf, läfst sich etwas über die Eintheilung der
ägyptischen Elle folgern. Dazu kommt, dafs die angenommene
kleinere Elle der griechischen von 462,4 Millim. genau gleichkommt, während Herodot 2, 168 die ägyptische Elle der samischen
gleichsetzt, sie also von der gemeinen griechischen Elle, dem
πῆχυς μέτριος (§ 5, 3), unterscheidet. Entscheidend ist endlich
der Umstand, dafs, als unter der Herrschaft der Ptolemäer das
griechische System auf das ägyptische Mafs angewendet wurde,
eben die gröfsere oder königliche Elle zu Grunde gelegt wurde.
Wäre die kleinere Elle wirklich allgemeiner im Gebrauche gewesen, so hätte nichts näher gelegen als von dieser auszugehen,
da sie der griechischen gleich war. So aber legte man die königliche Elle zu Grunde, weil sie zu jener Zeit die allein übliche war,
und erhielt dadurch Mafse, die, wie sogleich zu zeigen ist, trotz
ihrer griechischen Namen durchaus von den griechischen ab-
wichen. Herodot kann also mit seiner ägyptischen Elle keine
andere als die von 28 Daktylen = 525 Millim. = 1,673 preufs.
Fufs gemeint haben, welche übereinstimmend alle aufgefundenen
Mafsstäbe zeigen.

2. Als das Ptolemäische Reich in Aegypten gegründet wurde,
liefs die neue Dynastie das alte Längenmafs unverändert bestehen,
trug aber das griechische System auf dasselbe über [6]). Die Elle,

---

5) Das Mafs der gröfseren Elle fand zuerst Newton (Dissertatio de
sacro Iudaeorum cubito etc. in Opusc. math. philos. et philol. III p. 495)
aus einigen Dimensionen im innern der grofsen Pyramide von Memphis
wieder; er berechnete danach die Elle zu 1,719 engl. Fufs = 523,95 Millim., was spätere Messungen bestätigt haben. Vergl. darüber Böckh S. 232f.
Die kleinere Elle, die auch auf den Mafsstäben angedeutet zu sein scheint,
ist an Bauwerken nachgewiesen worden von Jomard Exposition du système
métrique des anciens Egyptiens in der Description de l'Égypte, édit.
Panckoucke vol. VII. Die von ihm gefundenen Resultate werden in der
Hauptsache von Böckh S. 234 ff. gebilligt.
6) Letronne Recherches p. 209 ff.

die auch jetzt noch unter dem Namen der königlichen erscheint, wurde von nun an in 24 statt in 28 Daktylen getheilt; zwei Drittheil derselben = 350 Millimeter bildeten den neuen Fufs, der den Namen des Ptolemäischen oder Philetärischen erhielt, und daraus entwickelte sich ganz nach griechischer Weise das übrige System: die Klafter von 6 Fufs oder 4 Ellen, das Plethron von 100 Fufs, das Stadion von 600 Fufs oder 400 Ellen. Den Schlüssel zu diesem System giebt uns eines der unter dem Namen des Didymos überlieferten Fragmente; die ausführliche Darstellung desselben finden wir aufser bei Didymos in den Heronischen Tabellen. Beide, Heron und Didymos, sind Alexandriner; schon das weist darauf hin, dafs das Philetärische Mafs ein ägyptisches, nicht ein kleinasiatisches ist [7]). Didymos (cap. 12) bemerkt: ὁ πῆχυς ἔχει παλαιστὰς ς', δακτύλους κδ', πόδας Πτολεμαϊκοὺς α' S, Ῥωμαϊκοὺς δὲ πόδας α' S ε" ι" d. h. $1 + \frac{1}{2} + \frac{1}{3} + \frac{1}{10} = 1\frac{1}{3}$ römische Fufs [8]), womit übereinstimmend später gesagt wird, dafs der römische Fufs sich zur königlichen Elle wie 5 : 9 verhalte [9]). Nun sind 1½ römische Fufs = 532,33 Millimeter, wir erkennen also in der königlichen Elle des Didymos die alte ägyptische von 525 Millim. Die geringe Differenz erklärt sich dadurch, dafs Didymos nur eine annähernde Bestimmung giebt; das genaue Verhältnifs des römischen Fufses zur königlichen Elle ist 1 : 1,775, wofür er in runden Zahlen 1 : 1,8 = 5 : 9 setzt. Der dazu gehörige Fufs heifst der Ptolemäische, ein sicherer Beweis dafür, dafs das neu eingeführte Mafssystem von den Ptolemäern herrührt. Schwieriger ist die Erklärung der andern Benennung, welche Didymos und Heron haben, des Philetärischen Fufses [10]). Es dürfte, nachdem

---

7) Vergl. im allgemeinen Letronne Recherches sur les fragments d'Héron, besonders p. 104—109, Hase über das ptolemäische und das philetärische Fufsmafs im Palaeologus S. 20 ff., Queipo Essai I p. 146 ff. Nach Kleinasien verlegt den Philetärischen Fufs Böckh S. 215 ff., indem er ihn auf Philetäros, den Gründer des pergamenischen Reiches, zurückführt. Im übrigen stimmt er insofern mit den vorhergenannten überein, als er den Philetärischen und Ptolemäischen Fufs für gleich hält. Was dagegen Fenneberg Untersuchungen über die Längen- Feld- und Wegmafse S. 76 ff. über das Philetärische System vermuthet, scheitert daran, dafs der italische Fufs schlechterdings kein anderer als der römische sein kann (Anm. 10).

8) Hase a. a. O. S. 24.

9) Ὁ Ῥωμαϊκὸς πούς πρὸς τὸν βασιλικὸν πῆχυν λόγον ἔχει — ὡς ε' πρὸς ϑ'.

10) In der tabellarischen Uebersicht des Systems, welche das 2. Heronische Fragment und cap. 16 bei Didymos geben, erscheint anstatt des Ptolemäischen der Philetärische, anstatt des römischen der italische

das betreffende System als eigenthümlich ägyptisch nachgewiesen
ist, kaum gerathen sein, noch an Philetäros, den Gründer des
pergamenischen Reiches, zu denken, wenngleich in Kleinasien ein
ähnlicher Fufs, der königlichen persischen Elle zugehörig, in
Gebrauch gewesen ist. Vielleicht ist darin der Name des Mannes
zu suchen, der damals im Auftrage des Ptolemäos das neue
System berechnete und einführte [11]).

Eine weitere Modification erhielt das Philetärische System
unter der römischen Herrschaft, indem die Hauptmafse der Römer,
das Jugerum und die Meile, dazu aufgenommen wurden. Ohne
alle Schwierigkeit erfolgte die Einführung des Jugerum. Da der
römische Fufs zu dem Philetärischen in dem Verhältnisse von
5 : 6 stand, so stellte ein Philetärisches Doppelplethron gerade
ein Jugerum von 240 römischen Fufs Länge und 120 Fufs
Breite dar. Weniger leicht war die Uebertragung der Meile.
Nach genauer Rechnung gingen 7,004 Philetärische Stadien auf
die römische Meile, und 4,26 Meilen auf das ägyptische Wegmafs,
den Schoinos von 30 Stadien. Dies Verhältnifs vereinfachte man,
indem man in runder Zahl 4 Meilen auf den Schoinos und demgemäfs 7½ Stadien auf die Meile rechnete. Freilich wurde dadurch
die Meile gröfser, sie enthielt, wie auch Heron und Didymos ausdrücklich angeben, nun 5400 (anstatt 5000) römische Fufs [12]);
wir müssen uns also wohl hüten diese ägyptische Meile mit der
römischen zu verwechseln, ebenso wie das Philetärische Stadion
von dem älteren griechischen durchaus verschieden ist.

3. Eine besondere Betrachtung macht noch das ägyptische
Wegmafs nöthig, welches wir unter dem griechischen Namen
σχοῖνος kennen. Die Entstehung dieser Benennung erklärt Hieronymus [13]): 'in Nilo flumine sive in rivis eius solent naves funibus

---

Fufs. Dafs beide Namen mit den vorhergenannten identisch sind, wird dadurch aufser allem Zweifel gesetzt, weil Didymos sowohl den Ptolemäischen
als den Philetärischen Fufs königliches Mafs nennt, und weil er das Verhältnifs des Ptolemäischen Fufses zum römischen gerade so bestimmt
wie das des Philetärischen zum italischen. Und wo findet sich überhaupt der geringste Anhalt dafür, dafs man je unter dem italischen Mafse
anderes als römisches verstanden hat? Vergl. Letronne p. 105.

11) Eine entfernte Analogie dazu wäre der pes Drusianus in Germanien (Anh. § 18). Letronne p. 118 hält mit Girard Φιλεταίριος für ein
ägyptisches Wort mit der Bedeutung königlich.

12) Heron Fragm. 2, 2, 21 und Didymos an der entsprechenden Stelle:
τὸ μίλιον ἔχει — πόδας Φιλεταιρίους μὲν ͵ϛφ´, Ἰταλικοὺς δὲ ͵ευ´.
Da der italische Fufs der römische ist, so kann an eine Identität dieser
Meile mit der römischen nicht mehr gedacht werden.

13) In Ioel. c. 3 tom. VI p. 84 C edit. Basil.

trahcre certa habentes spatia, quae appellant f u n i c u l o s, ut labori
defessorum recentia trahentium colla succedant'. Nach Strabo
(17 p. 804), der Artemidoros von Ephesos als Gewährsmann
anführt, war die Länge dieser Stationen je nach der Localität und
dem Gefälle des Flusses sehr verschieden; es fand sich, dafs dieselben bald 30 bald 40 bald selbst 60 und 120 Stadien betrugen.
Dem entsprechend schwanken auch die Angaben über die Gröfse,
die dem Schoinos als Wegmafs zugeschrieben wird. Herodot
rechnet ihn überall zu 60 Stadien (§ 9, 1), Eratosthenes (nach
Plin. 12, 13 § 53) zu 40, Artemidor, Strabo und die alexandrinischen Metrologen zu 30 Stadien. Sicheren Anhalt gewähren
einige Angaben über die Dimensionen Aegyptens theils bei Herodot theils im Itinerarium Antonini (p. 152 Wessel.), aus denen
schon d'Anville und Ideler folgerten, dafs der Schoinos ungefähr
4 römische Meilen betragen habe[14]). Das genauere Resultat
konnte sich erst aus der Kenntnifs des Philetärischen Systems
ergeben. Mit Hülfe desselben weist Letronne[15]) nach, dafs der
Schoinos 4 ägyptische Meilen, jede gleich 3000 königlichen Ellen
oder 4500 Philetärischen Fufs, enthielt. Danach ist das genaue
Mafs des Schoinos 6300 Meter = 20077 preufs. Fufs = 4,26
römische Meilen; die römischen Geodäten rechneten aber wohl
die ägyptische Meile der römischen gleich und somit auch den
Schoinos gleich 4 römischen Meilen.
      4.   Es folgen nun die Hauptmafse des Philetärischen Systems
zusammengestellt mit den entsprechenden griechischen und römischen. Für die Reduction ist die königliche Elle von 525 Millimeter = 1,673 preufs. Fufs zu Grunde gelegt.

Philetärisches Mafs		griechisches	römisches	
δάκτυλος	0,0697	0,061	0,059	
παλαιστή	0,279	0,245	0,236	
σπιθαμή	0,836	0,74	0,71	preufsische Fufs.
πούς	1,115	0,98	0,94	
πῆχυς	1,673	1,47	1,41	
ὀργυιά	6,69	5,89	—	
πλέθρον	111,5	98,22	—	
στάδιον	669,2	589,35	—	
μίλιον	5019	--	4711,4	
σχοῖνος	20077	—	—	

14) D'Anville Mémoire sur la mesure du schène Égyptien in den Mém.

Dazu kommt als Flächenmafs das Jugerum von 200 Philetärischen Fufs in die Länge und 100 in die Breite=0,96 preufs. Morgen.

5. Als ägyptisches Feldmafs nennt uns Herodot 2,168
die ἄρουρα, welche 100 Ellen in's Gevierte hielt. Dafs hier die
königliche ägyptische Elle zu verstehen ist, ist bereits oben (1)
gezeigt worden. Die Seite der Arura betrug demnach 52,5 Meter
= 167,3 preufs. Fufs, der Flächeninhalt 1,083 Morgen. Die
Landesvermessung nach solchen Aruren erhielt sich bis in die
römische Zeit [16]); doch mufs daneben wie aus Didymos und
Heron hervorgeht, auch das Jugerum oder Doppelplethron des
Philetärischen Fufses in Gebrauch gewesen sein (2).

6. Hohlmafse. Didymos (cap. 21) unterscheidet den
Ptolemäischen Medimnos, die Hälfte desselben oder die alte Artabe und die zu seiner Zeit gebräuchliche Artabe: ὁ Πτολεμαϊκὸς
μέδιμνος ἡμιόλιός ἐστι τοῦ Ἀττικοῦ καὶ συνέστηκεν ἐξ
ἀρταβῶν μὲν τῶν παλαιῶν β', ἣν γὰρ ἡ ἀρτάβη μοδίων δ' S·
νῦν δὲ διὰ τὴν Ῥωμαϊκὴν χρῆσιν χρηματίζει (χρηματίζεται?)
γ' γ'' (μοδίων). Daraus geht hervor, dafs die alte ägyptische
Artabe dem attischen Metretes gleich war [17]), womit auch Epiphanios (p. 181) und Isidor (Orig. 16, 26, 16) übereinstimmen,
indem sie die Artabe zu 72 Sextarien ansetzen. Der Ptolemäische Medimnos betrug demnach 9 römische Modien = 78,79 Liter
= 1,433 preufs. Scheffel. Auf das Ptolemäische Mafs bezieht
sich vielleicht das 15. Fragment der Galenischen Sammlung, in
welchem ein Medimnos erscheint, der ebenfalls 1½ des attischen
beträgt [18]). Derselbe wird in 12 ἡμίεκτα getheilt; das ἡμίεκτον
zerfällt als Mafs für trockenes in 8 χοίνικες, als Mafs für flüssiges in 2 χόες, die χοῖνιξ hat 3 attische Kotylen.

---

de l'Acad. t. 26 p. 82 ff., und Discussion de la mesure de la terre par Eratosthène, ebend. p. 92 ff.; Ideler Abhandl. 1826 S. 3 ff.

15) Recherches p. 101 f.

16) Rudorff Gromat. Instit. S. 283.

17) 1½ attische Medimnen sind = 144 ξέσται (§ 16, 2) = 2 μετρηταί
(§ 16, 1), also 1 μετρητής = 1 ἀρτάβη. 4½ römische Modien sind = 72
sextarii (§ 17) = 1 μετρητής oder ἀρτάβη. Dafs diese Artabe unter den
Ptolemäern wirklich gebräuchlich war, hat Böckh Staatshaush. I S. 396
durch eine scharfsinnige Berechnung nachgewiesen.

18) Der in dem Fragment erwähnte Medimnos enthält 289 attische
Kotylen, während der attische nach § 16, 2 nur 192 fafste, beträgt also
das anderthalbfache von diesem. Dies führt Böckh (S. 201 f.) darauf darin
den Ptolemäischen Medimnos zu erkennen. Freilich spricht dagegen, dafs
nach Galen. de compos. med. p. gen. 6 p. 893 (Kühn) die Kotyle von Alexandria verschieden von der attischen war, während in dem Fragment beide
als gleich vorausgesetzt werden.

Die kleinere zu Didymos' Zeiten gebräuchliche Artabe wird ebenso wie von diesem auch von Priscian (de ponder. v. 89) zu $3\frac{1}{3}$ Modien bestimmt. Sie war vermuthlich nichts anderes als die Hälfte des attischen Medimnos, der neben dem Ptolemäischen in Aegypten sich einbürgerte und nach ägyptischer Weise in zwei Artaben getheilt wurde. Dafs dieser Medimnos das ursprüngliche Normalmafs etwas überschritten hatte, sodafs die Römer ihn zu $6\frac{2}{3}$ statt 6 Modien ansetzten, darf nicht Wunder nehmen, wenn wir vergleichen, dafs Nepos den attischen Medimnos gar zu 7 Modien angesetzt zu haben scheint[19]).

§ 12. *Aegyptisches Münzwesen.*

Aegypten war unter den Diadochenstaaten, die aus der makedonischen Monarchie hervorgingen, der einzige, in welchen der von Alexander eingeführte attische Münzfufs keinen Eingang fand. Die Ptolemäer prägten ihre Münzen sowohl in Gold als in Silber auf den Fufs der tyrischen Drachme, die, wie früher gezeigt worden, der kleinasiatischen Währung angehörte. Dieselbe kam in Aegypten im Gewicht von 3,57 Gr. aus, und es wurden danach in Gold seit Ptolemäos II Stücke von 8, 4 und 1 Drachme, in Silber meistens Tetradrachmen gemünzt[1]). Dazu gab es eine Kupferdrachme, welche im Normalgewicht vermuthlich der Gold- und Silberdrachme gleichstand. Alle drei Metalle waren in ein festes Münzverhältnifs zu einander gesetzt. Es galt nämlich das goldene Oktadrachmon soviel als eine Mine Silbers und als ein Talent Kupfers[2]), oder es verhielt sich das Gold zum Silber wie 100 : 8, zum Kupfer wie 6000 : 8; d. h. das Gold hatte den $12\frac{1}{2}$fachen Werth des Silbers und den 750fachen des Kupfers, das Silber den 60fachen Werth des Kupfers. Aus diesen ägyptischen Münzverhältnissen leitete sich, wie bereits oben (§ 19, 5) bemerkt worden ist, das sogenannte kleine Goldtalent im Gewicht von 6 attischen Drachmen ab, indem man das Ptolemäische Ok-

---

19) Vergl. oben § 16, 3. Böckh S. 242 f. nimmt an, dafs die kleinere Artabe der Cubus des griechischen Fufses gewesen sei. Allein wie sollte dieses Mafs nach Alexandria kommen, wo der Philetärische Fufs eingeführt war? Queipo I p. 214 ff. verwickelt sich in unlösbare Widersprüche, indem er nachzuweisen versucht, dafs die kleinere und gröfsere Artabe des Didymos identisch gewesen seien.

1) Den Nachweis giebt Mommsen S. 40 f.

2) Letronne Récompense promise à qui découvrira ou ramènera deux esclaves. Mommsen S. 41 ff.

tadrachmon von 27,88 Gr. gleich drei attischen Goldstateren rechnete. Nachdem Aegypten römische Provinz geworden war, hörte die Goldprägung auf und das Silbergeld ging in Billonmünze über. Es wurde nämlich an die Stelle des grofsen Ptolemäischen Oktadrachmon der Aureus des Augustus von nur 7,80 Gr. gesetzt, auf diesen aber, ebenso wie auf das alte fast viermal so schwere Goldstück, 25 Tetradrachmen im Gewicht von je 4 Denaren gerechnet. Die ägyptische Drachme hatte also, wie auch ausdrücklich bezeugt wird, nur den Werth von ¼ Denar [3]). Dabei konnte sie nicht von reinem Silber sein; vielmehr wurde das Tetradrachmon seit Tiberius in Billon mit einem noch weit niedrigeren Silbergehalt als dem von 1 Denar ausgebracht [4]).

Die Bestimmungen Galen's und Kleopatra's, dafs die ägyptische Mine 20 oder 18 Unzen betrage, müssen sich auf ein vom Geldgewicht abweichendes eigenthümliches Landesgewicht beziehen [5]).

§ 13. Cyrenaica.

1. Längen- und Flächenmafs. Die königlichen Ländereien der Provinz Cyrenaica, die Ptolemäos Apion den Römern hinterlassen hatte, waren nach Hygin [1]) in *plinthides* getheilt. Die *plinthis* hatte 6000 Fufs in's Gevierte und enthielt 1250 *medimna*. Das *medimnon* bedeutete die Aussaat eines Medimnos Getreide und entsprach in seinem Betrage ziemlich nahe dem römischen Jugerum, denn es enthielt nach dem von Hygin gegebenen Verhältnisse gerade wie dieses 28800 ☐ Fufs (36000000 : 1250 = 28800). Der Unterschied zwischen Medimnon und Jugerum beruhte nur auf der verschiedenen Gröfse des zu Grunde liegenden Fufsmafses. In Cyrenaica galt nämlich der Ptolemäische Fufs [2]), den Hygin zu 1¼₄ des römischen bestimmt. Danach

---

3) Der anonyme Alexandriner cap. 18 (Mai): τὸ Ἀττικὸν τάλαντον ἰσοστάσιον μὲν τῷ Πτολεμαϊκῷ —, δυνάμει δὲ τοῦ Πτολεμαϊκοῦ κατὰ τὸ νόμισμα τετραπλάσιον. Das attische Talent ist das Denartalent. Vergl. Anh. § 8 Anm. 4.

4) Mommsen S. 723 f.

5) Nach Galen. de compos. med. p. gen. 5 p. 789 rechnen einige metrologische Schriftsteller die alexandrinische Mine zu 20 (römischen) Unzen. Kleopatra p. 767 giebt der Ptolemäischen Mine 18 Unzen.

1) De condic. agr. p. 122 f. (Gromat. ed. Lachmann).

2) S. oben § 10, 3. Nicht zu verwechseln ist dieser Ptolemäische Fufs

enthielt die *plinthis* $1356\frac{97}{288}$ römische Jugera, wofür Hygin in runder Zahl $1356\frac{1}{3}$ rechnet; das *medimnon* $1\frac{245}{2880}$ Jugera = 31250 römische Quadratfufs[3]). Danach beträgt das Medimnon 0,995, die Plinthis 1243,75 preufs. Morgen.

2. Münzen. Die Landeswährung in Kyrene war in der ältesten Zeit die attische, nach welcher Tetradrachmen, Didrachmen, Drachmen, halbe Drachmen und halbe Obolen, auffallender Weise aber keine Obolen geschlagen wurden[4]). Das Alter dieser Münze ist wahrscheinlich bis kurz nach der zweiten Einwanderung im J. 580 v. Chr. hinaufzurücken. Verschiedene Spuren weisen darauf hin, dafs das System nicht von Athen, sondern unmittelbar aus Asien entlehnt war[5]). Doch ist die genaue Regelung des Münzgewichtes jedenfalls attischem Einflusse zuzuschreiben. Frühzeitig beginnt daneben eine Prägung von Tetradrachmen von 13 bis 12 Gr. nach dem kleinasiatischen Fufse (§ 24,1) in etwas herabgegangener Form. Unter der ägyptischen Herrschaft seit 322 geht dieser Fufs in den Ptolemäischen über, indem das Gewicht des Tetradrachmon auf 14 Gr. erhöht wird. Diese verschiedenen Währungen bestanden, da sie verschiedenen Richtungen des Handelsverkehrs entsprachen, neben einander fort. Besonders wurde das attische Tetradrachmon auch später noch geschlagen und im Verhältnifs zum asiatischen Fufse als Pentadrachmon gerechnet, woraus sich die Stelle des Pollux erklärt, der ein solches Nominal unter den kyrenäischen Münzen aufführt[6]).

mit dem gleichnamigen in Aegypten (Anh. § 11, 2), der gewöhnlich der Philetärische genannt wird.

3) Hygin a. a. O.: medimnon eorum jugerum habere — monetali mensura unum, unciam, dimidium scripulum (nach Lachmann's Emendation). Vergl. Rudorff Gromat. Instit. S. 288. 421.

4) L. Müller Numismatique de l'ancienne Afrique vol. I: Monnaies de la Cyrénaïque (Kopenhagen 1860) p. 20.

5) Müller a. a. O. p. 21. 117.

6) Poll. 9, 60. Müller p. 121.

§ 14. *Italien.*

1. **Feldmafse.** Das altitalische Decimalsystem hatte sich bei den Oskern in Campanien und den Umbrern bis in die Zeiten Varro's und Frontin's erhalten. Nicht die 120füfsige Furche, wie bei den Römern (§ 12, 4), bestimmte die Ackermafse, sondern die 100füfsige, der *vorsus* oder *versus*, der Bedeutung und dem Betrage nach mit dem griechischen πλέϑρον (§ 5, 4) identisch. Das Quadrat des *versus* wurde unter demselben Namen, gerade wie *actus* und πλέϑρον, zum Flächenmafse[1]). Hierbei ist gleich noch das ganz ähnliche Feldmafs zu erwähnen, welches nach Hygin[2]) in Dalmatien üblich war. Es war dies ein *versus*, von dem 3⅓ auf das römische Jugerum gingen. Danach berechnet Hygin den Versus zu 8640 □ Fufs. Da diese Zahl dem Quadrate von 93 (= 8649) sehr nahe liegt, so ist es wahrscheinlich, dafs auch der dalmatische Versus 100 Fufs in's Gevierte enthielt, und es würde danach der dalmatische Fufs gleich 0,93 römischen zu setzen sein.

2. Die **Münzverhältnisse** der italischen Landschaften können nach der früher (S. 5) aufgestellten Norm hier nicht näher behandelt werden. In Etrurien herrschte ursprünglich die

---

1) Varro de r. r. 1, 10, 1: in Campania (metiuntur) versibus —, versum dicunt centum pedes quoquoversum quadratum. Frontin. de limit. p. 30: primum agri modum fecerunt quattuor limitibus clausum, plerumque centum pedum in utraque parte, quod Graeci plethron appellant, Osci et Umbri vorsum. Vergl. Rudorff Gromat. Inst. S. 281.

2) De condic. agr. p. 122.

attische Währung in der Gestalt, wie wir sie in der ersten Periode
unmittelbar nach Solon haben kennen lernen (§ 27, 2); nur mit
dem Unterschiede, dafs anstatt des Obolos das Trihemiobolion
sich findet, also die Zweitheilung vollständig durchgeführt ist [3]).
Die mittelitalische Kupferwährung ist früher bei Gelegenheit des
römischen Libralfufses erwähnt worden (S. 195). In den Städten
Grofsgriechenlands bestanden verschiedene Münzsysteme, unter
denen besonders das von Tarent hervorzuheben ist. Hier war
das Grofsstück eine von den achäischen Colonien Unteritaliens
entlehnte und dem korinthischen Stater nahe verwandte Münze
im Gewicht von 8,23 Gr., welche nach Aristoteles den Namen
νοῦμμος, nach Inschriften νόμος, führte [4]). Ueber alles übrige ist
auf Mommsen's Geschichte des römischen Münzwesens zu verweisen.

§ 15. Sicilien.

1. Flächenmafs. In Leontini und wohl auch anderwärts wurde das Ackermafs wie in Cyrenaica durch die Aussaat
eines μέδιμνος bestimmt. So entstand ein Flächenmafs, welches ungefähr dem römischen iugerum entsprach [1]).

2. Hohlmafs. Polybios nennt aufser dem attischen auch
den Σικελικὸς μέδιμνος. Nach attischen Medimnen bestimmt
er 6, 39, 13 f. die Rationen, die die Soldaten im römischen
Heere erhielten; den sicilischen Medimnos erwähnt er an mehreren Stellen, wo er die Preise des Weizens in Gallien, Rom und
Lusitanien angiebt [2]). Danach könnte es scheinen, dafs der sicilische Medimnos verschieden von dem attischen gewesen sei;
wofür auch das als Beweis angeführt werden könnte, dafs Cicero auf
den leontinischen Medimnos 6, Nepos auf den attischen 7 römische Modien rechnet [3]). Allein das Verhältnifs, welches Cicero

---

3) Mommsen S. 68.
4) Poll. 9, 80: Ἀριστοτέλης ἐν τῇ Ταραντίνων πολιτείᾳ καλεῖσθαί
φησι νόμισμα παρ' αὐτοῖς νοῦμμον, ἐφ' οὗ ἐντετυπῶσθαι Τάραντα
τὸν Ποσειδῶνος δελφῖνι ἐποχούμενον. C. I. Gr. 5774 z. 123: δύο μνᾶς
ἀργυρίω — δέκα νόμως ἀργυρίω. Vergl. Mommsen S. 101 ff.
1) Cic. in Verr. act. II, 3, 47: in iugero Leontini agri medimnum fere
tritici seritur perpetua atque aequabili satione.
2) 2, 15, 1. 9, 44, 3. 34, 8, 7 (nach Schweighäuser's Emendation).
3) Cic. in Verr. II, 3, 46 § 110: agri Leontini decumae venierunt tritici medimnum X̄X̄X̄V̄Ī, hoc est, tritici modium CC et XVI milibus, 49 § 116:
ad tritici medimnum X̄C̄, id est, mod. D̄X̄L̄. Ueber die Stelle des Nepos s.
oben § 16 Anm. 24.

zwischen dem Medimnos der Leontiner und dem Modius angiebt, ist demjenigen gleich, welches nach andern übereinstimmenden Zeugnissen der attische Medimnos zu dem römischen Mafse hat (§ 16, 4). Es unterliegt also keinem Zweifel, dafs der sicilische Medimnos dem attischen gleich war [4]. Die Römer lernten das attische Mafs zuerst auf Sicilien kennen, und nannten es danach wohl auch das sicilische, ein Sprachgebrauch, den Polybios aus seinen römischen Quellen beibehalten hat.

3. Münzwesen. In ganz Sicilien mit Ausnahme der nordöstlichen Küste von Himera bis Naxos herrschte von Haus aus die attische Währung [5]. Das Grofsstück war in einigen Städten das Didrachmon, in andern das Tetradrachmon. Diese attische Silberwährung wurde in eigenthümlicher Weise mit der italischen, auch in Sicilien von ältester Zeit an einheimischen Kupferwährung verknüpft. Die Einheit derselben war in Italien das Pfund Kupfer mit seinen duodecimalen Theilen. Die Benennungen im griechischen, die ganz den lateinischen nachgebildet sind, lauten:

Pfund $\lambda i\tau\varrho\alpha$ = libra
$\frac{6}{12}$ $\dot\eta\mu i\lambda\iota\tau\varrho ov$ = semis
$\frac{5}{12}$ $\pi\epsilon\nu\tau\dot\omega\gamma\varkappa\iota o\nu$ = quincunx
$\frac{4}{12}$ $\tau\epsilon\tau\varrho\tilde\alpha\varsigma$ = triens
$\frac{3}{12}$ $\tau\varrho\iota\tilde\alpha\varsigma$ = quadrans (teruncius) .
$\frac{2}{12}$ $\dot\epsilon\xi\tilde\alpha\varsigma$ = sextans
$\frac{1}{12}$ $o\dot\upsilon\gamma\varkappa i\alpha$ = uncia [6].

Diese Kupferwährung wurde zunächst in der Weise in das griechische System eingeführt, dafs die Litra auf die Hälfte der attischen Mine (= $\frac{3}{8}$ römischen Pfund) normirt und letztere dafür ganz aufgegeben wurde. Das Talent enthielt also 120 Litren. Ferner wurden die Werthe der Kupferwährung in ein festes Verhältnifs zur Silbermünze gesetzt. Aristoteles, dessen Angaben über das sicilische System uns glücklicher Weise der Hauptsache

---

4) Dies nehmen auch Böckh Staatsh. I S. 129 und Mommsen Röm. Gesch. I S. 204 (3. Ausg.) an. Die Angabe des Epiphanios (II p. 178 Petav.), dafs in Sicilien der Medimnos zu nur 4½ Modien gerechnet worden sei, mufs auf einem Ansatz aus späterer Zeit beruhen.

5) Mommsen S. 68. 77.

6) Diese Bezeichnungen giebt Aristoteles bei Poll. 4, 174 f. 9, 80, Epicharmos bei Poll. 9, 82, Hesych. unt. $\tau\epsilon\tau\varrho\tilde\alpha\nu\tau\alpha$. Auffällig ist die veränderte Bedeutung von $\tau\varrho\iota\tilde\alpha\varsigma$ und $\tau\epsilon\tau\varrho\tilde\alpha\varsigma$; es sind die Nachbildungen von *triens* und *quadrans*, aber $\tau\varrho\iota\tilde\alpha\varsigma$ bezeichnet 3 Unzen (= *teruncius*), $\tau\epsilon\tau\varrho\tilde\alpha\varsigma$ 4 Unzen.

nach erhalten sind⁷), sagt, dafs der korinthische Stater in Sicilien δεκάλιτρος geheifsen, weil er 10 Litren gehalten habe.
Korinthischer Stater ist hier nur ein anderer Ausdruck für das
attische Didrachmon, welches bekanntlich gleiches Gewicht mit
jenem hat (§ 25, 2); Aristoteles gebraucht den Namen nur deshalb, weil es zu seiner Zeit in der Münze Athens keine Didrachmen gab, in Sicilien aber das Didrachmon in mehreren Städten
einheimisch war, und daneben der durch den Handelsverkehr
häufige korinthische Stater circulirte. Es wurde also der korin-
thisch-sicilische Stater im Normalgewicht von 2 attischen Drachmen (= 8,73 Gr. decimal) eingetheilt. Mithin war das Zehntel
desselben von 0,87 Gr., welches besonders in der syrakusani-
schen Prägung lange Zeit die gewöhnliche kleine Silbermünze
blieb⁸), das Silberäquivalent für eine Litra Kupfers. Der eigenthümliche Name dafür, den uns Aristoteles ebenfalls überliefert,
ist νοῦμμος, eigentlich das griechische νόμος, dann latinisirt zu
numus oder nummus und in dieser Form in das griechische zu-
rückgenommen; doch läfst sich auch das ursprüngliche νόμος
noch nachweisen⁹). Νόμος, eigentlich die Satzung, die Abtheilung, bezeichnet im sicilisch-italischen System die Rechnungsmünze, welche den gegenseitigen Werthausdruck von Silber und
Kupfer vermittelt, das Silberäquivalent für die Rechnungseinheit
in der Kupferwährung. Damit ist zugleich das charakteristische
Merkmal dieses Systems ausgesprochen: es stellt eine Kupferwährung dar, deren höhere Nominale durch Silbermünzen ausgedrückt sind.

Es fragt sich nun, in welchem Verhältnifs mit der Vereini-
gung beider Währungen das Kupfer zum Silber angesetzt worden
ist. Das Pfund oder die Litra wurde, wie bereits angegeben, auf
eine halbe Mine $= \frac{1}{120}$ Talent gesetzt, das Dekalitron im Gewicht

---

7) Poll. 4, 174f.: Ἀριστοτέλης ἐν μὲν Ἀκραγαντίνων πολιτείᾳ
προειπὼν, ὡς ἐζημίουν πεντήκοντα λίτρας, ἐπάγει· ἡ δὲ λίτρα δύναται
ὀβολὸν Αἰγιναῖον, ἐν δὲ Ἱμεραίων πολιτείᾳ φησίν, ὡς οἱ Σικελιῶται
τοὺς μὲν δύο χαλκοῦς ἑξᾶντα καλοῦσι, τὸν δὲ ἕνα οὐγκίαν, τοὺς δὲ
τρεῖς τριᾶντα, τοὺς δὲ ἓξ ἡμίλιτρον, τὸν δὲ ὀβολὸν λίτραν, τὸν δὲ Κο-
ρίνθιον στατῆρα δεκάλιτρον, ὅτι δέκα ὀβολοὺς δύναται. Dasselbe
ist 9, 80f. wiederholt. An einer dritten Stelle, 9, 87, heifst es: τὸ μέντοι
Σικελικὸν τάλαντον ἐλάχιστον ἴσχυεν, τὸ μὲν ἀρχαῖον, ὡς Ἀριστοτέλης
λέγει, τέτταρας καὶ εἴκοσι τοὺς νούμμους, τὸ δὲ ὕστερον δυοκαίδεκα·
δύνασθαι δὲ τὸν νοῦμμον τρία ἡμιωβόλια.
8) Mommsen S. 81.
9) Νοῦμμος Aristoteles bei Poll. 9, 80. 87, νόμος in der im vorigen
Paragraph Anm. 4 angeführten Inschrift.

von 2 Drachmen $= \frac{1}{3000}$ Talent war gleich 10 Pfund Kupfer,
also hatte das Silber den 250fachen Werth des Kupfers. Dies
war das ursprüngliche Verhältnifs, wobei das einheimische
Schwerkupfer gegen das griechische Silbergeld gewifs möglichst
ungünstig angesetzt war, denn die Silberwährung sollte eben das
Kupfer verdrängen. Wann die Bestimmung stattgefunden hat,
läfst sich nicht ermitteln; jedenfalls fällt sie in sehr frühe Zeit,
da der Nummos bereits bestand, als Syrakus anfing nach attischem
Fufse zu münzen [10]). Aber ebenfalls sehr früh ist die ursprüngliche Bestimmung des Systems ein Werthverhältnifs zwischen
Silber und Kupfer festzusetzen verloren gegangen. Sicilisches
Schwerkupfer, dem italischen entsprechend (§ 33), giebt es nicht
mehr. Sehr bald drang die reine Silberwährung durch und von
der Kupferwährung blieben nur die Benennungen und die Rechnungsweise, sowie Kleingeld als Scheidemünze. Zuerst, wahrscheinlich unter dem älteren Dionysios, wurde der Nummos, der
bisher gleich einer Litra gewesen, auf fünf, bald darauf auf zehn
Litren herabgesetzt [11]). Beides waren Gewaltmafsregeln; das erstemal wurden die auf Litren lautenden Schulden nur mit dem
fünften Theil der Silbermünze, das zweitemal mit der halben
Summe zurückgezahlt. Nach der letzten Reduction war nun nicht
mehr der Stater, sondern der Nummos der Werthausdruck für
10 Litren. Dies ist wichtig für die römische Silberrechnung, in
welcher sowohl das Ganzstück der Silbermünze, der Denar, als
der Sesterz, welcher dem sicilischen Nummos entspricht, in 10
libellae (= $\lambda i\tau\rho\alpha\iota$) getheilt wurde (§ 35, 4).

Das Damareteion, welches Diodoros von Sicilien erwähnt,
war ein Dekadrachmon attischer Währung und hatte als das fünffache des sicilischen Stater den Werth von 50 Litren [12]). Den

---

10) Mommsen S. 60 f.
11) Derselbe S. 53 f.
12) Diod. 11, 26: $(\varDelta\alpha\mu\alpha\rho\acute{\epsilon}\tau\eta)$ $\nu\acute{o}\mu\iota\sigma\mu\alpha$ $\acute{\epsilon}\xi\acute{\epsilon}\kappa\circ\psi\epsilon$ $\tau\grave{o}$ $\kappa\lambda\eta\vartheta\grave{\epsilon}\nu$ $\grave{\alpha}\pi$' $\acute{\epsilon}\kappa\acute{\iota}$-
$\nu\eta\varsigma$ $\varDelta\alpha\mu\alpha\rho\acute{\epsilon}\tau\epsilon\iota\circ\nu$ $\tauο\~υ\tauο$ δ' $\epsilon\~ι\chi\epsilon\nu$ $\mathit{A}\tau\tau\iota\kappa\grave{\alpha}\varsigma$ $\delta\rho\alpha\chi\mu\grave{\alpha}\varsigma$ $\delta\acute{\epsilon}\kappa\alpha$, $\acute{\epsilon}\kappa\lambda\acute{\eta}\vartheta\eta$ $\delta\grave{\epsilon}$
$\pi\alpha\rho\grave{\alpha}$ $\tauο\~ι\varsigma$ $\varSigma\iota\kappa\epsilon\lambda\iota\acute{\omega}\tau\alpha\iota\varsigma$ $\grave{\alpha}\pi\grave{o}$ $\tauο\~υ$ $\sigma\tau\alpha\vartheta\muο\~υ$ $\pi\epsilon\nu\tau\eta\kappa\circ\nu\tau\acute{\alpha}\lambda\iota\tau\rho\circ\nu$. Der Wortlaut bei Diodor, besonders der Ausdruck $\pi\epsilon\nu\tau\eta\kappa\circ\nu\tau\acute{\alpha}\lambda\iota\tau\rho\circ\nu$ verglichen mit
$\sigma\tau\alpha\tau\grave{\eta}\rho$ $\delta\epsilon\kappa\acute{\alpha}\lambda\iota\tau\rho\circ\varsigma$ führen darauf, in dem Damareteion eine Silbermünze
zu erkennen. Für eine solche wird es auch von Leake Numism. Hell. Si-
cily p. 71 und von Mommsen S. 79 gehalten, und in der That finden sich
silberne Dekadrachmen von Syrakus (Leake p. 71. 72, Suppl. p. 172).
Freilich bestand auch eine alte von Poll. 9, 85 aufbewahrte Tradition,
wonach das Damareteion eine Goldmünze gewesen sein soll. Auch Diodor
a. a. O. hat, nach dem Zusammenhang zu schliefsen, vielleicht diese An-

Namen führte es von Damarete, der Gemahlin Gelon's, die es im Jahr 480 zuerst hatte schlagen lassen.

§ 16. *Hispanien.*

1. **Feldmafse.** Für *actus (*§ 14, 2) sagten die Bauern in Baetica nach Columella (5, 1, 5) *acnua*, nach Isidor (Orig. 15,15) wie in Gallien *arapennis*. Dieselben nannten, wie Columella hinzufügt, ein Ackermafs von 30 Fufs Breite und 180 Fufs Länge *porca*. Alle diese Benennungen sind rustikes Latein [1]). Nach Varro war das Hauptmafs der Provinz Hispania ulterior das *iugum* oder Tagewerk [2]). Hygin [3]) erwähnt als hispanisches Feldmafs die *centuria*, ohne zu bestimmen, ob sie mit dem römischen Mafse dieses Namens (§ 14, 4) identisch sei.

2. **Münzen.** Seit der Einrichtung zur römischen Provinz im J. 206 wurden in Hispanien Silberstücke vom Gewicht des damaligen römischen Denar von $\frac{1}{84}$ Pfund in grofsen Massen geschlagen. Solche hispanische Denare sind unter dem *argentum Oscense* zu versteben, welches in den spanischen Triumphen der Jahre 195, 194 und 180 aufgeführt wurde [4]).

§ 17. *Gallien.*

Das gallische **Wegmafs** war die *leuga* oder *leuca*, die nach mehreren übereinstimmenden Zeugnissen 1½ römische Meile = 0,3 geogr. Meile betrug [5]).

----

sicht gehabt, also die von ihm benutzte Quelle anders, als eben von uns geschehen ist, verstanden. Daher balten Hussey p. 58 und Böckh S. 305 nach Scaliger's Vorgang das Damareteion für eine Goldmünze im Gewichte einer attischen Drachme und im Werthe von 10 Drachmen Silbers.

1) Rudorff Gromat. Instit. S. 279f.
2) Varro de r. r. 1, 10: in Hispania ulteriore metiuntur iugis —, iugum vocant, quod iuncti boves uno die exarare possint. Vergl. § 14 Anm. 4.
3) De condic. agr. 122.
4) Nach Liv. 34, 10. 46; 40, 43 wurden aufgeführt im J. 195 von Helvius 119439, von Minucius 278000 *Oscensis argenti*; ferner im J. 194 von Cato 540000, endlich im J. 180 von Fulvius Flaccus *signati Oscensis nummum* 173200. Vergl. Mommsen S. 668. An der letzten Stelle bedeutet *nummus* das Stück Oscensischen Silbers, nicht etwa nach der gewöhnlichen römischen Rechnungsweise den Sesterz.
5) Hieronym. in Ioel. c. 3 (t. VI p. 84 D ed. Basil.), Ammian. Marcell. 15, 11. 16, 12, Isidor. Orig. 15, 16. Den näheren Nachweis s. bei Ideler Abhandl. 1812—13 S. 136f., der zugleich darauf hinweist, dafs die neuere

In dem Narbonensischen Gallien nannte man das A ck er-
mafs theils *libra* theils *parallela* [6]). Der Betrag dieser Mafse
wird nicht angegeben.

Ein anderes gallisches Flächenmafs war nach Columella
(5, 1, 5) das *candetum*: 'Galli candetum appellant in areis urba-
nis spatium centum pedum, in agrestibus autem pedum CL'
(nämlich in's Gevierte). Nach demselben hiefs das halbe Jugerum
oder der Actus ebenso wie in Baetica *arapennis*.

§ 18. *Germanien.*

Nach dem Berichte Cäsar's kannten die Germanen zu seiner
Zeit noch keine Wegmafse, sondern schätzten Entfernungen nur
nach Tagereisen ab [7]). Später jedoch erscheint als Wegmafs die
rasta im Betrag von 3 römischen Meilen oder 2 gallischen
Leugen [8]).

Bei den Tungrern fand der Gromatiker Hyginus den *pes
Drusianus*, der um $\frac{1}{8}$ gröfser war als der römische [9]). Er betrug
demnach 332,6 Millimeter = 1,06 preufs. Fufs. Den Namen
hatte der Fufs jedenfalls von Claudius Drusus, dem Stiefsohn des
Augustus, der als Statthalter das deutsche Mafs im Verhältnifs
zum römischen normirt haben mag.

Ueber die *serrati bigatique*, Denare von republicanischem
Gepräge, welche nach Tacitus im ersten Jahrhundert n. Chr. in
Germanien vorzüglich im Umlauf waren und den spätern leich-
tern Denaren vorgezogen wurden, ist oben § 36, 2 (Anm. 18) zu
vergleichen.

französische *lieue* dem Betrage nach nicht der alten *leuga*, sondern der
germanischen *rasta* entspricht.

6) Hygin. de condic. agr. p. 122.

7) Caes. Bell. Gall. 6, 25: Hercyniae silvae—latitudo novem dierum
iter expedito patet: non enim aliter finiri potest, neque mensuras itinerum
noverunt.

8) Hieronymus an der Anm. 5 angeführten Stelle: nec mirum, si una
quaeque gens certa viarum spatia suis appellet nominibus: cum et Latini
mille passus vocent, Galli leucas, Persae parasangas et r a s t a s universa
Germania. Den Betrag der *rasta* bestimmt Dufresne im Glossar. med. et
inf. lat. unt. d. W.

9) De condic. agr. p. 123: item dicitur in Germania in Tungris pes
Drusianus, qui habet monetalem pedem et sescunciam.

TABELLEN.

Tab. I. Das ältere Itinerarstadion (§ 9, 3 mit Anm. 11).

Stadien	Fufs	Meilen	Stadien	Fufs	Meilen	Stadien	Parasangen	Meilen
1	470	0,02	41	19350	0,82	630	21	12,6
2	940	0,04	42	19820	0,84	660	22	13,2
3	1410	0,06	43	20300	0,86	690	23	13,8
4	1880	0,08	44	20770	0,88	700		14
5	2360	0,10	45	21240	0,90	720	24	14,4
6	2830	0,12	46	21710	0,92	750	25	15
7	3300	0,14	47	22180	0,94	780	26	15,6
8	3780	0,16	48	22660	0,96	800		16
9	4250	0.18	49	23130	0,98	810	27	16,2
10	4720	0,20	50	23600	1	840	28	16,8
11	5190	0,22				870	29	17,4
12	5660	0,24	Stadien	Parasangen	Meilen	900	30	18
13	6140	0,26				1000		20
14	6610	0,28	60	2	1,2	1050	35	21
15	7080	0,30	70		1,4	1200	40	24
16	7550	0,32	80		1,6	1500	50	30
17	8020	0,34	90	3	1,8	1800	60	36
18	8500	0,36	100		2	2000		40
19	8970	0,38	120	4	2,4	2100	70	42
20	9440	0,40	150	5	3	2400	80	48
21	9930	0,42	180	6	3,6	2700	90	54
22	10400	0,44	200		4	3000	100	60
23	10860	0,46	210	7	4,2	4000		80
24	11330	0,48	240	8	4,8	4500	150	90
25	11800	0,50	270	9	5,4	5000		100
26	12270	0,52	300	10	6	6000	200	120
27	12740	0,54	330	11	6,6	7000		140
28	13220	0,56	360	12	7,2	7500	250	150
29	13690	0,58	390	13	7,8	8000		160
30	14160	0,60	400		8	9000	300	180
31	14630	0,62	420	14	8,4	10000		200
32	15100	0,64	450	15	9	12000	400	240
33	15570	0,66	480	16	9,6	15000	500	300
34	16040	0,68	500		10	18000	600	360
35	16520	0,70	510	17	10,2	21000	700	420
36	16990	0,72	540	18	10,8	24000	800	480
37	17460	0,74	570	19	11,4	27000	900	540
38	17940	0,76	600	20	12	30000	1000	600
39	18410	0,78						
40	18880	0,80						

Tab. II. Uebersicht über die griechischen Längen-mafse (§ 5 und 6).

A.

	pr. Zoll	Millim.
1 δάκτυλος	0,74	19,3
2 δάκτυλοι = 1 κόνδυλος	1,47	38,5
3 -	2,21	57,8
4 - = 1 παλαιστή (δῶρον, δοχμή)	2,95	77,1
5 -	3,68	96,3
6 -	4,42	116,0
7 -	5,16	134,7
8 - = 2 παλαισταί (= 1 διχάς) . .	5,89	154,1
9 -	6,63	173,4
10 -	7,37	192,7
11 - (= 1 ὀρθόδωρον)	8,10	211,9
12 - = 1 σπιθαμή = 3 παλαισταί	8,84	231,2
13 -	9,58	250,4
14 -	10,31	269,7
15 -	11,05	289,0
16 - = 1 πούς = 4 παλαισταί . .	11,79	305,3
17 -	12,52	327,5
18 - (= 1 πυγμή)	13,26	346,8
19 -	14,00	366,1
20 - = 1 πυγών = 5 παλαισταί . .	14,73	385,3
24 - 1 πῆχυς = 2 σπιθ. = 6 παλ.	17,68	462,4

B.

	pr. Fufs	Meter
1 πούς	0,98	0,308
1½ πόδες = 1 πῆχυς	1,47	0,462
2¼ - (= 1 βῆμα ἁπλοῦν)	2,45	0,77
3 - = 2 πήχεις	2,95	0,92
4½ - = 3 -	4,42	1,39
5 - (= 1 βῆμα διπλοῦν)	4,91	1,54
6 - = 1 ὀργυιά = 4 πήχεις . . .	5,89	1,85
10 - = 1 ἄκαινα (κάλαμος) . . .	9,82	3,08
100 - = 1 πλέθρον = 16⅔ ὀργυιαί = 66⅔ πήχεις	98,22	30,83
600 - = 1 στάδιον = 100 ὀργυιαί = 400 πήχεις	589,35	184,97
1200 - = 1 δίαυλος = 2 στάδια . .	1178,69	369,94
2400 - = 1 ἱππικόν = 4 στάδια . .	2357,38	739,87
7200 - (= 1 δόλιχος = 12 στάδια) . .	7072,13	2219,61

Tab. III. Die vielfachen des attischen (olympischen) Fufses, der Elle, der Orgyia und des Plethron bis zum Stadion (§ 10, 4).

A. Πούς (und πλέϑρον).

πόδες	pr. Fufs	Meter
1	0,98	0,31
2	1,96	0,62
3	2,95	0,92
4	3,93	1,23
5	4,91	1,54
6	5,89	1,85
7	6,87	2,16
8	7,86	2,46
9	8,84	2,77

πόδες	Fufs	Meter
10	9,82	3,08
20	19,64	6,16
30	29,47	9,25
40	39,29	12,33
50	49,11	15,41
60	58,93	18,50
70	68,76	21,58
80	78,58	24,66
90	88,40	27,74

πόδες	πλέϑρα	Fufs	Meter
100	1	98,2	30,83
200	2	196,4	61,65
300	3	294,7	92,48
400	4	392,9	123,31
500	5	491,1	154,14
600	6	589,3	184,97

B. Πῆχυς.

πήχεις	Fufs	Meter
1	1,47	0,46
2	2,95	0,92
3	4,42	1,39
4	5,89	1,85
5	7,37	2,31
6	8,84	2,77
7	10,31	3,24
8	11,79	3,70
9	13,26	4,16

πήχεις	Fufs	Meter
10	14,73	4,62
20	29,47	9,25
30	44,20	13,87
40	58,93	18,50
50	73,67	23,12
60	88,40	27,74
70	103,13	32,37
80	117,87	36,99
90	132,60	41,62

πήχεις	Fufs	Meter
100	147,3	46,24
200	294,7	92,48
300	442,0	138,73
400	589,3	184,97

C. Ὀργυιά.

ὀργυιαί	Fufs	Meter
1	5,89	1,85
2	11,79	3,70
3	17,68	5,55
4	23,57	7,40
5	29,47	9,25
6	35,36	11,10
7	41,25	12,95
8	47,15	14,80
9	53,04	16,65

ὀργυιαί	Fufs	Meter
10	58,93	18,50
20	117,87	36,99
30	176,80	55,49
40	235,74	73,99
50	294,67	92,48
60	353,60	110,98
70	412,54	129,48
80	471,47	147,97
90	530,41	166,47
100	589,35	184,97

Tab. IV. Das olympische Stadion (§ 10, 3. 4).

Στάδια	pr. Fuſs	geogr. M.
1	589	0,025
2	1179	0,05
3	1768	0,075
4	2357	0,1
5	2947	0,125
6	3536	0,15
7	4125	0,175
8	4715	0,2
9	5304	0,225
10	5693	0,25
11	6493	0,275
12	7072	0,3
13	7661	0,325
14	8251	0,35
15	8840	0,375
16	9429	0,4
17	10019	0,425
18	10608	0,45
19	11198	0,475
20	11787	0,5
21	12376	0,525
22	12966	0,55
23	13555	0,575
24	14144	0,6
25	14734	0,625
26	15323	0,65
27	15912	0,675
28	16502	0,7
29	17091	0,725
30	17680	0,75
31	18270	0,775
32	18859	0,8
33	19448	0,825
34	20038	0,85
35	20627	0,875
36	21216	0,9
37	21806	0,925
38	22395	0,95
39	22984	0,975
40	23574	1

στάδια	geogr. M.
45	1$\frac{1}{8}$
50	1$\frac{1}{4}$
55	1$\frac{3}{8}$
60	1$\frac{1}{2}$
65	1$\frac{5}{8}$
70	1$\frac{3}{4}$
75	1$\frac{7}{8}$
80	2
85	2$\frac{1}{8}$
90	2$\frac{1}{4}$
95	2$\frac{3}{8}$
100	2$\frac{1}{2}$
150	3$\frac{3}{4}$
200	5
250	6$\frac{1}{4}$
300	7$\frac{1}{2}$
350	8$\frac{3}{4}$
400	10
450	11$\frac{1}{4}$
500	12$\frac{1}{2}$
550	13$\frac{3}{4}$
600	15
650	16$\frac{1}{4}$
700	17$\frac{1}{2}$
750	18$\frac{3}{4}$
800	20
850	21$\frac{1}{4}$
900	22$\frac{1}{2}$
950	23$\frac{3}{4}$
1000	25
2000	50
3000	75
4000	100
5000	125
6000	150
7000	175
8000	200
9000	225
10000	250
20000	500

Tab. V. Das griechische Flächenmaſs (§ 7).

1 □ Fuſs = 0,9648 preuſs. Fuſs = 0,0950 □ Meter
100 □ - = 96,481 - - = 9,504 □ Meter
10000 □ - = 1 πλέθρον = 9648,1 □ preuſs. Fuſs
= 0,372 preuſs. Morgen
= 0,09504 Hectaren.

πλέθρα	Morgen	Hectaren
1	0,372	0,095
2	0,744	0,190
3	1,117	0,285
4	1,489	0,380
5	1,861	0,475
6	2,233	0,570
7	2,606	0,665
8	2,978	0,760
9	3,350	0,855

πλέθρα	Morgen	Hectaren
10	3,722	0,950
20	7,445	1,901
30	11,167	2,851
40	14,889	3,801
50	18,611	4,752
60	22,334	5,702
70	26,056	6,652
80	29,778	7,603
90	33,501	8,553
100	37,223	9,504

Tab. VI. Uebersicht über die römischen Längenmafse.

A. Der Fufs nach der Duo-decimaltheilung (§ 12, 1).

	Fufs	pr. Zoll.	Mill.
sicilicus	$= \frac{1}{48}$	0,23	6,2
semuncia	$= \frac{1}{24}$	0,47	12,3
uncia	$= \frac{1}{12}$	0,94	24,6
sescuncia	$= \frac{1}{8}$	1,41	36,9
sextans	$= \frac{1}{6}$	1,88	49,3
quadrans	$= \frac{1}{4}$	2,83	73,9
triens	$= \frac{1}{3}$	3,77	98,6
quincunx	$= \frac{5}{12}$	4,71	123,2
semis (se-mipes)	$= \frac{1}{2}$	5,65	147,8
septunx	$= \frac{7}{12}$	6,59	172,5
bes	$= \frac{2}{3}$	7,54	197,1
dodrans	$= \frac{3}{4}$	8,48	221,8
dextans	$= \frac{5}{6}$	9,42	246,4
deunx	$= \frac{11}{12}$	10,36	271,1
pes . .		11,31	295,7
dupondius	$= 2$	22,62	591,5
pes sester-tius	$= 2\frac{1}{2}$	28,27	739,3

B. Die architektonischen Mafse (§ 12, 1. 2).

	pr. Zoll.	Mill.
1 digitus $= \frac{1}{16}$ Fufs	0,71	18,5
2 digiti . .	1,41	36,9
3 - . . .	2,12	55,4
4 - = 1 palmus	2,83	73,9
5 - . . .	3,53	92,4
6 - . . .	4,24	110,9
7 - . . .	4,95	129,4
8 - = 2 palmi	5,65	147,8
9 - . . .	6,36	166,3
10 - . . .	7,07	184,8
12 - = 3 palmi	8,48	221,8
16 - = 1 pes	11,31	295,7
20 - = 1 palmipes	14,13	369,7
24 - = 1 cubitus	16,96	443,6

C. Die geodätischen Mafse.

	pr. Fufs	Meter
1 pes	0,94	0,296
2½ pedes = 1 gradus .	2,36	0,739
5 - = 1 passus	4,71	1,479
10 - = 1 decempeda	9,42	2,957
120 - = 1 actus .	113,07	35,489

D. Die itinerarischen Mafse (§ 13).

	pr. Fufs	Meter
1 pes	0,94	0,29
5 pedes = 1 passus	4,71	1,48
625 - = 125 - = 1 stadium	588,9	184,84
5000 - = 1000 - = 1 röm. Meile	4711,4	1478,70

Tab. VII. Die vielfachen des Fufses und des Passus
(§ 13).

Fufs	Passus	pr. Fufs	Fufs	Passus	pr. Fufs	Fufs	Passus	pr. Fufs
1		0,94	41		38,63	81		76,3
2		1,88	42		39,57	82		77,3
3		2,83	43		40,52	83		78,2
4		3,77	44		41,46	84		79,1
5	1	4,71	45	9	42,40	85	17	80,1
6		5,65	46		43,34	86		81,0
7		6,59	47		44,29	87		82,0
8		7,54	48		45,23	88		82,9
9		8,48	49		46,17	89		83,9
10	2	9,42	50	10	47,11	90	18	84,8
11		10,36	51		48,06	91		85,7
12		11,31	52		49,00	92		86,7
13		12,25	53		49,94	93		87,6
14		13,19	54		50,88	94		88,6
15	3	14,13	55	11	51,82	95	19	89,5
16		15,08	56		52,77	96		90,5
17		16,02	57		53,71	97		91,4
18		16,96	58		54,65	98		92,3
19		17,90	59		55,59	99		93,3
20	4	18,85	60	12	56,54	100	20	94,2
21		19,79	61		57,48	150	30	141,3
22		20,73	62		58,42	200	40	188,5
23		21,67	63		59,36	250	50	235,6
24		22,61	64		60,31	300	60	282,7
25	5	23,56	65	13	61,25	350	70	329,8
26		24,50	66		62,19	400	80	376,9
27		25,44	67		63,13	450	90	424,0
28		26,38	68		64,07	500	100	471,1
29		27,33	69		65,02	600	120	565,4
30	6	28,27	70	14	65,96	700	140	659,6
31		29,21	71		66,90	800	160	753,8
32		30,15	72		67,84	900	180	848,0
33		31,09	73		68,79	1000	200	942,3
34		32,03	74		69,73	1500	300	1413,4
35	7	32,98	75	15	70,67	2000	400	1884,6
36		33,92	76		71,61	2500	500	2355,7
37		34,86	77		72,56	3000	600	2826,8
38		35,80	78		73,50	3500	700	3298,0
39		36,75	79		74,44	4000	800	3769,1
40	8	37,69	80	16	75,38	4500	900	4240,3

Tab. VIII. Die römische Meile (§ 13, 2).

Röm. M.	geogr. M.	röm. M.	geogr. M.	röm. M.	geogr. M.
1	0,1996	10	1,996	100	19,962
2	0,399	20	3,992	200	39,925
3	0,599	30	5,989	300	59,887
4	0,798	40	7,985	400	79,849
5	0,998	50	9,981	500	99,811
6	1,198	60	11,977	600	119,774
7	1,397	70	13,974	700	139,736
8	1,597	80	15,970	800	159,698
9	1,797	90	17,966	900	179,661

Tab. IX. Die römischen Flächenmaſse (§ 14).
A. Uebersicht.

	pr. □ Fuſs	□ Meter	pr. Morg.	Hectaren
1 pes quadratus	0,888	0,087	—	—
1 decempeda quadrata (scripulum) = 100 ⌣ Fuſs . .	88,79	8,75	—	—
1 clima = 36 scripula = 3600 □ Fuſs . . .	3196,4	314,86	—	—
1 actus = 144 scripula = 14400 □ Fuſs	12785,7	1259,44	0,4933	0,126
1 iugerum = 288 scripula = 2 actus = 28800 ⌣ Fuſs	25571,5	2518,88	0,9865	0,252
1 heredium = 2 iugera			1,9731	0,504
1 centuria = 100 heredia = 200 iugera			197,31	50,377
1 saltus = 4 centuriae			789,24	201,500

B. Die Theile d. Jugerum (§ 14,3).

Theile d. Jug.		scrip.	r. □F.	pr. □F.
$\frac{1}{576}$		$\frac{1}{2}$	50	44,4
$\frac{1}{288}$	scripulum	1	100	88,8
$\frac{1}{144}$		2	200	177,6
$\frac{1}{72}$	sextula	4	400	355,2
$\frac{1}{48}$	sicilicus	6	600	532,7
$\frac{1}{24}$	semuncia	12	1200	1065,5
$\frac{1}{12}$	uncia	24	2400	2130,9
$\frac{1}{6}$	sextans	48	4800	4261,9
$\frac{1}{4}$	quadrans	72	7200	6392,9
$\frac{1}{3}$	triens	96	9600	8523,8
$\frac{5}{12}$	quincunx	120	12000	10654,7
$\frac{1}{2}$	semis	144	14400	12785,7
$\frac{7}{12}$	septunx	168	16800	14916,6
$\frac{2}{3}$	bes	192	19200	17047,6
$\frac{3}{4}$	dodrans	216	21600	19178,6
$\frac{5}{6}$	dextans	240	24000	21309,6
$\frac{11}{12}$	deunx	264	26400	23440,5
1	as	288	28800	25571,5

C. Die vielfachen des Jugerum.

Jug.	pr. Mg.	Jug.	pr. Mg.
1	0,99	60	59,19
2	1,97	70	69,06
3	2,96	80	78,92
4	3,95	90	88,79
5	4,93	100	98,65
6	5,92	200	197,31
7	6,90	300	295,96
8	7,89	400	394,62
9	8,88	500	493,27
10	9,86	600	591,93
20	19,73	700	690,58
30	29,59	800	789,24
40	39,46	900	887,89
50	49,33	1000	986,55

Tab. X. Die griechischen Hohlmaße (§ 16).

A. Die Maße des flüssigen.   **C. Die Maße des trockenen.**

		pr. Quart	Liter
1	κύαθος	0,0398	0,0456
1	ὀξύβαφον	0,0597	0,0684
1	τέταρτον	0,119	0,137
1	κοτύλη	0,239	0,274
1	ξέστης	0,478	0,547
2	-	0,956	1,094
3	-	1,434	1,641
4	-	1,911	2,189
5	-	2,389	2,736
1	χοῦς	2,867	3,283
2	-	5,73	6,57
3	-	8,60	9,85
4	-	11,47	13,13
5	-	14,33	16,41
6	-	17,20	19,70
7	-	20,07	22,98
8	-	22,94	26,26
9	-	25,80	29,55
10	-	28,67	32,83
11	-	31,54	36,11
1	μετρητής	34,40	39,39

		pr. Quart	Liter
1	κύαθος	0,0398	0,0456
1	κοτύλη	0,239	0,274
1	ξέστης	0,478	0,547
1	χοῖνιξ	0,956	1,094
2	-	1,911	2,189
3	-	2,867	3,283
4	- = 1 ἡμίεκτον	3,823	4,377
5	-	4,778	5,471
6	-	5,734	6,566
7	-	6,690	7,660
8	- = 1 ἑκτεύς	7,646	8,754
9	-	8,601	9,849
10	-	9,557	10,943
16	- = 2 -	15,29	17,51
20	-	19,11	21,89
24	- = 3 -	22,94	26,26
30	-	28,67	32,83
32	- = 4 -	30,58	35,02
40	- = 5 -	38,23	43,77
48	- = 1 μέδιμνος	45,87	52,53

B. Die vielfachen des Metretes.   **D. Die vielfachen des Medimnos.**

μετρηταί	pr. Eimer	Liter
1	0,573	39,39
2	1,147	78,79
3	1,720	118,18
4	2,294	157,58
5	2,867	196,97
6	3,440	236,37
7	4,014	275,76
8	4,587	315,16
9	5,161	354,55
10	5,734	393,95

μέδιμνοι	pr. Scheff.	Liter
1	0,956	52,53
2	1,911	105,05
3	2,867	157,58
4	3,823	210,11
5	4,778	262,63
6	5,734	315,16
7	6,690	367,69
8	7,646	420,21
9	8,601	472,74
10	9,557	525,27

Tab. XI. Die römischen Hohlmaße (§ 18).

A. Die Maße des flüssigen.

	pr. Quart	Liter
1 cyatbus	0,0398	0,0456
1 acetabulum	0,0597	0,0684
2 cyathi	0,0796	0,0912
3 - = 1 quarta-	0,119	0,137
4 - [rius	0,159	0,182
5 -	0,199	0,228
6 - = 1 hemina	0,239	0,274
7 -	0,279	0,319
8 -	0,318	0,365
9 -	0,358	0,410
10 -	0,398	0,456
11 -	0,438	0,502
1 sextarius	0,478	0,547
2 -	0,956	1,094
3 -	1,434	1,641
4 -	1,911	2,189
5 -	2,389	2,736
1 congius	2,867	3,283
2 -	5,73	6,57
3 -	8,60	9,85
4 - = 1 urna	11,47	13,13
5 -	14,33	16,41
6 -	17,20	19,70
7 -	20,07	22,98
1 amphora	22,94	26,26

B. Die vielfachen der Amphora.

amphorae	pr. Eimer	Liter
1	0,382	26,26
2	0,764	52,53
3	1,147	78,79
4	1,529	105,05
5	1,911	131,32
6	2,294	157,58
7	2,676	183,84
8	3,058	210,11
9	3,440	236,37
10	3,823	262,63
20 = 1 culeus	7,645	525,27

C. Die Maße des trockenen.

	pr. Qrt.	Liter
cyathus	0,0398	0,0456
acetabulum	0,0597	0,0684
quartarius	0,119	0,137
hemina	0,239	0,274
sextarius	0,478	0,547
semodius	3,82	4,377
modius	7,64	8,754

D. Die vielfachen des Modius.

modii	p.Scheff.	Liter
1	0,159	8,75
2	0,318	17,51
3	0,478	26,26
4	0,637	35,02
5	0,796	43,77
6	0,956	52,53
7	1,115	61,28
8	1,274	70,04
9	1,433	78,79
10	1,593	87,54
20	3,186	175,09
30	4,778	262,63
40	6,371	350,18
50	7,964	437,72
60	9,557	525,27
70	11,150	612,81
80	12,743	700,36
90	14,335	787,90
100	15,928	875,45

Tab. XII. Die attischen Gewichte (§ 19).

A. Die Theile des Talentes.

	Gramm	Pfund	Loth
1 χαλκοῦς = ¼ ὀβολός	0,091	—	0,005
1 ἡμιωβόλιον	0,364	—	0,022
1 ὀβολός	0,728	—	0,044
2 -	1,455	—	0,097
3 -	2,183	—	0,131
4 -	2,911	—	0,175
5 -	3,639	—	0,218
1 δραχμή	4,366	—	0,262
2 -	8,73	—	0,524
3 -	13,10	—	0,786
4 -	17,46	—	1,048
5 -	21,83	—	1,310
6 -	26,20	—	1,572
7 -	30,56	—	1,834
8 -	34,93	—	2,096
9 -	39,29	—	2,358
10 -	43,66	—	2,620
1 μνᾶ = 100 δραχμαί	436,6	—	26,20
1 τάλαντον = 60 μναῖ	26196,2	52	11,77

B. Die vielfachen des Talentes.

τάλαντα	Kilogr.	Pfund.	τάλαντα	Kilogr.	Pfund
1	26,20	52,39	20	523,92	1047,85
2	52,39	104,78	30	785,89	1571,77
3	78,59	157,18	40	1047,65	2095,70
4	104,78	209,57	50	1309,81	2619,62
5	130,98	261,96	60	1571,77	3143,55
6	157,18	314,35	70	1833,74	3667,47
7	183,37	366,75	80	2095,70	4191,40
8	209,57	419,14	90	2357,66	4715,32
9	235,77	471,53	100	2619,62	5239,25
10	261,96	523,92	1000	26196,24	52392,48

Tab. XIII. Die römischen Gewichte (§ 21).

A. Die Theile des Pfundes.

	Gramm	Loth
1 siliqua	0,189	0,0114
1 obolus = 3 siliquae		
= 1 dimidium scripulum	0,568	0,0341
1 scripulum	1,137	0,0682
1 dimidia sextula = 2 scripula .	2,274	0,136
1 drachma = 3 scripula = 6 oboli	3,411	0,205
1 sextula = 4 scripula . . .	4,548	0,273
1 sicilicus = 6 scripula . . .	6,822	0,409
1 semuncia = 2 sicilici . . .	13,644	0,819
1 uncia = 4 sicilici	27,288	1,64
1 sescuncia = 1½ unciae . . .	40,93	2,46
1 sextans = 2 -	54,58	3,27
1 quadrans = 3 -	81,86	4,91
1 triens = 4 -	109,15	6,55
1 quincunx = 5 -	136,44	8,19
1 semis = 6 -	163,73	9,82
1 septunx = 7 -	191,02	11,46
1 bes = 8 -	218,30	13,10
1 dodrans = 9 -	245,59	14,73
1 dextans = 10 -	272,88	16,37
1 deunx = 11 -	300,16	18,01
1 libra = 12 -	327,45	19,65

B. Die vielfachen des Pfundes.

librae	Kilogr.	Pfund	librae	Kilogr.	Pfund
1	0,327	0,65	20	6,55	13,10
2	0,65	1,31	30	9,82	19,65
3	0,98	1,96	40	13,10	26,20
4	1,31	2,62	50	16,37	32,74
5	1,64	3,27	60	19,65	39,29
6	1,96	3,93	70	22,92	45,84
7	2,29	4,58	80	26,20	52,39
8	2,62	5,24	90	29,47	58,94
9	2,95	5,89	100	32,74	65,49
10	3,27	6,55	1000	327,45	654,91

Tab. XIV. Reduction der attischen Drachme (§ 29)
(100 Drachmen = 1 Mine).

Drachmen	Thlr.	Sgr.	Drachmen	Thlr.	Sgr.	Drachmen	Thlr.	Sgr.
1	—	7,9	41	10	22	81	21	6¼
2	—	15,7	42	11	0	82	21	14
3	—	23,6	43	11	8	83	21	22
4	1	1,4	44	11	16	84	22	0
5	1	9,3	45	11	23½	85	22	8
6	1	17,2	46	12	1½	86	22	16
7	1	25,0	47	12	9	87	22	24
8	2	2,9	48	12	17	88	23	1½
9	2	10,7	49	12	25	89	23	9½
10	2	18,6	50	13	3	90	23	17
11	2	26,4	51	13	11	91	23	25
12	3	4,3	52	13	19	92	24	3
13	3	12,2	53	13	26½	93	24	11
14	3	20,0	54	14	4	94	24	19
15	3	27,9	55	14	12	95	24	27
16	4	5,7	56	14	20	96	25	4¼
17	4	13,6	57	14	28	97	25	12
18	4	21,5	58	15	6	98	25	20
19	4	29,3	59	15	14	99	25	28
20	5	7,2	60	15	21½	100	26	6
21	5	15,0	61	15	29	200	52	12
22	5	22,9	62	16	7	300	78	18
23	6	0,8	63	16	15	400	104	23¼
24	6	8,6	64	16	23	500	130	29
25	6	16,5	65	17	1	600	157	5
26	6	24,3	66	17	9	700	183	11
27	7	2,2	67	17	16½	800	209	17
28	7	10,1	68	17	24	900	235	23
29	7	17,9	69	18	2	1000	261	29
30	7	25,8	70	18	10	2000	523	28
31	8	3,6	71	18	18	3000	785	26
32	8	11,5	72	18	26	4000	1047	25
33	8	19,3	73	19	4	5000	1309	24
34	8	27,2	74	19	11½	6000	1571	23
35	9	5,1	75	19	19	7000	1833	22
36	9	12,9	76	19	27	8000	2095	20
37	9	20,8	77	20	5	9000	2357	19
38	9	28,6	78	20	13	10000	2619	18
39	10	6,5	79	20	21			
40	10	14,4	80	20	29			

Tab. XV. Reduction des attischen Talentes (§ 29).

Talente	Thaler	Talente	Thaler	Talente	Thaler
1	1571¾	41	64442	81	127312
2	3143½	42	66013	82	128863
3	4715¼	43	67585	83	130455
4	6287	44	69157	84	132027
5	7858¾	45	70729	85	133599
6	9430½	46	72300	86	135170
7	11002¼	47	73872	87	136742
8	12574	48	75444	88	138314
9	14145¾	49	77016	89	139886
10	15717½	50	78587	90	141457
11	17289¼	51	80159	95	149316
12	18861	52	81731	100	157175
13	20433	53	83303	200	314350
14	22004	54	84874	300	471525
15	23576	55	86446	400	628700
16	25148	56	88018	500	785875
17	26720	57	89590	600	943050
18	28291	58	91161	700	1100225
19	29863	59	92733	800	1257400
20	31435	60	94305	900	1414575
21	33007	61	95877	1000	1571750
22	34578	62	97448	2000	3143500
23	36150	63	99020	3000	4715250
24	37722	64	100592	4000	6287000
25	39294	65	102164	5000	7858750
26	40865	66	103735	6000	9430500
27	42437	67	105307	7000	11002250
28	44009	68	106879	8000	12574000
29	45581	69	108451	9000	14145750
30	47152	70	110022	10000	15717500
31	48724	71	111594	20000	31435000
32	50296	72	113166	30000	47152500
33	51868	73	114738	40000	62870000
34	53439	74	116309	50000	78587500
35	55011	75	117881	60000	94305000
36	56583	76	119453	70000	110022500
37	58155	77	121025	80000	125740000
38	59726	78	122596	90000	141457500
39	61298	79	124168	100000	157175000
40	62870	80	125740	200000	314350000

Tab. XVI. Reduction des attischen Goldstater (§ 30).

Statere	Curswerth im Alterthum				Heutiger Metallwerth	
	Thlr.	Sgr.	bis Thlr.	Sgr.	Thlr.	Sgr.
½	2	16,6	- 3	4,3	4	1,8
1	5	7,2	- 6	8,6	8	3,6
2	10	14,4	- 12	17,2	16	7,2
3	15	21,5	- 18	25,8	24	10,9
4	20	28,7	- 25	4,4	32	14,5
5	26	5,9	- 31	13,1	40	18,1
6	31	13,1	- 37	21,7	48	21,7
7	36	20,2	- 44	0,3	56	25,3
8	41	27,4	- 50	8,9	64	29,0
9	47	4,6	- 56	17,5	73	2,6
10	52	11,8	- 62	26,1	81	6,2
100	523	27,6	- 628	21	812	2,1
300	1571	23	- 1886	3	2436	6
1000	5239	6	- 6287	—	8120	21
3000 =1Talent Goldes	15717	18	- 15861	—	24362	3

Tab. XVII. Reduction des libralen Kupferasses (§ 34).

	Thlr.	Sgr.		Thlr.	Sgr.
uncia	—	0,4	10 asses	1	16,7
sextans	—	0,8	20 -	3	3,3
quadrans	—	1,2	30 -	4	20,0
triens	—	1,6	40 -	6	6,7
semis	—	2,3	50 -	7	23,3
1 as	—	4,7	60 -	9	10,0
2 -	—	9,3	70 -	10	26,7
3 -	—	14,0	80 -	12	13,3
4 -	—	18,7	90 -	14	0
5 -	—	23,3	100 -	15	16,7
6 -	—	28,0	500 -	77	23
7 -	1	2,7	1000 -	155	17
8 -	1	7,3	10000 -	1555½	
9 -	1	12,0	100000 -	15555	

Tab. XVIII. Reduction des ältesten Silbergeldes und des trientalen Asses für die Jahre 268—217 (§ 35, 7).

A. Der trientale As im Metallwerthe von 1,87 Sgr., bald auf den sextantaren im Werthe von 0,93 Sgr. und noch weiter herabgehend; im Münzwerthe von $\frac{2}{3}$ Sesterz = 0,82 Sgr.

Asse	Metallwerth				Münzwerth	
	Thlr.	Sgr.	bis Thlr.	Sgr.	Thlr.	Sgr.
1	—	1,9	—	0,9	—	0,8
2	—	3,7	—	1,9	—	1,6
3	—	5,6	—	2,8	—	2,5
4	—	7,5	—	3,7	—	3,3
5	—	9,3	—	4,6	—	4,1
6	—	11,2	—	5,6	—	4,9
7	—	13,1	—	6,5	—	5,7
8	—	14,9	—	7,5	—	6,6
9	—	16,8	—	8,4	—	7,4
10	—	18,7	—	9,3	—	8,2
20	1	7,3	—	18,7	—	16,4
30	1	26,0	—	28,0	—	24,6
40	2	14,7	1	7,3	1	2,7
50	3	3,3	1	16,7	1	10,9
60	3	22,0	1	26,0	1	19,1
70	4	10,7	2	5,3	1	27,3
80	4	29,4	2	14,7	2	5,5
90	5	18,0	2	24,0	2	13,7
100	6	6,7	3	3,3	2	21,9
1000	62	7	31	3	27	8,6
10000	622	—	311	—	273	—

B. Der älteste Denar von $\frac{1}{75}$ Pfd.

Sesterz	Denar				Denar		
		Thlr.	Sgr.			Thlr.	Sgr.
1		—	2		1	—	8,2
2		—	4,1		2	—	16,4
3		—	6,1		3	—	24,6
4	1	—	8,2		4	1	2,7
5		—	10,2		5	1	10,9
6		—	12,3		6	1	19,1
7		—	14,3		7	1	27,3
8	2	—	16,4		8	2	5,5
9		—	18,4		9	2	13,7
10		—	20,5		10	2	21,9
100	25	6	24,7		100	27	8,6
1000	250	68	7		1000	273	—

Tab. XIX.

A. Das Silbercourant der römischen Republik in den Jahren 217—30 (§ 36, 5).

B. Das Goldcourant der Kaiserzeit von Augustus bis Septimius Severus (§ 38, 6).

Sesterze	Denare	A.	B.
1		— Thlr. 1,7 Sgr.	— Thlr. 2,2 Sgr.
2		— - 3,5 -	— - 4,4 -
3		— - 5,3 -	— - 6,5 -
4	1	— - 7,0 -	— - 8,7 -
5		— - 8,8 -	— - 10,8 -
6		— - 10,5 -	— - 13,0 -
7		— - 12,3 -	— - 15,2 -
8	2	— - 14,0 -	— - 17,4 -
9		— - 15,8 -	— - 19,6 -
10		— - 17,5 -	— - 21,7 -
12	3	— - 21,0 -	— - 26,1 -
16	4	— - 28,1 -	1 - 4,8 -
20	5	1 - 5,1 -	1 - 13,5 -
24	6	1 - 12,1 -	1 - 22,2 -
28	7	1 - 19,1 -	2 - 0,9 -
32	8	1 - 26,1 -	2 - 9,6 -
36	9	2 - 3,1 -	2 - 18,3 -
40	10	2 - 10,2 -	2 - 27,0 -
50		2 - 27,7 -	3 - 18,8 -
60	15	3 - 15,2 -	4 - 10,5 -
70		4 - 2,8 -	5 - 2,3 -
80	20	4 - 20,3 -	5 - 24,0 -
90		5 - 7,9 -	6 - 15,8 -
100	25	5 - 25,4 -	7 - 7,5 -
200	50	11 - 20,8 -	14 - 15,0 -
300	75	17 - 16,2 -	21 - 22,6 -
400	100	23 - 11,6 -	29 - 0,1 -
500	125	29 - 7,0 -	36 - 7,6 -
600	150	35 - 2,5 -	43 - 15,1 -
700	175	40 - 27,9 -	50 - 22,6 -
800	200	46 - 23,3 -	58 - 0,2 -
900	225	52 - 18,7 -	65 - 7,7 -
1000	250	58 - 14,1 -	72 - 15,2 -
2000	500	116 - 28,2 -	145 - 0,4 -
3000	750	175 - 12,3 -	217 - 15,6 -
4000	1000	233 - 26,4 -	290 - 0,8 -
5000	1250	292 - 10,5 -	362 - 16,0 -
6000	1500	350 - 24,6 -	435 - 1,2 -
7000	1750	409 - 8,7 -	507 - 16,4 -
8000	2000	467 - 22,8 -	580 - 1,6 -
9000	2250	526 - 6,9 -	652 - 16,8 -

Sesterze	A.	B.
10000	584 Thlr. 21 Sgr.	725 Thlr. 2 Sgr.
20000	1169 - 12 -	1450 - 4 -
30000	1754 - 3 -	2175 - 6 -
40000	2338 - 24 -	2900 - 8 -
50000	2923 - 15 -	3625 - 10 -
60000	3508 - 6 -	4350 - 13 -
70000	4092 - 27 -	5075 - 15 -
80000	4677 - 18 -	5800 - 17 -
90000	5262 - 9 -	6525 - 19 -
100000	5847 Thlr.	7251 Thlr.
200000	11694 -	14501 -
300000	17541 -	21752 -
400000	23388 -	29003 -
500000	29235 -	36253 -
600000	35082 -	43504 -
700000	40929 -	50755 -
800000	46776 -	58006 -
900000	52623 -	65256 -
1000000 decies	58470 Thlr.	72507 Thlr.
1100000 undecies	64317 -	79758 -
1200000 duodecies	70164 -	87008 -
1300000 terdecies	76011 -	94259 -
1400000 quater decies	81858 -	101510 -
1500000 quinquies decies	87705 -	108760 -
1600000 sexies decies	93552 -	116011 -
1700000 septies decies	99399 -	123262 -
1800000 duodevicies	105246 -	130513 -
1900000 undevicies	111093 -	137763 -
2000000 vicies	116940 -	145014 -
3 Millionen tricies	175410 -	217521 -
4 - quadragies	233880 -	290028 -
5 - quinquagies	292350 -	362535 -
6 - sexagies	350820 -	435042 -
7 - septuagies	409290 -	507549 -
8 - octogies	467760 -	580056 -
9 - nonagies	526230 -	652563 -
10 - centies	584700 -	725070 -
20 - ducenties	1169400 -	1450140 -
30 - trecenties	1754100 -	2175210 -
40 - quadringenties	2338800 -	2900280 -
50 - quingenties	2923500 -	3625350 -
60 - sexcenties	3508200 -	4350420 -
70 - septingenties	4092900 -	5075490 -
80 - octingenties	4677600 -	5800560 -
90 - nongenties	5262300 -	6525630 -
100 - milies	5847000 -	7250700 -
200 - bis milies	11694000 -	14501400 -

Beilage A. (§ 4, 5).

1. Griechisches Längenmafs reducirt auf Fufs.

	Baden	Bayern	Hannov.	Oesterr.	Sachsen	Württem.
Πούς	1,028	1,056	1,055	0,975	1,089	1,076
πῆχυς	1,54	1,58	1,58	1,46	1,63	1,61
ὀργυιά	6,17	6,34	6,33	5,85	6,53	6,46
πλέθρον	102,76	105,63	105,54	97,52	108,86	107,61
στάδιον	616,56	633,76	633,26	585,15	653,16	645,64

2. Römisches Längenmafs reducirt auf Fufs.

	Baden	Bayern	Hannov.	Oesterr.	Sachsen	Württem.
Pes	0,986	1,013	1,012	0,935	1,044	1,032
cubitus	1,48	1,52	1,52	1,40	1,57	1,55
passus	4,93	5,07	5,06	4,68	5,22	5,16
mille p.	4929,0	5066,5	5062,5	4677,3	5221,5	5161,5

3. Griechisches und römisches Flächenmafs reducirt auf badische, bayrische, hannöversche und württembergische Morgen, sächsische Acker, österreichische Joch.

	Baden	Bayern	Hann.	Oesterr.	Sachs.	Württb.
Πλέθρον	0,264	0,279	0,363	0,165	0,172	0,3015
iugerum	0,700	0,738	0,961	0,439	0,455	0,799

4. Griechisches und römisches Hohlmafs reducirt auf das Flüssigkeits- und Getreidemafs von Baden, Bayern, Hannover, Oesterreich, Sachsen, Württemberg.

	Flüssigkeitsmafs			Getreidemafs		
Baden		Mafs	Ohm		Mäfslein	Malter
	sextarius	= 0,365		sextarius	= 0,365	
	χοῦς, congius	= 2,19		χοῖνιξ	= 0,73	
	amphora	= 17,51	= 0,175	modius	= 5,84	= 0,0584
	μετρητής	= 26,28	= 0,263	μέδιμνος	= 35,02	= 0,350
Bayern		Mafs	Eimer		Mafsl	Scheffel
	sextarius	= 0,512		sextarius	= 0,118	
	χοῦς, congius	= 3,071		χοῖνιξ	= 0,236	
	amphora	= 24,571	= 0,384	modius	= 1,890	= 0,0394
	μετρητής	= 36,857	= 0,576	μέδιμνος	= 11,34	= 0,2362
Hannover		Quartier	Ohm		Sechzehntel	Malter
	sextarius	= 0,562		sextarius	= 0,281	
	χοῦς, congius	= 3,373		χοῖνιξ	= 0,562	
	amphora	= 26,98	= 0,1686	modius	= 4,496	= 0,0468
	μετρητής	= 40,47	= 0,2529	μέδιμνος	= 26,98	= 0,2810
Oesterreich		Mafs	Weineim.		Mühlmofsel	Metzen
	sextarius	= 0,387		sextarius	= 0,142	
	χοῦς, congius	= 2,320		χοῖνιξ	= 0,285	
	amphora	= 18,56	= 0,450	modius	= 2,278	= 0,1423
	μετρητής	= 23,84	= 0,675	μέδιμνος	= 13,666	= 0,8541
Sachsen		Kanne	Eimer		Mäfschen	Scheffel
	sextarius	= 0,585		sextarius	= 0,333	
	χοῦς, congius	= 3,509		χοῖνιξ	= 0,666	
	amphora	= 28,07	= 0,390	modius	= 5,328	= 0,0833
	μετρητής	= 42,11	= 0,585	μέδιμνος	= 31,99	= 0,4998
Württemberg		Mafs (Hell.)	Eimer		Vierling	Scheffel
	sextarius	= 0,298		sextarius	= 0,099	
	χοῦς, cong.	= 1,787		χοῖνιξ	= 0,198	
	amphora	= 14,296	= 0,08935	modius	= 1,581	= 0,0494
	μετρητής	= 21,444	= 0,1340	μέδιμνος	= 9,484	= 0,2964

Es mögen noch die Hauptmafse in runden Beträgen folgen.

	Baden	Bayern	Hannov.	Oesterr.	Sachsen	Württem.
Congius	$2\frac{1}{5}$ Mafs	$3\frac{1}{14}$ Mafs	$3\frac{2}{5}$ Quart.	$2\frac{1}{3}$ Mafs	$3\frac{1}{2}$ Kanne	$1\frac{4}{5}$ Mafs
amphora	$17\frac{1}{2}$ Mafs $= \frac{1}{6}$ Ohm	$24\frac{3}{5}$ Mafs $= \frac{2}{5}$ Eim.	27 Quart. $= \frac{1}{6}$ Ohm	$18\frac{1}{2}$ Mafs $= \frac{9}{20}$ Wmr.	28 Kannen $= \frac{2}{5}$ Eim.	$14\frac{1}{3}$ Mafs $= \frac{1}{11}$ Eim.
modius	6 Mäfslein $= \frac{1}{17}$ Malt.	$\frac{1}{4}$ Metzen $= \frac{1}{24}$ Schfl.	$4\frac{1}{2}$ Sechz. $= \frac{7}{25}$ Hmt.	$\frac{1}{7}$ Metzen	$1\frac{1}{3}$ Metze $= \frac{1}{12}$ Schff.	$\frac{2}{5}$ Simri $= \frac{1}{20}$ Sch.

5. Griechisches und römisches Gewicht reducirt auf Zollpfund,
die in Baden, Hannover, Sachsen und Württemberg eingeführt
sind, auf bayrische und Wiener Pfund.

	Zollpfund	Bayern	Oesterr.
Libra	0,655	0,5847	0,5847
μνᾶ	0,873	0,780	0,780
τάλαντον	52,392	46,78	46,777

6. Attisches Geld reducirt auf die österreichische und süd-
deutsche Währung.

	Oesterr. Währung	Süddeutsche Währung
Chalkus	0,01 fl.	— fl. ½ kr.
Obolos	0,06 -	— - 4½ -
Drachme	0,39 -	— - 27½ -
Tetradrachmon	1,57 -	1 - 50 -
Mine	39,29 -	45 - 50 -
Talent	2357,5 -	2750 - 24 -
Goldstater	12,18 -	14 - 12 -

7. Römisches Geld reducirt auf die österreichische und süd-
deutsche Währung.

	Oesterr. Währung	Süddeutsche Währung
Libraler Kupferas	0,23 fl.	— fl. 16½ kr.
Trientaler Kupferas	0,09 -	— - 6½ -
Aeltester Denar von ¹⁄₇₂ Pf.	0,41 -	— - 28¾ -
Sesterz dazu	0,10 -	— - 7 -
Denar von ⅛¹ Pfund	0,35 -	— - 24½ -
Sesterz dazu	0,09 -	— - 6 -
Sestertium der republica- nischen Silberwährung	8770 -	10232 - — -
Aureus des Augustus	10,88 -	12 - 41 -
Denar dazu (Münzwerth)	0,44 -	— - 30½ -
Sesterz - -	0,11 -	— - 7½ -
Sestertium - -	10876 -	12689 - — -
Aureus des Caracalla	9,14 -	10 - 40 -
Solidus des Constantin	6,34 -	7 - 24 -

Beilage B. (§ 4, 5).

Kilomet.	geogr. M.	röm. M.
1. Kilom. reducirt auf geogr. und römische Meilen.		
1	0,135	0,676
2	0,27	1,352
3	0,405	2,029
4	0,54	2,705
5	0,675	3,381
6	0,81	4,057
7	0,945	4,734
8	1,08	5,410
9	1,215	6,086

Lieues	geogr. M.	röm. M.
2. Lieues de France reduc. auf geogr. und römische Meilen.		
1	0,6	3,006
2	1,2	6,011
3	1,8	9,017
4	2,4	12,022
5	3,0	15,028
6	3,6	18,033
7	4,2	21,039
8	4,8	24,044
9	5,4	27,050

3. Hectaren reducirt auf preufs. Morgen und römische Jugera.

Hectaren	Morgen	Jugera
1	3,917	3,970
2	7,833	7,940
3	11,750	11,910
4	15,666	15,880
5	19,583	19,850
6	23,500	23,820
7	27,416	27,790
8	31,333	31,760
9	35,250	35,730

Engl. M.	geogr. M.	röm. M.
4. Englische *miles* reducirt auf geogr. und römische Meilen.		
1	0,21726	1,0883
2	0,434	2,177
3	0,652	3,265
4	0,869	4,353
5	1,086	5,442
6	1,303	6,530
7	1,521	7,618
8	1,738	8,707
9	1,955	9,795

Acres	pr. Morg.	Jugera
5. Engl. *acres* reduc. auf preufs. Morgen und röm. Jugera.		
1	1,585	1,6065
2	3,170	3,213
3	4,755	4,819
4	6,340	6,426
5	7,925	8,032
6	9,510	9,639
7	11,095	11,245
8	12,680	12,852
9	14,264	14,458

REGISTER.

N.

Nero reducirt den Aureus 232, den Denar 235, legirt das Silber 235f.

Νόμος, νοῦμμος in Tarent 289, in Sicilien 206. 291 f.

Nummus, ursprüngliche Bedeutung 291, in der römischen Silberprägung 206, Bezeichnung für den Sesterz 221; nummus aureus 231.

O.

Ὀβελοί, ὀβελίσκοι 106 Anm. 10, ältestes Geld in Sparta 261.

Ὀβολός, Ableitung 105. 126.

Obolos als Gewicht 105f. 114; attischer 107. 149. 158. 172, in Kupfer 168.

Obryza auri, aurum obryziatum 247.

Oelborn 86. 93 Anm. 21.

Oktadrachmon, Ptolemäisches, Goldmünze 285.

Olympisches Stadion der Sage nach von Herakles begründet 32, nach Pythagoras länger als alle übrigen in Griechenland 32, nach Censorin verschieden von dem italischen und pythischen 42, bei den Neuern Benennung für das gemeine griechische oder Achtelmeilenstadion 43. 56; Bestimmung desselben 51—56.

Ὀργυιά 30.

Ὀρθόδωρον Längenmafs 34.

Oscense argentum 293.

Ὀξύβαφον 81.

P.

Παχεῖα δραχμή 134.

Παλαιστή, παλαιστής 28.

Palästina, Längenmafs, Hohlmafs und Münzen 272f.

Παλλάδες 151 Anm. 9.

Palmipes Längenmafs 61.

Palmus Längenmafs 59.

Papirisches Gesetz 220.

Parallela Ackermafs in Gallien 294.

Παρασάγγης persisches Wegmafs 37. 274.

Parthenon zu Athen, Dimensionen desselben 52.

Passus Einheit der Wegmafse 65; mit der ὀργυιά verwechselt 66 Anm. 3.

Πῆχυς Längenmafs s. Elle.

Pecunia 188. 190.

Peisistratos begründet eine neue Epoche der attischen Silberprägung 152. 160.

Πέλανορ eiserne Münze in Sparta 261.

Πεντάχοίνικον 83 Anm. 20.

Πεντάδραχμον in Kyrene 287.

Πεντέχαλκον 168.

Πεντώβολον, attisches 149. 150. 158. 172.

Πεντάγχιον 290.

Pergamos, Münzfufs 184.

Persische Elle 274, Parasang 37. 274, Hohlmafse 275, Gewicht- und Münzfufs 276—279.

Pertica Mefsstange 63.

Pes s. Fufs.

Pfund, römisches 115—119.

Pheidon, König von Argos 133. 145.

Philetärischer Fufs 267. 281 f.

Philipp II von Makedonien, Goldprägung 179f., Silberprägung 266.

Φιλίππειοι στατῆρες 180 Anm. 7.

Philippeus Benennung der Courantmünze in der spätern Kaiserzeit 242 Anm. 5.

Phokaischer Stater 130. 268, Sechstel 268.

Πλέθρον Längenmafs 31. Flächenmafs 37, mit dem iugerum verwechselt 38. 66 Anm. 3.

Plinthis Ackermafs in Cyrenaica 286.

Pompejus, Goldprägung 227; Tarifirung des syrischen Geldes 185. 271.

Pondera iniqua 115.

Pontos, Silberprägung 184, Hohlmafs 263.

Porca Feldmafs in Baetica 293.

Porrectus pes 68.

Priscian de figuris numerorum und de ponderibus et mensuris 13.

Ptolemäische Drachme 285 f.

Ptolemäischer Fufs in Cyrenaica